CAVALEIROS DE JESUS

BREVE HISTÓRIA DO CRISTIANISMO

João Ferreira Durão

Cavaleiros de Jesus

Breve História do Cristianismo

MADRAS®

© 2011, Madras Editora Ltda.

Editor:
Wagner Veneziani Costa

Produção e Capa:
Equipe Técnica Madras

Revisão:
Vera Lucia Quintanilha
Valéria Oliveira de Morais
Tânia Damasceno

Dados Internacionais de Catalogação na Publicação (CIP)
(Câmara Brasileira do Livro, SP, Brasil)

Durão, João Ferreira
Cavaleiros de Jesus: breve história do cristianismo / João Ferreira Durão.
São Paulo : Madras, 2011.
Bibliografia.
ISBN 978-85-370-0658-0
1. Cristianismo 2. Cristianismo - História
3. Igreja - História I. Título.
11-01406 CDD-270

      Índices para catálogo sistemático:
      1. Cristianismo : História 270
      2. Igreja : História : Cristianismo 270

É proibida a reprodução total ou parcial desta obra, de qualquer forma ou por qualquer meio eletrônico, mecânico, inclusive por meio de processos xerográficos, incluindo ainda o uso da internet, sem a permissão expressa da Madras Editora, na pessoa de seu editor (Lei nº 9.610, de 19.2.98).

Todos os direitos desta edição reservados pela

MADRAS EDITORA LTDA.
Rua Paulo Gonçalves, 88 – Santana
CEP: 02403-020 – São Paulo/SP
Caixa Postal: 12183 – CEP: 02013-970 – SP
Tel.: (11) 2281-5555 – Fax: (11) 2959-3090
www.madras.com.br

ÍNDICE

APRESENTAÇÃO 11
INTRODUÇÃO 13
JUDAÍSMO 14
Abraão 15
Moisés 19
CRISTIANISMO 24
São Paulo 26
São Lucas 28
A Evolução do Cristianismo 35
IGREJA CATÓLICA ROMANA 40
O Alvorecer da Igreja Católica 43
O Massacre de Masada 44
Flavius Josephus 45
A Segunda Diáspora dos Judeus 46
Divergências no Cristianismo 46
Clemente de Alexandria 47
Irenaeus 48
Tertuliano 49
Orígenes 50
A Primeira Heresia – O Cristianismo Gnóstico 52
Valentim 53
Marcion 54
Basílides 54
Carpócrates 55
Maniqueísmo 56
O Império Romano e a Expansão da Igreja Católica 57
Diocleciano 57
Constantino I 60
Doação de Constantino 62
Os Concílios 63

Primeiro Concílio Ecumênico 63
A Tese da Natureza de Jesus Cristo 65
Segundo Concílio Ecumênico 67
Terceiro Concílio Ecumênico 69
Santo Agostinho 70
São Jerônimo 80
Quarto Concílio Ecumênico 82
Quinto Concílio Ecumênico 82
Papa Leão Magno 83
Invasão dos Bárbaros – Início da Idade Média – Merovíngios 83
Clóvis 85
Ordem Beneditina 88
A Ordem Beneditina no Brasil 92
São Bernardo 94
Declínio da Dinastia Merovíngia 95
O Progresso no Império do Oriente 95
Sexto Concílio Ecumênico 97
Maometanismo e Maomé 98
Papa Gregório Magno 104
Sétimo Concílio Ecumênico 105
Ascensão da Dinastia Carolíngia 106
A Evolução do Império Romano do Oriente 107
A Evolução da Dinastia Carolíngia no Ocidente 109
Carlos Magno 109
A Expansão dos Territórios Carolíngios 110
Oitavo Concílio Ecumênico 112
Império Bizantino 113
O Primeiro Grande Cisma na Igreja Católica 116
Turcos Seljúcidas 119
Concílio de Clermont 120
Cruzada Popular 120
Primeira Cruzada 121
Priorado de Sião 123
Ordem dos Templários 124
Segunda Cruzada 126
A Inquisição 127
A Igreja em Jerusalém após a Segunda Cruzada 131
Saladino 132
Corte do Olmo 133
Terceira Cruzada 134
Quarta Cruzada 135
Ordem Franciscana 137
São Francisco de Assis 139
A Cruzada das Crianças 143

Ordem Dominicana 144
São Domingos de Gusmão 146
São Tomás de Aquino 148
Quinta Cruzada 156
Sexta Cruzada 157
Sétima Cruzada 158
Oitava Cruzada 159
John Wyclif 160
Jan Huss 164
A Sede do Papado em Avignon 167
Concílio de Pisa 168
Concílio de Constança 169
Joana d'Arc 170
Idade Moderna 176
A Reforma de Lutero 176
Companhia de Jesus 177
Jesuítas no Brasil 178
Santo Inácio de Loiola 180
Celibato Clerical 182
Concílio de Trento 182
A Condenação da Maçonaria pela Igreja 187
Primeiro Concílio Vaticano 191
A Igreja Católica nos Tempos Modernos 193
Concílio Vaticano Segundo 193
Caminho Neocatecumental 205
Opus Dei 206
Renovação Carismática Católica 209
Regnum Christi 209
IGREJAS UNIATE DO ORIENTE 213
Igrejas Uniate do Oriente no Brasil 215
IGREJA ORTODOXA 216
A Criação da Igreja Católica Apostólica Ortodoxa 217
O Fundamento da Igreja Ortodoxa 218
Igreja Ortodoxa Autocéfala 220
Igreja Ortodoxa Autônoma 221
Liturgia na Igreja Ortodoxa 221
A Igreja Ortodoxa no Brasil 222
IGREJA LUTERANA 226
As Confissões Luteranas 227
O Luteranismo no Mundo 228
Federação Luterana Mundial 228
Concílio Luterano Internacional 229
A Igreja Luterana no Brasil 230
Martinho Lutero 232

CALVINISMO 234
João Calvino 238
ANABATISTAS 240
O Conflito dos Anabatistas com Lutero 241
O Conflito dos Anabatistas com Calvino 241
O Conflito dos Anabatistas com Zwinglio 241
A Origem Oficial dos Anabatistas 242
Expansão Mundial dos Anabatistas 244
Guerra dos Camponeses 244
Menonitas 246
Menonitas no Brasil 248
Rebelião de Münster 250
Hutteritas 251
Amish 256
IGREJA ANGLICANA – IGREJA DA INGLATERRA 259
Assembleia de Westminster 261
Comunhão Anglicana 263
Comunhão de Porvoo 266
A Igreja Anglicana no Mundo 267
A Igreja Anglicana no Brasil 269
Igreja Episcopal Anglicana do Brasil 269
Igreja Anglicana do Brasil 270
Igreja Episcopal Reformada 271
Província Anglicana Ortodoxa 272
Igreja Episcopal do Evangelho Pleno 273
Igreja Episcopal Anglicana Livre 273
Igreja Episcopal Evangélica 273
Igreja Episcopal Carismática 274
Diocese Anglicana do Recife 274
Igreja Anglicana Independente 275
IGREJA PRESBITERIANA 276
Organização do Presbiterianismo 277
O Presbiterianismo no Brasil 278
CONGREGACIONALISMO 281
O Congregacionalismo na Europa 281
O Congregacionalismo nos Estados Unidos 283
O Congregacionalismo no Brasil 284
PURITANISMO 285
O Desenvolvimento do Puritanismo na Inglaterra 286
O Puritanismo nos Estados Unidos 289
O Puritanismo no Brasil 290
IGREJA BATISTA 291
Doutrina e Organização dos Batistas 293
A Igreja Batista nos Estados Unidos 294

A Igreja Batista no Brasil 295
Batistas em Portugal e em Outros Países de Língua Portuguesa 297
QUAKERS 298
Crenças dos Quakers 299
Formas de Culto dos Quakers 300
IGREJA METODISTA 301
O Metodismo nos Estados Unidos 303
Igreja Metodista no Brasil 303
IGREJA DE JESUS CRISTO DOS SANTOS DOS
ÚLTIMOS DIAS 306
O Livro de Mórmon 307
Expansão Mundial dos Mórmons 312
Crenças Básicas dos Mórmons 313
A Igreja de Jesus Cristo dos Santos dos Últimos Dias no Brasil 314
IGREJA ADVENTISTA DO SÉTIMO DIA 315
Expansão Mundial 316
Evolução das Crenças Adventistas 317
Características Peculiares aos Adventistas do Sétimo Dia 320
Estrutura e Administração 321
Publicações e Organismos Sociais 322
A Igreja Adventista do Sétimo Dia no Brasil 323
A Igreja Adventista do Sétimo Dia em Portugal 324
ASSOCIAÇÃO CRISTÃ DE MOÇOS 325
George Williams 326
Fundação e Desenvolvimento da ACM 327
Desafio 21 330
EXÉRCITO DE SALVAÇÃO 331
William Booth 331
O Exército de Salvação no Brasil 334
TESTEMUNHAS DE JEOVÁ 335
Resumo Histórico da Criação e Atividades das
Testemunhas de Jeová 336
A Origem do Título Testemunhas de Jeová 340
Doutrinas das Testemunhas de Jeová e sua Divulgação 340
IGREJAS PENTECOSTAIS 343
ASSEMBLEIA DE DEUS 344
A Assembleia de Deus na Inglaterra e na Irlanda 345
A Assembleia de Deus em Portugal e na África 345
As Crenças da Assembleia de Deus 346
Culto na Assembleia de Deus 347
IGREJA PENTECOSTAL UNIDA 349
Doutrina da Igreja Pentecostal Unida Internacional 349
Igreja Unida no Brasil 352
CONGREGAÇÃO CRISTÃ 353

As Crenças na Congregação Cristã 354
IGREJA DO EVANGELHO QUADRANGULAR 355
O Pentecostalismo no Brasil 357
A Congregação Cristã no Brasil 357
O Culto na Congregação Cristã no Brasil 358
A Organização da Congregação Cristã no Brasil 358
A Assembleia de Deus no Brasil 360
Organização da Assembleia de Deus no Brasil 361
Ministério de Madureira 362
CRUZADA NACIONAL DE EVANGELIZAÇÃO –
IGREJA DO EVANGELHO QUADRANGULAR 363
IGREJA EVANGÉLICA PENTECOSTAL –
O BRASIL PARA CRISTO 364
IGREJA DE NOVA VIDA 366
Crenças na Igreja de Nova Vida 369
IGREJA PENTECOSTAL DEUS É AMOR 370
IGREJA TABERNÁCULO EVANGÉLICO DE JESUS –
CASA DA BÊNÇÃO 372
Organização da Casa da Bênção 373
Doutrina da Igreja Tabernáculo Evangélico de Jesus 373
ORGANIZAÇÃO RELIGIOSA G 12 374
IGREJA UNIVERSAL DO REINO DE DEUS 375
Doutrinas da Igreja Universal do Reino de Deus 377
Organização da Igreja Universal do Reino de Deus 379
Práticas Religiosas na Igreja Universal do Reino de Deus 381
Cultos na Igreja Universal do Reino de Deus 381
Posicionamento Social e Político na IURD 381
IGREJA INTERNACIONAL DA GRAÇA DE DEUS 383
IGREJA CRISTÃ APOSTÓLICA RENASCER EM CRISTO 385
Doutrina da Igreja Apostólica Renascer em Cristo 386
Meios de Comunicação e Obra Social da Igreja Renascer 386
IGREJA EVANGÉLICA CRISTO VIVE 388
Doutrina da Igreja Evangélica Cristo Vive 389
Crenças da Igreja Evangélica Cristo Vive 390
COMUNIDADE EVANGÉLICA SARA NOSSA TERRA 391
Visão Apostólica da Comunidade Evangélica Sara Nossa Terra 392
BIBLIOGRAFIA 393

APRESENTAÇÃO

Há muitos assuntos que desafiam o conhecimento, provocam a nossa pretensão cultural e ocupam nossa preocupação literária ao longo dos anos. A maioria desses desafios permanece sem despertar o interesse e acabam sepultados na poeira da ignorância.

Há temas, todavia, que ficam sempre nos interrogando e provocam o início de um processo de pesquisa.

Este é o caso do Cristianismo.* A princípio, nossa intenção em pesquisar mais profundamente visava à ampliação do verbete do nosso livro *Pequeno Glossário de Filosofia, Esoterismo e História Antiga e Medieval*, caso o editor (Madras Editora) viesse a solicitar acréscimo de matéria para uma segunda edição (sonho do autor novato).

As anotações resultantes dos estudos, no sentido de tornar mais consistente a apresentação do verbete, avolumaram-se, de forma que fomos conduzidos a outro objetivo: propor a edição de uma nova obra que, sem ser cansativa ao leitor, pudesse mostrar o panorama do Cristianismo no mundo. Assim nasceu *Cavaleiros de Jesus*.

As fontes consultadas, em grande parte, são de autoria de adeptos dessa ou daquela corrente religiosa que defendem o seu credo, quase sempre como se fosse o único e, em todo caso, o verdadeiro. Não vai, nessa afirmação, nenhuma crítica. Pelo contrário, é atitude louvável, porque mostra que os autores religiosos têm, de verdade, total identificação com sua religião.

Tornou-se uma preocupação constante evitar apresentar afirmações colhidas desses autores que, movidos pela fé, resultam tendenciosas e sejam negadas pela lógica da historiografia.

Dentro dos limites, procuramos apresentar um quadro, o mais esclarecedor possível, do complicado painel em que se tornou o Cristianismo, procurando seguir a cronologia das ocorrências importantes e dos principais

---

*N.E.: Sugerimos a leitura de *Cristianismo e Paganismo*, de J.N. Hillgarth, Madras Editora.

fatos históricos correlatos. Sempre que houver um personagem de destaque, apresentaremos um traço de sua biografia, para melhor esclarecer o fio da história.

Decidimos não incluir, neste livro, notícias sobre outros movimentos filosófico-religiosos, tais como a Teosofia, o Espiritismo, em suas diversas modalidades, e as sociedades Rosa-Cruzes.*

Esta obra não é, portanto, resultado de erudição do autor sobre o tema Cristianismo, mas o produto de uma demorada pesquisa, apoiada na literatura de que dispomos, nos excelentes textos da *Enciclopédia Britânica* e nos muitos sites confiáveis da internet.

---

*N.E.: Sugerimos a leitura de *Dicionário dos Rosa-Cruzes*, de Erik Sablè, Madras Editora.

INTRODUÇÃO

Considerado historicamente como uma das grandes religiões do mundo, o Cristianismo deve o seu crescimento a Jesus de Nazaré,* na antiga Galileia. Sua ascendência foi restabelecida pelos seus reverentes discípulos, na família real de Davi, e seu nascimento é descrito pela Igreja como um ato milagroso de Deus.

Sua carreira é compreendida somente à luz de seu relacionamento com o Judaísmo. Quando Israel perdeu a independência nacional, o ensinamento profético manteve o povo unido na esperança do restabelecimento do reino universal, com todas as nações submetidas a ele e abençoadas no seu domínio perpétuo de retidão e paz. A restauração do reino foi condicionada por alguns profetas à vinda do Messias, o Ungido, que restabeleceria a linhagem de Davi.

Outros, que não tinham essa esperança, pareciam aguardar a regeneração de Israel pelo trabalho, sofrimento e triunfo dos remanescentes honrados. O Senhor da tribo de Israel foi revelado como o Deus universal pela forte ênfase de honradez no relacionamento entre todos os homens. Esse monoteísmo não foi, inicialmente, cosmológico nem metafísico, mas ético. Os judeus,* que mostravam pequena capacidade de raciocínio abstrato, nunca desenvolveram uma cosmologia sistemática nem formularam um sistema metafísico. Sua religião era preferencialmente "teocrática"; Deus era entendido como um rei supremo sentado em um trono no céu, e Israel, o único instrumento divino e o objeto pessoal de Seu amor.

Para um melhor entendimento acerca dessa antiga e tão importante religião, o Judaísmo, faremos, a seguir, uma breve apreciação sobre suas principais características.

---

*N.E.: Sugerimos a leitura de *Jesus – O Último dos Faraós,* de Ralph Ellis, e *O Livro Completo sobre a História e o Legado dos Judeus,* de Julie Gutin e Richard D. Bank, ambos da Madras Editora.

Judaísmo

O Judaísmo parece figurar como uma espécie de base oculta das religiões ocidentais, desde o Cristianismo, nos seus diversos ramos, até o Islamismo.

A palavra *Judaísmo* é derivada da palavra similar latina, que significa o quadrante judeu de uma cidade, ou comunidade judia. Deriva também do nome de Judá, quarto filho de Jacó (com Lia), cujos seguidores, posteriormente chamados judaicos, se uniram aos seguidores de Benjamin (filho de Jacó com Raquel), irmão de Judá, para formar o reino de Judá em oposição ao reino de Israel. A capital de Judá era Jerusalém, de onde a religião conhecida como Judaísmo se espalhou pelo mundo. Judaísmo, portanto, designa uma religião mantida pelos judeus que foi oferecida ao mundo.

Como religião, o Judaísmo pode ser definido como a crença em um absoluto monoteísmo e o efeito prático dessa crença na vida. O Judaísmo não é uma simples concepção intelectual, ou uma confissão dogmática, mas sim um método de vida vivida sob disciplina. Abraão é considerado o primeiro a aderir ao Judaísmo. Dizem que ele chegou à conclusão, por intuição e por revelação, que um Deus* Supremo governa o mundo e que os ídolos não têm importância.

A contribuição de Abraão tanto para o Judaísmo quanto para o Cristianismo está na crença em um só Deus, que ele implantou. Até então, cada tribo adotava o seu próprio deus, o que não significava politeísmo. Mas também não havia, nas tribos do tempo de Abraão, o monoteísmo, porque, dentre os deuses adorados, cada tribo somente adotava um deles, constituindo, portanto, uma monolatria. Abraão adotou a crença em um só Deus, rejeitando a adoração a todos os outros. Foi, portanto, o introdutor do monoteísmo na formação do Judaísmo e nas demais religiões ocidentais.

---

*N.E.: Sugerimos a leitura de *Deus, Deuses, Divindades e Anjos*, de Alexandre Cumino, Madras Editora.

Abraão

Abraão foi o progenitor dos judeus e seu primeiro grande patriarca. Não há biografia de Abraão, no sentido ordinário da palavra biografia. O máximo que podemos fazer é utilizar a interpretação dos achados históricos modernos ao material bíblico para chegar a um julgamento provável dos ambientes e padrões dos eventos de sua vida. Isso envolve uma reconstrução da idade patriarcal (de Abraão, Isaque, Jacó e José, no início do segundo milênio antes de Cristo), o que, até o final do século XIX, era desconhecido e virtualmente impenetrável. Assumiu-se, baseado em uma presumida datação de hipotéticas fontes bíblicas, que as narrativas patriarcais na Bíblia resultaram de projeção de situações e preocupações de um período muito posterior (9º ao 5º séculos antes de Cristo) e de valor histórico duvidoso.

Muitas dessas narrativas estenderam-se para explicar, por exemplo, que os patriarcas eram seres míticos ou personificações de figuras folclóricas ou etiológicas, criadas para preencher padrões sociais, jurídicos ou de culto.

Entretanto, após a Primeira Guerra Mundial, as pesquisas arqueológicas fizeram enormes progressos com a descoberta de monumentos e documentos que retrocediam ao período designado aos patriarcas, no relato tradicional.

As escavações do palácio real em Mari, uma antiga cidade perto do Rio Eufrates, por exemplo, trouxeram à luz milhares de tabletes cuneiformes (arquivos oficiais, correspondências, textos religiosos e jurídicos) e, desse modo, ofereceram esclarecimento a novas bases, que os especialistas utilizaram para mostrar que, no livro bíblico do Gênesis,* as narrativas se ajustam perfeitamente com o que, de outras fontes, é conhecido atualmente como o início do segundo milênio antes de Cristo, mas não se ajustam tão perfeitamente a um período posterior. O resultado desse trabalho comparativo ficou rotulado como "a redescoberta do Velho Testamento".

Então, há duas fontes principais para reconstruir a saga de Abraão: a primeira é o livro do Gênesis, desde a genealogia de Terah, o pai de Abraão (que era descendente de Sem, o primeiro filho de Noé), e seu êxodo de Ur para Harran, no capítulo 11, até a morte de Abraão e seu sepultamento em Machpelah, no capítulo 25; a segunda fonte decorre das recentes descobertas arqueológicas e das interpretações referentes à área e à era em que a narrativa bíblica ocorre.

O texto hebraico, de fato, posiciona a partida especificamente em Ur Kasdim, sendo o termo Kasdim o mesmo que Kaldu, dos textos cuneiformes encontrados em escavações feitas no palácio real de Mari. Os tabletes cuneiformes de Mari confirmam os relatos bíblicos e permitem concluir que a saga de Abraão ocorreu há cerca de 2 mil anos antes da Era Cristã.

---

*N.E.: Sugerimos a leitura de *Gênesis – O Primeiro Livro de Moisés,* de Cleuza M. Veneziani Costa, Madras Editora.

Tratou-se, manifestamente, de uma migração, da qual uma tribo é o centro. O líder do movimento é designado pelo nome Terah, que retirou de Ur seu filho Abraão; Lot, o filho de Harã (irmão de Abraão); Nahor, o outro filho de Terah; suas mulheres, sendo Sarai (que depois passou a ser chamada de Sara, mulher de Abraão) a mais conhecida.

A maioria dos estudiosos concorda que Ur Kasdim foi a cidade de Ur, na Suméria, atualmente Tall Muqayyar (ou Mughair), situada a cerca de 300 quilômetros, no sudeste de Bagdá, na Baixa Mesopotâmia, que foi escavada entre 1922 e 1934. É certo que o berço dos ancestrais era o local de um politeísmo vigoroso, cuja memória não foi perdida e seu mestre inconteste em Ur foi Nanna (ou Sin), o sumério acadiano deus da Lua.

Após a migração de Ur (há cerca de 2000 a.C.), cujas razões são desconhecidas, a caravana fez a primeira parada em Harran, onde ficou por algum tempo. Essa cidade foi definitivamente localizada na Alta Mesopotâmia, entre os rios Eufrates e Tigre, no vale Balikh, e pode ser encontrada no sítio da moderna Harran, na Turquia. Harran era um centro de peregrinação, porque era um núcleo do culto Sin e, consequentemente, estreitamente relacionado ao culto ao deus da Lua de Ur. Os tabletes de Mari trouxeram nova luz sobre o período patriarcal, especificamente em termos da cidade de Harran, tais como a presença de povos benjaminitas (que não são os mesmos da tribo de Benjamin, filho de Jacó, muito posteriores), que se situavam ao norte de Mari, em Harran, no Templo Sin.

Após indicar a estadia, por período indeterminado em Harran, a Bíblia acrescenta que Terah, o pai de Abraão, lá morreu, com a idade de 205 anos, e que Abraão tinha 75 anos quando reiniciou a jornada com sua família e seus pertences.

Essa migração de Abraão, segundo a Bíblia, capítulo 12 do Gênesis, foi ordenada pelo Senhor para a construção de uma grande nação, liberada da idolatria e do politeísmo. Seguiu Abraão do Leste para o Oeste, cruzando o Rio Eufrates a vau, no período de seca, em direção à terra de Canaã, região entre o Mar Morto e o Mar Mediterrâneo.

Outra vez, os textos de Mari fornecem uma nova referência, porque indicam que havia benjaminitas na margem direita do Rio Eufrates, nas terras de Alepo, Qatanum e Amurru, e que, perto de Alepo, em Nayrab, havia, como em Ur e Harran, um centro de culto Sin. A tribo de Abraão prosseguiu na rota para a terra de Canaã.

A caravana deve ter feito uma parada em Damasco, capital da Síria, a mais antiga capital do mundo, com cerca de 6 mil anos. Em seguida, cruzaram o Rio Jordão, na passagem de Damiya, a terra de Bashan (atual Hawran), chegando ao coração do país da Samaria, para alcançar a planície de Shechem (atual Balatah), no sopé das montanhas Gerizim e Ebal. Shechem era, na época, um centro político e religioso de grande importância.

A próxima parada foi em Bethel (atual Baytin), ao norte de Jerusalém, também uma cidade sagrada que cultuava, em seu santuário, El, o deus canaanita. Abraão tomou o santuário canaanita e lá construiu um altar, que consagrou a Yaweh. Há dúvidas acerca do conhecimento, pelo patriarca Abraão, do deus Yaweh; segundo a tradição bíblica, há uma versão que aponta o nome Yaweh revelado muito mais tarde a Moisés.* Outra versão da tradição bíblica menciona Yaweh como sendo venerado desde o tempo de Adão.

Ainda não chegara ao fim a jornada de Abraão, que prosseguiu viagem com sua tribo até Mamre, próximo a Hebron, que marcou o local do acampamento de Abraão, embora isso não exclua viagens episódicas, conforme as condições econômicas do momento, porque eram pastores à procura de pastos e não agricultores que se fixam à terra.

Foi em Mamre que Abraão recebeu a revelação divina de que sua raça seria perpetuada.

O Gênesis segue contando a saga de Abraão e mostra que, nesse tempo, houve guerra entre vários reinos; parece que um dos reis se destacou como líder, Quedorlaomer, rei do Elão. Os reinos vencidos ficaram subjugados por muitos anos, até que se rebelaram contra os vencedores, saqueando Sodoma e Gomorra. Tomaram também todos os bens de Lot, filho de Harã, irmão de Abraão, que morava em Sodoma.

Abraão, com seus aliados, partiu em combate contra os reis que saquearam Sodoma e Gomorra, vencendo-os e recuperando todos os bens, as mulheres e o povo. Libertou Lot, seu sobrinho, e os bens dele.

Essa foi a fase em que aparece a figura de Melquisedeque,* rei de Salém e sacerdote do Altíssimo. Melquisedeque trouxe pão e vinho, e abençoou Abraão, que lhe deu o dízimo de todo o ganho nas conquistas contra os reinos.

Até essa época, Abraão, embora fosse casado com Sarai, não tinha filhos. Sarai, sua mulher, era estéril e por isso ela deu a Abraão sua escrava Hagar, com quem Abraão teve seu primeiro filho, Ismael.

Sarai, que, por ordem do Senhor passou a se chamar Sara, estava fora da idade de procriar, mas Deus lhe prometera a fertilidade, o que ocorreu. Sara deu à luz Isaque, e Abraão, por ordem de Deus, rejeitou Hagar e o filho que tivera com ela, Ismael, porque a descendência de Abraão, segundo o Senhor, lhe seria dada por Isaque.

Sara morreu aos 127 anos, e Abraão casou-se com Quetura, que lhe deu mais quatro filhos: Zinrá, Jocsã, Medã e Midiã.

O Gênesis, no capítulo 22, apresenta a prova de que Abraão deu ao Senhor, quando lhe foi ordenado que oferecesse seu filho Isaque, àquela época seu único filho (já que Ismael tinha sido rejeitado, por ordem do Senhor), em holocausto, o que foi preparado por Abraão no Monte Moriah, onde, mais tarde, seria construído o Templo de Salomão.* O episódio culmina, ainda segundo o Gênesis, com a intervenção de um anjo, no momento

---

*N.E.: Sugerimos a leitura de *Os Hierogramas de Moisés*, de A. Leterre, *Melquisedeque ou a Tradição Primordial*, de Jean Tourniac, e *Os Segredos do Templo de Salomão*, de Kevin L. Gest, todos da Madras Editora.

em que Abraão sacrificaria o próprio filho, no altar que construíra. A intervenção do anjo do Senhor impediu o sacrifício de Isaque, que foi substituído, na cerimônia, por um carneiro.

Conforme o Gênesis, Isaque casou com Rebeca e teve dois filhos: Esaú e Jacó. Esaú era conhecido como Edom, e sua descendência ficou conhecida como edomita. Jacó era conhecido como Israel, e seus 12 filhos homens formaram as 12 tribos de Israel.

O profeta Moisés é descendente do terceiro filho de Jacó, Levi. Era, portanto, um levita. O quarto filho de Jacó, Judá, gerou, como descendentes longínquos, Davi, Salomão e Jesus.

Abraão morreu aos 175 anos e foi enterrado em Machpelah, onde já estava o corpo de Sara, sua mulher. Seu grande mérito, que o coloca estreitamente relacionado ao fio da história que pretendemos apresentar, é que ele foi o primeiro profeta a pregar o monoteísmo, em uma época em que era comum a prática da monolatria em cada tribo, dentro do universo de muitos deuses.

Desde os tempos antigos, o Judaísmo diferenciou a humanidade entre os que obedecem e os que não obedecem às leis de Noé, que são os sete princípios fundamentais que podem ser esperados de qualquer nível de civilização: os filhos de Noé são considerados abstêmios da idolatria, do adultério, do assassinato, do roubo, de comer membros cortados de animais vivos, da castração de animais e da geração de monstruosidades.

O Judaísmo, rejeitando tanto a Trindade como a encarnação, acredita em um único Deus universal, que é imanente, assim como transcendente: o homem, feito à imagem divina, tem acesso direto ao seu Pai Celeste, sem a intervenção ou mediação de um filho.

Além disso, o Judaísmo rejeita a doutrina cristã da expiação e ensina que não há pecado original que necessite da intermediação sobre-humana, mas somente a liberdade para pecar, uma inevitável concomitância do livre-arbítrio. O homem pode, portanto, alcançar, sem auxílio, sua própria redenção pela penitência.

Os sacrifícios no templo foram abandonados, e a prece é o seu único substituto necessário. O mundo não é inerentemente mau, e o Judaísmo não aceita os Evangelhos cristãos, que pregam a proximidade do fim do mundo, a manutenção do devoto afastado das condições da vida social estabelecida, rejeitando a fortuna e o casamento. Outra diferença entre o Judaísmo e o Cristianismo está no ascetismo; os laços familiares não impedem o serviço divino.

O Judaísmo não reconhece Jesus como divino, filho de Deus, nascido de uma virgem; nega a possibilidade de Seu martírio para redimir os pecados da humanidade e mantém a doutrina da responsabilidade pessoal diretamente a Deus. Também não aceita o aspecto messiânico de Jesus, remetendo a questão do Messias para o futuro, em situação não catastrófica, mas proveniente da evolução gradual da raça humana.

A lei da religião judaica é chamada de Lei Mosaica, referindo-se a Moisés, quando, durante o êxodo, recebeu de Deus, no Monte Sinai, a lei escrita, chamada Torá, e as instruções adicionais e amplificadoras da lei escrita, a lei oral, ou Torá Oral, conhecida como Talmude.

A lei escrita, a Torá, é constituída pela reunião dos cinco primeiros livros do Antigo Testamento, atribuídos a Moisés: Gênesis, Êxodo, Levítico, Números e Deuteronômio.

Desde que foi transmitida a Moisés, no Monte Sinai, a Torá Oral, ou Talmude, só foi transmitida oralmente. Por várias razões, os sábios nunca permitiram que fosse escrita. Mas, uma vez destruído o Segundo Templo, os líderes judeus começaram a se preocupar com o fato de que a Torá Oral, sendo tão maciça e complexa, cairia no esquecimento em virtude da opressão romana e a consequente dispersão do povo judeu. No ano de 188 da E.C., o rabi Yehudá ha-Nassi finalmente terminou de compilar a Mishná, que constitui a primeira parte do Talmude. Centenas de anos mais tarde, já no final do século IV da E.C., Rav Ashi, importante sábio babilônico, iniciou a compilação de todo o Talmude.

O Talmude está dividido em duas partes: Misná (Mishná) e Gemara.

O Misná, que significa segunda lei, é o compêndio no qual estão registradas as leis tradicionais, preparadas pelo rabino Yehudá ha-Nassi, como já citamos anteriormente. Está escrito em hebraico castiço, em seis capítulos, embora nele apareçam algumas palavras aramaicas, gregas e latinas.

O Gemara é também conhecido por suplemento ou ampliação do Talmude. Existem dois Gemaras: um de Jerusalém, compilado na Palestina em 450 a.D., e outro, na Babilônia, talvez 50 anos depois. O primeiro consta apenas de um volume, e o segundo, de 12 volumes. Esses últimos são os mais aceitos pelos hebreus.

Moisés

A literatura esotérica situa Moisés de forma e época diferentes da história clássica. Trata-se de um enfoque raro e inteiramente diferente, por isso julgamos oportuna sua apresentação.

Moisés e o príncipe herdeiro Ramsés (Ramsés II) se gostavam profundamente. Foram criados juntos no palácio; usavam a roupa um do outro, compartilhavam dos mesmos jogos, prazeres e tristezas. Na Antiguidade, o uso da vestimenta era extremamente pessoal, não podendo ser compartilhada, porque era considerada parte da personalidade.

Moisés tinha nascido em 1313 a.C., durante o oitavo ano do reinado de Set I. Ramsés II era um pouco mais velho do que Moisés e cuidava dele como se fosse um "irmão" mais novo.

Os dois sabiam que tinham uma missão importante a ser completada no Egito.* Ambos eram muito conscientes de quem e o que eles eram. Quando o príncipe Moisés tinha 13 anos de idade, o faraó morreu (1300 a.C.), e o príncipe herdeiro ascendeu ao trono. Tiveram de trabalhar rápida e sigilosamente a fim de preparar Moisés para que ele pudesse retirar os registros familiares de Abraão, Isaque e Jacó, que tinham sido levados para o Egito há muitas gerações. Os registros originais foram deixados sob a Grande Pirâmide e a esfinge, mas Moisés fez cópias precisas daqueles de que precisaria para levar quando fosse guiar seu povo para fora do Egito, para a "Terra Prometida", onde Jesus iria mais tarde nascer e provocar o início de uma nova fase do desenvolvimento da humanidade.

A visão sobre Moisés, como anteriormente apresentada, é a de autores esotéricos. Todavia, há, na literatura, conceitos, os mais diversos, acerca de Moisés, inclusive o que nega sua existência como uma só personalidade; nesse caso, entendem Moisés como a criação de estudiosos para justificar, em uma só linha de pensamento, conceitos acumulados durante séculos por vários personagens e profetas. Para eles, pelo menos, o enigma termina aí.

Muitos outros estudiosos, todavia, procuram analisar Moisés como um personagem que existiu e deixou um trabalho. Ao tentarem descrever Moisés e o seu trabalho, tornam o problema mais complexo.

Há autores que, baseados na história, acham pouco provável a hipótese do nascimento de Moisés no tempo do faraó Ramsés II, porque o conceito que passou à história acerca daquele faraó não se encaixa com uma ordem (do faraó), no sentido de mandar matar todos os recém-nascidos homens dos escravos, a fim de que, com isso, o pequeno Moisés fosse eliminado. Isso porque era de domínio, na época, que viria de um escravo a criança que resgataria a liberdade de seu povo.

Consta que, para escapar dessa ordem do faraó, os pais de Moisés o instalaram em um cesto de vime encerado com breu e o puseram a flutuar nas águas do Nilo. Esse pequeno ser teria sido colhido, nas margens do rio, preso entre arbustos, pela filha do faraó, que o criou como filho.

Essa hipótese fortalece o nascimento de Moisés no tempo do faraó Set I, por volta do ano 1300 a.C.

A origem do nome Moisés é duvidosa. A interpretação hebraica do nome é que o vocábulo designa "aquele que puxa" seu povo para fora do Egito. Mas é pouco provável que, após 400 anos de escravidão no Egito, ainda prevalecesse a forma hebraica e que uma princesa egípcia desse nome hebreu ao seu pupilo. O mais provável seria dar-lhe um nome egípcio, sendo, portanto, o significado para o nome de Moisés: o "salvo das águas".

---

*N.E.: Sugerimos a leitura de *Moisés e Akhenaton – A História do Egito no Tempo do Êxodo*, de Ahmed Osman, Madras Editora.

Ainda segundo os esotéricos, Moisés teria sido iniciado nos mistérios egípcios e foi nomeado escrivão sagrado do Templo de Osíris.* Em uma viagem ao delta do Nilo, como escrivão sagrado, reagindo contra os maus-tratos infligidos por um guarda egípcio sobre um escravo hebreu indefeso, tomou-lhe a arma e o matou. Como era sacerdote de Osíris e cometera um homicídio, deveria ser julgado pelo colégio sacerdotal; decidiu, então, autopunir-se. Dirigiu-se para um local, no país de Midian, onde havia um templo que não dependia do sacerdócio egípcio. O grande sacerdote de lá era Jetro.

Submeteu-se às penas que lhe foram impostas e começou a entender que o Egito não era mais a sua pátria; sentiu que nova missão estava por vir.

Moisés permaneceu muitos anos junto a Jetro, em Midian, vindo a casar-se com a sua filha Sephora.

A cronologia da missão de Moisés também é muito controversa.

Ainda estudando a interpretação mística, Moisés, grande sacerdote, amigo e meio-irmão do faraó Ramsés II, detentor de poderes mágicos, manipulador da temida energia de "Vril" do rei de Agharta, sem compromisso com a linha sucessória do trono dos faraós, teria sido incumbido da missão de retirar os documentos existentes no Egito, desde há muito tempo, porque a civilização egípcia estava em declínio e próxima da extinção.

Mas a retirada dos documentos teria um novo destino. Os documentos deveriam ser transportados para um local onde floresceria, no futuro, um novo tempo.

A interpretação mística acrescenta que Jetro, o rei negro, sogro de Moisés, designou-lhe uma missão adicional: "criar um povo, uma civilização, para a religião eterna", a que viria, mais tarde, com o advento de Jesus.

O povo, a constituir uma nova civilização, ali estava, ao alcance de Moisés: os escravos hebreus que, durante mais de 400 anos, trabalhavam para o Egito.

Já havia, no Egito, a concepção monoteísta de Aton, que sucedeu a concepção politeísta, a escola de Amon, caracterizada pelo culto de muitos deuses.

Assim, a missão completa de Moisés teria sido: conduzir os Tesouros da Sabedoria ao local onde iria nascer a nova fase da humanidade, Israel, depositando-os nos subterrâneos do Templo de Salomão (o primeiro templo); transformar o povo hebreu, escravo no Egito, de politeísta (amonita) a monoteísta (atonita), conduzindo-os de volta para Israel, a fim de servirem como força aglutinadora e preparadora da Nova Era, a do Deus Uno, amado e respeitado, em contraposição à ideia então vigente dos deuses enfurecidos e vingativos. Essa missão configurou o que se denomina êxodo, que foi a grande obra de Moisés.

---

*N.E.: Sugerimos a leitura de *Rumo aos Mistérios – Osíris Vive,* de Jorge Adoum, Madras Editora.

O aparente conflito de tempos e eventos é o da duração da missão de Moisés: consumir 40 anos para cruzar o deserto, o que, na época, era feito em cerca de uma semana.

No entanto, a missão dada a Moisés por Jetro – a de arrebanhar tribos nômades, juntar grupos dispersos, modificar-lhes os costumes e crenças arraigados e convencê-los a regressar – não é positivamente tarefa para uma semana, mas sim para os 40 anos de duração do Êxodo.

O êxodo foi conduzido por Moisés com "mão de ferro". Estabeleceu tribunais e exerceu a justiça. Construiu a Arca e nela depositou os tesouros que recebera do faraó e as Tábuas da Lei, os Dez Mandamentos, que recebera de Deus.

A Moisés, o codificador do Judaísmo, o consolidador de Israel e o aglutinador dos hebreus, atribui-se a autoria de cinco livros, por isso denominados de Pentateuco, a Torá dos israelitas. Esses cinco livros – Gênesis, Êxodo, Levítico, Números e Deuteronômio –, são, ainda hoje, a base da Bíblia denominada "As Escrituras Hebraicas", o Velho Testamento.

Moisés concluiu a missão, mas não pôde ver sua concretização. Morreu às portas de Israel.

Coube ao seu fiel Josué a tarefa de conduzir o povo, entre guerras e disputas, para que as últimas palavras proféticas de Moisés fossem materializadas: "Voltai a Israel. Quando o tempo chegar, o Eterno lhes enviará um profeta, como eu, entre vossos irmãos, e porá o verbo em sua boca; esse profeta lhes dirá o que o Eterno lhe haja ordenado".

Essa é, em resumo, a bonita versão esotérica da incrível missão do misterioso personagem Moisés, colocando-o, na versão religiosa, como o elo entre o Judaísmo e o Cristianismo que, afinal de contas, é o objeto desta obra.

Antes da Era Cristã, havia duas facções no Judaísmo: os saduceus e os fariseus, que diferiam muito entre si na aplicação da lei.

Os saduceus eram sacerdotes e aristocratas conservativos enquanto os fariseus eram leigos, estudiosos, pregadores e, muitos deles, artesãos.

Os saduceus priorizavam a letra da lei, enquanto os fariseus se fixavam no seu espírito.

Infelizmente, as informações que nos chegam são unilaterais. Dessa forma, após a destruição do templo, os saduceus desapareceram, e as fontes de informação estão, quase que inteiramente, do lado farisaico.

As fontes cristãs, o Novo Testamento, sendo posteriores aos saduceus e não se importando com as diferenças entre os judeus, frequentemente erraram acerca dos saduceus e cometeram enganos acerca dos fariseus. Como exemplo, o termo fariseu se transformou em sinônimo de hipócrita, forma inadequada que se mantém até hoje. Seus defeitos foram ampliados e suas virtudes, ignoradas. Os fariseus tentavam dar à lei oral (Talmude) importância semelhante à da lei escrita (Torá). Os saduceus exigiam sanção bíblica para a lei oral, e os fariseus procuravam dispositivos hermenêuticos (hermenêutica – interpretação do sentido das palavras, ou dos textos sagrados, ou ainda a arte de interpretar leis – *Dicionário Aurélio*), provocando, com isso, dificuldades de interpretação. Houve, no entanto, casos em que os fariseus se tornavam quase inovadores. Um exemplo foi a substituição da lei da compensação pela lei de talião, porque, nos tempos primitivos, não havia a justiça do Estado e era dever de cada pessoa derrubar os erros e punir o criminoso. A abstenção era considerada apatia e contrária ao espírito público. Posteriormente, com a criação de tribunais treinados e imparciais, encarregados da distribuição da justiça, prevaleceram condições diferentes.

O Judaísmo legislou sobre higiene, herança, propriedade, agricultura, vestimenta, regime, negócio e muitas outras matérias. Não era simplesmente uma crença, mas também um estilo de vida.

Com o Cristianismo, Jesus declarou que vinha "para cumprir a lei", mas, na verdade, algumas vezes, Ele parecia anular a lei. Jesus era um fariseu avançado, um inovador que chegou depois dos outros para decidir que as práticas obsoletas necessitavam de revisão.

Assim como os fariseus, Jesus, posterior a eles, insistiu que a conformidade com a lei escrita não pode ser tomada como substituto da conduta moral. As leis do Judaísmo não podem ser particularizadas; elas devem ser generalizadas para afirmar que moldam a vida do judeu em todos os detalhes.

Um exemplo típico de que a lei judaica não particulariza simplesmente a fé é a Oração da Manhã, de deveres, cujo objetivo principal é conduzir ao impulso generoso do homem. Outro exemplo é o do repouso do Sabá, o maior tema governado pelo Judaísmo; ao contrário do que se imagina, não é um dia de melancolia e restrições; na literatura secular, o Sabá é a maior bênção de Israel.

CRISTIANISMO

Há autores que explicam o termo "Cristianismo" como proveniente da palavra Cristo, que significa Messias, pessoa consagrada, ungida, do hebraico *mashiah*. Correntes ocultistas explicam, talvez de forma mais profunda, que a palavra Cristo é atribuída à função de mediador, o caminho entre o homem e Deus; essa função é exercida por um ser superior da hierarquia divina. Esse cargo ou função, o Cristo, é também conhecido como Logos Planetário pelos teósofos. Outros adjetivos são atribuídos ao Ser que ocupa esse cargo, tais como: Gênio Solar, Verbo Solar e Espírito Santo.

Os ocultistas afirmam que, naquela época, o Cristo era o grande mestre ascensionado* Maytréia e que, no episódio do batismo de Jesus pelo mestre Iocanã (João Batista), nas águas do Rio Jordão, Jesus cedeu seu corpo ao grande senhor Maytréia, o Cristo. A partir de então, o novo ser passou a denominar-se Jesus Cristo.

Os membros da Igreja Gnóstica adotam como seu livro sagrado o *Pistis Sophia*, obra escrita na época da ressurreição de Jesus e que ficou imune às alterações produzidas pelos copiadores, ao sabor do interesse dos sacerdotes, como ocorreu com a grande maioria dos livros sagrados.

Esse documento, que foi encontrado no final do século XVIII em uma gruta no Egito, mostra Jesus como sendo um ser superior na hierarquia divina, que, ainda vivendo nas esferas divinas superiores, foi enviado por Deus para libertar o Pistis Sophia, o Ser da Fiel Sabedoria, do caos, recolocando-o em seu devido lugar na escala das inteligências (Éons).

Os gnósticos afirmam também que Jesus, ainda vivendo nas esferas divinas superiores, além de libertar o Pistis Sophia, foi o vencedor do Ser da Fatalidade, a Heimarméne. Fatalidade, a Heimarméne, é vista pelos gnósticos como um ser vivente, assim como também é o Pistis Sophia, a Fiel Sabedoria. Todas as religiões pré-cristãs do Oriente Próximo e do Mediterrâneo afirmavam que o homem, de seu nascimento à morte, estaria acorrentado pelo seu

---

*N.E.: Sugerimos a leitura de *Transformando sua Vida em Ouro – A Alquimia dos Mestres Ascencionados*, de Marcelo Daniel Stroeymeyte, Madras Editora.

destino ao curso da fatalidade. Esse determinismo era apresentado ao homem pela Astrologia,* a ciência formal que o ligava aos planetas, determinando seu inexorável destino.

Talvez essa seja uma das razões por que a religião católica afirma que Jesus sofreu e morreu na cruz "para nos salvar".

O fato é que a visão determinista da fatalidade foi substituída, no Cristianismo, pela visão probabilista, que oferece ao homem a possibilidade de modificar o seu destino segundo seu próprio livre-arbítrio. Essa libertação do homem, conforme a Igreja Gnóstica,* foi conseguida por Jesus ao dominar Heimarméné, a Fatalidade.

Segundo os gnósticos, o Ser Supremo, ao decidir resgatar o gênero humano, enviou sua primeira inteligência, o Nous (Cristo), para reunir-se com Jesus pelo batismo do Jordão.

Na visão dos religiosos cristãos, Jesus veio completar os ensinamentos dos profetas. Empregou a fraseologia e as imagens antigas, mas estava consciente de seu uso em um novo sentido, apresentando a figura alegre e bondosa de Deus.

Jesus não era historiador, crítico e nem teólogo. Ele usava as palavras do homem comum no sentido em que eles entendiam, embora Seus ensinamentos tenham sido apresentados em forma de parábolas. Por isso Seus ensinamentos contêm a nota da universalidade, nivelados ao entendimento dos ignorantes e das crianças. Para Ele, o arrependimento vinha em primeiro lugar, ignorando as complicações ritualísticas e teológicas e abandonando as leis antigas da fatalidade, porque contradizem as crenças fundamentais.

Jesus reconhecia sua posição destacada, e não ignorava seus poderes. Ele acreditava ser o Messias, cuja vinda os profetas anunciavam, e somente por essa autocrença pode ser explicada a sua missão e a carreira de Seus discípulos. Ele abriu as portas do reino e tornou possível a entrada nele. Jesus não fazia alarde de Sua origem sobrenatural e gostava da Sua posição humilde e de filho de José e Maria.

A tradição popular fazia crer no aparecimento súbito do Messias, cujo reino seria estabelecido pela força, e, pela força, o povo de Israel seria libertado do jugo dos invasores romanos.

Seu reino não foi estabelecido por admiráveis e miraculosos poderes nem pela força, mas pelo serviço amoroso. Os discípulos de Jesus, que com Ele conviviam, não conseguiram compreender a simplicidade e a profundidade de Sua mensagem, muito menos, os Seus oponentes. Ele foi acusado de blasfêmia pelas autoridades eclesiásticas e por insurreição pelos legisladores civis. Foi condenado e crucificado, e Seus seguidores foram perseguidos.

---

*N.E.: Sugerimos a leitura de *Curso de Astrologia*, de Christina Bastos Tigre, e *A Igreja Gnóstica – Tradição Huiracocha*, de A. Krumm-Heller, ambos da Madras Editora.

Seu trabalho limitou-se à palavra falada, não tendo Ele deixado nenhum escrito.

De Seus discípulos, somente Paulo, em sua consciência profética, compreendeu a universalidade dos ensinamentos de Jesus e por isto tornou-se seu verdadeiro intérprete.

São Paulo

Paulo de Tarso, o apóstolo São Paulo do Cristianismo, nasceu nos arrabaldes de Tarso (Tarsus), na Cilícia, território asiático na margem do Mar Mediterrâneo, anexado ao império Romano, hoje pertencente à Turquia. Foi contemporâneo de Jesus.

Era filho de judeus. Seu pai, Hillel ben Borush, era um judeu fariseu. Os fariseus aceitavam a reencarnação. Sua mãe, Débora bas Shebua, era judia nascida de pais da tribo dos saduceus, que eram considerados ignorantes em relação aos assuntos que agradavam a Deus. Seu pai deu-lhe o nome de Saul de Tarshish. Tarshish era outro nome dado a Tarso. A tradução romana de seu nome era Paulo de Tarso.

Seus pais, embora judeus, eram cidadãos romanos, assim como o filho Saulo.

Saulo de Tarso tinha um temperamento forte e era exigente com sua própria conduta e com seus costumes, conduzindo-se dentro de um sistema rígido de vida. Não se casou, preferindo dedicar a vida ao Deus de sua religião. Viajou para Jerusalém, onde instalou um pequeno comércio para a sua subsistência. O dinheiro que seu pai enviava para ajudá-lo era distribuído com os miseráveis de Jerusalém, que mendigavam em torno do templo.

Essa linha rígida de conduta o levou a posicionar-se radicalmente contra os cristãos, adeptos de Jesus, embora, por algumas vezes, tenha cruzado seu caminho com o de Jesus, o que sempre lhe causava forte e incompreendida impressão.

Com a morte de seu pai, Saulo voltou a Tarso, a fim de decidir sobre sua herança.

Permaneceu algum tempo em Tarso, na Cilícia, retornando mais tarde a Jerusalém, quando Jesus já havia sido crucificado.

Em Jerusalém, encontrou um grande movimento de credibilidade em Jesus, que era considerado por muitos judeus influentes o Messias.

Na família de seu avô, pai de Débora, Shebua ben Abraão, Jesus também era considerado o Messias e tinha até feito ressuscitar um dos rapazes da família.

Esses fatos irritaram profundamente Saulo, que entendia ser Jesus e seus seguidores um bando de mentirosos, fraudadores, feiticeiros e necromantes.

Revoltado com a grande adesão dos judeus à causa de Jesus, Saulo procurou Caifás, o sumo sacerdote (que era cunhado de Judas Iscariotes);

Caifás convencera Pôncio Pilatos a executar o Nazareno sob a acusação de Ele incitar o povo a revoltar-se contra Roma. Saulo ouviu de Caifás o que já suspeitava: a grande adesão a Jesus, inclusive por autoridades do Sinédrio e de importantes famílias, até mesmo a sua.

Saulo afirmou a Caifás ser o único a poder livrar os judeus da ação do vil feiticeiro, Jesus, e Seus discípulos. Caifás, então, propôs a Saulo nomear-lhe procurador romano, acusador de perturbadores da ordem e rebeldes em toda a Israel. Saulo recebeu essa missão das mãos do próprio procurador Pôncio Pilatos, que lhe entregou um grupo de legionários romanos que agiria e prenderia à sua vontade. Ofereceu-lhe também uma casa em Jerusalém, para que pudesse morar na cidade.

Saulo de Tarso passou a combater, com violência, todos os judeus suspeitos de ser aliados à causa de Jesus, jogando os legionários contra criaturas indefesas, espancadas e aleijadas nos umbrais de suas próprias casas e recolhendo-as em prisões insalubres.

Tamanha era a violência das atitudes de Saulo que até Pôncio Pilatos as reprovava.

Saulo pediu cartas a Pôncio Pilatos e a Caifás para viajar a Damasco, onde, nas sinagogas, havia muito movimento de adesão ao Messias. Saulo queria sufocar esses movimentos de adesão à doutrina de Jesus.

Nessa viagem a Damasco, ocorreu-lhe ter uma visão de Jesus em meio ao deserto. E Jesus falou a Saulo de Tarso.

Saulo, de imediato, entendeu que sua atitude de rebeldia aos atos do Messias era totalmente imprópria, tornando-se, de imediato, mais um adorador da obra de Jesus.

Diante do êxtase que experimentou, Saulo ficou cego e foi levado à casa que deveria acolhê-lo como hóspede, a casa de Judas ben Jonas.

Lá, declarou ao anfitrião que recebera ordens para aguardar a visita de Ananias, que lhe restituiria a visão.

Ananias realmente chegou à casa de Judas ben Jonas e restituiu a visão de Saulo de Tarso. A partir daí, Saulo modificou-se, dedicando sua vida à obra do Messias, Jesus ben José.

A transformação ocorrida com Saulo foi muito estranha e radical, porque, quase instantaneamente, ele se transformou do mais violento adversário do nascente Cristianismo ao mais devoto seguidor e divulgador da causa do Messias.

A obra de Saulo, que ficou conhecido como Paulo de Tarso, foi registrada pelo apóstolo Lucas, no livro Atos dos Apóstolos. Esse livro parece ser o prosseguimento do Evangelho de Lucas, nele estando registrados os atos de Pedro e Paulo, em uma cadeia de eventos que se estendeu por mais de 28 anos. Paulo ocupou o apostolado, preenchendo a vaga deixada por Judas Iscariotes e aparece com destaque a partir do 12º capítulo de Atos dos Apóstolos.

Lucas participou de algumas das viagens de Paulo. Em uma dessas viagens de apostolado, por volta do ano 50, Paulo escreveu as primeiras epístolas canônicas, as duas cartas aos tessalonicenses e, logo após, a carta aos gálatas. Por volta do ano 55, em Éfeso, escreveu a primeira carta aos coríntios e, logo após, na Macedônia, a segunda epístola aos coríntios. Viajou, em seguida, à Grécia, onde escreveu a epístola aos romanos.

Por volta de 58, Paulo e Lucas foram presos pelos romanos, viajando para a Itália. Durante o período encarcerado em Roma, cerca do ano 59, Paulo escreveu as epístolas aos efésios, filipenses, colossenses e a Filemon, tendo sido libertado por volta do ano 61.

Paulo de Tarso morreu em 65 ou 66, após ter ainda viajado por vários países, até Espanha.

Foi julgado pelos romanos, sob a acusação de responsabilidade no incêndio de Roma, no império de Nero. Condenado à morte e em face de ser cidadão romano, teria sido decapitado em 67 d.C. Seu túmulo está na Basílica de São Paulo Extramuros, na Via Ostiense, lugar tradicionalmente aceito como sendo de seu martírio.

A Igreja Católica comemora São Paulo no dia 29 de junho, data comemorativa dos santos apóstolos São Pedro e São Paulo.

São Lucas

Lucas (Lucano) foi outro personagem muito importante na alvorada do Cristianismo. Sua atuação, trabalhando a favor da causa do Messias, foi grandemente marcada, e o seu Evangelho tornou-se um dos quatro adotados pela Igreja Católica. O livro Atos dos Apóstolos, de autoria de São Lucas, com relatos sobre os apóstolos Pedro e Paulo, é como uma continuação do seu Evangelho.

Essa é a razão por que apresentaremos um pouco de sua história dentro do contexto do Cristianismo.

Lucas nasceu, provavelmente, na Grécia ou na Síria, era filho de Enéias e Íris, ambos gregos e escravos libertos. Não era, pois, judeu. Seu pai era guarda-livros e tomava conta dos negócios do tribuno romano Deodoro Cirino, notável militar, filho de militar, homem culto e extremamente rigoroso. Deodoro Cirino era casado com Aurélia, mulher bondosa e robusta. Seu amor oculto era Íris, uma jovem grega de extrema beleza e atitudes finas. As diferenças sociais determinaram a impossibilidade desse casamento.

Os pais de Deodoro Cirino eram os senhores de Enéias e Íris, que os libertaram e realizaram o seu casamento.

Enéias e Íris acompanharam Deodoro quando de sua nomeação para o governo de Antioquia e tinham sua própria moradia nas proximidades da residência do governador.

Desde cedo, Lucas, então Lucano, viveu no ambiente familiar do governador Deodoro, sendo o companheiro inseparável de sua filha Rúbria, primeiro grande amor juvenil de Lucas.

Nessa circunstância e por causa das características de inteligência de Lucas foi-lhe permitido acompanhar os estudos de Rúbria com o escravo professor chamado Cusa, assim como ser orientado pelo também escravo e médico da família, Keptah.

Lucas, ainda menino, demonstrara tendência para a cura, e seus conceitos acerca do "Deus desconhecido" dos gregos tornaram-no, mais e mais, um tipo de poeta que não se aprazia muito na diversão com outras crianças, exceto Rúbria. Mas ela, desde pequena, sofria da incurável doença branca, talvez a leucemia de hoje.

Lucas teve ocasião, ainda criança, de convencer o médico Keptah a ministrar à pequena Rúbria uma poção feita em vinho, com ervas que ele próprio colhera. O resultado foi extremamente positivo sobre o estado geral da menina, o que deixou todos satisfeitos e fez exultar o bondoso, porém, rude tribuno Deodoro, que adorava a filha sobre todas as coisas.

A infância de Lucas corria entre estudos, folguedos e, em particular, como verdadeira fixação, a preocupação com a saúde de Rúbria.

Deodoro Cirino nutria secreta amizade por Lucas pela sua vivacidade, inteligência, educação e, sobretudo, porque via nele o filho que teria sido seu com Íris, sua verdadeira amada. Tratava a mulher, Aurélia, com carinho e desvelo, não deixando transparecer seu amor secreto. Não seguia a linha dos demais romanos de sua época, que tinham vida devassa com as escravas e cortesãs. Era um homem voltado ao trabalho, à família e a seus estudos. Adotava o princípio de obediência, relembrando seu velho pai, já falecido, que dizia: "Eu obedeço aos deuses e às leis do meu país e há orgulho nessa obediência, porque ela é voluntária e exigida de todos os homens honrados. O homem sem disciplina não tem alma".

O médico escravo Keptah, formado na famosa Escola de Medicina de Alexandria, era homem de vasta cultura médica, filosófica e esotérica, embora de origem desconhecida. Tomou ele o menino Lucas a seus cuidados. A esse tempo, Lucas já se isolava de todos e permanecia como desligado dos cinco sentidos da matéria, em oração e conversa com o "Deus desconhecido"; aprendera a conhecê-Lo com o seu pobre pai, que derramava sempre as primeiras gotas de sua libação no altar, em honra ao Deus desconhecido.

Além das lições com o escravo professor, Lucas acompanhava e aprendia com Keptah.

Uma noite, Lucas deixou o seu leito e correu a postar-se, como em meditação, olhando para o céu, à beira do riacho. Logo veio acompanhá-lo o médico Keptah, que também perscrutava o céu deslumbrado.

Aprendera, no seio de sua fraternidade, que havia uma vigília permanente aos céus, desde tempos imemoriais e os dias de Ur.

E ali estava a estrela, sendo contemplada por Keptah e Lucas. Era a famosa estrela que deveria mostrar aos membros da fraternidade a hora e o local do nascimento do tão esperado Messias. Era para aquele local que os membros da fraternidade deveriam se deslocar prontamente. E Keptah mantinha-se ajoelhado, junto ao pequeno Lucas, rejubilando-se à margem do estuário do Rio Orontes. Tomou-se de extrema e radiosa paz, abençoando aquela hora em que vinha ao mundo o Redentor dos homens.

Lucas a tudo assistiu, com vivo interesse, percebendo claramente a grandeza do momento.

Em uma ocasião, Keptah, percebendo os progressos de Lucas, entendeu que ele também poderia ser iniciado em sua fraternidade. Levou-o a Antioquia e o introduziu no templo secreto de sua fraternidade. Um menino de talvez 12 ou 13 anos.

Lá estava o menino Lucas defrontando-se com uma enorme e enigmática cruz, disposta no centro do templo, onde permaneceu muito tempo.

Ao término, já fora do templo, os sacerdotes disseram a Keptah: "Não te enganaste, meu irmão. Estás verdadeiramente certo. O rapaz é dos nossos. Mas não pode ser admitido na fraternidade, e eu não ouso dizer-te por quê. Há outro caminho e outra luz para ele, através de longos e áridos lugares, cinzentos e desolados, e ele terá de encontrá-los. Porque Deus tem trabalho que ele deve realizar antes de chegar à sua última viagem e uma mensagem única para lhe dar. Ensina-lhe o que puderes, depois deixa-o ir, mas podes estar certo de que não se extraviará nas sombras e de que voltará de novo para a cruz".

Na saída, o menino Lucas perguntou a Keptah quem eram eles. Keptah respondeu: "São reis, são os Magos". E mais não podia responder.

Passado algum tempo, sobreveio uma enorme enchente no rio, acrescida de forte temporal, que tudo inundou.

No porto, preso aos livros e tentando salvá-los mais que a sua própria vida, morre Enéias, pai de Lucas.

Todos ficaram desolados. Íris, a mulher de Enéias, ficou petrificada. Deodoro, o tribuno romano governador de Antioquia, comentava comovido o ato heroico de seu fiel servidor.

Lucas compreendeu, então, o grande erro que cometera. Vivera afastado do pai, e não soubera honrá-lo em vida. "Um homem deseja parecer um deus aos olhos do filho. Eu deixei que meu pai percebesse que era um pigmeu, vi que se encolhia sob o meu olhar. Oh! Não pude deixá-lo crer que era importante, embora tentasse falar-lhe respeitosamente e com falso tom de submissão! A tal degradação cheguei!"

Passando o tempo, Lucas se tornava cada vez mais sisudo e frio diante das vicissitudes pelas quais passava. Acreditava no Deus desconhecido, cria no Pai, mas entendia que Ele era o maior inimigo dos homens, porque os fazia passar por dores e sofrimentos como aos que assistia diariamente auxiliando a visita médica de Keptah. Ressentia-se de sua própria dor, porque o Pai iria privá-lo, em breve, da presença de sua Rúbria, dedicado e adorado amor de sua vida.

Nesse tempo, Lucas já tinha grande fama de curador entre os miseráveis doentes de Keptah. Impunha as mãos em solene ato e aliviava dores, curava tumores, abrandava as doenças, exceto em Rúbria, em quem nada conseguia.

Rúbria morreu, doce e suave, conhecendo a extensão de sua doença, nos braços do jovem Lucas.

E Lucas blasfemava: "Para que nasce um homem? Nasce só para torcer-se em tormento... Grita para Deus, mas não recebe resposta. Chama Deus. Chama um carrasco... Que Deus já disse: 'Levanta-te, e Eu aliviarei tua carga e guiarei tua vida'. Não, nunca houve tal Deus, nem haverá: Ele é nosso inimigo".

Tomou Lucas então a decisão de aprender a derrotar Deus. "Arrancarei d'Ele as Suas vítimas. Afastarei a Sua dor dos desamparados... Quando Ele decretar morte, eu decretarei vida. Esta será a minha vingança sobre Ele."

Estava marcada uma longa fase da vida futura de Lucas. Sisudo, pouco falava, tentando curar todos os males dos homens.

Prosseguiu auxiliando Keptah nas operações, nas amputações, nos partos, nas medicações, sempre em cumprimento ao seu determinismo: "Decretar a vida quando Deus, seu inimigo, decretasse a morte".

Deodoro Cirino se transfigurara. A morte da filha querida, coração de seu coração, modificara profundamente suas atitudes. Sua mulher, Aurélia, deu-lhe um filho e morreu no parto. O menino, segundo o diagnóstico de Keptah, também nascera morto. Lucas, que a tudo assistia, toma o recém-nascido nos braços, desobstrui o muco de sua boca e, soprando vigorosamente ar para dentro de seus pulmões, determina em tom profético, mas desesperado: "Viva!"

E o menino viveu. Chamou-se Prisco. Deodoro, mergulhado na tristeza, entregou a criança aos cuidados de Íris. Passou longos meses em Roma; quando retornou, declarou seu amor a Íris, pedindo-a em casamento.

O auxílio financeiro de Deodoro a Lucas permitira-lhe o estudo em Alexandria, onde cursava medicina com raro proveito. Tinha consigo o antigo mestre escravo Cusa, agora casado com a escrava liberta de Aurélia.

Era jovem, atlético, inteligente, estudioso e revoltado com Deus. Não raras vezes ouvira falar do Messias, que havia nascido em Belém e que, desde pequeno, causava sensação entre o povo e as autoridades romanas e religiosas. Desdenhava sempre, procurando manter a parede que determinara para separar-se do Deus inimigo. Ligava-se pouco à família, que agora vivia em Roma. Íris dera novos filhos a Deodoro, mas nada fazia Lucas unir-se à família, da qual, aliás, nunca se sentira membro. Seu espírito era irrequieto, à procura de algo que não conhecia.

Durante sua estada em Alexandria, fez curas maravilhosas. Tendo se formado em Alexandria, Lucas, atendendo aos apelos de Íris e Deodoro, foi para Roma passar algum tempo, até que pudesse escolher seu destino.

Era, então, o filho adotivo de Deodoro Cirino, homem de grande poder em Roma.

Não aceitou a nomeação que o imperador lhe dera como médico em Roma. Entendia que Roma tinha muitos médicos e que lá seus serviços eram dispensáveis. Dispôs-se a caminhar pelo mundo para aliviar as dores dos miseráveis.

Deodoro Cirino havia morrido. Recebera as honras do imperador César Tibério, apesar de lhe ter sido severo adversário.

Lucas deixou Roma às escondidas, por ter repelido a preferência que lhe dedicara a divina Augusta Júlia, devassa mulher do imperador César Tibério. Partiu pelo mundo, exercendo sua profissão e praticando curas maravilhosas, que ele mesmo procurava desconhecer. Duro e sisudo, sempre lutando contra Deus, que ele julgava inimigo dos homens. Sempre ouvia notícias do Messias, Suas curas, milagres e parábolas. Ouvia, mas não acreditava.

Em uma viagem de um longínquo porto da África para Roma, onde iria assistir ao casamento de sua irmã Aurélia (filha de Íris com Deodoro), acompanhado de seu mudo escravo liberto (um crioulo africano que comprara e libertara, mas que insistia em segui-lo), que ele mesmo curara milagrosamente de uma cegueira resultante de profundas lesões nas córneas dos dois olhos, com perda total de substância, Lucas voltara a ouvir maravilhas sobre o doce Rabi da Galileia. Ficou, porém, dessa vez, muito impressionado com o que ouvira. Tornou-se ainda mais acabrunhado e arredio, recolhendo-se ao seu aposento após tomar frugal refeição. Adormeceu e, durante o sono, apareceu-lhe uma grande cruz, branca como a neve. Lucas estava ao pé da cruz. Começou a chorar, dizendo consigo mesmo: "Fiz o possível para não me lembrar... Senhor! Vem até mim!" Encontrou-se, em seguida, em enorme deserto. Sentia sede e febre. Errava daqui para ali à procura de um oásis, um sinal de vida. Tombou de borco na areia ardente e disse consigo mesmo: "Devo morrer, pois, em torno de mim, há a inutilidade da minha vida, como um deserto, e nada existe para estancar a minha sede". Instantaneamente água fresca correu pelos seus lábios, e ele bebeu sofregamente, sem poder se saciar. Uma poderosa luz que o envolvia lhe cegara os olhos, e uma voz lhe dizia suavemente: "Eu sou o único que pode saciar tua sede, ó meu servo, Lucas!"

Ainda em seu sonho, estava agora caminhando encosta acima de uma montanha ardente como o fogo, as costas curvadas por uma carga terrível. Arquejou, desesperadamente, dizendo consigo mesmo que não poderia ir mais adiante. Uma voz, enchendo todo o espaço, falou: "Vinde ter comigo todos os que estais sobrecarregados, e Eu vos darei o repouso!"

Lucas acordou do sono. Suava. A escuridão era sufocante. Procurou levantar, mas tombou novamente adormecido. Tinha fome, uma enorme fome, havia um poço retumbante de angústia e desejo dentro dele. No meio da dor, viu duas mãos que partiam um pão e deram-lhe um pedaço, que ele devorou e o satisfez. Fez-se a voz: "Esta é a Minha verdade, e só ela pode aliviar a tua fome".

Permaneceu longos dias deitado, doente durante 14 dias. Intrigou-se com aquela febre, o estado do qual não tivera premonição, já que seu estado de saúde era perfeitamente normal. Foi uma doença misteriosa.

Após algum tempo, assistiu em Roma ao casamento de sua irmã Aurélia e reviu a família, partindo novamente. Chegando à Grécia, estava em sua casa de Atenas (tinha casas em várias localidades) quando presenciou a estranha escuridão ao entardecer, que parecia sufocar tudo e todos. Era o momento da crucificação no Calvário.

A partir de então, passou a dominá-lo uma estranha sensação de paz e tranquilidade, como se tivesse tido a suspensão de uma sentença. Era como um novo renascer.

Já em sua próxima cura, a de um escravo médico que acabara de comprar e libertar, sua reação foi mais suave. "Deus é bom. Acima de todas as coisas, Deus é bom."

Agora a atitude de Lucas era de remorso por ter passado tantos anos odiando Aquele que realmente era o mais justo e perfeito.

Nessa altura da história de São Lucas, aparece uma controvérsia relevante entre autores. A bem da verdade, há, entre os diferentes historiadores e biógrafos, uma série de outras controvérsias que não são muito relevantes.

Segundo Taylor Caldwell, no seu livro *Médico de Homens e de Almas*, Lucas nunca conheceu Jesus e soube da sua morte muito tempo depois. Taylor Caldwell segue toda a história nessa linha, até mesmo detalhando episódios em que ele tenta contato com aqueles que O conheceram e que O seguiram, tomando anotações para o seu Evangelho.

No livro *Paulo e Estêvão*, obra do autor Emmanuel, psicografada por Francisco Cândido Xavier,* edição da Federação Espírita Brasileira, conclui-se a mesma linha histórica de Taylor Caldwell, quanto ao fato de Lucas (diminutivo de Lucano) não ter conhecido Jesus em vida.

Eurico Ribeiro, em seu livro *Médico, Pintor e Santo*, em quatro volumes, contesta que Lucas não tenha conhecido Jesus. Ele afirma que Lucas era um dos discípulos de Jesus; não um dos 12 apóstolos, mas daqueles que foram selecionados para divulgar a vida do Messias.

O autor, Eurico Brandão Ribeiro, identifica Lucas como sendo o companheiro de Cleófas na caminhada para Emaús, logo após a morte de Jesus; eles foram os primeiros a ver Jesus ressuscitado, que os acompanhou, ceou e pernoitou com eles em Emaús.

Essa identificação é feita segundo interpretações de Atos dos Apóstolos, de autoria de Lucas.

---

*N.E.: Sugerimos a leitura de *Chico Xavier Inédito,* de Eduardo Carvalho Monteiro, Madras Editora.

Deve-se crer nessa linha de raciocínio, pois a obra de Eurico Brandão Ribeiro parece ser profundamente pesquisada. Lucas já teria se convertido de volta ao Pai e teria encontrado Jesus, ainda em vida, de tal forma que pôde, tanto quanto Cleófas, identificar, no terceiro caminhante, a figura do doce Rabi.

Não nos cabe opinar sobre qual interpretação seria a mais correta, mas esse detalhe é importante no estudo da biografia de Lucano, que adotou o nome de Lucas como médico, milagreiro, curador, estudante da vida de Jesus e propagador de Sua doutrina.

Lucas conheceu Saulo de Tarso (São Paulo) em Antioquia, em uma célula do caminho. Saulo já era um convertido e fervoroso soldado de Cristo.

Consta que foi nessa ocasião que, por proposta de Lucano, adotou-se a designação que melhor identificava a ideia central do movimento, modificando a qualificação dos discípulos de Jesus de "caminheiros" para "cristãos". Isso porque, segundo os autores de sua biografia, Lucas julgava que havia caminheiros e viandantes de todos os matizes e que seria mais justo chamar os discípulos de Jesus de cristãos. Daí para a frente, o termo cristão foi plenamente aceito e passou a ser o identificador dos anunciadores da boa-nova.

A respeito do termo cristão e Cristianismo, já apresentamos nessa obra diversas razões para a sua adoção.

Todas as notícias colhidas por Lucas acerca do Mestre eram anotadas para posterior elaboração do seu Evangelho, o terceiro dentre os quatro oficialmente conhecidos, e do seu Atos dos Apóstolos. Entrevistou quantos encontrava, inclusive os apóstolos, desde Simão Pedro (São Pedro) até João Marcos (São Marcos), colhendo avidamente e anotando com precisão todas as impressões sobre a vida e obra do Mestre Jesus. Em suas andanças à procura de mais detalhes, antes mesmo de ter conhecido Saulo de Tarso e tornar-se seu companheiro quase inseparável e fiel seguidor, foi ter com Maria (mãe de Jesus), de quem colheu relatos inéditos, até mesmo sobre João Batista.

Seu Evangelho revestiu-se de características diversas dos três outros, porque revelou passagens inéditas da vida de Jesus.

Rudolf Steiner,* no seu *El Evangelio Segun San Lucas*, procura mostrar uma visão teosófica e princípios budistas na obra do evangelista.

Lucas viajou o mundo conhecido no trabalho de levar a todos os povos a mensagem de Cristo, não se limitando aos judeus e ao interior das sinagogas. Isso fazia seguindo a orientação de Saulo de Tarso, depois Paulo, que entendera espalhar a notícia do Cristo entre os simples, incultos, pobres e miseráveis. Esse entendimento de Paulo veio a dar origem à sua designação de apóstolo dos gentios. Lucas sofreu perseguições e maus-tratos em companhia de amigos e mesmo só. Acompanhou de perto o trabalho de Saulo de Tarso até a sua morte, por ordem de Nero, às portas de Roma.

---

*Sugerimos a Leitura de *Rudolf Steiner*, coletânea de Richard Seddon, Madras Editora.

A esse tempo, várias igrejas cristãs tinham sido edificadas pelos apóstolos e discípulos de Jesus.

Após a morte de São Paulo, Lucas deixou Roma rumo ao Norte, para pregar na Macedônia, Grécia (onde teria redigido o seu Evangelho, por volta do ano 70), África e Alexandria (no Egito). Dali, sempre pregando a boa-nova e convertendo povos, Lucas teria percorrido a Líbia. Ele morreu em paz e santamente em uma pequena cidade do Egito de população negra e submissa.

Há contradição a respeito de sua morte. Existem versões que defendem o seu martírio em Roma, segundo uns, ou em Tebas, conforme outros. Seu nome foi incluído no Martirológio da Igreja Católica, que comemora seu dia em 18 de outubro.

As reproduções da imagem de São Lucas estão sempre acompanhadas de um manso boi ou touro, talvez desejando fixar seu temperamento calado, seu sacerdócio na cura dos necessitados e seu martírio interno, que o acompanhou durante quase toda a vida. Para outros, o boi representa a característica do Evangelho de São Lucas, que frisa, em particular, o sacerdócio de Jesus e Seu sacrifício.

A Evolução do Cristianismo

O Cristianismo, no seu alvorecer, foi rejeitado pelos judeus, que não aceitavam a universalidade de sua mensagem, já que tentavam entender Jesus como o Messias somente dos judeus. O Cristianismo tornou-se uma conquista do Império Romano a partir do século IV.

Com a deterioração da filosofia grega, no século II d.C., o Cristianismo passou a alimentar um novo poder: emancipou a filosofia do ceticismo, trazendo um objetivo definido aos seus esforços e renovando a confiança na sua missão. O monoteísmo, daí em diante, foi a crença não somente dos filósofos, mas também dos ignorantes, e, em Jesus Cristo, foi efetivada a união do divino com o humano. O novo elemento é o Jesus histórico, a um só tempo representante da humanidade e de Deus.

A doutrina da Trindade foi estudada e discutida durante longo período, resultando em uma série de teses, não raramente controversas. As palavras Pai, Filho e Espírito são de origem judaica, mas o pensamento foi modificado por influência grega. Conforme as regras da antiga filosofia, Deus permanece como Pai, a infinitamente remota e absoluta fonte de tudo; como Filho, a palavra que é revelada ao homem e encarnada n'Ele; como Espírito, que habita na nossa própria alma e, pela Sua substância, nos une a Deus. É evidente que as teorias de Jesus Deus, Jesus Filho de Deus, assim como a teoria da Trindade, são suscetíveis a diferentes explicações, particularmente para distinguir e relacionar entre Deus, o Eterno Filho e Deus, o Espírito Santo. Nós devemos concluir, em geral, que a Trindade assume três aspectos diferentes na Igreja Cristã: na forma mais comum e mais facilmente compreendida, como três deuses; na forma eclesiástica, como um mistério acima da razão, para ser aceito pela fé; na forma filosófica, como uma interpretação metafísica do finito, do infinito e a relação entre eles.

A respeito da doutrina da Trindade e suas teses controversas, apresentamos, a seguir, a título de maior esclarecimento, um trecho colhido do livro de René Guénon, intitulado *A Grande Tríade*:

"A tríade extremo-oriental pertence ao gênero de ternários que são formados por dois termos complementares e de um terceiro termo que é o produto da união dos dois primeiros, ou dizendo melhor, de sua ação e reação recíproca; se tomarmos como símbolos imagens tiradas do domínio humano, os três termos de tal ternário poderão, portanto, de modo geral, ser representados como o Pai, a Mãe e o Filho (é a esse mesmo gênero de ternários que pertencem também as antigas tríades egípcias, a mais conhecida das quais é a de Osíris, Ísis* e Hórus). É impossível fazer corresponder esses três termos aos da Trindade cristã, em que os dois primeiros não são, de modo algum, complementares e, de nenhuma forma, simétricos, mas em que o segundo é, ao contrário, derivado apenas do primeiro; quanto ao terceiro, embora proceda dos dois outros, essa procedência não é, de nenhum modo, concebida como uma geração ou filiação, mas constitui outra relação essencialmente diferente daquela. O que pode originar algum equívoco é que aqui dois dos termos são designados ainda como o Pai e o Filho; mas, em primeiro lugar, o Filho é o segundo termo e não mais o terceiro e, depois, o terceiro termo não poderia, de modo algum, corresponder à Mãe, ainda que mais não fosse, mesmo na falta de outra razão, por ele vir depois do Filho e não antes.

É verdade que certas seitas cristãs, mais ou menos heterodoxas, pretenderam tornar feminino o Espírito Santo e, desse modo, quiseram muitas vezes atribuir-lhe um caráter comparável ao da Mãe; mas é muito provável que, nisso, tenham sido influenciadas por uma falsa assimilação da Trindade com algum ternário do gênero do qual acabamos de falar, o que mostraria que os erros dessa espécie não são próprios exclusivamente dos modernos. De resto, e para só permanecer nesta consideração, o caráter feminino atribuído assim ao Espírito Santo não combina, de nenhum modo, com o papel essencialmente masculino e 'paternal', bem ao contrário, que é incontestavelmente o seu na geração do Cristo. E essa observação é importante para nós, porque é aí precisamente, e não na concepção da Trindade, que se pode encontrar, no Cristianismo, algo que corresponda, em certo sentido e com todas as reservas sempre exigidas pela diferença de pontos de vista, aos ternários do tipo da tríade extremo-oriental.

---

*N.E.: Sugerimos a leitura de *Os Mistérios de Ísis,* de deTraci Regula, Madras Editora.

De fato, a 'operação do Espírito Santo', na geração do Cristo, corresponde propriamente à atividade 'não eficaz' de Purusha, ou do 'céu', segundo a linguagem da tradição extremo-oriental; a Virgem, por outro lado, é uma perfeita imagem de Prakriti, que a mesma tradição designa como a 'Terra', e, quanto ao próprio Cristo, é ainda mais evidentemente idêntico ao 'Homem Universal'. Assim, para encontrar uma concordância, dever-se-á dizer, empregando os termos da teologia cristã, que a tríade não se relaciona em absoluto com a geração do Verbo *ad intra*, inclusa na concepção da Trindade, mas com a sua geração *ad extra*, isto é, de acordo com a tradição hindu,* com o nascimento do Avatâra no mundo manifestado".

Aliada à doutrina de Deus, que busca a solução do problema final de toda filosofia, a doutrina da salvação tomou o lugar de maior destaque na fé cristã: tão proeminente, de fato, que, para uma grande parte dos crentes, passou a ser a doutrina suprema; a doutrina da deidade de Jesus foi valorizada somente pelo efeito da redenção. Jesus, ao contrário dos grandes fundadores de religião, sofreu uma morte prematura e violenta, a morte de um criminoso. Seus seguidores tiveram trabalho para explicar este fato. Essa explicação se tornou uma necessidade urgente porque, sob a influência do monoteísmo judeu, a lei divina era aceita, claramente, como sendo a morte de Jesus um desejo de Deus.

A Igreja, em sua alvorada, usava, naturalmente, as frases dos profetas. Ele morreu como um criminoso não pelos Seus crimes, mas pelos nossos. Grande parte da história da doutrina cristã se relaciona com controvérsias crescentes sobre as teorias da redenção. Cristo morreu por nós, nós fomos salvos por Ele; essa é uma verdade constante na Igreja, em todos os tempos; mas sempre permaneceu também, paralelamente, uma falsa impressão acerca de Sua morte, confundindo e se apresentando como se fosse uma teoria de importância capital.

A Igreja Romana adotou os sacramentos do batismo e da eucaristia. Ainda no século II, o batismo era descrito como um banho em que a saúde da alma é restaurada, e a eucaristia, como uma poção de imortalidade. Com o tempo, mais sacramentos foram sendo adotados por setores da Igreja, até por fim chegar ao número sagrado de sete sacramentos.

A Igreja Romana é constituída pela hierarquia centrada no papa,* cuja vida interna é o sistema sacramental, e a penitência é a recompensa. É, portanto, uma organização divino-humana. Ensina que foi estabelecida pelo divino-humano Filho de Deus que, ao retornar ao céu, entregou sua autoridade aos apóstolos, especialmente a São Pedro, que a transmitiu, por

---

*N.E.: Sugerimos a leitura de *Festivais e Jejuns Hindus,* de Suresh Narain Mathur, *Os Crimes dos Papas,* de Mauricio de Lachatre, ambos da Madras Editora.

sucessão em linha direta, aos papas. Esse é o privilégio da Igreja, e a sua aceitação é o primeiro requisito para a salvação, porque a Igreja determina a doutrina, exerce a disciplina e administra os sacramentos. Sua autoridade está acompanhada pelo espírito de Deus, que a guia dentro da verdade e lhe concede o poder miraculoso. Para a Igreja, a teologia é a rainha das ciências, e nada poderá ser pensado na escola ou na universidade que contradiga suas conclusões. Além disso, nada poderia ser feito pelo Estado que interferisse com o interesse transcendente de responsabilidade da Igreja. Dessa forma, a Igreja tornou-se um cenário para a ambição e abrigo para a luxúria e o prazer. Envolveu-se também nas intrigas políticas do mundo feudal e no início do império moderno. O controle das ciências enredou a Igreja com seus filósofos e estudiosos, enquanto os eclesiásticos santos e castos tentavam promover uma reforma interna.

Como consequência desse cenário político e do declínio ético no século XVI, uma grande revolução eclesiástica ocorreu na Europa Ocidental, levando a mudanças consideráveis na esfera religiosa que, durante o período medieval, estivera sob o domínio da Igreja Católica. Muitos monarcas estavam insatisfeitos com o enorme poder que o papa exercia no mundo, ao mesmo tempo em que muitos teólogos criticavam a doutrina e as práticas da Igreja, sua atitude para com a fé e seu feitio organizacional. Ideias e razões distintas deram origem a diversas comunidades eclesiais no mundo religioso ocidental.

Finalmente, por intermédio de Lutero, veio a explosão, e o domínio cristão ocidental se partiu em dois: católicos e protestantes.

O Protestantismo, em seu princípio original, era o retorno ao Cristianismo primitivo. A trajetória do desenvolvimento da Igreja Romana culminando no sistema doutrinário-eclesiástico tornou-se uma corrupção, porque estrangeiros e idólatras foram introduzidos de tal forma, que a religião estabelecida pelo Cristo ficou obscurecida ou perdida. Para os protestantes, a Bíblia era a autoridade infalível, inspirada na fé e na moral. As interpretações dos pastores e dos concílios eram usadas somente como auxílio ao seu entendimento. Os princípios básicos do Protestantismo passaram a ser diversificados na sua elaboração e expressos de forma diferente. Em parte por causa de circunstâncias históricas, as divergências em relação ao sistema antigo se tornaram mais marcantes em umas igrejas protestantes do que em outras. O culto na Igreja Romana era centrado na coletividade e, na Igreja Reformada, era centrado no sermão. O pregador protestante é estritamente subordinado às Escrituras, das quais ele é o intérprete. Além do sermão, os sacramentos são adotados no Protestantismo da forma como Cristo estabeleceu, em número de dois, batismo e eucaristia. Mas estes não exercem a influência quase física ou mágica, a não ser que o recipiendário tenha fé e entendimento do significado do sacramento. Caso contrário, o sacramento perde o valor ou é nocivo. Os reformadores se voltaram para os governos em busca de proteção contra a guerra e a desordem.

Em consequência, nas nações protestantes, o Estado assumiu a autoridade final sobre a Igreja. Em lugar da simplicidade dos primeiros escritos de Lutero, formou-se uma teologia dogmática, estabelecendo-se um eclesiasticismo protestante muito semelhante, em princípio, ao da Igreja Romana. Então, o Protestantismo também veio a comparar a teologia com o alcance total do conhecimento humano e, na sua forma oficial, ficou tão hostil ao progresso da ciência quanto ao Igreja Romana.

O Protestantismo dividiu-se em muitas seitas e denominações, fundamentadas sobre tipos especiais de experiência religiosa ou sobre pontos particulares na doutrina e no culto.

O Cristianismo desdobrou-se em diversos ramos, a saber: Igreja Católica Romana, Igreja Uniate do Oriente, Igreja Ortodoxa, Igreja da Inglaterra, Igreja Presbiteriana, Congregacionalismo, Igreja Luterana, Igreja Metodista, Igreja Batista, Igreja Adventista do Sétimo Dia, Igrejas Pentecostais, Exército de Salvação e Quakers. Testemunhas de Jeová e Igreja de Jesus Cristo dos Santos dos Últimos Dias são apresentados na literatura como movimentos paralelos à Reforma, até porque tiveram início muito tempo após a Reforma provocada por Lutero e Calvino.

Todos esses ramos do Cristianismo serão apresentados nesta obra em títulos próprios, tentando seguir a cronologia.

Acrescentamos também a esta obra organizações religiosas, especialmente as das denominações protestantes, que, embora não sendo constituídas como Igrejas, efetuam trabalho de amparo à sociedade, com base em sua filosofia religiosa.

Igreja Católica Romana

É a maior de todas as igrejas. Há autores que afirmam haver no mundo, cerca de 1 bilhão de cristãos, enquanto outros afirmam serem os cristãos quase 2 bilhões. Asseguram que aproximadamente metade deles pertence ao Catolicismo.

A palavra igreja tem, etimologicamente, muitos significados. Atualmente, a palavra é empregada para designar aqueles que são unidos em um objetivo religioso definido ou para significar o prédio aonde vão se reunir para a adoração harmoniosa.

A Igreja Católica Romana, a Igreja instituída por Jesus Cristo, é a sociedade visível de homens que, tendo recebido o batismo, estão unidos na profissão da mesma fé e, em comunhão, buscam o mesmo objetivo espiritual, sob a autoridade do pontífice romano, o sucessor de São Pedro, e dos bispos em união com ele.

Aos que, pelo batismo, se tornaram seus seguidores, a Igreja propõe sua doutrina e espera deles obediência aos ensinamentos. Aqueles que não são batizados são compelidos não pela autoridade da Igreja, mas pela lei divina, a procurar e, quando encontrar, aceitar a verdade que Deus revelou.

A Igreja Católica é governada por uma hierarquia de bispos, com o papa, como bispo de Roma, à frente. Quando estudamos os Evangelhos, verificamos que toda autoridade sobre esta Igreja foi deixada por Cristo nas mãos de um corpo de 12 discípulos escolhidos, posteriormente chamados de apóstolos, sobre os quais foi designado um chefe, São Pedro. Como os apóstolos, com a exceção de São Pedro, eram todos iguais, assim também são os bispos entre si. A organização da Igreja tem sempre, por razões óbvias de conveniência, a tendência de seguir a organização secular das localidades. Nos primeiros tempos da Igreja, os bispos das três maiores dioceses – Roma, Alexandria e Antioquia – eram considerados como dividindo as prerrogativas de São Pedro. Os três bispos estiveram à frente da hierarquia da Igreja e, mais tarde, receberam o título de patriarcas. O bispo de Roma, como líder de toda a Igreja, recebeu o título de papa, sendo o patriarca do Ocidente, enquanto Antioquia e Alexandria governavam a maior parte do Oriente.

A posição proeminente do papa como líder de todos os fiéis baseia-se no fato de que ele é o sucessor do apóstolo Pedro.

A Igreja reconhece como verdadeiros 264 papas, até o atual papa Bento XVI. Os que não ficaram, historicamente, reconhecidos pela Igreja foram rotulados de antipapas.

Como o papa exerce a direção de todos os milhões de católicos espalhados pelo mundo, tornou-se necessária uma extensa e detalhada organização em Roma, adequada para administrar todas as questões relevantes. Essa organização, aplicada à Igreja Ocidental e ao rito latino, é chamada Cúria.

Na cabeça da Cúria, está o Colégio de Cardeais, que forma o Supremo Senado da Igreja e é o assessor imediato do papa.

O número de cardeais eleitores, no Colégio de Cardeais, tem variado ao longo da história. Em 1586, o papa Sisto V fixou o seu número em 70. No consistório secreto de 1973, o papa Paulo VI limitou o número de cardeais eleitores a 120, o que foi mantido pelo papa João Paulo II. Em 13 de julho de 2006 e após o primeiro consistório do papa Bento XVI (24 de março de 2006), o Colégio dos Cardeais contava com 191 membros, dos quais 120 eram eleitores.

A Secretaria de Estado, cujo cardeal-secretário é uma espécie de primeiro-ministro do papa, é o escritório que trabalha com todos os negócios políticos e, especialmente, com as relações diplomáticas com os países e governos. Um número permanente de 11 congregações, cada uma com um cardeal à frente, outros cardeais como membros e um número de padres como assessores e consultores, destina-se ao exame e à solução das diversas causas que são encaminhadas a Roma. Os negócios ordinários e de rotina da Igreja são levados para os escritórios. Os tribunais controlam as funções judiciais do primado.

Os arcebispos metropolitanos ou patriarcas, além de sua própria diocese, exercem jurisdição provincial sobre os bispos sufragâneos (são bispos diocesanos dependentes de um cardeal metropolitano). O arcebispo convoca seus bispos coprovinciais para o sínodo provincial, que se realiza a cada 20 anos. O arcebispo tem sempre o direito de pontificado em qualquer igreja na sua província; deve abençoar o povo, garantir cem dias de indulgência e tem a cruz conduzida antes dele, na Igreja.

Os bispos formam a parte mais essencial da organização da Igreja, constituindo a instituição divina sob o primado do papa. Assim como o papa é o sucessor de São Pedro, os bispos seguem as pegadas dos apóstolos.

Um bispo é designado sob condições diferentes em várias partes do mundo, mas, mesmo que ele tenha sido canonicamente designado, ele não exerce o poder até que seja confirmado pela Santa Sé. Uma vez que essa confirmação seja dada e tenha sido comunicada ao seu Capítulo Catedral, ele tem a posse completa de sua jurisdição episcopal. Entretanto, ele não pode realizar atos envolvendo o poder da Ordem, tais como ordenar padres ou confirmar crianças, antes de ser consagrado. O bispo exerce autoridade na sua diocese sob quatro aspectos: instrutivo, legislativo, judiciário e administrativo. O bispo tem, como seu conselho constitucional para auxiliá-lo nos trabalhos de governo, as leis do seu Capítulo Catedral. Catedral* é a igreja na qual ele tem assento, que é escolhida diretamente pelo papa. O Capítulo funciona como o Senado da diocese, e o bispo é obrigado a convocá-lo e pedir seu consentimento e aconselhamento nas decisões sobre matérias importantes. Em países onde ainda não foram constituídos os Capítulos Catedrais, um corpo de consultores diocesanos é nomeado pelo bispo, que fica obrigado a pedir orientação a esses consultores sobre as matérias mais importantes, embora eles não tenham poder de veto sobre as ações do bispo.

O bispo geralmente nomeia um ou mais padres para auxiliá-lo, sob a designação de vigário-geral, e este, em virtude desse mandato, exerce jurisdição ordinária em toda a diocese em nome do bispo. O escritório onde se realiza o trabalho ordinário e rotineiro da diocese é designado chancelaria diocesana, que é dirigida por um chanceler. A diocese é dividida em paróquias, que cobrem todo o seu território. Cada paróquia tem sua própria igreja e seu pastor permanente, para cuidar do rebanho, somente sendo removido por causa grave. O bispo pode alterar os limites da paróquia, criar novas ou juntar duas desde que haja justa razão para tanto. Ele é obrigado, todavia, a ouvir o parecer do Capítulo para tomar essas medidas, embora não seja obrigado a obedecer. Nos distritos em que a hierarquia ordinária da Igreja ainda não tenha sido estabelecida e que não tenham sido criadas dioceses, a Santa Sé governa diretamente, por meio de um delegado que tenha recebido a consagração episcopal, sob o título de vigário apostólico ou prefeito apostólico. A diferença entre eles está no fato de que o vigário apostólico tem de realizar visitas a certos intervalos, enquanto o prefeito não tem essa obrigação. A organização apresentada acima, como já mencionado, aplica-se à Igreja Católica Ocidental.

Os católicos ensinam que a Igreja tem quatro características que também distinguiram a primeira Igreja Cristã:

Ela é una. Os apóstolos, por fidelidade à unidade apregoada por Jesus, esforçaram-se para garantir que todos os cristãos aprendessem a mesma fé e maneira de viver cristã.

É santa porque ensina uma doutrina santa e oferece a todos os meios para a santidade: os sacramentos.

Ela é católica. Isso quer dizer que é universal, mundial, para todos.

É apostólica. É comandada por pessoas que são os sucessores dos apóstolos, permanecendo fiéis à doutrina deles.

---

*N.E.: Sugerimos a leitura de *O Mistério das Catedrais,* de Fulcanelli, Madras Editora.

Os sacramentos são os sinais visíveis pelos quais Deus concede sua graça aos humanos. Normalmente quem os administra é um bispo ou um padre.

A Igreja Católica adota sete sacramentos:

Batismo. A Igreja Católica Romana batiza as crianças. O batismo é o sacramento básico – por meio dele, a criança entra para a Igreja e recebe a graça abençoada.

Confirmação ou crisma. Costuma ser administrada por um bispo, quando o fiel tem por volta de 12 anos e já recebeu uma instrução completa na doutrina da Igreja. A cerimônia da confirmação é realizada em geral perto de Pentecostes.

Eucaristia. É uma parte do serviço divino e consiste no pão e no vinho; é comum os comungantes receberem apenas o pão consagrado, ou hóstia. A aparência, o odor e o sabor do pão e do vinho permanecem iguais, mas aquilo que os filósofos denominam "substância" se altera. Essa doutrina é conhecida como transubstanciação (ou seja, "alteração da substância").

Penitência. É o sacramento que consiste na confissão, absolvição e atos de contrição. Na confissão, os pecados são relatados a um padre, que concede o perdão (absolvição) ao contrito. Para que esse sacramento seja válido, o penitente deve sentir remorso e ter intenção sincera de não voltar a cometer o pecado.

Unção dos enfermos. O padre unge o doente na testa e nas mãos. A unção destina-se a dar aos doentes força espiritual e consolo durante a enfermidade. Este sacramento, por ser ministrado, sobretudo, aos moribundos, era denominado "extrema-unção".

Ordem. A ordenação dos padres é realizada por um bispo, utilizando-se de orações e da imposição das mãos.

Matrimônio. O elemento principal, no matrimônio, são os votos mútuos que fazem os noivos na presença do sacerdote e de testemunhas. Os católicos consideram o matrimônio indissolúvel, e não reconhecem o divórcio.

O sistema monástico desenvolveu-se há muito tempo, ainda na antiga Igreja, com base na vida dos eremitas. Há inúmeras Ordens de monges e de freiras, todas com regras diferentes. Algumas Ordens são introspectivas, com grande importância à oração e à meditação; outras têm interesse especial na pregação e participação em debates públicos; outras realizam trabalho missionário; outras ainda dedicam a vida ao serviço na área social. São comuns a todas elas três exigências básicas e vitalícias: os votos de pobreza, celibato e obediência aos superiores da Ordem.

O Alvorecer da Igreja Católica

Após a morte de Jesus e Sua ressurreição, os gnósticos afirmam que Ele permaneceu junto aos seus discípulos por cerca de 11 anos, levando-lhes a instrução acerca de Sua origem e Sua obra. A partir de então, Seus seguidores espalharam-se pelo mundo.

As primeiras comunidades cristãs surgiriam em cidades da Palestina, da Síria, da Ásia Menor, da Grécia e até em Roma. Por causa da própria diversidade geográfica, esses grupos entraram em contato com diferentes ideias religiosas já existentes: alguns sofreram influências do Judaísmo, outros do mundo grego.

Na segunda metade do século I, algumas comunidades escreveram suas memórias da vida e dos ensinamentos de Jesus, criando os primeiros Evangelhos. Os Evangelhos atribuídos a Marcos, Mateus, Lucas e João seriam depois considerados inspirados e incorporados à Bíblia, enquanto outros, como o Evangelho Segundo Tomé, foram rejeitados.

O Evangelho Segundo Tomé apresenta as falas de Jesus aos Seus discípulos, de uma forma que, aos sacerdotes, parecia antirreligioso; da forma como Tomé apresentou, o Evangelho poderia sugerir que sua leitura destruiria a religião. Todavia, esse Evangelho talvez seja o de maior conteúdo ao aprendizado dos discípulos, se corretamente examinado e interpretado, como o fez, brilhantemente, Bhagwan Shree Rajneesh, no livro *A Semente de Mostarda*.

Os Evangelhos do Novo Testamento, incorporados à Bíblia, todavia, eram transcritos e interpretados ao sabor dos interesses, em uma civilização quase totalmente analfabeta e dividida, na qual os poucos "copiadores" davam reprodução aos documentos.

Entre as ideias dos primeiros seguidores de Jesus, estava a de que Ele seria um profeta e libertador escatológico, ou um enviado de Deus e, portanto, Seu filho.

Marcos, Mateus e Lucas consideravam Jesus um ser humano com uma missão especial. Eles o viam como um Messias, ou um rei enviado por Deus. Só as cartas de Paulo e o Evangelho de João é que falam diretamente sobre a divindade de Jesus.

Os judeus revoltaram-se contra a dominação romana, entre 66 e 74 d. C., sofrendo grande repressão por parte das forças dominantes.

Em 70, os invasores romanos, que reprimiram a revolta dos judeus, destruíram o Segundo Templo. O Segundo Templo é assim denominado porque fora a reconstrução do Templo de Salomão por Zorobabel, por volta dos anos 500 a.C. quando os judeus já haviam retornado do exílio na Babilônia.

Nessa ocasião, houve uma reunião de sobreviventes em Jebneh, uma cidade nas planícies de Sharon, perto de Joppa. Aquela conferência produziu resultados importantes: a seita dos fariseus ganhou importância, tendo conseguido influenciar a legislação, que acabou por ser adotada.

O Massacre de Masada

O episódio mais importante ao final dessa repressão aos judeus foi o massacre da cidade-fortaleza, denominada Masada, no ano 74. A tomada de Masada pelos romanos foi relatada, em detalhes, na obra mais antiga do historiador Flavius Josephus (37–100 d.C.), intitulada *Guerra dos Judeus*.

Vale a pena apreciar um resumo sobre esse personagem, que viveu à época de Jesus e escreveu vários relatos em crônicas.

Flavius Josephus

Flavius Josephus (37–100 d.C.) era judeu. Seu nome de origem era José Ben Matias, historiador judeu e comandante militar nascido no primeiro ano de Calígula. Foi um valioso estudante da lei, tendo experiência nas três seitas judaicas: fariseus, saduceus e essênios, ainda antes de completar 19 anos. A partir daí, passou três anos no deserto em companhia do eremita Banus, provavelmente um essênio, e adotou a seita dos fariseus. Quando a revolta de 66 d.C. irrompeu, ele foi nomeado governador da Galileia, onde assumiu o comando das forças alinhadas contra os romanos. Ele parece ter se revelado inapto como comandante militar, sendo prontamente capturado pelo comandante romano Vespasiano.

Levado à presença deste, com os outros presos, José Ben Matias foi inspirado e profetizou que Vespasiano seria imperador. Quando essa profecia se transformou em realidade, ele foi libertado, tomou o nome de Flavius (Flavius era o nome de família de Vespasiano) Josephus, acompanhou seu novo chefe até Alexandria e, ao retornar para Roma, tornou-se cidadão romano, divorciou-se da mulher, casou-se com uma herdeira romana e aceitou ricos presentes do imperador romano, que incluíam um apartamento privado no palácio imperial, bem como as terras confiscadas dos judeus na Terra Santa. Pouco antes de sua morte, em 100 d.C., suas copiosas crônicas do período começaram a aparecer.

A cidade-fortaleza de Masada estava situada no canto sudoeste do Mar Morto.

Masada chegou a simbolizar tenacidade, heroísmo e martírio na defesa de uma causa perdida. Enquanto o resto da Palestina caía sob o assalto romano, Masada continuava invulnerável. Finalmente, em 74 d.C., a posição da fortaleza tornou-se insustentável.

Na noite de 15 de abril, prepararam um assalto geral. Na mesma noite, os 960 homens, mulheres e crianças dentro da fortaleza cometeram suicídio em massa.

O próprio Josephus acompanhou as tropas romanas, que invadiram Masada na manhã de 16 de abril. Josephus afirma ter entrevistado três sobreviventes ao desastre – uma mulher e duas crianças que supostamente se esconderam na fortaleza, enquanto o restante se suicidava. Josephus relata que obteve desses sobreviventes uma narrativa detalhada do que acontecera na noite anterior. Segundo essa narrativa, o comandante de Masada era um homem chamado Eleazar. E parece ter sido Eleazar quem, por sua eloquência persuasiva e carismática, levou os defensores à sombria decisão. Em sua crônica, Josephus repete as interessantes falas de Eleazar, como afirma ter ouvido dos sobreviventes.

A história registra que Masada era defendida por militantes zelotes, e o próprio Josephus usa as palavras zelote e sicarii alternativamente. Ainda assim, as falas de Eleazar não são convencionalmente judaicas. Ao contrário, elas são, sem dúvida, essênias, gnósticas e dualistas.

O massacre de Masada mostra que havia, no seio do povo judeu, um significativo componente gnóstico, florescente dentro da tribo dos essênios e que iria, mais tarde, influir bastante na formação dos cristãos gnósticos, que geraram o primeiro grande cisma no Cristianismo oficial, já no segundo século de nossa era.

Para o Cristianismo, o período que se inicia em 70 e que segue até aproximadamente 135, se caracteriza pela definição da moral e da fé cristã, bem como de organização da hierarquia e da liturgia. No Oriente, estabeleceu-se o episcopado monárquico: a comunidade é chefiada por um bispo, rodeado pelo seu presbitério e assistido por diáconos.

A Segunda Diáspora dos Judeus

A revolta de 66–74 d.C. foi seguida de uma segunda insurreição dos judeus contra a ocupação romana, cerca de 60 anos depois, entre 132 e 135 d.C. Os judeus voltariam a tentar a revolta por intermédio do suposto Messias Bar Cochba, derrotado em 135. Nessa grande revolta, os cristãos tinham razões para não participar. Bar Cochba tinha sido nomeado Messias pelo rabi Aquiva. Os cristãos achavam que o Messias tinha sido Jesus, e não Bar Cochba. Não participaram da revolta. Em 135, os judeus foram expulsos de Jerusalém após a derrota do suposto Messias Bar Cochba.

Como consequência desse novo distúrbio, os judeus foram oficialmente expulsos de Jerusalém. A maioria da população judia da Palestina se dispersou em uma diáspora semelhante a que havia ocorrido há cerca de 700 anos antes, por volta de 617 a.C., quando Jerusalém caiu sob os babilônios, no tempo do imperador babilônio Nabucodonosor.

Divergências no Cristianismo

Como seria de esperar, narrativas conflitantes do que aconteceu em (ou cerca de) 33 d.C., no episódio da crucificação de Jesus, começaram a surgir em todo o mundo civilizado, e os sacerdotes do Cristianismo, então no nascedouro, firmaram uma posição de defesa baseada na interpretação que davam aos quatro Evangelhos oficialmente adotados.

Talvez os essênios tenham originado ou incentivado a seita dos cristãos gnósticos, porque estes praticavam o mesmo tipo de credo e tinham interpretações idênticas em relação ao nascente Cristianismo e à figura de Jesus.

O fato é que foram os cristãos gnósticos os primeiros a divergir em relação à forma como estava sendo estabelecida a nova religião, defendida pelos sacerdotes e apoiada nos quatro Evangelhos considerados oficiais.

Durante a segunda metade do século II, surgiu também o desenvolvimento das primeiras heresias. Tatiano, um cristão de origem síria convertido em Roma, criou uma seita gnóstica que reprovava o casamento e que celebrava a eucaristia com água em vez de vinho. Marcion rejeitava o Antigo Testamento, opondo o Deus vingador dos judeus ao Deus bondoso do Novo Testamento apresentado por Cristo. Ele elaborou um livro sagrado feito a partir de passagens retiradas do Evangelho de Lucas e das epístolas de Paulo.

À medida que o Cristianismo criava raízes mais fortes na parte ocidental do Império Romano, o latim passou a ser usado como língua sagrada (nas comunidades do Oriente, usava-se o grego).

A despeito dos esforços de Clemente de Alexandria, Irenaeus e seus adeptos, essas narrativas, divergentes da proposta oficial dos sacerdotes, oficialmente rotuladas de heresias, continuaram a florescer.

Clemente de Alexandria

Clemente de Alexandria, ou Clemens Alexandrinus, nasceu provavelmente por volta de 150 a.D., em Atenas, de pais pagãos (a Igreja Católica rotula de pagão o indivíduo que não foi batizado sob seu dogma).

Além de seus próprios escritos, a mais antiga notícia a respeito de Clemente data de cerca de 370, escrita por Severus. Dos trabalhos remanescentes de Clemente, as únicas informações que se colhem são o período a que pertenceu e quais os seus instrutores. No Stromateis (miscelâneas), referências de datas mencionadas levam a crer que ele escreveu durante o reinado do imperador Severus, entre 193 e 211.

Nada se conhece acerca de sua conversão, exceto que ela ocorreu realmente, porque seus escritos mostram uma singular intimidade com as cerimônias da religião pagã; há referências de que ele mesmo foi iniciado em alguns daqueles mistérios. Ele alcançou a posição de presbítero na Igreja de Alexandria, mas o tempo que lá permaneceu e quando morreu são puras conjecturas.

Clemente ocupou uma posição profundamente interessante na história do Cristianismo. Foi o primeiro a trazer toda a cultura grega e as especulações da heresia cristã em contribuição ao esclarecimento da verdade cristã. Ele tinha pleno conhecimento acerca dos poetas épicos, líricos, trágicos, cômicos, escritores e filósofos. Eram também muito grandes seus conhecimentos dos sistemas de heresia cristã.

Clemente de Alexandria foi, em resumo, um expoente do Cristianismo, considerando-o como uma filosofia que realmente apresenta toda a verdade, enquanto os parâmetros da cultura grega somente mostram vislumbres da verdade.

Os trabalhos que Clemente deixou ressaltam as qualidades do Cristianismo (até mesmo afirmando que a prosperidade e a riqueza, se utilizadas no sentido correto, não são anticristãs), a filosofia grega e a heresia cristã.

Em 1958, o professor Morton Smith, da Universidade de Colúmbia, descobriu, em um monastério próximo a Jerusalém, uma carta que continha um fragmento inédito do Evangelho de Marcos. O fragmento não tinha sido perdido, mas aparentemente suprimido, sob a instigação, se não pedido expresso, do bispo Clemente de Alexandria, um dos mais venerados antigos padres da Igreja.

Clemente, parece, tinha recebido uma carta de um certo Theodore, que reclamava de uma seita gnóstica, os carpocracianos. Os carpocracianos pareciam estar interpretando algumas passagens do Evangelho de Marcos segundo seus próprios princípios, pois não estavam de acordo com a posição de Clemente e de Theodore. Na carta encontrada pelo professor Smith, Clemente responde dizendo nada menos que: "Se seu oponente estiver dizendo a verdade, você deve negá-la e mentir para refutá-lo".

De tal forma era grande a influência de Clemente de Alexandria que esses textos, somente encontrados em 1958 pelo professor Morton Smith, não figuram, até hoje, no Evangelho atribuído a Marcos.

Irenaeus

A posição da ortodoxia cristã começou a se consolidar definitivamente no século II, principalmente por intermédio de Irenaeus, bispo de Lião, por volta de 180 d.C. Provavelmente, mais do que qualquer outro padre da Igreja, Irenaeus se dedicou a dar uma forma estável e coerente à teologia cristã. Conseguiu isso por meio de um volumoso trabalho, *Libros Quinque Adversus Haereses* (Cinco Livros Contra Heresias). Irenaeus catalogou todos os desvios da ortodoxia, denominando-os de heresia, e os condenou veementemente. Deplorando a diversidade, ele sustentava que só podia existir uma Igreja válida, fora da qual não haveria salvação. Quem desafiasse essa afirmação era considerado herético, devia ser expulso e, se possível, destruído.

Entre as diversas e numerosas formas do Cristianismo inicial, o Gnosticismo era a heresia que incorria na ira mais injuriosa de Irenaeus. A doutrina repousava na experiência pessoal, na união pessoal com o divino.

Para Irenaeus, isso minava a autoridade de padres e bispos, dificultando a imposição da uniformidade. Fazia-se necessário um sistema teológico, uma estrutura de doutrinas codificadas que não pudessem ser interpretadas pelo indivíduo.

Em oposição à experiência pessoal e à gnose, Irenaeus insistia em uma Igreja universal baseada em fundação apostólica e em sucessão. Para implementar a criação de tal Igreja, Irenaeus reconhecia a necessidade de um cânone definitivo, uma lista de escritos fixos e autoritários. Assim, compilou tal cânone, utilizando alguns trabalhos disponíveis e excluindo outros.

Com Irenaeus, portanto, a ortodoxia assumiu uma forma coerente que assegurou sua sobrevivência e, finalmente, seu triunfo. É razoável afirmar que Irenaeus calçou o caminho para o que ocorreu durante e imediatamente após o reino de Constantino, sob cuja égide o Império Romano se tornou, de certo modo, um império cristão. É sabido que a Igreja veio a perder o prestígio adquirido sob a proteção de Constantino e sob o rigor dos cânones de Irenaeus e, muito mais tarde, no final do século V d.C., conseguiu recuperá-lo, sob a proteção do reino de Clóvis.

Tertuliano

Quintus Septimius Florens Tertullianus (Quinto Septímio Florente Tertuliano) nasceu em Cartago, por volta de 150 a 155, exercendo a profissão de advogado. Em 193, converteu-se ao Cristianismo, passando a exercer também a atividade de catequista junto à Igreja. Em 207, ingressou no movimento montanista.

Montanismo foi um movimento cristão do segundo século fundado por Montano. Os montanistas declaravam-se possuídos pelo Espírito Santo e por isso profetizavam. Segundo essas profecias, uma outra Era Cristã se iniciava com a chegada da nova revelação concedida a eles.

Esse movimento surgiu na Frígia (Ásia Menor Romana, hoje Turquia), pelos anos 170 d.C. Havia duas mulheres, Priscila e Maximila, que eram as porta-vozes proféticas de Montano. Afirmava-se que o Espírito Santo falava por meio delas, mas muitas predições proféticas eram falsas e jamais foram cumpridas, como a de que a aldeia de Pepuza, na Frígia, seria a Nova Jerusalém.

O Montanismo proibia certos alimentos, exigia jejuns prolongados, proibia o casamento de viúvas e negava perdão de pecados graves ao novo convertido, mesmo após o batismo (com confissão e arrependimento).

Montano queria fundar uma nova Ordem e reivindicar seu movimento como sendo especial na história da salvação. O principal motivo de Montano era lutar contra a paralisia e o intelectualismo estéril da maioria das Igrejas organizadas na época. Infelizmente, ele também caiu em extremos enganosos.

Esse movimento foi condenado várias vezes por diversos sínodos de bispos, tanto na Ásia Menor como em outros lugares.

Alguns pentecostais reivindicam para si, hoje, o movimento como sendo o antecessor do movimento pentecostal atual.

A Igreja Montanista se espalhou pela Ásia Menor, chegou a Roma e ao norte da África.

Tertuliano, o maior teólogo da época, foi, sem dúvida, o mais importante adepto do Montanismo.

O seu primeiro livro foi *Apologética*, concluído em 197, obra em que defende os cristãos das perseguições romanas. Também escreveu *Contra Marcion*, obra que critica Marcion de Sinope e sua doutrina gnóstica, e *Sobre a Coroa dos Militares*, em que afirma que os cristãos não devem ser militares. Um dos seus mais importantes textos é sobre a apologia, principalmente em sua obra *Contra Práxeas*, na qual defende a doutrina da Santíssima Trindade.

Tertuliano, que entrou para a história da Igreja como um de seus primeiros apologistas, faleceu em Cartago, em 222. Acredita-se que tenha fundado um grupo próprio antes de sua morte.

Orígenes

Orígenes foi um teólogo e prolífero escritor cristão. Padre da Igreja, nasceu em 185, em Alexandria, Egito, de uma família cristã egípcia, e teve como mestre Clemente de Alexandria.

Em 203, assumiu a direção da escola catequética em Alexandria (que havia sido fundada por um estoico chamado Panteno, convertido à mensagem de Cristo), atraindo muitos jovens estudantes pelo seu carisma, conhecimento e virtudes pessoais. [Estoicismo: 1. Filos. Designação comum às doutrinas dos filósofos gregos Zenão de Cício (340-264) e seus seguidores Cleanto (séc. III a.C.), Crisipo (280-208) e os romanos Epicteto (55-135) e Marco Aurélio (121-180), caracterizadas sobretudo pela consideração do problema moral, constituindo a ataraxia o ideal do sábio. 2. Austeridade de caráter; rigidez moral. 3. Impassibilidade em face da dor ou do infortúnio – *Dicionário Aurélio*]. (Ataraxia:1. Hist. Filos. Nos vocabulários céptico e estoico, estado em que a alma, pelo equilíbrio e moderação na escolha dos prazeres sensíveis e espirituais, atinge o ideal supremo da felicidade: a imperturbabilidade. 2. Tranquilidade, serenidade – *Dicionário Aurélio*).

Depois de ter também frequentado, desde 205, a escola de Amônio Sacas, fundador do neoplatonismo e mestre de Plotino, apercebeu-se da necessidade do conhecimento apurado dos grandes filósofos.

Em 230, durante uma viagem à Grécia, foi ordenado sacerdote na Palestina pelos bispos Alexandre de Jerusalém e Teoctisto de Cesareia.

Em 231, Orígenes foi forçado a abandonar Alexandria em virtude da animosidade que o bispo Demétrio lhe devotava, pelo fato de se ter feito eunuco no sentido literal e físico desta palavra. Orígenes, então, passou a morar em um lugar onde Jesus havia, muitas vezes, estado: Cesareia, na Palestina, onde prosseguiu suas atividades com grande sucesso abrindo a chamada Escola de Cesareia.

Na sequência da onda de perseguição aos cristãos, ordenada por Décio, Orígenes foi preso e torturado, o que lhe causou a morte, por volta de 253. Faleceu, segundo algumas fontes, em Cesareia, na atual Palestina, ou, mais provavelmente, segundo outras fontes, em Tiro, na Fenícia (atualmente Líbano).

Orígenes escreveu, segundo São Jerônimo, cerca de 600 obras, entre as quais as mais conhecidas são: *De Princippis,Contra Celso* e a *Hexapla*. Entre os seus numerosos comentários bíblicos, devem ser realçados: "Comentário ao Evangelho de Mateus"; "Comentário ao Evangelho de João". O número das suas homilias que chegaram até aos dias de hoje ultrapassa largamente a uma centena.

Orígenes dedicava-se ao estudo e à discussão da filosofia, em especial Platão e os filósofos estoicos. No seu pensamento, podemos referir a tese da preexistência da alma e a doutrina da apocatástase (apocatástase ou origenismo: 1. Tendência teológica cristã iniciada com Orígenes, teólogo de Alexandria, no séc. III, a qual mistura elementos da gnose do platonismo e do Cristianismo, afirmando, especialmente, uma restauração final de todos os seres, inclusive o Demônio e os condenados – *Dicionário Aurélio*), ou seja, da restauração universal ou palingenesia (palingenesia: 1. V. eterno retorno. 2. Segundo Schopenhauer, renascimento sucessivo dos mesmos indivíduos – *Dicionário Aurélio*).

A apocatástase e a palingenesia foram, posteriormente, condenadas no Segundo Concílio de Constantinopla, realizado em 553, por serem formalmente contrárias ao núcleo irredutível do ensinamento bíblico. Estudiosos modernos e contemporâneos reconhecem que a apocatástase era mais atribuída a Orígenes (por outros) do que propriamente defendida por ele.

Orígenes era totalmente contrário à doutrina da metempsicose (renascimento do ser humano em animais). Profundo conhecedor desse conceito a partir da filosofia grega, afirmava que a metempsicose (transmigração) é totalmente alheia à Igreja de Deus, não ensinada pelos apóstolos e não sustentada pela Escritura (Comentário ao Evangelho de Mateus XIII, 1, 46-53).

Foi o primeiro estudioso a teorizar sobre a presença de Jesus Cristo no Antigo Testamento, como forma de afirmar a continuidade do Novo Testamento em relação àquele.

Orígines, embora não duvidando de que o texto sagrado seja invariavelmente verdadeiro, insiste na necessidade da sua correta interpretação. Assim, teve a suficiente visão e sabedoria para distinguir três níveis de leitura das Escrituras: 1) o literal (muito usado ainda hoje por alguns segmentos evangélicos e católicos); 2) o moral; 3) o espiritual, que é o mais importante e também o mais difícil. Segundo Orígenes, cada um desses níveis indica um estado de consciência e amadurecimento espiritual e psicológico.

A Primeira Heresia – O Cristianismo Gnóstico

Algumas narrativas, rotuladas de heresia, derivavam, indubitavelmente, de algum tipo de conhecimento de primeira mão, preservado por judeus devotos e por grupos, como os dos ebionitas, uma seita de judeus que, ao mesmo tempo em que aderia à sua crença, reverenciava Jesus como um profeta, mas um profeta mortal.

Outras narrativas são flagrantemente baseadas em lendas, rumores, em uma mistura de crenças correntes – tais como as tradições de mistério egípcias, helenísticas e mitráicas.

Entretanto, em geral, Jesus parece ter sido visto pelos primeiros hereges de duas formas diferentes. Para alguns, era um deus com poucos atributos humanos, se é que os possuía; para outros, um profeta normal, semelhante, por exemplo, a Buda.*

O fato é que esses hereges defendiam a figura de Jesus e do Cristianismo de forma peculiar e diferente do que a Igreja Católica apregoava desde os primeiros tempos.

As descobertas de documentos antigos, nos séculos XIX e XX, confirmam as teses defendidas pelos gnósticos, denominados hereges pela Igreja Católica, precursores do Cristianismo Gnóstico. Esses documentos têm a característica de serem genuínos, porque não sofreram as modificações introduzidas pela Igreja, tal como ocorreu com os Evangelhos ao longo do tempo e ao sabor dos interesses dos sacerdotes.

Durante a segunda metade do século II, assistiu-se ao desenvolvimento das primeiras heresias. Tatiano, um cristão de origem síria convertido em Roma, cria uma seita gnóstica que reprova o casamento e que celebra a eucaristia com água em vez de vinho. Marcion rejeitava o Antigo Testamento, opondo o Deus vingador dos judeus ao Deus bondoso do Novo Testamento, apresentado por Cristo. Ele elaborou um livro sagrado feito a partir de passagens retiradas do Evangelho de Lucas e das epístolas de Paulo. À medida que o Cristianismo criava raízes mais fortes na parte Ocidental do Império Romano, o latim passou a ser usado como língua sagrada (nas comunidades do Oriente, usava-se o grego).

A seguir, apresentamos notícia dos primeiros e mais importantes cristãos, considerados hereges (herege - Quem professa doutrina contrária ao que foi definido pela Igreja como sendo matéria de fé – *Dicionário Aurélio*), que são os precursores do movimento filosófico denominado Cristianismo Gnóstico.

---

*N.E.: Sugerimos a leitura de *Buda – O Mito e a Realidade*, de Heródoto Barbeiro, Madras Editora.

Valentim

Entre os mais importantes dos primeiros hereges, estava Valentim (Valentinus), nativo de Alexandria. Extremamente influente em sua época, Valentim contava com homens como Ptolomeu entre seus seguidores.

Valentim nasceu no Egito, em Phrebonis, no delta do Rio Nilo, no ano 100. Foi educado em Alexandria (também no Egito e no delta do Nilo), que era, na época, importante centro metropolitano cristão. Permaneceu em Alexandria até cerca do ano 136, quando foi para Roma, durante o pontificado do papa Higino (9º papa, com pontificado entre 136 e 140). Esteve em Roma até o pontificado do papa Aniceto (11º papa, com pontificado entre 155 e 166).

Valentim, que era cristão, esperava ser nomeado bispo, mas foi preterido. Ressentido com a preterição, rompeu com a Igreja, adotando ostensivamente a tese do Gnosticismo. Considerado herege, foi expulso e excomungado pela Igreja, o que motivou sua ida para Chipre, onde fundou uma comunidade de discípulos, que veio a ser a mais importante e mais conhecida de todas as seitas gnósticas.

Declarando que possuía os "ensinamentos secretos" de Jesus, ele se recusava a se submeter à autoridade romana afirmando que a gnose tinha precedência sobre qualquer hierarquia externa.

A autoria do *Pistis Sophia*, o *Livro da Fiel Sabedoria*, um documento redigido em pergaminho datado do século IV, encontrado em Tebas e trazido à civilização ocidental provavelmente em 1769, é atribuída a Valentim.

Pistis Sophia, o livro santo da Igreja Gnóstica, tem a característica de não ter sido adulterado ao longo do tempo pelos copistas a serviço da Igreja, além de não ter sido ocultado nos arquivos do Vaticano,* como ocorreu com várias obras que não se alinhavam à ortodoxia da Igreja Católica do Ocidente. Nessa obra, pode-se observar a origem divina de Jesus que, após a Sua ascensão, permaneceu certo tempo (cerca de 11 anos) com Seus apóstolos, explicando claramente a Sua verdadeira posição no quadro hierárquico dos grandes seres divinos e a Sua atuação no verdadeiro sentido da salvação da humanidade.

Valentim afirmava que um seguidor de Paulo de Tarso, de nome Theudas, partilhou com ele os ensinamentos secretos que Paulo ministrou ao seu círculo interno. Esses ensinamentos secretos foram obtidos por Paulo, diretamente de Jesus. Em matéria apresentada nesta obra sob o título "São Paulo", ficou claro que Paulo de Tarso somente conheceu Jesus após a sua crucificação e morte, quando teve a visão que o transformou em fervoroso adepto à causa cristã.

---

*N.E.: Sugerimos a leitura de *Enigmas do Vaticano*, de Alfredo Lissoni, e *A Biblioteca de Nag Hammadi*, de James M. Robinson, ambos da Madras Editora.

Os escritos de Valentim e seus seguidores foram trazidos ao conhecimento porque foram exibidos, em parte, pelos seus detratores.

Somente com a descoberta dos manuscritos de Nag Hammadi,* em 1945, foi revelada a versão, em alfabeto copta, do Evangelho da Verdade, texto idêntico ao Evangelho de Valentim, mencionado por Tertuliano, um de seus biógrafos.

Valentim foi o primeiro a visualizar, em seu livro Nas Três Naturezas, que Deus é três "Hypostases" (realidades espirituais secretas) e três "Prosopa" (pessoas) denominadas o Pai, o Filho e o Espírito Santo. Valentinus deve ter falecido em 161.

Marcion

Marcion de Sinope foi, com Valentim, um dos hereges alvo da perseguição de Irenaeus. Marcion era um rico magnata da navegação e bispo que chegou a Roma em torno de 140 d.C.

Foi excomungado pela Igreja quatro anos depois. Marcion fazia uma distinção radical entre lei e amor, que ele associava ao Velho e o Novo Testamentos, respectivamente. Algumas dessas ideias marcionitas permaneceram e foram utilizadas nos trabalhos de outros filósofos.

Marcion foi o primeiro escritor a compilar uma lista canônica de livros bíblicos, que excluía totalmente o Velho Testamento. Em resposta direta a Marcion, Irenaeus compilou sua lista canônica, que forneceu a base para a Bíblia como a conhecemos hoje.

Basílides

Basílides foi o terceiro maior herege e, em muitos aspectos, o mais intrigante. Era um intelectual de Alexandria que escreveu entre 120 e 130 d.C. Versado tanto em Escrituras hebraicas quanto em Evangelhos cristãos, ele também mergulhava no pensamento egípcio e helenístico. Teria escrito nada menos do que 24 comentários sobre os Evangelhos e, segundo Irenaeus, promulgou a mais odiosa heresia ao afirmar que a crucificação foi uma farsa, que Jesus não morreu na cruz e que Simão de Cirene tomou o Seu lugar. Tal afirmação parecia estranha, mas se revelou persistente e tenaz. Até o século VII, o Alcorão mantinha precisamente o mesmo argumento: um substituto, Simão de Cirene, tomara o lugar de Jesus na cruz.

Segundo Irenaeus, Basílides ensinava que "Nous" (Mente) foi o primeiro a nascer do "não nascido" Pai; de Nous, nasceu o "Logos" (Razão); de Logos, nasceu "Phronesis" (Prudência); de Phronesis, nasceu "Sophia" (Sabedoria) e "Dynamis" (Força); de Phronesis e Dynamis, nasceram as virtudes, as principalidades e os arcanjos.*

---

*N.E.: Sugerimos a leitura de *Arcanjos – Encanto e Magia,* de Giana Mordenti, Madras Editora.

O mais alto céu foi construído por esses anfitriões; pelos seus descendentes, foi construído o segundo céu e, pelos descendentes desses, o terceiro céu. E, assim, sucessivamente, até que 365 céus foram construídos. Então, o ano tem tantos dias como há céus.

Os anjos que sustentam o último, o céu visível, trouxeram quase todas as coisas que existem no mundo e dividiram entre eles mesmos a Terra e as nações sobre ela. O mais elevado desses anjos é conhecido como o Deus dos Judeus. Como esse Deus desejasse sujeitar as demais nações àquela que era especialmente de Sua propriedade, as demais principalidades angélicas rejeitaram-no ao máximo. Daí vem a aversão de todos os outros povos aos judeus.

O "não nascido" e inominado Pai, vendo a situação difícil que atravessavam os judeus, enviou o Seu "primeiro nascido" Nous (este é o denominado Cristo), para libertar aqueles que n'Ele acreditassem, do poder das agências angélicas que construíram o mundo. Aos homens, Cristo parecia ser um homem e praticava milagres.

No episódio da Paixão e morte, segundo Basílides, Simão de Cirene tomou a forma de Jesus, e Jesus, a forma de Simão. Simão carregou a cruz e foi crucificado, tendo Jesus retornado ao Pai.

A doutrina pregada por Basílides é interpretada por vários cronistas da Antiguidade, sob diferentes formas, mas sempre apresentando características conceituais complexas sobre a criação do mundo, dentro do contexto gnóstico.

Carpócrates

Carpócrates de Alexandria foi um dos grandes teólogos do segundo século. Esteve especialmente ativo entre 130 e 150 da Era Cristã. Na tradição da Igreja Apostólica Gnóstica, Carpócrates é considerado um santo, reconhecido como "Carpócrates, o Iluminado", com os outros dois membros, Basílides e Valentim, constituindo o "triunvirato sagrado".

Ele foi o responsável pela afirmação teológica gnóstica da pura origem humana de Jesus Cristo: Jesus foi o filho de José e foi exatamente igual a todos os outros seres humanos, embora tenha sido superior aos outros à medida que Seu espírito, forte e puro, recordou o que vira na esfera do Deus incriado.

Infelizmente, poucos escritos de Carpócrates subsistiram após a forte perseguição imposta pela corrente principal do Cristianismo, quando da aliança da Igreja com a autoridade imperial de Constantino. Entretanto, pode-se conhecer sua obra pelo que escreveram os cristãos ortodoxos (antignósticos), como, por exemplo, Irenaeus de Lião.

Maniqueísmo

O Maniqueísmo, doutrina proposta por Manes (ou Mani), com evidentes bases retiradas do Zoroastrismo, foi um grande movimento esotérico da Igreja Cristã Primitiva.

Para a Igreja, o Maniqueísmo foi a heresia mais famosa e profundamente radical, entendido como fusão do Cristianismo Gnóstico com partes das tradições zoroastriana e mitráica.

O Maniqueísmo foi fundado por um homem chamado Mani, que nasceu perto de Bagdá, em 214 d.C., de uma família relacionada com a casa real persa. Quando jovem, Mani foi introduzido por seu pai em uma seita mística – provavelmente gnóstica – que enfatizava a ascese e o celibato, praticava o batismo e usava roupas brancas. Por volta do ano 240, Mani começou a propagar seus próprios ensinamentos e, como Jesus, ficou famoso por suas curas espirituais e seus exorcismos.

Mani agrupou muitos seguidores que o proclamavam como sendo "o novo Jesus" e, como Jesus, lhe atribuíam um nascimento a partir de uma virgem, à feição de muitos dos líderes religiosos ao longo da história. Ele também foi chamado de salvador, apóstolo, iluminado, senhor e levantador dos mortos. Segundo historiadores árabes, Mani produziu muitos livros, nos quais afirmava revelar os segredos que Jesus havia mencionado de forma obscura e oblíqua. Ele considerava Zaratustra, Buda e Jesus como seus predecessores e declarava que havia recebido a mesma iluminação que eles, da mesma fonte. Seus ensinamentos consistiam em um dualismo gnóstico, característica do Maniqueísmo, sempre a luta entre o bem e o mal, entre a luz e a escuridão, dois princípios opostos atuando sobre a alma humana.

Mani defendia a doutrina da reencarnação e insistia em uma classe de iniciados, "o eleito iluminado". Referia-se a Jesus como o "filho da viúva", uma frase apropriada depois pela Maçonaria,* mas O aceitava como um ser mortal – ou, se divino, somente em um sentido simbólico ou metafórico, em virtude da iluminação. E Mani, como Basílides, sustentava a grande heresia (no conceito da Igreja) de que Jesus não morrera na cruz, mas fora substituído por alguém.

Em 276 d. C., Mani foi aprisionado, torturado até a morte, escalpelado e decapitado, e, para que não houvesse dúvidas quanto a uma possível ressurreição, seu corpo foi mutilado e colocado à mostra para o público.

Mas os martírios de Mani foram como que propagadores dos seus ensinamentos. Santo Agostinho foi um dos seus seguidores, pelo menos por algum tempo.

O Maniqueísmo se espalhou com extraordinária rapidez pelo mundo cristão. A despeito das tentativas ferozes de suprimi-lo, conseguiu sobreviver para influenciar estudiosos posteriores e persistir até os dias atuais. Na Espanha e no sul da França, as escolas maniqueístas foram particularmente ativas. Na época das cruzadas,* essas escolas forjaram ligações com outras seitas da Itália e da Bulgária. É provável que a seita dos cátaros tenha sido fruto das escolas maniqueístas estabelecidas anteriormente na França.

O Império Romano e a Expansão da Igreja Católica

A religião oficial no Império Romano, que dominava o mundo de então, era a pagã, entendendo-se o termo "pagão" como o designativo de um indivíduo de quaisquer das religiões que não adotavam o batismo.

Para o Cristianismo, o período que se abriu em 70 e que seguiu até aproximadamente 135 caracterizou-se pela definição da moral e fé cristã, bem como de organização da hierarquia e da liturgia. No Oriente, estabeleceu-se o episcopado monárquico: a comunidade é chefiada por um bispo, rodeado pelo seu presbitério e assistido por diáconos.

Gradualmente, o sucesso do Cristianismo junto às elites romanas fez deste um rival da religião estabelecida. Embora desde 64, quando Nero mandou supliciar os cristãos de Roma, se tivessem verificado perseguições ao Cristianismo, estas eram irregulares. As perseguições organizadas contra os cristãos surgiram a partir do século II: em 112, Trajano fixou o procedimento contra os cristãos. Para além de Trajano, as principais perseguições foram ordenadas pelos imperadores Marco Aurélio, Décio, Valeriano e Diocleciano. Os cristãos eram acusados de superstição e de ódio ao gênero humano. Se fossem cidadãos romanos, eram decapitados; se não, podiam ser atirados às feras ou enviados para trabalhar nas minas.

Diocleciano

Caio Aurélio Valério Diocleciano (em latim Gaius Aurelius Valerius Diocletianus), imperador romano, nasceu em 236 ou 237, na costa da Dalmácia, talvez em Salona (atual Solin, na Croácia).

Em 282, as legiões do Alto Danúbio proclamaram Marco Aurélio Caro, o prefeito pretoriano, imperador. Diocleciano foi bem-sucedido sob o comando do novo imperador e foi promovido a comandante da cavalaria da guarda pessoal imperial. Em 283, foi-lhe concedida a honra de cônsul. Em 284, durante uma campanha militar com os persas, Caro foi morto. Esse acontecimento colocou o império nas mãos dos seus dois jovens filhos: Numeriano, no Oriente, e Carino, no Ocidente. Pouco depois, Numeriano morreu sob circunstâncias misteriosas (seu corpo teria sido encontrado dentro de sua tenda) perto de Nicomédia.

---

*N.E.: Sugerimos a leitura de *Maçonaria – Escola de Mistérios*, Wagner Veneziani Costa, e *O Guia Completo das Cruzadas*, de Paul L. Willians, Ph.D., ambos da Madras Editora.

Diocleciano, após ter matado com suas próprias mãos e em público o prefeito pretoriano de Numeriano, Aper, a quem responsabilizou pelo assassinato do imperador, foi aclamado imperador, mudando seu nome de Diocles para Diocleciano. Em 285, Carino foi morto em combate perto de Belgrado, e Diocleciano passou a controlar todo o império.

Com seu longo reinado, o Império Romano saiu da fase desastrosa da história de Roma, conhecida como Crise Imperial (235-284). Seu governo de 21 anos (até 305) caracterizou-se pela capacidade administrativa sustentada pelo carisma de seu caráter e de sua personalidade.

Diocleciano foi responsável por estabelecer as bases para a segunda fase do Império Romano (conhecida como a Tetrarquia) e o Império Romano Tardio ou o Império Bizantino. Suas reformas permitiram a sobrevivência do Império Romano do Oriente por mais de mil anos.

Realizou reformas profundas a fim de salvar o império da derrocada iminente. Diocleciano tinha três objetivos: fortalecer seu poder, reformar os métodos de governo e regenerar o exército. Para isso, promoveu reformas na administração e no recrutamento militar, aumentando o efetivo militar permanente de 350 mil para algo em torno de 400 a 500 mil homens.

O império foi dividido em quatro regiões administrativas. Em 293, cada imperador escolheu um sucessor: Diocleciano apontou Galério; Maximiano (que dividia o império com Diocleciano), Constâncio Cloro. A partir de então, passaram a existir quatro imperadores, dois deles com o título de augusto (augustus) e dois com o título de césar (caesar). Constâncio Cloro e Galério foram proclamados césares. Os césares eram chefes militares capazes de governar e proteger o império, adotados como filhos pelos augustos, a quem sucederiam em caso de morte, incapacidade provocada pela velhice ou decorridos 20 anos de seus governos. Os césares, lugares-tenentes dos augustos, também possuíam capital, exército e administração próprios. A essa organização dá-se o nome de Tetrarquia, pois há dois augustos e dois césares.

Diocleciano instaurou o dominato, ou seja, uma monarquia despótica e militar, de tipo helenístico. O imperador tornava-se "senhor e deus", e todos que eram admitidos em sua presença eram obrigados a ajoelhar-se e beijar a ponta do manto real. Extinguiu-se, com isso, o principado romano: os civis haviam sido derrotados pelos militares, e o Senado romano foi eclipsado por uma nobreza burocrática.

Diocleciano foi o primeiro imperador "romano" a abandonar Roma como capital, exercendo o governo a partir da cidade grega de Nicomédia, na Ásia Menor, onde havia sido aclamado imperador. Seu colega ocidental, Maximiano, mantinha residência em Milão, mais próxima da fronteira do Danúbio. Quanto aos césares, Constâncio Cloro mantinha sua residência imperial em Tréves – ou Trier –, na fronteira do Rio Reno, e Galério, na Dácia, na cidade de Sirmium (atual Sremska Mitrovica, na província sérvia da Voivodina).

Diocleciano reabilitou as velhas tradições, incentivando o culto aos deuses antigos. Perseguiu os maniqueus, que praticavam uma religião de origem persa. Empreendeu aquela que é conhecida por alguns historiadores eclesiásticos como a penúltima grande perseguição, pelo Império Romano, contra o Cristianismo: a era dos mártires.

Destaca-se, na perseguição de Diocleciano ao Cristianismo, por volta de 285, a flagelação, até a morte, com chicotes chumbados, dos cristãos Severo, Severiano, Cartoforo e Vitoriano, por terem recusado cumprir a ordem imperial de erguer um templo a um deus pagão. Dois anos depois, em 287, Diocleciano mandou trancar vivos, em sarcófagos de chumbo, que foram lançados ao mar, os escultores Claudius, Nicostrato, Sinfório, Castor e Simplício, por terem se recusado a esculpir um ídolo pagão.

Esses nove mártires são honrados sob o título de Quatro Coroados, ou Quatro Santos Irmãos Coroados, embora, na realidade, tenham sido nove. De acordo com o Martirológio da Igreja, o dia 8 de novembro é consagrado aos Quatro Santos Irmãos Coroados.

A respeito dos Quatro Coroados, a Maçonaria dos talhadores de pedras (Maçonaria Operativa) na Idade Média,* similarmente a todas as corporações medievais, tinha seus patronos protetores, que eram honrados com festas solenes. Esses patronos eram São João Batista e, em especial, os Quatro Santos Coroados. A menção mais antiga aos Quatro Coroados, provavelmente, remonta ao ano de 1317, nos estatutos dos talhadores de pedra de Veneza.

Para Diocleciano, o abandono dos rituais do Paganismo* antigo, em favor de uma religião de origem estrangeira, era considerado algo inquietante. O césar Galério, homem de origem humilde e também, como soldado, muito adepto ao Paganismo, considerava que a presença de funcionários cristãos na corte retirava, dos sacrifícios e outras práticas rituais, sua eficácia.

Exatamente por isso, o pretexto que desencadeou a perseguição aos cristãos teria sido um sacrifício no palácio imperial de Nicomédia, oficiado por Diocleciano, em que os cristãos presentes haviam acintosamente feito gestos para desviar a presença do que, para eles, eram demônios idólatras. Em fevereiro de 303, um primeiro édito imperial ordenava a destruição geral de igrejas, objetos de culto cristãos e a destituição de funcionários que fossem adeptos da "nova" religião. Um segundo édito ordenou a prisão geral do clero. Um terceiro previa a libertação dos cristãos em caso de apostasia (abandono da fé cristã), e o quarto e último, de 304, ordenava toda a população do império a sacrificar aos deuses sob pena de morte ou trabalhos forçados em minas.

---

*N.E.: Sugerimos a leitura de *Sociedades Secretas da Idade Média*, de Thomas Keightley, e *Paganismo – Uma Introdução da Religião Centrada na Terra*, de Joyce Higginbotham e River Higginbotham, ambos da Madras Editora.

As perseguições de Diocleciano esbarraram, no entanto, na falta de entusiasmo de uma população já bastante cristianizada – especialmente no Oriente, onde Diocleciano e Galério governavam diretamente. Na parte do Ocidente sob sua administração, o césar Constâncio Cloro limitou-se a aplicar o primeiro édito, também sem muito entusiasmo. O zelo administrativo dos funcionários, no entanto, foi suficiente para garantir perseguições violentas tanto no Oriente quanto no Império Ocidental, governado por Maximiano (Itália e África), que só arrefeceriam em 311, quando Galério, moribundo, pediu orações aos cristãos pelo seu restabelecimento.

Satisfeito por ver o sistema tetrárquico assegurado, com a proclamação de Constâncio e Galério como imperadores, Diocleciano abdicou com Maximiano, em 305, conforme havia estabelecido (decorridos 20 anos de seu governo), em favor dos césares Galério e Constâncio Cloro, respectivamente, e retirou-se para Salona (atual Solin, na Croácia).

A perseguição ao Cristianismo, no Império Romano, foi enfraquecendo, face à cristianização da população. Com a morte do imperador Constâncio, surgiu a figura de seu filho, Constantino.

Constantino I

Constantino I, Constantino Magno ou Constantino, o Grande (em latim Flavius Valerius Constantinus), nasceu em Naissus, na Alta Dácia (atual Romênia), em 272, filho de Constâncio Cloro (ou Constâncio I Cloro) e da filha de um dono de albergaria (hospedaria), Helena de Constantinopla, que viria a ser Santa Helena. Faleceu em 22 de maio de 337.

Constantino teve uma boa educação e serviu no tribunal de Diocleciano, depois de seu pai ter sido nomeado um dos dois césares, uma espécie de imperador júnior, na Tetrarquia de Diocleciano, em 293.

Seu pai, Constâncio Cloro, foi nomeado augusto (imperador), com a renúncia de Diocleciano e Maximiano em 305.

Em 306, Constantino conseguiu viajar até o leito de morte de seu pai, em Eburacum (atual York), e foi proclamado augusto pelas suas tropas em 25 de julho de 306.

Constantino havia herdado do pai uma predisposição simpática ao Cristianismo, mas sua atitude favorável ao Cristianismo parece ter sido somente uma questão de conveniência, pois os cristãos eram, então, numerosos. Constantino necessitava de toda a ajuda que pudesse obter contra Maxêncio, seu rival na disputa pelo trono imperial.

Em 312 d.C., Constantino combateu Maxêncio, filho do imperador Maximiano, e, vencendo-o na Batalha de Ponte Milvio, decidiu marchar direto sobre Roma.

Conquistou Roma e recebeu o título de augusto ocidental. O Senado romano, depois da Batalha da Ponte Milvio, criou um arco do triunfo no Coliseu. Segundo a inscrição nesse arco, a vitória de Constantino deveu-se à "proteção da deidade". Mas a deidade em questão não era Jesus. Era Sol Invictus, o deus Sol pagão.

Com a publicação do édito (ou carta) de Milão, no ano de 313, Constantino estabeleceu a tolerância de culto, iniciada, anteriormente, por Galieno e Galério, e, no Concílio de Niceia de 325, condenou os donatistas e estabeleceu condutas de fé e disciplina, favorecendo, desse modo, o progresso do Cristianismo como religião dominante do império, situação que foi reforçada com a consagração à Virgem Maria, em 330, da capital do império de Constantinopla.

Constantino consolidou, gradualmente, sua superioridade militar sobre seus rivais. Com o esfacelamento da Tetrarquia em 324, ele derrotou o imperador oriental Licínio, tornando-se imperador único.

Foi durante o reinado de Constantino que a cruz se tornou o símbolo sagrado dos cristãos. Estes, perseguidos durante o tempo do imperador romano Nero, usavam como símbolo o peixe.

Constantino influenciou, em grande parte, a inclusão, na Igreja Cristã, de dogmas baseados em tradições. Um dos mais conhecidos foi o Édito de Constantino, promulgado em 321, que determinou oficialmente o domingo como dia de repouso para os cristãos, em honra à ressurreição de Jesus Cristo.

Em 326, Constantino removeu a capital do Império Romano para Bizâncio (dizendo que o local lhe teria sido revelado em um sonho), que recebeu o nome de Nova Roma (que mudou de nome para Constantinopla, após a morte do imperador Constantino). Na época da fundação de Nova Roma, o imperador Constantino decidiu fazer do Cristianismo a religião oficial do império.

Ainda em 326, um ano depois do Concílio de Niceia, Constantino mandou matar seu próprio filho, Crispus. Sufocaria, depois, sua mulher, Fausta, em um banho sobreaquecido. Mandou também estrangular o marido de sua irmã e chicotear até à morte o filho dela.

Apesar de a Igreja ter prosperado sob a proteção do imperador, ela própria decaiu no primeiro de muitos cismas públicos. Constantino convocou o Concílio de Niceia a fim de unificar a Igreja Cristã, pois, com as divergências desta, seu trono poderia estar ameaçado. Duas questões principais foram discutidas no Concílio de Niceia: a questão da heresia ariana, que dizia que Cristo não era divino, mas o mais perfeito das criaturas mortais; e a data da Páscoa, até então sem consenso.

Constantino só foi batizado e cristianizado no final da vida. Ironicamente, ele pode ter favorecido o lado perdedor da questão ariana, uma vez que foi batizado por um bispo ariano, Eusébio de Nicomédia.

Com referência ao seu batismo, há duvidas se realmente se tornou cristão. Ele nunca abandonou sua adoração ao deus Sol (deus Sol Invicto), tanto que, em suas moedas, Constantino manteve, como símbolo principal, o Sol. De fato, Constantino favoreceu de modo igual ambas as religiões. Como sumo pontífice, velou pela adoração pagã e protegeu seus direitos.

Eusébio de Cesareia, seu biógrafo, diz que ele se tornou cristão nos últimos momentos da vida, mas isso não é convincente porque, no dia anterior, Constantino fizera um sacrifício a Zeus, já que também tinha o título de sumo pontífice.

Até o dia da sua morte, em 337, Constantino usou o título pagão de sumo pontífice, o chefe supremo em assuntos religiosos.

Doação de Constantino

A Doação de Constantino (*Constitutum Donatio Constantini* ou *Constitutum Domini Constantini Imperatoris*, em latim) é um édito imperial romano, que registra o ato pelo qual o imperador Constantino I teria doado ao papa Silvestre e seus sucessores a primazia sobre a Igreja do Oriente e o *imperium* (poder imperial) sobre o Império Romano do Ocidente.

Esse édito imperial romano, também conhecido na história como *Constitutum*, consta de duas partes:

Na primeira, *confessio*, Constantino narra sua cura milagrosa (da lepra) e o seu batismo pelo papa Silvestre.

Na segunda parte, *donatio*, Constantino expõe os benefícios e privilégios que concede ao papa Silvestre e seus sucessores, na cátedra de Roma.

O documento é falso e teria sido forjado entre 750 e 850.

A autoria da falsificação nunca ficou caracterizada. Poderia ter sido elaborada no século VIII por algum sacerdote romano, com o propósito da defesa da soberania papal como sucessora do domínio Lombardo na Itália e a justificativa contra o Império Bizantino (que anexara, ao seu patrimônio, o exarcado de Roma).

Poderia também ter sido elaborada por um integrante da corte franca, visando possuir um documento que justificasse, perante Constantinopla, a restauração do Império Romano do Ocidente, na pessoa do imperador Carlos Magno, pelo papa.

Há ainda uma terceira hipótese da falsificação do documento ter sido feita em 816, em Reims, quando o papa Estêvão IV viajou para coroar Luís, o Piedoso, filho de Carlos Magno, com a coroa de Constantino.

De acordo com a Doação de Constantino, pela primeira vez, na história do Cristianismo, o bispo de Roma exerceria a autoridade secular, além da espiritual. Seria, na verdade, um papa imperador que disporia como quisesse da coroa imperial, podendo delegar seu poder, no todo ou em parte, a seu bel-prazer. O papa passou a exercer, por meio de Cristo, o direito indiscutível de criar ou depor reis e o poder do Vaticano em assuntos seculares.

A Igreja, pelo jogo de interesses menores, veio, posteriormente, a perder esse poder do papa imperador. Sua situação política e mesmo espiritual ficou muito comprometida perante o mundo. Vários esforços foram feitos ao longo do tempo, para recuperar o poder perdido.

As heresias e os cismas religiosos proliferavam, talvez em razão do enfraquecimento das posições política e espiritual em presença da valorização de interesses menores.

Somente com Clóvis, imperador merovíngio* em 496 d.C., a Igreja reconquistou esse poder, ao mesmo tempo temporal e espiritual, que manteve absoluto durante mais de mil anos.

Os papas utilizaram a doação, durante a Idade Média, para ampliar seu território na Itália e fortalecer o poder secular do pontífice. O documento era regularmente aceito naquele período histórico, até que o imperador romano germânico, Otão III (983–1002), rejeitou o documento como "escrito imaginário e falso".

Em meados do século XV, a Igreja reconheceu que o documento não poderia ser legítimo. Em 1440, o humanista italiano Lorenzo Valla, ao analisar a linguagem do documento, constatou que a doação era falsa. Demonstrou que, embora algumas fórmulas da época imperial fossem empregadas no texto, parte do latim utilizado não poderia ter sido escrito no século IV. Foi ainda constatada a incoerência de datas mencionadas no documento. Estudos mais recentes demonstraram que a alegada cura da lepra de Constantino pelo papa Silvestre, citada no texto, é uma lenda criada, posterior à data alegada no documento.

Os Concílios

Desde a Antiguidade cristã, as questões teológicas eram discutidas e resolvidas em concílios.

Os sínodos eclesiásticos e concílios distinguem-se por diferentes classificações:

Diocesano é meramente um conselho consultivo. Provincial é presidido por bispo metropolitano, com autoridade independente sobre as igrejas filhas de sua jurisdição, sendo as decisões válidas após confirmação por comissão da Igreja Romana.

Plenário é um concílio provincial sob a presidência de um legado papal.

Geral é um concílio que não tem aceitação universal, mas regional.

Concílio ecumênico (assembleia universal) é o concílio cujas decisões são universalmente adotadas.

Primeiro Concílio Ecumênico

O Primeiro Concílio Ecumênico foi convocado pelo imperador romano Constantino I, no século IV de nossa era, em razão de uma questão teológica de autoria do bispo Alexandre e do sacerdote Ario, ambos da

---

*N.E.: Sugerimos a leitura de *O Graal Secreto dos Merovíngios,* de Alfredo Ros e Carlos Cagigal, Madras Editora.

Igreja de Alexandria, no Egito (delta do Rio Nilo, às margens do Mar Mediterrâneo), sob o domínio do Império Romano.

Constantino, imperador, não era cristão, e, como afirmado acima, a figura do papa, na época, era designativa do bispo da diocese de Roma. Mas o imperador teve de interferir, porque a questão teológica ultrapassara os limites da Igreja e alcançara o público, provocando o desprestígio e conturbando a ordem do Império Romano naquela cidade (Alexandria).

O bispo Alexandre afirmava, em síntese, que Jesus era Deus (portanto, Criador), e o sacerdote Ario entendia que Jesus não o era (sendo, portanto, criatura).

A questão teológica também ficou conhecida como "a heresia de Arrio", mas passou à história com uma simples palavra: filioque.

A primeira interferência de Constantino foi por carta aos sacerdotes, mas não surtiu efeito porque a discussão prosseguiu.

Determinou, então, o imperador, a convocação de um concílio ecumênico, elegendo para local da assembleia universal a cidade de Niceia, na Bitínia, hoje Turquia, próxima à antiga Bizâncio, depois Constantinopla, hoje Istambul, no Estreito de Bósforo – entre os mares Negro e Mármara.

Compareceram mais de 2 mil bispos.

Os cronólogos situam o Concílio de Niceia no ano 325, embora haja quem o cite no ano 318. Afirma-se que o concílio durou cerca de 12 anos e que a controvérsia gerou mais de 40 volumes de atas, sendo vencedora a tese do bispo Alexandre de Jesus Deus, sob o argumento principal do próprio Jesus: "O Pai e Eu somos um".

Na oração do credo, foi introduzida a decisão de "Jesus Deus", ficando assim redigida:

Credo in unum Deum, Patrem omnipotentem, factorem cæli et terræ, visibilium omnium et invisibilium, et in unum Dominum Jesum Christum, Filium Dei unigenitum, et ex Patre natum ante omnia sæcula. Deum de Deo, Lúmen de Lumine, Deum verum de Deo vero....

[Creio em um só Deus, Pai onipotente, Criador do céu e da Terra, de todas as coisas visíveis e invisíveis e em um só Senhor, Jesus Cristo, Filho unigênito de Deus, nascido do Pai, antes de todos os séculos. Deus de Deus, luz de luz, Deus verdadeiro de Deus verdadeiro...]

No bojo da decisão, veio a tese da "consubstancialidade", porque Jesus e Deus são feitos da mesma substância. Na oração do credo, foi, então, introduzido o seguinte:

...Genitum, non factum, consubstantialem Patri: per quem omnia facta sunt...

[...Gerado, mas não feito, consubstancial com o Pai, por quem foram feitas todas as coisas].

Essa decisão, aprovada por 318 bispos, colocou Jesus no credo não apenas como Deus, mas constituído pela mesma substância de Deus.

A Tese da Natureza de Jesus Cristo

A discussão sobre a natureza de Jesus Cristo estava longe de terminar, porque diversas escolas de pensamento teológico debatiam a questão que geraria a convocação de outros concílios ecumênicos, como apresentaremos adiante. Entre elas, as mais importantes escolas de pensamento teológico foram:

Docetismo, que defendia que Jesus era um mensageiro dos céus, que Seu corpo era "carnal" apenas na aparência e que Sua crucificação teria sido uma ilusão.

Ebionismo, que cria que Jesus era um profeta nascido de Maria e José e que teria se tornado Cristo no ato do batismo.

Monofisismo, que defendia que Cristo teria uma única natureza composta da união de elementos divinos e humanos.

Nestorianismo, que dizia que Jesus Cristo seria, na verdade, duas entidades vivendo no mesmo corpo: uma humana (Jesus) e uma divina (Cristo).

Sabelianismo, que defendia que Jesus e Deus não eram pessoas distintas, mas sim "aspectos" ou "modos" diferentes do trato da divindade com a humanidade.

Trinitarianismo, que cria que Jesus era a segunda pessoa da Trindade divina.

Sob o reinado de Constantino, o Império Romano tornou-se cristão, e, com a atuação de Irenaeus, essa posição foi consolidada.

A cerimônia de inauguração de Constantinopla se realizou em maio de 330, conduzida por eclesiásticos cristãos.

No período do 33º papa, São Silvestre (pontificado entre 314 e 335), o imperador Constantino decretou o fim da crucificação, da perseguição aos cristãos e, pessoalmente, contribuiu para a construção de igrejas. Foi construída, em 319, a Basílica de São Pedro, sobre o túmulo de São Pedro, por ordem do imperador Constantino, que a doou à Igreja. Essa basílica deu lugar à atual Basílica de São Pedro, cuja construção iniciou sob o papado de Júlio II, em 1506, sendo concluída – embora não totalmente – em 1626, sob o papado de Urbano VII.

Constantino também doou à Igreja a Basílica de São Paulo, construída em Roma, sobre o túmulo do apóstolo Paulo.

Com essas doações, o imperador Constantino dotou-as de grandes possessões que, antes, integravam seu patrimônio.

À medida que se firmava o Cristianismo em Roma, a Igreja recebia, das mais diferentes origens, grandes quantidades de bens materiais, que eram utilizados na propagação do Cristianismo, na manutenção do culto e na própria atividade social da Igreja, em favor dos pobres e desamparados.

Além disso, o patrimônio de São Pedro foi sendo constituído com a doação, ainda em vida ou em testamento, de propriedades de cristãos ricos. Esse patrimônio logo se estendeu a outras províncias, tornando a Igreja a mais rica e poderosa proprietária de terras na Europa.

Esses fatos mostram que a Igreja Católica também laborou, intensamente, desde o século IV, para a conquista do poder temporal (monetário e territorial), em paralelo com o crescimento do poder espiritual.

A evolução da Igreja Católica, todavia, permanecia estreitamente ligada ao Império Romano. Por essa razão, o entendimento dessa evolução fica mais fácil com a apresentação da correspondente evolução dos personagens dirigentes do império.

Constantino I, o Grande, morreu em 337, deixando o Império Romano dividido, por herança, para os seus três filhos: Constantino II, imperador do Ocidente; Constâncio, imperador do Oriente; Constante, o mais jovem, imperador da Itália, África e Ilíria (atualmente, Ilíria é a região dos Bálcãs, que abriga os seguintes países: Sérvia, Montenegro, norte da Albânia, Bósnia-Herzegovina e Croácia).

Constantino II, o imperador do Ocidente, morreu em 340, quando penetrava na Itália, pela vanguarda de Constante, seu irmão mais jovem, em Aquileia (atualmente é uma vila em Udine, perto da costa do Adriático, noroeste da Itália).

Assim, Constante tornou-se o imperador de todo o Ocidente, e o Império Romano, a partir de 340, estava dividido em dois: o Império do Ocidente, sob o domínio de Constante, e o Império do Oriente, o controle de Constâncio.

Em que pese a decisão do Concílio de Niceia, reconhecendo a consubstancialidade de Jesus com Deus, a tese de Ario prosseguiu recebendo adeptos, os arianos. O imperador Constante, amigo de Ambrósio (mais tarde, Santo Ambrósio), bispo de Milão, o mais eminente cristão religioso da época (e que, mais tarde, com suas pregações, influenciaria o pensamento teológico do jovem padre Agostinho, que vivia, na época, em Milão e seria, no futuro, Santo Agostinho), era defensor da ortodoxia e, portanto, contra os arianos.

Constante, o imperador do Ocidente, morreu em 350, assassinado em Lugduno (atual Lião, na França). Magnêncio, oficial romano de origem germânica, foi proclamado augusto do Ocidente.

Constâncio, o irmão restante dos três filhos de Constantino, apoiado por Vetranion, o chefe das tropas de Ilíria, derrotou Magnêncio, em 351, na Batalha de Mursa (atual Osijek, na Croácia); Magnêncio cometeu o suicídio.

O Império Romano, sob o comando de Constâncio, unificou-se novamente a partir de 351.

Em 352, Libério foi nomeado o 36º papa, tendo pontificado até 366. Foi o primeiro, na sequência de papas, a não ser santificado.

Constâncio, ao contrário de seu falecido irmão Constante, era a favor do Arianismo e, a partir de 353, forçou a adoção dessa tese, que já fora condenada no Concílio de Niceia.

Segundo Concílio Ecumênico

Em 359, o imperador Constâncio convocou o Segundo Concílio Ecumênico, o Concílio de Rimini (perto de S. Marino, na costa italiana do Mar Adriático), com a finalidade de oficializar as adotadas teses do Arianismo, que derrubaram a consubstancialidade de Jesus com Deus.

Juliano, o futuro imperador, proclamou-se augusto em Lutécia (atual Paris), no ano de 361. A guerra civil entre os primos (ele e Constâncio II) foi evitada pela morte de Constâncio nesse mesmo ano.

Juliano tornou-se imperador romano em 361, o último da família de Constantino. Logo após a morte de Constâncio, o papa Libério, que não enviara participantes ao Concílio de Rimini, considerou aquele concílio irregular e anulou todos os decretos dele provenientes. Entendemos, todavia, que a anulação papal não produzisse resultados, senão em sua diocese, Roma.

Juliano foi imperador durante 18 meses. Na luta do Império Romano contra os persas, Juliano conseguiu vitórias, mas foi morto em combate em 363.

Joviano, fervoroso cristão, foi proclamado imperador pelo exército em 363, mas foi morto em 364. O exército romano proclamou imperador um de seus oficiais, Valentiniano I. Novamente o império dividiu-se, ficando Valentiniano com o Ocidente, com sede em Paris; Valentiniano I designou seu irmão Valente, como imperador do Oriente.

Ambos concordaram em tolerar as diversas religiões existentes no império. Valentiniano manteve o compromisso, mas seu irmão Valente perseguiu os não-arianos.

Em 366, Damaso I, que era defensor da ortodoxia (tese da consubstancialidade de Jesus com Deus), foi nomeado papa.

Nos anos de 368 e 369, Teodósio, um dos generais de Valentiniano, luta com seu filho, Teodósio, o Jovem (futuro imperador Teodósio), contra os pictos (povos da Escócia, que pintavam seus corpos para a guerra,* daí seu nome), na Inglaterra, detrás da famosa Muralha de Adriano, fortificada, que separava a Inglaterra da Escócia, com 117 quilômetros de comprimento e cuja construção terminou no ano 126.

Nos anos 370 e 371, Teodósio, o Jovem, lutou contra os alemães na Floresta Negra, entre França e Alemanha, e, nos anos 372 e 373, contra os sarmatas, do sul da Rússia, que entravam nos Bálcãs, no território da atual Bulgária.

---

*N.E.: Sugerimos a leitura de *A Arte da Guerra,* de Sun Tzu, Madras Editora.

Em 374, o jovem Teodósio, como dux (comandante militar) na diocese (nome dado às províncias por Diocleciano) da Mésia, no Baixo Danúbio, derrotou de novo os sarmatas, quando tinha 27 anos de idade.

Além da experiência militar, os dois Teodósios, tanto o pai quanto o filho, de origem aristocrática, eram experientes com os cavalos hispanos, famosos por suas atitudes para a guerra e sobretudo para as carreiras que tanto apaixonavam os contemporâneos. Desses cavalos, misturados com os do norte da África, resultou a raça chamada árabe, tão estimada como puro-sangue nas corridas modernas. Teodósio, o pai, era, na época, mestre da cavalaria, nomeado pelo imperador Valentiniano I. Na mesma época das vitórias do filho na Mésia, Teodósio, o pai, foi enviado com plenos poderes ao norte da África para reprimir a sublevação de Firmo.

Valentiniano I morreu em 375. Sucedeu-lhe, como imperador do Ocidente, Graciano, seu filho, então com 16 anos, que reconheceu Valentiniano II, seu meio-irmão de 4 anos, como augusto.

Por causa das tramas na corte de Graciano, a sorte dos dois Teodósios mudou. O pai foi preso e executado em Cartago. Embora cristão, só foi batizado na hora da morte. O filho, retirou-se para a Espanha, onde tinha propriedades.

A ameaça dos bárbaros rondava o império e provocaria grandes derrotas para o Império Romano.

Em 376, os visigodos, empurrados pelos hunos, estabeleceram-se no território ao sul do Danúbio, que pertencia ao império.

Em 378, os visigodos se rebelaram contra Valente, o imperador do Oriente, e este pereceu na Batalha de Adrianópolis (perto de Bizâncio), na maior derrota do exército romano (40 mil mortos, entre eles 4 generais e o imperador).

Com a morte de Valente nessa batalha, Graciano, seu sobrinho, ficou como único imperador e chamou Teodósio à corte.

Em 379, Graciano nomeou Teodósio I augusto do Oriente. Ao provar Teodósio sua habilidade como militar, derrotando os visigodos causadores do desastre de Adrianópolis, Graciano o proclamou coimperador, dando-lhe o domínio do Oriente com as províncias de Dácia e Macedônia, enquanto Graciano permanecia como imperador do Ocidente.

Em 380, Teodósio foi batizado como cristão, por causa de uma grave doença contraída em Tessalonica (atual Salonica, na Macedônia), escolhida por ele como capital temporária, sendo assim, o primeiro imperador romano que exerceu o poder estando batizado, apesar de seus predecessores, desde Constantino, à exceção de Juliano, terem se declarado cristãos.

Em fevereiro desse mesmo ano de 380, ele e Graciano fizeram publicar um édito deliberando que todos os seus súditos deveriam seguir a fé dos bispos de Roma e de Alexandria.

Estava o Cristianismo confirmado como a religião de Estado no Império Romano. As conquistas do Cristianismo, nessa época, muito devem ao empenho do papa Dâmaso (pontificado entre 366 e 384), que, desde Valentiniano I, passando por Graciano e Teodósio I, foi a alma das novas disposições e leis favoráveis ao Cristianismo.

A problemática teológica de muitos dos patriarcas de Constantinopla, sempre sob a severa observação e intervenção dos imperadores, gerava conflitos, sendo, não raramente, depostos e substituídos por sucessores teologicamente mais maleáveis. O bispo de Constantinopla em 380 era um ariano.

Teodósio, reconhecendo que os bárbaros, especialmente os teutônicos e germânicos, podiam ajudar o exército, bastante enfraquecido pelas lutas internas, admitiu-os como tropa e oficiais, de modo que, em suas dioceses (hoje províncias), tanto romanos quanto teutônicos encontravam-se entre seus generais.

As forças bárbaras, especialmente os visigodos, invadiam as províncias do sul do Danúbio, constantemente, desde 375.

Teodósio, que não podia contar com as forças de Graciano, buscou, em 381, a paz por meio de uma coexistência pacífica. Por isso recebeu o rei dos visigodos, Atanarico, de maneira amigável.

Terceiro Concílio Ecumênico

Naquele mesmo ano de 381, Teodósio buscou a paz entre os diversos grupos cristãos, declarou-se imperador pela graça de Deus e por isso convocou um concílio ecumênico, o Terceiro Concílio Ecumênico e o primeiro de Constantinopla, antiga Bizâncio, no Estreito de Bósforo (atual Istambul), com duas grandes finalidades: a primeira era devolver a Jesus todos os direitos da divindade, recolocando a tese da consubstancialidade, derrubada no falso Concílio de Rimini.

A segunda era reparar um esquecimento do Concílio de Niceia, que simplesmente declarou: "Cremos também no Espírito Santo". Acrescentaram, então: "Jesus Cristo encarnou por obra do Espírito Santo e da Virgem Maria. Foi também por nós crucificado, sob o poder de Pôncio Pilatos, e sepultado. Ressuscitou no terceiro dia, conforme as Escrituras. Subiu aos céus e está sentado à direita do Pai. Cremos no Espírito Santo, Senhor e vivificador; que procede do Pai; que com o Pai e o Filho, é justamente adorado e glorificado; que falou pela boca dos profetas. Cremos na Igreja, que é una, santa, católica e apostólica".

O Concílio de Constantinopla também estabeleceu a precedência do bispo de Constantinopla (Nova Roma) sobre os outros patriarcas da Igreja Oriental, mas hierarquicamente abaixo do bispo de Roma. Essa decisão sobre a hierarquia viria a servir, posteriormente, às aspirações ecumênicas do patriarca de Constantinopla.

O Concílio de Niceia e o Primeiro Concílio de Constantinopla fixaram, com precisão, o dogma trinitário, a Santíssima Trindade.

Alguns historiadores consideram que o Concílio Ecumênico de 381, em Constantinopla, foi o segundo e não o terceiro, porque o Concílio Ecumênico de Rimini, nesta obra apresentado como o Segundo Concílio, foi considerado nulo ou falso.

Santo Agostinho

Um dos primeiros grandes vultos do início da história da Igreja Católica foi Santo Agostinho. Apresentamos, a seguir, um resumo de sua vida e obra, contemporânea aos acontecimentos históricos do Império Romano, desde meados do século IV.

Hippo Regius é a moderna Annaba, na costa africana da Argélia, onde se situava a então província romana de Numidia.

Agostinho, chamado Aurelius Augustinus, nasceu em 13 de novembro de 354, de pais de classe média, em Tagaste (moderna Souk-Ahras), uma pequena cidade da África, a cerca de 72 quilômetros ao sul de Hippo Regius.

Seu pai, Patricius, foi e permaneceu pagão até os últimos anos; sua mãe, Mônica (mais tarde Santa Mônica), foi uma cristã de devoção intensa, embora ingênua, de quem Agostinho reteve, como primeiros ensinamentos, a reverência, que nunca o abandonou, ao nome de Cristo. Mas ele não foi batizado na infância. Ele cursou a escola primária e secundária e cedo demonstrou tal promessa intelectual, que os modestos recursos familiares foram destinados a assegurar para ele uma carreira acadêmica, que deveria qualificá-lo ao serviço governamental.

Estudante de 19 anos em Cartago, se interessou pela leitura de um tratado de Cícero, intitulado *Hortensius* e atualmente perdido, que lhe encheu de entusiasmo pela "filosofia", que não significava somente a busca da verdade, mas a convicção da superioridade de uma vida devotada àquela busca (a vida contemplativa) sobre quaisquer objetivos de ambição secular. A fé da Igreja Católica parecia-lhe muito desesperançada e não filosófica para nutrir um homem de cultura; e ele foi facilmente influenciado com a descoberta, no Maniqueísmo, de uma religião que professava o apelo à razão em vez da autoridade.

O sistema do Maniqueísmo, tal como propagado no Império Romano Ocidental, era um dualismo que defendia a criação do mundo como o produto de um conflito entre substâncias luminosas e trevosas e entendia ser a criação da alma humana um elemento de luz emaranhado na treva. O Maniqueísmo anunciava ser o verdadeiro Cristianismo, pregando Cristo como o Redentor que torna as partículas de luz aprisionadas capazes de escapar e retornar à sua própria região. Na Igreja Maniqueísta, a mais alta ordem de "eleito" aderiu a um regime rigoroso de ascetismo e celibato, mantendo toda a geração física ao serviço do domínio das trevas.

Após uma adolescência que provavelmente não foi mais libertina do que o comum na sua época e na sua comunidade, Agostinho ligou-se a uma mulher de classe popular, com quem teve um filho e com a qual permaneceu lealmente ligado pelos nove anos de sua associação com os maniqueístas, sendo-lhe permitido filiar-se à mais baixa ordem dessa seita como um dos "ouvintes", classe em que o casamento era permitido como uma concessão às fraquezas humanas. Seu primeiro entusiasmo por essa "religião de iluminação do espírito" não teve longa duração, todavia, porque os especialistas do Maniqueísmo eram intelectualmente inferiores e se mostraram incapazes de lidar com as questões que ele lhes apresentava.

Ele se tornou crescentemente desiludido e já estava caindo em um Agnosticismo generalizado quando, com cerca de 28 anos, deixou Cartago, onde tinha trabalhado como professor autônomo de retórica, e foi para Roma à procura de alunos mais satisfatórios.

Em Roma, ele fez contatos que o levaram a uma cadeira de professor em Milão, onde residia, então, Graciano, o imperador do Ocidente. O bispo de Milão era Ambrósio, o mais eminente religioso cristão da época. Agostinho foi apresentado a ele, mas nunca chegou a conhecê-lo bem. Ele comparecia às suas pregações, e este seu primeiro contato com a mente de um intelectual cristão foi o bastante para balançar o preconceito de Agostinho contra o ensinamento católico.

Embora ele tenha abandonado as doutrinas do Maniqueísmo, retinha os seus pressupostos materialistas, que o conduziam ainda a um ceticismo em relação às alternativas não satisfatórias das noções maniqueístas de realidade final. A existência de Deus e a natureza e origem do Demônio permaneciam, para ele, problemas tão insolúveis como nunca.

A solução dos dois problemas foi dada a ele pela oportunidade de ter sido apresentado a escritos neoplatônicos, para os quais deve ter sido preparado pelo uso que Ambrósio fazia desses escritos em seus sermões. O neoplatonismo, no trabalho do filósofo e místico do século III Plotino, seu maior expositor, é um monismo espiritual – doutrina filosófica sustentando que há somente uma realidade –, de acordo com a qual o Universo existe como uma série de emanações ou degenerações da unidade absoluta. Do Uno transcendente, ergue-se a mente autoconsciente ou espírito; da mente, surge a alma ou vida; a alma é a intermediária entre as esferas do espírito e do sentido. A matéria é o mais baixo e último produto da unidade suprema; e, como o Uno é também o real e o bom, a potencialidade do mal é identificada com a matéria não formada como o ponto de desvio máximo do Uno. O mal em si mesmo é o mínimo verdadeiro de todas as coisas, sendo simplesmente a privação ou ausência do bem. O misticismo neoplatônico confia no princípio de que o intrínseco é superior ao extrínseco: para alcançar o bom, que é real, deve-se "retornar para o interior" de si mesmo, porque ele é o espírito no mais interno eu do homem que o liga à unidade final.

No sétimo livro das *Confissões*, Agostinho conta como, neste ato de introspecção, ele encontrou Deus – a "luz que não se modifica", ao mesmo tempo imanente e transcendente, que é a fonte de todo o reconhecimento intuitivo da verdade e da bondade.

A descoberta de Deus foi mais do que a conclusão de um processo de raciocínio: foi uma experiência mística, uma visão ou toque que veio e foi. Porém, ela deixou por trás dela a resposta aos questionamentos não satisfatórios de Agostinho. Deus é luz, e o mal é treva, como afirmavam os maniqueístas. Mas, tampouco, é uma substância material: a imutável luz de Deus é puro ser espiritual, e o mal, ficção, assim como a treva não é senão a ausência de luz.

A experiência mística de Agostinho, sua percepção de Deus, foi momentânea e fugaz. Ele acreditava que isso aconteceu porque ele não fez, por ele mesmo, a identificação total necessária do valor supremo com o espírito; ele ainda estava embaraçado com a matéria. De fato, o neoplatonismo reafirmou o princípio maniqueísta de que o retorno a Deus deve ser por meio da fuga do corpo, e, para Agostinho, isso significava primária e imediatamente a fuga das amarras da sexualidade.

A história da sua conversão, no oitavo livro das *Confissões*, conta a aproximação dele ao conhecimento dos progressos heroicos do ascetismo cristão no Oriente e Ocidente, do autodesprezo, induzido nele pelo contraste de sua própria fraqueza, e da quebra final de resistência em um jardim em Milão, quando, ao som de uma voz de criança chamando "tolle, lege; tolle lege" ("apanha e lê"), ele abriu as cartas do Novo Testamento e leu, na Carta de Paulo aos Romanos, as palavras: "...revesti-vos do Senhor Jesus Cristo, e nada disponhais para a carne, no tocante às vossas concupiscências" (Romanos 13:14).

Isso aconteceu no final do verão do ano 386. As férias estavam próximas, e Agostinho se demitiu de sua cadeira de professor e foi, com alguns jovens alunos, seu filho Adeodato e sua mãe, Mônica, constituir um grupo de estudos em uma casa de campo emprestada por um amigo. Afora os estudos literários e as discussões filosóficas, lá surgiram os primeiros trabalhos conhecidos de Agostinho – os diálogos, que exibem muito pouco da agitação e tensão de uma conversão religiosa e bem pouco da preocupação com temas cristãos específicos e que induziram os críticos a questionar a importância da história das *Confissões*, escritas muitos anos após.

É verdade que a luta de Agostinho contra a dominação da sua natureza sexual pode ser considerada como a fase final dessa busca flutuante da "vida filosófica" anteriormente apresentada a ele no *Hortensius,* de Cícero. Mas não há razão suficiente para duvidar que ele fosse um cristão católico em pensamento quando recebeu o batismo pelas mãos de Ambrósio, na primavera de 387.

É certo que, três ou quatro anos mais tarde, quando ele escreveu o seu tratado *De Vera Religione* (Da Verdadeira Religião), ainda estava pensando o Cristianismo em termos neoplatônicos. Nesse tratado, a Palavra (Logos) divina em Cristo é a mente ou espírito de Plotino iluminando a razão, por meio da qual a alma humana tem acesso ao transcendente Ser Supremo. A vida humana de Cristo é o exemplo do homem de vitória, do ascético sobre as penas e os prazeres da matéria; a moral cristã funciona somente para purificar a alma para a vida de contemplação, e a fé cristã é a aceitação necessária da autoridade da Igreja, no estágio preliminar de treinamento.

Logo após o batismo, Agostinho deixou Milão, com sua mãe e um pequeno grupo de amigos, para retornar à África. Na cidade de Óstia, porto da cidade de Roma, sua mãe morreu, e Agostinho recordou a última conversa que teve com ela, na qual o filho orientou a mãe, por meio de uma dissertação formada no padrão da "ascensão" neoplatônica desse mundo para o outro, compartilhando uma experiência momentânea da vida eterna.

Em casa, novamente em Tagaste, os amigos formaram uma pequena comunidade devotada à vida religiosa de contemplação e estudo. Mas essa paz foi logo quebrada quando, em uma visita a Hippo Regius, em 391, Agostinho foi forçado a aceitar a ordenação como padre assistente do seu velho bispo Valerius. Valerius morreu cinco anos depois, e Agostinho ingressou no episcopado, no qual teve de trabalhar até sua morte. O bispo na África Romana não era somente o pastor de uma paróquia, o atarefado professor e pregador, mas também o juiz presidente em uma corte muito concorrida de jurisdição sumária em casos civis.

Agostinho nunca teve muita saúde, e a grande extensão de sua produção literária foi possível somente pelos serviços constantes de estenógrafos e por uma extraordinária capacidade de formulação improvisada de pensamentos ordenados, dos quais, pelo menos 400 sermões, permanecem como prova. Ele não era um teólogo sistemático. Muitos dos seus escritos foram em resposta a apelos que, pela sua crescente reputação no mundo cristão, eram trazidos a ele para a solução dos mais diversos problemas. Mais de 200 de suas cartas foram preservadas, muitas das quais tendo a escala de pequenos tratados. Ele era incansável na controvérsia com os heréticos – maniqueístas, donatistas e pelagianos. Mas o seu mais profundo pensamento, o real Agostinianismo, é encontrado em seus comentários à Bíblia e homilias, especialmente suas elucidações dos Salmos* e seus escritos sobre o Evangelho e a Primeira Carta de João. O padrão característico que ele impôs sobre a teologia cristã não era o resultado da controvérsia. A virada decisiva foi dada, segundo sua opinião, na sua ordenação ao sacerdócio, que o arrastou para o mundo, contra o seu desejo de vida contemplativa, e, ao mesmo tempo, desviou seus estudos da filosofia para a Bíblia.

A realidade da experiência pastoral entre o povo imperfeitamente cristianizado de um porto do Mar da África, com a rápida fertilização de sua mente com as categorias da religião bíblica tornou impossível, para ele,

---

*N.E.: Sugerimos a leitura de *Os Salmos da Bíblia*, de Cleuza M. Veneziani Costa, Madras Editora.

dominar as diferenças entre o neoplatonismo e o Cristianismo Paulino. O conhecimento de Deus e da alma sempre subsistiu, desde a ocasião do seu batismo, como o primeiro e único conhecimento que ele desejava. E Plotino não estava errado em ordenar-lhe que olhasse para dentro dele mesmo se quisesse encontrar Deus, porque a Bíblia também menciona uma imagem de Deus impressa na alma. Porém, embora, para o neoplatonismo a semelhança da alma a Deus seja a da, como força de expressão, divindade reduzida, para o cristão, ela é a de uma imagem temporal e mutável do "eterno e imutável".

Agostinho estava seguro de que a tarefa da filosofia cristã, guiada pelas revelações bíblicas, é a de procurar conhecer Deus por meio da sua imagem na alma. Esse foi o caminho que seguiu no seu grande tratado *De Trinitate* (Na Trindade). Ele insistia que o verdadeiro conhecimento da natureza da alma pode ser baseado somente na imediata percepção da autoconsciência, e a percepção da alma em si mesmo é a da Trindade na unidade que reflete "como em um espelho translúcido" o ser de seu Deus. Ele sustentava que o conhecimento de seu próprio ser, pensamento e desejo, não deixava dúvidas; há um ego que existe, sabe e deseja. Porém em nenhum desses aspectos, o ego é autossuficiente ou independente: ele não pode manter seu próprio ser, produzir seu conhecimento, ou satisfazer seus desejos. Agostinho acreditava que ele tinha aprendido com os platônicos a encontrar em Deus "o autor de todas as existências, o iluminador das verdades, Aquele que guarda toda bem-aventurança" (*De Civitate Dei*, viii, 4). Porém, suas teorias sobre o Universo, o conhecimento e a ética eram próprias dele. Os próximos três parágrafos sumarizam aquelas teorias.

A teoria da criação do Universo, segundo Plotino, é sem motivação e sem propósito, um subproduto automático da autocontemplação divina. Para Agostinho, sua fonte é "a vontade de um bom Deus que coisas boas ocorram" (*De Civitate Dei*, xi, 21). A energia que se desprende do amor criativo forma o princípio básico de sua inteira teologia. Como nada pode se tornar um ser ou continuar como um ser senão por essa vontade divina de criar, tudo que existe é bom "na extensão da sua existência"; e, porque há evidentemente graus de bondade, deve também haver graus de criaturas. Porém, mesmo a matéria sem forma, que está mais próxima ao "não-ser", é essencialmente boa, porque Deus a fez; a origem do mal não deve ser procurada na existência material. Agostinho recusou, com persistência, descarregar sobre as condições materiais da vida humana a responsabilidade pela maldade humana.

Teoria do conhecimento, seguindo Platão: Agostinho arguia que a capacidade para fazer julgamentos verdadeiros nunca pode ser inserida na mente por influências externas. O instrutor humano jamais deve fazer mais do que auxiliar seu aluno a ver, por si mesmo, o que ele conheceu anteriormente, sem estar ciente do fato. Os parâmetros favoritos de Agostinho para esses julgamentos intuitivos são as proposições da matemática e as apreciações dos valores morais; não a interpretação da mente individual, porque, quando propriamente formuladas, elas são aceitas por todos os espíritos semelhantes. O pensador individual não cria a verdade, ele a encontra, e é capaz de ser assim porque Cristo, a Palavra revelada de Deus, é o mestre interior, o "instrutor interno", que lhe possibilita ver a verdade por si mesmo, quando ele O ouve.

Teoria ética: Agostinho aceita a hipótese básica da antiga teoria ética de que a conduta é adequadamente dirigida para a realização da eudaimonia (eudemonismo: doutrina que admite ser a felicidade, individual ou coletiva, o fundamento da conduta humana moral, i.e., que são moralmente boas as condutas que levam à felicidade – *Dicionário Aurélio*), a felicidade, ou bem-estar, considerado como o único desejo universal da humanidade. O Cosmos de Agostinho é uma estrutura ordenada no qual os graus do ser são, ao mesmo tempo, graus de valor. Essa ordem universal requer a subordinação do que é mais baixo, na escala do ser, para o que é mais alto: o corpo deve ser subjugado ao espírito; o espírito, a Deus. O homem deve conhecer seu lugar na ordem do Universo e, conhecendo-o, deve voluntariamente, aceitá-lo, isto é, ele deve colocar sobre si mesmo e sobre todas as coisas mais o valor relativo, que é propriamente devido. A palavra de Agostinho para a valorização ética que influencia a conduta é amor. O amor é a moral dinâmica que impele o homem à ação. Se ele for corretamente direcionado, o homem nunca deverá estabelecer um valor mais alto naquilo que é mais baixo na proporção. Todos os bens menores devem ser "usados" como um meio ou auxílio na direção dos mais altos; somente o mais alto deve ser "deleitado" como o último objetivo no qual o coração está fixado. O bem supremo em cujo gozo o homem solitário alcança sua perfeição é, para Agostinho, o Deus cuja natureza é ágape, amor, sentido da palavra no Novo Testamento. Se, então, o amor do homem pode elevar-se para o deleitamento de Deus, ele se tornará um participante no ágape divino, o amor propriamente dito. Deus se dará aos homens, e, compartilhando de Seu amor, os homens amarão uns aos outros como Ele os ama, puxando d'Ele o poder de se dar aos outros.

As energias de Agostinho, pastorais e literárias, foram, durante os primeiros 15 anos de seu episcopado, perturbadas pelo cansativo combate para acabar com o cisma na Igreja africana, que persistia por aproximadamente um século. Os donatistas, uma seita cristã (assim designada por Donato, um de seus líderes), cujos membros eram mais numerosos que os católicos nos distritos e muitas cidades do país, clamavam ser a única verdadeira Igreja na região e afirmavam que seu ministério era o único cuja sucessão não tinha sido manchada pela apostasia na grande perseguição dos anos 303 a 313, que iniciou no tempo do imperador Diocleciano. As tentativas imperiais para suprimir o cisma estimularam o espírito mártir que sempre marcou a cristandade africana, e o Donatismo conquistou o apoio de fortes elementos na população nativa, cujos ressentimentos eram mais econômicos e sociais do que eclesiásticos. O cisma se mantinha pela violência fanática, e as tentativas persistentes de Agostinho para acomodar as questões em debate com discussões apaziguadoras foram infrutíferas. Ao final, o governo imperial tornou-se convencido de que os donatistas eram um perigo para a segurança da África.

Os bispos donatistas foram compelidos a se reunirem com seus rivais católicos em uma conferência formal que teve lugar, sob um árbitro oficial, em Cartago, em 411, cuja conclusão inevitável foi a vitória católica. Donatistas e católicos concordaram que o poder do Espírito Santo é comunicado ao crente pelos sacramentos administrados pela Igreja por meio do clero.

Os donatistas alegaram, todavia, que os sacramentos requerem, para a sua validade, um ministério imaculado de grave pecado, porque o Espírito se afasta do pecador, que não pode, portanto, "conceder o que ele não possui". Agostinho replicou que os sacramentos transmitem o Espírito em virtude somente do ritual de Cristo e que essa validação não é afetada pelo mérito ou demérito do ministro humano. A unidade da Igreja depende da suprema doação de caridade do Espírito, que o cisma rejeitava.

Infelizmente, Agostinho, que por longo tempo se opôs ao uso de qualquer meio que não o da persuasão para acabar com o cisma, foi induzido a aprovar a imposição de penalidades legais aos separatistas, no interesse, segundo seu entendimento, da maioria dos temerosos da violência dos donatistas, que preferiam se manter com eles a retornar para a igreja. A sua famosa frase "ama e age conforme a tua vontade" era, na verdade, uma refutação da coação no serviço da caridade.

Enquanto a controvérsia donatista estava terminando, os pelagianos começavam a ameaçar as doutrinas tradicionais do pecado e da redenção na Igreja Ocidental. Pelágio opôs resistência ao abrandamento dos padrões morais cristãos. Contra aqueles que alegavam a fragilidade humana como desculpa por suas falhas, ele insistia que Deus fez todos os homens igualmente livres para escolher e desempenhar o bem; que a essência do pecado é um ato voluntário que a lei de Deus proíbe e que o pecador teve a liberdade de evitar; que, se essa liberdade não fosse real, não poderia haver justiça nas punições e nas recompensas de Deus. Essa redução da cristandade a um moralismo árido não poderia evitar conflito com os evidentes comprometimentos da prática sacramental e litúrgica da Igreja. O batismo sempre foi "para a remissão dos pecados", as crianças eram levadas a aceitá-lo por causa de sua culpa intrínseca pela transgressão de Adão, que, como São Paulo disse, trouxe a morte a toda a raça humana.

A doutrina do pecado original já estava firmemente estabelecida na Igreja Ocidental antes da época de Agostinho. Quando ela foi abertamente rejeitada por Celestius, discípulo de Pelágio, não mais havia como marcar o Pelagianismo como heresia. As prevaricações de Pelágio foram capazes de persuadir o papa Zózimo (417-418) a reverter sua condenação pronunciada pelo seu predecessor, Inocêncio I. Mas, na primavera de 418, os bispos africanos obtiveram do imperador Honorius um édito banindo os heréticos, e Zózimo foi obrigado a aderir. Agostinho era a alma da resistência da Igreja. Ele via o Pelagianismo, ao mesmo tempo, como uma rejeição à virtude do batismo cristão, mas também como um inevitável erro de concepção do relacionamento entre Deus e o homem. A afirmação de que o homem pode encontrar a honradez pelo seu próprio esforço contradiz a verdade fundamental de que Deus é o doador de todo o bem. Antes do início da controvérsia, Agostinho tinha trabalhado, fora de seus próprios princípios da razão, sobre as doutrinas do pecado original e da graça divina e a Igreja mostrou má vontade em aceitar integralmente tais racionalizações. Ele aceitou a crença tradicional no fato e nas consequências penais da transgressão de Adão, definindo o fato como a recusa do homem em aceitar seu lugar na ordem criada e as consequências como um desvio da ordem da natureza própria do homem – a revolta da matéria contra o espírito.

Ele argumentou que todos os homens não estão somente envolvidos na culpa e na punição de Adão, mas também que esse envolvimento é consequência de uma dependência da procriação humana pela paixão sexual, na qual é evidente a inabilidade do espírito em controlar a matéria. Foi esta ligação do pecado original com a sexualidade humana que comprometeu Agostinho, na sua idade avançada, à crítica mais depreciativa do bispo pelagiano Julian de Eclanum, que, cheio de confiança, assegurou a neutralidade moral dos instintos que pertencem à natureza criada do homem e culpou Agostinho de recaída no Maniqueísmo, no seu argumento de que um impulso que prende o homem a lutar e a conquistar deve, todavia, ser mau. Para Agostinho, a queda do homem significa que, em todo homem, a verdadeira natureza do amor foi violada. Partindo do amor de Deus acima dele, o homem seguiu o seu próprio amor e tornou-se sujeito ao que estava abaixo dele. O homem caiu pelo ato de seu próprio desejo. Ele não pode, por um exercício similar do desejo, reverter as consequências dessa queda.

A sujeição do espírito à matéria é uma escravidão, da qual o desejo pervertido não tem poder de se libertar, justamente porque o desejo pervertido não pode almejar a libertação. O que é preciso é uma espécie de reversão da gravidade – a substituição de um amor inferior por um soerguimento. E Agostinho acreditava que isso poderia acontecer somente pelo misericordioso descenso do amor divino para habitar entre os pecadores: o Evangelho da personificação e do Pentecostes. Por outro lado, Pelágio argumentava que todos os homens são criados livres para fazer o que eles entendem como certo e que os cristãos receberam o esclarecimento moral necessário nos ensinamentos e exemplos de Cristo. Agostinho conhecia a falsidade do conceito de liberdade dos pelagianos como sendo um poder de escolha inato e absoluto, não afetado pelas circunstâncias. Ele mostrou que toda atividade moral é condicionada obrigatoriamente pela situação do agente – fora de tal controle estão, em geral, não somente a apresentação de um objeto, mas também a qualidade do sentimento que a apresentação estimula. Além disso, o ato da vontade é dependente do sentimento, assim como da percepção. Nas palavras de Agostinho: os homens não fazem o que é certo, seja porque o certo está escondido deles, ou porque eles não encontram encanto nele. Porém, o que estava oculto pode se tornar claro, e o que não deleitou pode se tornar suave – isso pertence à graça de Deus (*De Peccatorum Meritis et Remissione*).

Agostinho insistia que, sem esse deleite com a honradez, não há a verdadeira liberdade em agir corretamente, senão uma servil obediência à lei. O amor de Deus, que é o motivo da vida cristã, deve ser livre. O amor de Deus, todavia, como disse São Paulo, entra no coração do homem pela dádiva do Espírito Santo. Agostinho achou isso cada vez mais difícil de ser viável na sua doutrina da graça para uma resposta genuinamente livre no papel do homem para a dádiva do Espírito. A pressuposição não examinada de que tudo na vida humana deve ser atribuído ou ao trabalho de Deus ou ao trabalho do homem forçou-o a assegurar que Deus sozinho é a causa de todo o movimento humano no sentido do bem. No primeiro ano de seu episcopado, o estudo dos argumentos de São Paulo em Romanos 9-11 o convenceram de que nenhum evento no tempo pode alterar a eterna colocação da vontade de Deus na direção de qualquer alma humana: os Seus eleitos são escolhidos antes das fundações do mundo. Deus sabe – não antes, mas à parte do processo temporal – como cada indivíduo, no curso do tempo, responde à forma particular na qual a graça lhe é oferecida, e somente o eleito recebe a graça que deseja conquistar sua concordância. O rigor dessa doutrina não se atenua a despeito do desafio dos pelagianos.

No *De Civitate Dei* (A Cidade de Deus), a peça principal na qual Agostinho estava trabalhando durante a controvérsia pelagiana, ele desenhou um quadro, tão majestoso quanto aterrorizante, dos "inícios, desenvolvimentos e finais destinados" das duas sociedades invisíveis dos eleitos e malditos. O trabalho parece ter ocupado sua mente antes que a captura de Roma pelos visigodos em 410 tivesse abalado o império. Mas ele tomou a forma de uma apologética (apologético – que encerra apologia; que defende e justifica [conceito, ideia, etc.]; laudatório, apológico; discurso abonatório; defesa que se faz de alguém ou de algo – *Dicionário Houaiss*) cristã contra a reivindicação pagã de que o desastre foi consequência e punição da apostasia (apostasia – abandono da fé da Igreja Cristã – *Dicionário Aurélio*) de Roma contra sua religião ancestral. As duas cidades mencionadas por Agostinho não devem ser identificadas com a Igreja Cristã e o estado secular pagão.

Elas são corporificações simbólicas dos dois poderes espirituais que competiam pela fidelidade na criação de Deus desde a queda dos anjos – fé e descrença, "o amor pela ampliação do eu para desprezo a Deus e o amor da expansão de Deus para desprezo do eu". Tampouco o poder é corporificado na sua pureza em nenhuma instituição terrena. Nesse mundo, as cidades celestiais e terrenas são emaranhadas e misturadas. Se houver uma filosofia da história no *De Civitate Dei*, é a filosofia religiosa da predestinação. Agostinho achou difícil, em sua idade avançada, renovar a confiança de alguns de seus próprios discípulos, para os quais sua doutrina parecia fazer esforço moral fútil e semelhantemente elogiar e culpar sem fundamento. Mas ele não desejava se retratar de nada. Seus últimos tratados completos afastavam a lógica da predestinação das suas mais cruéis conclusões. Embora sua doutrina, na sua forma final, nunca tenha sido aceita pela Igreja, ele aparece, virtualmente e sem modificação, nos escritos de São Tomás de Aquino e de João Calvino, os pensadores mais acurados, respectivamente, do Escolasticismo (Escolástica: 1. Doutrina teológico-filosófica dominante na Idade Média, do século IX ao XVII, caracterizada sobretudo pelo problema da relação entre a fé e a razão, problema que se resolve pela dependência do pensamento filosófico, representado pela filosofia greco-romana da teologia cristã. Desenvolveram-se na Escolástica inúmeros sistemas que se definem, do ponto de vista estritamente filosófico, pela posição adotada quanto ao problema dos universais [universal: o conjunto dos seres ou das ideias que, numa dada circunstância, estão sendo tomados em consideração], dos quais se destacam os sistemas de Santo Anselmo, de São Tomás e de Guilherme de Occam – *Dicionário Aurélio*) e da Reforma. Sua doutrina deve ser observada como produto da muito audaciosa tentativa da mente humana da época de contemplar a existência com a visão do eterno Deus.

O fim da civilização romana na África estava próximo, e os exércitos vândalos estavam sitiando Hippo Regius quando Agostinho morreu, em 28 de agosto de 430. Não muitos anos depois, Vincente de Lérins definiu a ortodoxia católica na famosa frase: "O que é em todo lugar, o que é sempre, o que é considerado como verdadeiro por todas as pessoas". Ele não ousou chamar Agostinho de herege, no sentido da palavra, mas foi contra as extravagâncias, que identificou corretamente na doutrina de Agostinho que sua definição endereçou. Que essas extravagâncias foram um legado nocivo para a teologia, porque a autoridade do seu autor não pode ser repudiada. Porém, não se deve impedir o agradável reconhecimento da dívida que o pensamento cristão recebeu, através dos séculos, em virtude da influência de Agostinho, que lançou pontes e deve, um dia, reconciliar as divisões da cristandade ocidental.

O segredo dessa influência não está tanto no brilho e na profundidade de seu intelecto, na magia do seu estilo ou na validade das suas construções, mas no poder único do seu gênio religioso. Santo Anselmo de Canterbury, São Bernardo de Clairvaux, os autores do *Livro de Oração do Povo* [*The Book of Common Prayer*], São Francisco de Sales, Blaise Pascal, Jacques-Bénigne Bossuet, Joseph Butler, Jacques Maritain, Reinhold Niebuhr e Paul Tillich – todos esses, cada um a seu modo, extraíram inspiração daquele em que eles foram compelidos a reconhecer como "o coração da substância". *Verus philosophus est amator Dei* (o verdadeiro filósofo é o amante de Deus). Com essas palavras, no *De Civitate Dei*, Agostinho legou, definitivamente, seu melhor retrato e a completa justificação do trabalho de sua vida. Santo Agostinho é celebrado, na Igreja Católica, no dia 28 de agosto.

São Jerônimo

Outro grande vulto da florescente Igreja Católica Romana, também do século IV, foi São Jerônimo, cujo nome completo era Eusebius Sophronius Hieronymus. Conhecido, sobretudo, como tradutor da Bíblia, do hebraico para o latim, é o padroeiro dos bibliotecários.

A Bíblia de São Jerônimo, a *Vulgata*, é ainda o texto bíblico oficial da Igreja Católica Romana, que o reconhece como padre da Igreja (um dos fundadores do dogma católico) e ainda doutor da Igreja.

Há algumas controvérsias tanto quanto à data como quanto à localidade de seu nascimento. A maioria dos textos aponta para os anos de 347 ou 348 e para a cidade de Estirão, entre as então regiões da Panônia e da Dalmácia (aproximadamente onde fica hoje a Hungria). Filho de pais cristãos, Jerônimo foi batizado no começo da vida adulta, tendo-se dedicado a estudos em diversas áreas, tais como filosofia, gramática e retórica, na cidade de Roma, entre os anos de 360 e 367.

Dedicou-se também ao estudo das letras. Após um breve período de retorno à sua região de nascimento, Jerônimo direcionou-se para o Oriente – deserto de Cálcis e Antioquia.

Jerônimo sentia-se ligado tanto a assuntos mundanos quanto sacros. Foi pelo fato de ter querido escapar das coisas mundanas que ele foi para o Oriente.

Em Antioquia, conheceu um judeu convertido, que lhe ensinou a língua hebraica, dedicando-se com extremo afinco aos estudos das Sagradas Escrituras na língua em que haviam sido escritas. Com o intuito de aprofundar-se ainda mais nos citados estudos, Jerônimo tentou conduzir-se como um eremita, um anacoreta (anacoreta – religioso ou penitente que vive na solidão, em vida contemplativa – *Dicionário Aurélio*), uma vez que se sentia ainda muito tentado pelos pecados mundanos. Exagerava na batalha contra as tentações, sobretudo as da carne.

Constatou, porém, que não poderia viver como anacoreta e retornou à civilização, em Antioquia, onde foi ordenado presbítero.

Voltou a Roma, onde se tornou secretário particular do bispo Dâmasos, que lhe proporcionou oportunidade para seguir com seus estudos. Dâmasos foi também o primeiro que lhe deu a sugestão para a obra que, mais tarde, consumiria boa parte da sua vida: uma nova tradução da Bíblia para o latim, direto do hebreu, pois o comum, na época, eram traduções feitas do grego, que também advinham do hebraico – a partir da *Septuaginta*, que, segundo reza a lenda, tinha sido traduzida do hebraico para o grego por 72 homens que fizeram coincidir nos mínimos detalhes suas traduções, apesar de terem trabalhado separadamente durante 72 dias. A *Septuaginta* (palavra latina que significa "setenta") data do século III a.C. Foi encomendada pelo rei Ptolomeu II, do Egito (287 – 247 a.C.), para a recém-inaugurada Biblioteca de Alexandria.

Essa tradução direta do hebreu para o latim por São Jerônimo, que ficou conhecida como *Vulgata*, foi publicada no ano 400, tendo-se difundido até os dias de hoje. Entretanto, a princípio, tal versão não foi aceita, pois era alegado a Jerônimo que uma versão distinta da que se originava do grego não respeitava as Sagradas Escrituras.

As críticas feitas a Jerônimo o feriam sobremaneira, já que era bastante vaidoso, muito sensível a críticas, assim como geravam controvérsias entre ele e muitos religiosos da época, entre as quais a discussão entre ele e Rufino de Aquileia.

Essa controvérsia entre São Jerônimo e Rufino de Aquileia diz respeito à heterodoxia origenista, ocorrida quando Jerônimo já se tinha instalado em Belém, onde fundara um mosteiro. Rufino dedicava-se ao estudo do Origenismo, que Jerônimo entendia ser assunto herético.

Jerônimo morreu em 419 e deixou vasta obra, além da *Vulgata*, tais como: *Crônica de Eusébio*, *Homilias de Orígenes sobre os Profetas* entre outras.

Retornamos, após a apresentação do perfil biográfico de dois expoentes contemporâneos da nascente Igreja Católica, à evolução do Império Romano e do Cristianismo (este já com o formato de Igreja Católica).

Teodósio, após algumas campanhas contra a ameaça dos povos bárbaros, acabou por fazer um tratado pelo qual os godos preservavam sua independência política no interior do Império Romano em troca da obrigação de fornecer tropas ao exército imperial. Esse tratado seria uma das causas do enfraquecimento militar romano, que levaria ao saque de Roma pelos mesmos godos em 410.

Após a morte do filho de Graciano, Valentiniano II, em 392, a quem ele tinha apoiado contra várias usurpações, Teodósio acabou por tomar o Império do Ocidente e governou como imperador único, após derrotar o usurpador Eugênio, em 6 de setembro de 394, na Batalha do Rio Frigidus.

O Império Romano, que nascera unificado e, por diversas vezes, foi partido entre dois imperadores, a partir de 394 tornou a unificar-se sob o poder do imperador Teodósio.

Depois da morte de Teodósio, em 395, o império dividiu-se novamente em dois (o Império Ocidental e Oriental) pelos seus dois filhos: Arcádio foi o seu herdeiro no Oriente, e Honório, no Ocidente.

O Império Ocidental foi a parte invadida pelos bárbaros (godos em 410, quando o seu chefe, Alarico, saqueou Roma) e tinha como capital Milão. O Império Oriental tinha como capital Constantinopla.

Quarto Concílio Ecumênico

Excetuando-se o Concílio de Rimini (no ano 359), que fora considerado irregular, os concílios ecumênicos de Niceia (ano 325) e o primeiro de Constantinopla (ano 381) fixaram a questão da Santíssima Trindade.

O Quarto Concílio Ecumênico foi convocado pelo imperador Teodósio II, para reunir-se em 431, em Éfeso, cidade da Ásia Menor, à margem do Mar Egeu, atualmente território da Turquia. Teodósio II era filho de Arcádio, imperador do Oriente, por herança de Teodósio I, seu pai. Teodósio II foi imperador do Oriente em 408, após a morte de seu pai, tendo permanecido até 450, quando foi substituído por Marciano.

A questão que justificou a convocação desse concílio foi a do mistério de Cristo, Deus e homem, ou seja, a maneira como estariam unidas em Cristo as duas naturezas: a divina e a humana.

Havia duas teses opostas em discussão defendidas, respectivamente, pelas escolas teológicas de Alexandria e de Antioquia.

A primeira tese, que levava ao Monofisismo, exagerava na união das duas naturezas, afirmando a existência de uma só natureza em Cristo.

A outra tese, defendida pelo patriarca de Constantinopla, Nestório, produziu o Nestorianismo, que exagerava a dualidade das naturezas em Jesus, a ponto de afirmar que havia dualidade de entidades vivendo na mesma pessoa e que Maria seria tão-somente a genitora da pessoa humana de Cristo, negando-lhe o atributo de Mãe de Deus. A tese do Nestorianismo foi, na realidade, a que provocou a convocação do concílio, face à grande celeuma que provocou.

Nestório foi deposto e condenado como herege na primeira sessão do concílio que se reuniu em 22 de junho de 431.

O concílio decidiu proclamar Maria como a Mãe de Deus, que gerou a pessoa do Filho de Deus unida à carne humana.

O Concílio de Éfeso foi encerrado em 31 de julho de 431.

Quinto Concílio Ecumênico

O Quinto Concílio Ecumênico foi convocado pelo imperador do Oriente, Marciano, que tomou posse em 450 como sucessor de Teodósio II. O concílio foi convocado em 451, primeiramente para Niceia, e, a pedido do imperador, transferido para Calcedônia, no Bósforo. A primeira sessão ocorreu em 8 de outubro de 451 e excedeu em número todos os concílios anteriores. Estavam presentes mais de 500 bispos, quase todos orientais. O papa Leão Magno fez-se representar por cinco legados (três bispos e dois sacerdotes).

As mais importantes decisões desse concílio foram:

A aprovação da Carta Dogmática do papa Leão Magno sobre as duas naturezas de Cristo: a existência de Cristo em uma só pessoa e com duas naturezas, o que condenou o Monofisismo.

A aprovação do cânon 28 do Concílio de Calcedônia, igualando a sede de Constantinopla com os mesmos direitos da Sé Romana. Essa aprovação ocorreu na ausência dos legados pontifícios, sendo recusada pelo papa Leão Magno.

Papa Leão Magno

A história quase nada registrou a respeito de sua família e de sua vida na infância e na mocidade.

Desde cedo, ingressou nas fileiras do clero de Roma, desempenhando, graças à sua capacidade, importantes missões.

Seu prestígio era muito grande. Tinha a habilidade de homem de governo, do tipo que parece ter nascido para conduzir os outros com oportunidade e habilidade.

Em 440, foi enviado à Gália, por sugestão da corte de Ravena, cidade onde estava a sede do Império Romano Ocidental, para solucionar um conflito entre dirigentes locais. Enquanto estava na Gália, em agosto de 440, faleceu o papa Xisto III. A voz unânime do povo e do clero de Roma o escolheu como sucessor daquele papa. Recebeu a consagração episcopal em 29 de setembro de 440, com o título de Leão I, mantendo o título papal até o ano 461.

Considerado o maior papa da Antiguidade, subiu ao trono em uma das mais difíceis épocas na civilização ocidental, a avassaladora invasão dos bárbaros, que desintegrava o Império do Ocidente. A maioria dos povos bárbaros professava o Arianismo, heresia condenada desde o Primeiro Concílio Ecumênico, de 325, em Niceia.

Leão I teve grande habilidade ao lidar com os hunos de Átila, na Itália, com os godos, na Espanha, com os vândalos, na África, sem descurar, em Roma, do tratamento das misérias públicas e da distribuição de trigo aos famintos.

Em 451, Leão I, no Concílio de Calcedônia, o mais concorrido da Antiguidade, não aceitou o Cânon 28, votado na ausência dos seus legados pontifícios, que atribuía a Constantinopla a mesma primazia da Sé Romana. Essa rejeição ocasionou séria divergência entre a Igreja Católica e a Igreja Bizantina, um dos fatores que resultaria, 600 anos depois, na ruptura definitiva da Igreja Católica Apostólica Ortodoxa com Roma.

A História, com justeza, atribuiu ao papa Leão I, o maior papa da Antiguidade, o cognome de "Magno".

Invasão dos Bárbaros – Início da Idade Média – Merovíngios

Na história da Europa, dá-se o nome de invasões bárbaras, ou período das migrações, à série de migrações de vários povos que ocorreu entre os anos 300 e 900, a partir da Europa Central, e que se estenderia a todo o continente.

A referência aos bárbaros, nome cunhado pelos gregos e que, em grego antigo, significava apenas estrangeiro, foi usada pelos romanos para designar os povos que não partilhavam seus costumes, cultura e organização política. Essa designação pode induzir à hipótese, incorreta, de que as migrações implicaram violentos combates entre os migrantes e os povos invadidos, o que nem sempre assim foi. Os romanos também eram chamados de "bárbaros" (estrangeiros) pelos gregos, e os povos migrantes já coexistiam pacificamente com os cidadãos do Império Romano nos anos que antecederam esse período.

Os bárbaros, entre os quais predominavam as tribos germânicas, eram tribos seminômades, com ocupação principal na caça e na criação de gado. Ao se tornarem mais sedentários, começaram a se dedicar, cada vez mais, à agricultura, mas cultivavam mal a terra, queimavam bosques e, após a colheita, abandonavam essa terra e iam cultivar outras terras virgens. Com as conquistas, foram criando os Estados bárbaros.

A primeira fase de migração dos bárbaros ocorreu entre os anos 300 e 500. Os visigodos (godos do Oeste) vinham, no século IV, da outra margem do Danúbio e se estabeleceram na península balcânica, entrando em choque nos territórios dominados pelo Império Romano e, em alguns casos, celebrando acordos com as tropas romanas, como foi o caso, em 381, com Teodósio I, imperador romano do Oriente, e Atanarico, rei dos visigodos. Na época, os visigodos foram inicialmente contratados para ajudar na defesa das fronteiras do império, mas, mais tarde, invadiram a Península Itálica.

Com seu rei Alarico, os visigodos percorreram, no final do século IV d.C., toda a Trácia, a Macedônia, o Peloponeso, o Epirus, tomaram a Itália (até mesmo Roma); Alarico morreu no ano 410, e os visigodos, sob o comando de Athaulfo, retornaram pela Itália, para o norte, e se dirigiram à Gália e à Espanha, onde fundaram o primeiro Estado bárbaro em terras do Império Romano: o Estado dos visigodos, ainda no início do século V.

Os vândalos, outra tribo de bárbaros, chegaram à Espanha pelo norte da Gália, pouco antes dos visigodos, mas, sendo repelidos por estes, se transladaram para a África do Norte, onde fundaram seu próprio Estado, com Cartago como capital.

Outra tribo dos bárbaros, os hunos, sob a chefia de Átila, criou seu Estado, cujo domínio se estendia do Volga ao Reno (teve pouca duração).

As tribos nórdicas germânicas dos bárbaros venceram os anglos e os saxões, na Grã-Bretanha, formando ali vários Estados anglo-saxões.

Na Europa Central, viviam as tribos germânicas dos saxões, alemães, turíngios e longobardos (lombardos). Mais para o Leste, as tribos eslavas.

A tribo dos francos, que vivia no curso inferior do Reno, conquistou a Gália pelo Norte.

Em 476, Odoacro, chefiando várias tribos bárbaras, tomou o poder na Itália. A capital da Itália era, na época, Ravena, no norte da Itália.

Nessa cidade, o último imperador romano do Ocidente, Romulus Augustulus, um assustado menino de apenas 15 anos, foi destronado pelo cruel e sanguinário Odoacro, que o humilhou publicamente, fazendo-o desfilar prisioneiro, vestido de camponês, antes de ordenar sua execução em Roma.

O Império Romano do Ocidente deixou de existir. Fundou-se o Estado de Odoacro, que foi eleito rei da Itália.

Pode-se afirmar que, com a queda do Império Romano do Ocidente, sob a direção das forças de Odoacro, em 476, os bárbaros estabeleceram um marco histórico, o fim da Antiguidade e o início da Idade Média.

Em 488, Teodorico, rei dos ostrogodos (godos do Leste), invadiu a Itália. Em 493, conquistou toda a península e se proclamou soberano absoluto, mas, após sua morte, em 526, seu reino entrou em decadência. A presença das tribos bárbaras, na primeira fase de seus movimentos migratórios, foi muito mais significativa na Europa Ocidental do que no Oriente, onde houve algumas perdas territoriais, porém, o Império Romano do Oriente conseguiu sustentar-se, à base de acordos, por cerca de mais um milênio. O Império Romano Ocidental foi totalmente aniquilado em 476, mas viria a renascer na segunda fase da migração dos bárbaros, que ficou marcada nos séculos VI a IX.

Além da tomada dos territórios, a presença das tribos dos bárbaros exerceu grande influência na cultura e na religião da Europa Ocidental, que ingressou na chamada Idade Média, sob o regime feudal, com forte ação da Igreja Católica (protegida por lideranças bárbaras) e fraquíssimo desenvolvimento social e cultural.

É importante salientar, na invasão dos bárbaros, durante o processo de migração, na primeira fase, entre os anos 300 e 500, a participação da tribo bárbara dos francos, o mais forte dos reinos fundados pelos bárbaros nos domínios do que tinha sido o Império Romano do Ocidente.

Em meados do século V, os francos dividiram-se em várias tribos, estando à frente de cada uma um príncipe.

Clóvis

Um desses príncipes foi Clóvis, que nasceu em 466 e faleceu em 511.

Clóvis foi rei dos francos sálicos (os sálicos, ou sálios, ou salianos, eram os componentes de uma tribo que vivia na região em que hoje seria a divisória entre França e Bélgica, próxima ao Canal da Mancha) entre 481 e 511.

Era neto de Meroveu (ou Mérovée) e filho de Childeric I, a quem sucedeu com a idade de 15 anos. O primeiro Meroveu (Mérovée) foi um chefe sicambriano (antigo povo germânico) que viveu em 417, lutou sob os romanos e morreu em 438.

Em 448, o filho desse Meroveu, com o mesmo nome do pai, foi proclamado rei dos francos em Tournai e reinou até sua morte, dez anos depois. Meroveu pode ter sido o primeiro rei oficial dos francos como um povo unido. A dinastia que o sucedeu foi chamada, desde então, de merovíngia. Clóvis, o mais famoso de todos os governantes merovíngios, reinou entre 481 e 511, sob o título Clóvis I. O centro de poder da tribo era Tournai (hoje, na Bélgica, foi a capital da Dinastia dos Merovíngios, até a subdivisão da monarquia dos francos entre os filhos de Clóvis).

Após vencer o último reduto romano na Batalha de Soissons contra o general romano Syagrius, que se refugiou sob a proteção de Alarico II, rei dos visigodos, Clóvis passou a residir em Soissons. Estendeu seus domínios sobre toda a então denominada Bélgica Secunda, cuja capital era Reims e Verdun-sur-Meuse.

Em 493, Clóvis casou-se com Clotilde, uma princesa da Burgundia, sobrinha de Gundobald e Godegesil, reis da Burgundia (região situada entre os rios Reno e Danúbio). A princesa era cristã e, logo, desejou converter Clóvis, que concordou com o batizado dos filhos, mas ficou pagão até que ocorreu a guerra com os alamanos, os quais ocupavam terras entre os rios Reno e Vosges e as vizinhanças do lago Constança.

Há uma lenda, segundo a qual Clóvis, diante das enormes dificuldades que encontrava para vencer os alamanos, jurou que, se vencesse, se converteria à religião do Deus de Clotilde, porque esse Deus o teria ajudado. Após subjugar uma parte dos alamanos, Clovis foi para Reims, onde foi batizado por São Remigio (San Remy), no natal de 496, com mais três mil francos.

O batismo de Clóvis foi um evento de grande importância, porque a Igreja Romana estava em situação precária. Ao longo do século V, sua própria existência tinha sido severamente ameaçada. O bispo de Roma já tinha começado a se denominar papa, mas sua condição oficial não era maior do que a de qualquer outro bispo, bem diferente da do papa atual. Ele não era, em nenhum sentido, o líder espiritual ou a cabeça suprema da cristandade. Representava apenas um conjunto de interesses velados, uma das muitas formas divergentes de Cristianismo, que lutava desesperadamente pela sobrevivência, contra uma variedade de cismas e pontos de vista teológicos conflitantes.

Foi por meio de Clóvis que Roma começou a estabelecer, na Europa Ocidental, uma supremacia que não foi desafiada durante mil anos.

Na época de seu batizado e provavelmente de seu acordo de proteção à Igreja de Roma, Clóvis tinha aumentado significativamente a extensão dos domínios merovíngios, lançando-se de Ardenas para anexar vários reinos e principados adjacentes, vencendo várias tribos rivais. Como resultado, muitas cidades importantes – Troyes, por exemplo, Reims e Amiens – foram incorporadas ao reino. Em uma década, tornou-se claro que Clóvis estava a caminho de se tornar o chefe mais poderoso da Europa Ocidental.

Ele consolidou a condição de Roma como igual a da fé ortodoxa grega baseada em Constantinopla. Ofereceu uma perspectiva de hegemonia romana e meios efetivos de erradicar a heresia.

Clóvis foi o verdadeiro fundador da monarquia franca, reinando sobre os francos sálios por direito de herança, sobre as outras tribos dos francos, que o reconheceram como rei, e sobre os galo-romanos, por direito de conquista.

Entre os anos 486 e 507, Clóvis elaborou a Lei Sálica, historicamente considerada uma das mais antigas leis. A Lei Sálica era, em última instância, uma lei tribal teutônica, que precedeu o advento do Cristianismo romano na Europa Ocidental.

Durante os séculos que se seguiram, a Lei Sálica continuou a se impor, em oposição à lei eclesiástica promulgada por Roma. Na Idade Média, ela era a lei secular oficial do Sacro Império Romano. Até a Reforma Luterana, no século XVI, os camponeses alemães e os cavaleiros, descontentes com a Igreja, acusavam-na de desrespeitar a tradicional Lei Sálica.

A respeito dessa lei, vale ressaltar que uma seção da Lei Sálica – Título 45, *De Migrantibus* – tem intrigado pesquisadores e comentaristas e tem sido a fonte de um incessante debate. Trata-se da complicada seção que define as circunstâncias nas quais pessoas itinerantes podem estabelecer residência e receber a condição de cidadãos. O Título 45 não é de origem teutônica, e escritores têm sido conduzidos a postular hipóteses estranhas para explicar sua inclusão na Lei Sálica. Recentemente se descobriu que essa seção do código sálico deriva diretamente da lei judaica. Mais especificamente, sua origem pode ser remetida até uma seção do Talmude. Assim, pode-se dizer que a Lei Sálica, pelo menos em parte, deriva diretamente da lei judaica tradicional. E isso pode até sugerir que os merovíngios – codificadores da Lei Sálica – eram versados na lei judaica.

Em 507, Clóvis venceu os visigodos que estavam fixados em Toulouse, na Batalha de Vouillé. Essa vitória confinou os visigodos na Espanha e adicionou a Aquitânia ao reino de Clóvis, que fez de Paris a sua capital e estabeleceu uma abadia dedicada a São Pedro e São Paulo na margem sul do Sena. O que restou dessa grande abadia é a Torre Clóvis, uma torre romanesca que agora fica dentro do terreno do Licée Henri IV, precisamente a leste do Panteão de Paris. Após a fundação, a abadia foi renomeada em homenagem a Santa Genoveva, padroeira de Paris, tendo sido demolida em 1802.

Após sua vitória em Vouillé, Clóvis empreendeu campanhas sistemáticas para eliminar os outros governantes francos, que incluíam Sigiberto de Colônia e seu filho Clotário, Chararico – outro rei dos francos sálicos –, Ragnachar de Cambrai e seus irmãos Ricchar e Rigomer de Le Mans.

Clóvis era representado nas cidades por um funcionário, um conde, e sua autoridade sobre a Igreja de Roma foi muito grande, chegando até a convocar o Concílio de Orléans (reuniu-se em 511), que determinou sua intervenção na nomeação de bispos e na ordenação dos padres.

Desde a conversão de Clóvis, o Cristianismo tornou-se a religião oficial nos domínios merovíngios, e a Igreja Católica beneficiou-se de inúmeras doações e de isenções de impostos. A par disso, graças à atividade de

Santo Honorato e São Martinho e à chegada de monges irlandeses e italianos, houve um grande incentivo à atividade monástica. Floresceram entre os merovíngios as artes plásticas, com magníficos esmaltes e as letras, com relatos escritos acerca da vida dos santos e suas obras literárias.

Clóvis I morreu em 511 e está sepultado na Basílica de Sain-Denis, em Paris, enquanto seu pai foi sepultado com os antigos reis merovíngios, em Tournai.

Ordem Beneditina

A origem da Ordem Beneditina confunde-se bastante com a própria história de São Bento. Por isso convém apresentar o surgimento dessa Ordem com a biografia de seu fundador.

A Ordem Beneditina foi, certamente, a primeira Ordem religiosa fundada sob o manto protetor da Igreja Católica.

A Ordem de São Bento ou Ordem Beneditina (Latim: *Ordo Sancti Benedicti*, sigla OSB) é uma Ordem religiosa monacal (monacal: 1. Relativo a, ou próprio de monge [solitário] ou monja, ou da vida conventual – *Dicionário Aurélio*) católica que se baseia na observância das regras destinadas a regular a convivência comunitária, compostas no século VI por Bento de Núrsia: a *Regula Benedicti*. A Ordem não foi, porém, fundada por esse santo, tendo nascido da reunião de vários mosteiros que professavam a sua regra muito após sua morte. Os monges dessa Ordem são conhecidos como beneditinos.

A história dos beneditinos, em sentido amplo, isto é, não só dos beneditinos em sentido estrito, mas também dos cistercienses e dos camaldulenses (camáldulo: religioso da Ordem fundada por S. Romualdo em Camaldoli [Itália], no séc. XI – *Dicionário Aurélio*), é rara de ser encontrada. E isso ocorre por uma razão: os mosteiros beneditinos são tradicionalmente independentes; agruparam-se depois em congregações, mas os vínculos não são fortes; as congregações também são independentes; e, portanto, é muito raro que alguém se dedique à história geral beneditina, ao contrário do que ocorre, por exemplo, com os jesuítas ou com os dominicanos, que têm uma organização central e são como corpos unitários.

O monaquismo, a base da doutrina da Ordem Beneditina, originou-se no Oriente, graças, principalmente, a Santo Atanásio de Alexandria (295-373), considerado santo pela Igreja Ortodoxa e Católica (esta última reverencia-o também como um dos seus 33 doutores da Igreja) e ainda um dos mais prolíficos padres da Igreja Oriental.

O monaquismo recebeu também a influência de São João Cassiano (360-465), monge originário da Cítia, mais tarde bispo e finalmente abade do Mosteiro de S. Vitor, em Marselha.

A partir dessas origens, o monaquismo propagou-se à Igreja do Ocidente.

O monaquismo é um fenômeno (ou, para os cristãos, uma graça) individual, mas igualmente comunitário. Desde os primórdios, esse fator comunitário ou cenobítico (cenobita – 1. Monge que leva vida em comum com outros. 2. P. ext. Indivíduo que leva vida retirada, mas em comum com outros que têm seus mesmos interesses, princípios ou prerrogativas – *Dicionário Aurélio*) marcou, preferencialmente, o monaquismo cristão. Este sempre oscilou entre as duas polaridades: o eremitismo (a característica do viver solitário por penitência) e o cenobitismo.

O fenômeno do monaquismo, segundo alguns estudiosos, parece constituir uma religião à parte, como infiltrado em outras religiões.

Em princípio, a religião é o problema do homem verdadeiramente maduro. A criança se interessa pelo brinquedo e o adolescente pelo Eros. Acontece, porém, que, em alguns, a preocupação com a religião e os problemas correlatos à experiência religiosa ocupam tal posição, tal intensidade, que ela passa a constituir uma espécie de valor absoluto, diante do qual os outros praticamente desaparecem.

Jesus ensinou a fraternidade universal entre os homens. A comunidade cristã pretendia ser o sinal visível de tal fraternidade. A comunidade monástica se instituiria, então, como um modelo ideal desse espírito fraterno.

Os primeiros grandes legisladores do monaquismo, São Pacônio, ou São Pacômio (292-348), para os monges egípcios ou coptas, e São Basílio (329–370), para os gregos, acentuaram, de modo decisivo, o aspecto comunitário da vida monástica.

A tradição diz que São Bento viveu entre 480 e 547, embora não se possa afirmar com certeza que essas datas sejam historicamente acuradas. Seu biógrafo, São Gregório Magno, papa de 590 a 604, não registra as datas de seu nascimento e morte, mas se refere a uma regra escrita por Bento. Há discussões com relação à datação da regra, mas parece existir um consenso de que tenha sido escrita na primeira metade do século VI.

São Gregório escreveu sobre São Bento no seu *Segundo Livro dos Diálogos*, mas seu relato da vida e dos milagres de Bento não pode ser encarado como uma biografia no sentido moderno do termo. A intenção de Gregório ao escrever sobre a vida de Bento foi a de edificar e inspirar, não a de compilar os detalhes de sua vida cotidiana. Buscava mostrar que os santos de Deus, em particular São Bento, ainda operavam na Igreja Cristã, apesar de todo o caos político e religioso da época. Por outro lado, seria falso afirmar que Gregório nada apresenta em seu texto sobre a vida e a obra de Bento.

De acordo com os *Diálogos,* de São Gregório, Bento (e sua irmã gêmea, Escolástica) nasceu em Núrsia, um vilarejo no alto das montanhas, a nordeste de Roma. Seus pais o mandaram para Roma a fim de estudar, mas ele achou a vida da cidade eterna degenerada demais para o seu gosto. Abandonou os estudos e fugiu para um lugar a sudeste de Roma, chamado Subiaco, onde morou como eremita por três anos, com o apoio do monge Romano.

Foi, então, descoberto por um grupo de monges que o incitaram a se tornar o seu líder espiritual. Mas o seu regime logo se tornou excessivo para os monges indolentes, que planejaram envenená-lo. Gregório narra como Bento escapou ao abençoar o cálice, contendo o vinho envenenado, que se quebrou em inúmeros pedaços. Depois disso, preferiu se afastar dos monges indisciplinados.

São Bento estabeleceu 12 mosteiros, com 12 monges cada, na região ao sul de Roma.

Mais tarde, talvez em 529, mudou-se para Monte Cassino, a 130 quilômetros a sudeste de Roma. Ali destruiu o templo pagão dedicado a Apolo e construiu seu primeiro mosteiro. Também ali escreveu sua regra para o Mosteiro do Monte Cassino, já prevendo que ela poderia ser usada em outros lugares.

Bento de Núrsia, em sua *Regula Monasteriorum*, fixou em termos quase absolutos a essência do ideal monástico. Daí por diante, a regra beneditina tomou conta da Europa. Em sua procura por Deus, os monges medievais encontravam o seu próximo, os homens do mundo, carentes de tudo, principalmente de humanismo e civilização. Era a "Idade Obscura", como se diz hoje.

Ora et labora (reza e trabalha), o lema dos monges beneditinos, mostra o resumo do método que levou a humanidade da situação confusa do início da Idade Média para o que hoje chamamos de civilização ocidental.

A importância da Ordem Beneditina foi inigualável para a civilização medieval: pelo trabalho paciente dos copistas beneditinos, a cultura da época foi preservada nas bibliotecas dos mosteiros, nas quais textos da literatura clássica puderam ser conservados.

A Ordem Beneditina contou entre seus membros grande número de sábios, modestos e trabalhadores, que prestaram grande serviço às letras e às ciências. Foram os únicos eruditos da Idade Média. Seus monges copistas transcreveram, conservando para a posteridade, a maior parte das obras-primas das literaturas grega e romana.

Do tronco beneditino, surgiram diversas congregações:

Cluniacenses: em setembro de 909, Guilherme, duque de Aquitânia, fez doação de uma aldeia rodeada de bosques, chamada Cluny, aos apóstolos Pedro e Paulo, com a condição de que fosse fundado um mosteiro submetido à Regra de São Bento. Desde a fundação, Cluny ficou isenta de qualquer autoridade civil ou religiosa, subordinando-se diretamente a Roma. Os seus proprietários eram Pedro e Paulo, e seu defensor era o papa. Desde 932, João XI tomou a abadia sob sua proteção, confirmando-a ser liberta dos reis, bispos, condes e mesmo de qualquer parente do duque Guilherme. Esse prestígio ocasionou assombroso êxito da renovação religiosa cluniacense. O abade fundador da abadia foi Bernon, nobre da Borgonha indicado pelo duque Guilherme (que se reservara o direito de indicar o primeiro abade). Seguiu-lhe, como abade, Odon (927–942), músico de talento que imprimiu beleza às cerimônias, pela perfeição litúrgica e a qualidade do canto. Mayeul, abade entre 963 e 994, era amigo de Otão I e expandiu o prestígio de Cluny pelo Sacro Império Romano Germânico. No final do primeiro milênio, havia 37 abadias ligadas a Cluny, e, com Odilon (abade entre 994 e 1049), esse número passou a 65. O prestígio de Odilon estendeu a importância de Cluny a vários outros Estados. Hugo, abade que sucedeu Odilon, entre 1049 e 1109, construiu uma magnífica igreja abacial, destruída no século XIX. Cluny irradiava sua espiritualidade por todo o Ocidente cristão, tendo fornecido dois papas à Igreja (Urbano II e Pascal II). No final do século XI, Cluny exercia o poder sobre uma federação de 1450 casas, e os mosteiros cluniacenses eram ativos centros de ação pastoral, com seus monges que pregavam, confessavam, visitavam doentes e cristianizavam populações rurais abandonadas. Cluny influenciou também os campos econômico e social, praticando a caridade, a beneficência e a hospitalidade.

A ligação dos monges cluniacenses ao poder real, que originava as grandes mercês e doações, se por um lado contribuiu para o enriquecimento da Ordem, por outro a tornou dependente dos doadores, que prejudicavam a independência dos ideais monásticos que tinham abraçado. A riqueza assim acumulada contribuiu para o enriquecimento dos mosteiros, levando os monges a descurarem não só os seus deveres religiosos, mas também a regra de vida simples e frugal que o monaquismo lhes impunha.

Os ideais inspirados por São Bento foram relegados para segundo plano, dando lugar ao ócio, ao luxo e à opulência, com sérias consequências na prática da disciplina e da moral.

Camaldulenses: São Romualdo, no início do século XI, fundou o Eremitério de Camaldoli, na Itália, perto de Arezzo, combinando o eremitismo com a Regra Beneditina, dando origem à Congregação dos Camaldulenses.

Cistercienses: no ano de 1098, deu-se uma cisão na Ordem Beneditina. Muitos elementos do clero secular e monacal que viviam nos conventos não concordaram com o desvio dos ideais que os tinham conduzido à vida religiosa, preconizando então uma reforma na Igreja.

Dirigindo-se para a zona de Cister, o monge beneditino Roberto de Molesme fundou, em 1098, em Citeaux (que se chamava *Cistercium,* em latim), nas cercanias de Dijon, na França, um mosteiro reformado, com o objetivo de observar a Regra de São Bento em todo o seu rigor.

Durante quatro anos, os monges dissidentes que acompanharam Roberto de Molesme viveram de acordo com a Regra de São Bento, em comunhão profunda com a oração e o trabalho da terra, de onde retiravam o seu sustento. Esse testemunho de vida chamou a atenção de um jovem de nome Bernardo, que a eles se juntou no ano de 1113.

São Bernardo de Clairvaux, que foi o expoente da Congregação Cisterciense, criticava a decadência da Ordem cluniacense, em que, durante dois séculos, ficou concentrada a tradição beneditina. A decadência de

Cluny, segundo a acusação de São Bernardo, era em razão da riqueza, da ociosidade e de falta de vida interior.

Entre os traços característicos da Regra Cisterciense, podemos destacar os seguintes:

1. Representa um termo médio entre o isolamento dos primitivos mosteiros beneditinos e a centralização cluniacense, conservando a federação monástica, embora com bastante autonomia.

2. Os monges de Cister, ao contrário dos cluniacenses, que só dependiam do papa, continuaram sob a dependência do bispo diocesano, embora este pouco interferisse na rotina do mosteiro.

3. Os monges de Cister não exerciam a pregação nem cuidavam de paróquias, vivendo isolados do mundo.

4. Nos mosteiros de Cister, havia a mais rigorosa pobreza: suas igrejas eram pobres e desnudas.

Trapistas: membros de um ramo da Ordem Cisterciense de monges cristãos, os cistercienses reformados da estrita observância, que originaram a Trapa, na França, em 1664. Sua principal característica é a regra do silêncio.

Carmelitas: membros de uma Ordem de frades mendicantes fundada em cerca de 1154; membros de uma Ordem correspondente de freiras fundada em 1452, notável por sua regra austera. O nome deriva de Monte Carmelo, Onde a ordem foi fundada.

A Ordem Beneditina no Brasil

No Brasil, a presença da Ordem Beneditina não é diferente dos outros países.

O mosteiro é constituído como uma entidade autônoma, em virtude da Regra de São Bento e da própria tradição beneditina.

Contudo, a Igreja prescreve, já há séculos que os mosteiros, em razão da origem ou da nacionalidade, devem se unir por um certo vínculo jurídico, constituindo as congregações monásticas, cuja fraterna associação forma a Confederação Beneditina.

Os mosteiros masculinos são originários da multissecular implantação beneditina, lançada em nossa terra pela Congregação Portuguesa, em 1581, e restaurada pela Congregação de Beuron, em 1895.

Os mosteiros femininos são derivados da fundação do Mosteiro de Santa Maria, em São Paulo, realizada em 1911, pelo Mosteiro de Stambrook, da Inglaterra.

Os beneditinos estabeleceram-se definitivamente no Brasil em 1581, quando o padre Fr. Antônio Ventura do Latrão e alguns monges da Congregação Beneditina de Portugal fundaram a Abadia de São Sebastião, da cidade de Salvador, primeiro mosteiro da Ordem de São Bento no continente americano.

Posteriormente, foram fundados a Abadia de Nossa Senhora de Montserrat, no Rio de Janeiro, provavelmente em 1586; a Abadia de São Bento de Olinda, em 1590 ou 1592; o extinto Mosteiro na Paraíba do Norte, atual João Pessoa, em 1596; e a Abadia de Nossa Senhora da Assunção, da cidade de São Paulo, em 1598, além de outros pequenos mosteiros no século XVII.

Em virtude do bom acolhimento recebido pelos monges, bem como pelo desenvolvimento de suas fundações, a partir de 1596, os mosteiros passaram a formar a Província Beneditina do Brasil, dependente da Congregação Beneditina de Portugal, filha da Congregação de Valladolid, na Espanha, que, por sua vez, provinha da Congregação de Santa Justina, na Itália, atual Congregação Sublacense.

Em 1827, o papa Leão XII declarou desmembrados, da Congregação Lusitana, os mosteiros do Brasil, tornando-os independentes sob a denominação de Congregação Beneditina Brasileira, por meio da bula *Inter gravíssima*.

Em 1889, a Congregação Beneditina Brasileira estava se extinguindo quando, em 15 de novembro, foi proclamada a República e decretada, então, a separação entre a Igreja e o Estado. Os mosteiros estavam arruinados e quase vazios em razão do fechamento dos noviciados por decisão do imperador D. Pedro II. Além disso, naquela época, as ideias liberais e anticlericais e a influência do pensamento dos intelectuais franceses foram também fatores propiciadores da decadência da Ordem Beneditina no Brasil, fatores esses acrescidos pelos abusos cometidos pelos monges beneditinos, que eram muitos e graves, em virtude do comportamento contrário à regra e às Constituições.

Os poucos e idosos beneditinos que restaram decidiram, reunidos em Capítulo Geral, em 1890, reorganizar a sua congregação, solicitando o auxílio de confrades estrangeiros.

A Santa Sé desejava a restauração e escolheu a Congregação Beneditina de Beuron para realizar tal obra. Após as conversações entre os representantes das duas congregações, foi assinado um convênio, em 24 de agosto de 1895, com a aprovação do Vaticano, pelo abade-geral frei Domingos da Transfiguração Machado e por dom Gerardo van Caloen, garantindo a continuidade da Congregação Brasileira.

Naquele mesmo ano de 1895, o primeiro grupo de monges europeus iniciou a obra de restauração da Ordem em Olinda e, progressivamente, nos demais mosteiros, nos quais eram introduzidos costumes beuronenses, visando à observância mais exata da Regra de São Bento.

Em julho de 1906, dom Gerardo foi notificado de que a Congregação de Beuron considerava a sua missão cumprida e não mais ajudaria sua coirmã brasileira.

Em 1910, reuniu-se, em Roma, o Capítulo Geral, remontando-se à obra de restauração, pois, em 5 de julho daquele ano, o papa Pio X aprovou as novas Constituições da Congregação Beneditina do Brasil, baseadas nas de Beuron.

As atuais Constituições da Congregação Beneditina do Brasil foram aprovadas pela então Congregação para os Religiosos e Institutos Seculares, em 11 de julho de 1987, na data da Festa São Bento, e, posteriormente, introduzidas algumas modificações pelos Capítulos Gerais.

São Bernardo

A figura de São Bernardo talvez tenha sido a mais importante na consolidação da Regra Beneditina, face ao grande prestígio que exerceu, na sua época, em toda a Europa. Não poderíamos deixar de apresentar, com o histórico da Ordem Beneditina, um ligeiro resumo de sua vida.

Bernardo de Claraval, conhecido também como São Bernardo, era oriundo de uma família nobre de Fontaine-les-Dijon, perto de Dijon, na Borgonha, França, onde nasceu, em 1090.

Aos 22 anos, foi estudar teologia no Mosteiro Beneditino de Cister (em francês, Cîteaux).

Reformulou a regra seguida pelos seus companheiros, dando origem à Ordem de Cister, em 1113. A Ordem cresceu, e foram fundadas quatro abadias, ficando S. Bernardo à frente do Mosteiro de Claraval (em francês, Clairvaux), que ele fundara em 1115.

São Bernardo exerceu as funções de abade durante 10 anos, dedicando-se de corpo e alma à sua missão evangelizadora, estabelecendo uma regra rigorosa.

Com São Bernardo, o monaquismo reassume sua verdadeira vida ascética, afastando-se da comunidade secular. Naquela época, enfrentou inúmeras oposições, mas, mesmo assim, acabou reunindo mais de 500 monges em sua Abadia de Clairvaux. Fundou 163 mosteiros em vários países da Europa.

Durante sua vida monástica, demonstrava grande fé em Deus. Serviu à Igreja Católica apoiando as autoridades eclesiásticas acima das pretensões dos monarcas. Em função disso, favoreceu a criação de Ordens militares e religiosas. Uma das mais famosas foi a Ordem dos Cavaleiros Templários, cuja regra escreveu.

Ao morrer o papa Honório II, em 1130, Bernardo apoiou o papa Inocêncio II, que assim conseguiu se impor ao antipapa Anacleto II. Sempre influenciou os sucessivos pontífices com seu apoio. O rei Luís VII da França e o papa Eugenio III, em 1147, encomendaram a Bernardo a pregação da Segunda Cruzada. Apesar de não aceitar as motivações políticas e econômicas subjacentes à iniciativa dos soberanos, ainda assim, apoiou a realização da Segunda Cruzada.

Escreveu numerosos sermões e ensaios externando o seu espiritualismo contemplativo.

O rigor do cumprimento da regra a que se propôs seguir, a par do testemunho da sua fé, e o grande número de livros que escreveu, de milhares de cartas e 300 sermões, tornaram São Bernardo um dos mais conceituados santos do Cristianismo. A fama de santidade que o acompanhava para todo o lugar atraía muitos jovens à sua causa. Sua obra mais conhecida foi *Adversus Abaelardum*. Nela combateu as teorias do teólogo e filósofo Pedro Abelardo, por não aceitar as interpretações racionalistas que, segundo Bernardo, desvirtuavam a fé exigida pelos mistérios de Deus.

Faleceu em Claraval, em 20 de agosto de 1153, e foi canonizado com o nome de São Bernardo, em 1174, pelo papa Alexandre III. Em 1830, recebeu o título de doutor da Igreja Católica. Após essa incursão na Ordem Beneditina, retornemos à cronologia dos principais fatos ocorridos na Igreja Católica, ou seja, ao tempo em que o Império Romano somente existia no ramo oriental, com os imperadores interferindo, abusivamente, na direção da Igreja então a cargo do patriarca de Constantinopla.

No Ocidente, crescia a influência dos francos nos domínios econômico, político e religioso. A Igreja de Roma, onde estava a sede e o papado, insistia em estender seus dogmas ao Estado romano oriental, causando sérias divergências, que se iriam materializando, até que viesse a ocorrer a separação definitiva das Igrejas do Ocidente e do Oriente.

Declínio da Dinastia Merovíngia

Com a morte de Clóvis, em 511, o reino foi dividido entre seus quatro filhos: Teodorico I, Clodomiro, Childeberto I e Clotário I. A leste, a Austrásia, com capital em Metz; a oeste, a Nêustria, em torno de Soissons; o reino de Paris; e, ao Sul, o reino da Borgonha, cujo principal centro era Chalon-sur-Saône.

Depois de uma série de lutas fratricidas, Clotário I, que sobreviveu aos três irmãos, unificou, em 558, o reino merovíngio e estabeleceu a capital em Paris.

O Progresso no Império do Oriente

O Império Romano do Oriente, que também ficou conhecido na história como Império Bizantino, como veremos adiante, nesta obra, em capítulo próprio, progredia com solidez, ao contrário do desastre ocasionado no Império Romano do Ocidente pelas invasões dos bárbaros.

Essa solidez foi conquistada e mantida, seja pela luta na manutenção do domínio territorial em certos casos, seja por ações diplomáticas de seus imperadores, solucionando outras crises.

Ainda na primeira dinastia, denominada Dinastia Teodosiana (395–457), o Império do Oriente ocupava vastas áreas territoriais na Europa, na Ásia e na África, conseguindo desviar a "tempestade" visigótica para o Ocidente. A ameaça dos hunos, outra tribo bárbara, sobre Constantinopla, foi neutralizada por Teodósio II (408–450), com o pagamento de humilhantes tributos e a cessão de territórios ao sul do Rio Danúbio. Além dessas providências, foi mandado construir poderosas muralhas para a defesa de Constantinopla. Essa ameaça dos hunos foi aliviada com a migração daquela tribo para o Ocidente e a morte de seu líder, Átila, no tempo do imperador Marciano (450–457), último da Dinastia Teodosiana.

Assinale-se que, ao mesmo tempo em que a política externa era defendida, o Império Romano do Oriente, Império Bizantino, era o defensor da ortodoxia religiosa da Igreja, combatendo a heresia com providências administrativas e com o estabelecimento dos concílios ecumênicos (que estão apresentados nesta obra).

Na segunda dinastia, a Dinastia Leonina (457–518), sob o império de Zenon (474–491), ocorreu a queda do Império Romano do Ocidente, em 476, com a vitória do chefe bárbaro Odoacro, que aprisionou e executou o jovem imperador Romulus Augustulus. Odoacro enviou a Zenon as insígnias do império que conquistara. Zenon, a pedido de Odoacro e impossibilitado de reagir, delegou a Odoacro o governo da Itália.

Logo a seguir, ocorreu a ameaça dos bárbaros ostrogodos, sob a chefia de Teodorico, a Constantinopla. O imperador Zenon, com habilidade, soube afastar essa tribo bárbara da Península Balcânica, concordando com a tomada da Itália por Teodorico (em 488). Zenon prometeu a Teodorico a sucessão de Odoacro, tendo o chefe ostrogodo fundado um reino na Itália.

A sucessão de Zenon no Império Bizantino ocorreu com Anastácio (491–518), que, sendo o senhor do Império Romano, reconheceu Teodorico como soberano da Itália e concedeu a Clóvis a insígnia do consulado, legitimando, assim, os poderes dos novos senhores do Ocidente perante a população romana.

A terceira dinastia bizantina foi a Dinastia Justiniana (518–602), cujo mais importante representante foi Justiniano (527–565). Justiniano marcou época pela importância de suas realizações.

Na área administrativa, simplificou a organização do Estado, reduziu o número de funcionários e de províncias, atribuiu aos bispos a missão de fiscalização do procedimento dos agentes do império e reuniu, nas regiões mais ameaçadas pelo inimigo (os bárbaros), os poderes civil e militar nas mãos de um só dirigente. Em campanha contra a aristocracia proprietária de terras, Justiniano procurou destruir a mentalidade feudal, tomando medidas restritivas nas heranças, forçando as doações ao imperador, confiscando propriedades, etc.

Com a morte de Teodorico, o imperador ostrogodo da Itália, em 526, seu império entrou em decadência, e Justiniano, o imperador romano do

Oriente, restabeleceu sua autoridade na maior parte da península. Ravena tornou-se capital da Itália.

Justiniano exerceu seu autoritarismo na religião, perseguiu os judeus, procurou exterminar os últimos vestígios do Paganismo, fechando a famosa Escola Filosófica de Atenas, ordenou a conversão em massa dos pagãos e interferiu nas atividades eclesiásticas do papa.

Combateu a heresia, onde os monofisistas constituíam a maior preocupação, mas não logrou êxito, em parte pela interferência de sua mulher Teodora. Fracassou também a sua perseguição ao Nestorianismo e ao Maniqueísmo.

Sua maior contribuição foi na área do Direito, em que procurou atualizar a ciência jurídica, dentro de um plano para restaurar o antigo Império Romano, desde as Colunas de Hércules (Estreito de Gibraltar), no Ocidente, até a Crimeia, no Oriente.

Os bárbaros, ao invadir o Ocidente, ficaram deslumbrados com o brilho da civilização greco-romana e com o esplendor do trono, o que lhes impunha grande respeito pelo imperador de Constantinopla, que consideravam uma espécie de soberano superior que lhes delegava seu poder.

Nesse sentido, Justiniano procurava defender as fronteiras estabelecidas na Ásia e na Península Balcânica e reconquistar os territórios perdidos na África, Espanha e na Itália. Não era parte do plano de Justiniano a reconquista da Gália, porque a Dinastia Merovíngia, ao converter-se ao Catolicismo, integrava a fé das populações conquistadas e, assim, consolidava o seu domínio.

Sexto Concílio Ecumênico

Esse concílio ocorreu em 553, sendo o segundo de Constantinopla, convocado pelo imperador romano Justiniano. Segundo consta, esse concílio somente recebeu a qualificação de ecumênico após ter sido assim reconhecido pelo papa Vigílio.

A principal decisão desse concílio foi a condenação dos escritos de Teodoro de Mopsuéstia, de Teodoro de Ciro contra Cirilo e o Concílio de Éfeso (Quarto Concílio, em 431) e da carta de Ibas de Edessa ao bispo persa Máris. Esses escritos eram considerados expressão do Nestorianismo (de Nestório, patriarca de Constantinopla em 431, no tempo do imperador Teodósio II), que já tinha sido condenado desde o Concílio de Éfeso.

Nessa ocasião, houve sério incidente entre o imperador Justiniano e o papa Vigílio. Este teria sido tratado, pelo imperador, indignamente, em Constantinopla, em virtude dos problemas decorrentes da condenação dos escritos nestorianos.

A evolução do poder temporal do papa, todavia, continuava a ser consolidada. O imperador Justiniano, em 554, emitiu a Pragmática Sanção, que restituía à aristocracia latifundiária da Itália e à Igreja as propriedades arrebatadas pelos ostrogodos; esse documento confirmou e aumentou o poder temporal do papa, de forma que ele passaria a tomar parte na nomeação de governadores de província, a examinar suas contas e a citá-los em seu tribunal por motivo de malversação.

Em Roma, o sumo pontífice passou a controlar os assuntos municipais e assumiu o papel de defensor da cidade. Desde então, os papas são, praticamente, os únicos senhores em Roma.

Três anos depois da reunificação do reino merovíngio por Clotário I, em 558, o território dividiu-se novamente entre seus herdeiros, recomeçando as lutas dinásticas.

Os conflitos entre os merovíngios e a nobreza, a pressão de povos vizinhos, como os bretões, os lombardos e os gascões, e a acomodação progressiva dos soberanos em favor dos administradores palacianos levou a Dinastia Merovíngia a se consumir com o tempo.

No Império do Oriente, o Império Bizantino, a atuação do imperador Justiniano tornava precária a situação, porque a população do Império Oriental (helenizada e orientalizada) estava longe de acompanhar os ideais de romanidade do imperador e da aristocracia bizantina.

Justiniano morreu em 565, sendo sucedido por Justino II, denominado "o Jovem" (565–578), iniciando-se o período mais triste da história bizantina (que durou até o ano 610), desencadeando a anarquia, a desordem e a miséria em todo o império.

Maometanismo e Maomé

A história do Cristianismo não pode ignorar a presença do Islã,* ou Islamismo, ou Maometanismo, sistema religioso introduzido pelo profeta Maomé. Apresentamos, por essa razão, um resumo do Islamismo e da vida do profeta Maomé.

Maomé, Mohammed ou Muhammad nasceu por volta do ano 570, membro da tribo koreish, filho de Abdullah e sua mulher, Aminah. Foi criado pelo avô, o rico Abd Al-Mottaib, em razão da morte de seus pais. Posteriormente, completou sua criação com o tio Abu Talib.

Na juventude, viajou pelo deserto, como condutor de caravanas, adquirindo os hábitos e linguagem dos beduínos. Casou-se com Khadija, viúva rica de 40 anos, em 595, quando tinha 25 anos de idade, encerrando sua carreira de condutor de caravanas e ingressando como sócio em uma loja de produtos agrícolas em Meca.

Nessa mesma época, adquiriu reputação de grande sabedoria prática. Parece que era analfabeto e começou a profetizar por volta do ano 616,

---

*N.E.: Sugerimos a leitura de *Os Místicos do Islã*, de Reynold A. Nicholson, e *Comunicando-se com o Arcanjo Gabriel*, de Richard Webster, ambos da Madras Editora.

cumprindo o desejo de ser o porta-voz da deidade e procurando restaurar a religião do profeta Abraão, que era conhecido como Ibrahim.

Maomé tomou muito cuidado com o fato de parecer absolutista, ou autocrata, em virtude de seu anseio de ser o porta-voz de Deus, seja diretamente, seja pela interferência do anjo Gabriel.* Dessa forma, durante três anos, seus seguidores se constituíram como uma sociedade secreta.

Nesse período, que foi precedido de uma preparação privada, foi recebida a primeira revelação, quando o profeta estava em retiro religioso, no Monte Hira, próximo a Meca, em uma cerimônia denominada Tahannuth, de significado indefinido. Se as datas consignadas nas suras (capítulos) do Corão estiverem corretas, as primeiras revelações do profeta tomaram a forma de páginas ou de rolos, que deveriam ser lidos "pela graça de Deus". O Profeta foi orientado a comunicar sua missão, inicialmente aos seus parentes mais próximos. Suas revelações eram proferidas em forma de rimas, com o profeta em transe, e precedidas de grande sudorese, quando o profeta se enrolava em um cobertor. Consta que os seguidores escreviam os pronunciamentos, mas há evidências de que nenhum registro foi feito sobre as revelações do profeta.

Os primeiros convertidos por Maomé foram a sua esposa, Khadija, seu primo Ali e Abû Bekr, um filho de Abû Quhâfah, seu mais leal discípulo e, posteriormente, seu primeiro sucessor.

Os primeiros anos de seu trabalho foram marcados pelo sigilo, de tal forma que, quando ele fez a primeira apresentação como pregador público, por volta de 616, ele já era o chefe de um grupo de seguidores unidos.

Os legisladores astutos da comunidade perceberam que o desejo de Maomé era se tornar ditador ou autocrata. Seu crescente sucesso provocou perseguição a seus seguidores menos influentes, que tiveram de se refugiar em Axum, quando o rei da Abissínia e seus auxiliares eclesiásticos tomaram a defesa de Maomé e seus seguidores. Dessas perseguições resultou o asilo de Maomé na Abissínia, ocasião em que sua esposa, Khadija, e Abu Talib morreram e o profeta ficou desprotegido.

Evitado pelo povo de Meca, Maomé alegrou-se em aceitar o convite dos habitantes de Yatrib (posteriormente Medina) para tornar-se ditador, organizar o feudo e restaurar a ordem. Iniciou-se a era maometana em 16 de julho de 622.

Após um atentado malogrado, em que Maomé refugiou-se em uma caverna nas cercanias de Medina, sua atuação foi de quase permanente êxito. Procurou sem sucesso aliança com os judeus, tendo então retornado o contato com o Paganismo e, dessa forma, foi modificado o uso de voltar-se o fiel para Jerusalém, por ocasião de sua oração. Por volta do ano de 623, um ano após a ida de Maomé para Medina, passaram os fiéis a se voltarem, durante as orações, para o templo pagão de Meca. Na mesma época, foi adotado o nome de Alá para a deidade. As práticas tomadas de outras seitas eram modificadas para configurar um modelo muçulmano absolutamente distinto. Com relação aos alimentos, Maomé adotou integralmente as resoluções do Concílio de Jerusalém. A proibição do álcool foi ocasionada pela conduta devassa de seus seguidores, quando sob influência de bebidas alcoólicas. A conversão de fiéis era caracterizada pela dupla fórmula da crença em Alá e Maomé, enquanto o pagamento de um imposto era a evidência de lealdade.

Maomé, a partir de Medina, passou a atacar caravanas de Meca, iniciando-se uma série de conflitos entre o Islã e Meca, que duraram alguns anos, até que, por volta de 628, foi feita uma trégua com Meca e, no ano seguinte, iniciou-se a peregrinação, ficando Medina como a capital política e Meca como o centro religioso do sistema. Em seguida, vieram os combates com outras cidades da Arábia, visando ampliar a adoção do Islã, incluindo-se aí uma série de cartas que Maomé enviou a soberanos e potentados, prometendo liberdade aos povos que adotassem essa religião.

As três mais importantes reformas do profeta foram: a abolição da luta de extermínio entre famílias, que ocasionava guerras demoradas em virtude de uma morte; a abolição do infanticídio e a garantia da mulher ter o direito de herdar uma propriedade.

Os maometanos dão o nome de Islã à sua religião, um termo que em árabe significa "submissão" aos desejos de Deus.

O Islã clama por ser a revelação divina comunicada ao mundo por intermédio de Maomé, o último de uma sucessão de profetas inspirados, que se iniciou com Adão. Sua doutrina e prática são baseadas no mundo de Deus, o Corão e tradições, ou melhor, os ditos e as maneiras de vida de Maomé, como contido nas tradições. O credo muçulmano é "não há deus, mas Deus (Alá). Maomé é o apóstolo de Deus". A aceitação dessa fé conduz à crença em (1) Deus, (2) nos anjos, (3) nos livros inspirados, (4) nos profetas, (5) no dia do julgamento e (6) na predestinação de Deus para o bem e para o mal.

No Corão, a unidade de Deus é enfatizada, segundo seu ponto de vista, contra o errado conceito da Trindade Cristã. A natureza divina é explicada pela enumeração de Suas várias qualidades relacionadas às três categorias de poder, unidade e bondade. Em torno do trono de Deus, estão os anjos, seres puros e assexuados, alguns deles conduzindo o trono, enquanto outros O louvam continuamente, eles são também Seus mensageiros e são enviados para socorrer os fiéis em sua luta contra os descrentes. Alguns são guardiões dos homens e outros, do inferno. Deus criou o mundo em seis dias e colocou Adão no paraíso, mas, tentado por Satã,* Adão caiu. Os Jinas, intermediários entre os homens e os anjos, masculinos e femininos, são criados do fogo; alguns são crentes e outros, infiéis.

---

*N.E.: Sugerimos a leitura de *As Escrituras Satânicas,* de Peter H. Gilmore, Madras Editora.

O Demônio é descrito, algumas vezes, como um dos anjos e outras, como um dos Jinas. Ele foi expulso do céu por ter se negado a prostrar-se ante Adão e sob suas ordens.

Deus se revelou aos homens por meio dos profetas, a alguns dos quais Ele deu um livro, isto é, a Moisés, a lei (Torá), a Jesus, o Evangelho, a Maomé, o Corão. Deus enviou um profeta a cada povo, mas Maomé é "o selo dos profetas", ou seja, o último da série. Sua missão foi a de, inicialmente, prevenir o homem acerca do julgamento iminente e, nos capítulos iniciais do Corão, descrever a ressurreição, o último julgamento, o paraíso e o inferno.

As práticas religiosas obrigatórias aos crentes são: rezar o credo; fazer a adoração divina cinco vezes ao dia; o jejum no mês de ramadã; pagamento das contribuições legais; peregrinação a Meca. O credo deve ser rezado pelo menos uma vez na vida, em voz alta, corretamente, com total entendimento do seu significado e com crença sincera em sua verdade.

Todo homem que professa o Islã precisa, em sua vida normal, adorar Deus cinco vezes ao dia, todos os dias. No Corão, são mencionadas somente quatro vezes: "Portanto, glorifique Deus, até que Ele seja louvado no céu e na terra, quando a tarde o alcançar, quando você se levantar de manhã; à tarde e quando você repousa ao meio-dia"; os comentaristas dizem que "à tarde" inclui o pôr do sol e após o pôr do sol. As cinco vezes, portanto, são: (1) na alvorada, ou seja, antes do Sol nascer, (2) antes do meio-dia, (3) antes do pôr do sol, (4) após o pôr do sol e (5) antes do encerramento das atividades do dia. O serviço é precedido pela ablução menor, ou seja, lavar a face, as mãos (até os cotovelos) e os pés, da forma prescrita.

O fiel se volta para a direção de oração, que era inicialmente Jerusalém, mas que foi modificada pelo profeta para Meca. Essa direção, em uma mesquita, é indicada por um nicho em uma das paredes. O serviço consiste nas exclamações prescritas e na recitação de partes do Corão, sempre incluindo a primeira sura, acompanhado de prostrações do corpo.

O comando para o jejum inicia com as palavras: "Ó você que crê! O jejum é prescrito para você, da mesma forma como foi prescrito para aqueles que o precederam". A expressão "aqueles que o precederam" pode se referir aos judeus, que jejuam no dia da reconciliação, mas é mais provável que se refira ao jejum de 36 dias observados pelos cristãos orientais. As contribuições são de duas espécies: as legais e determinadas e as voluntárias. As contribuições legais consistem em gado, grão, fruta, mercadoria e dinheiro, anualmente, a partir do ano da posse.

A peregrinação a Meca, que deve ser realizada pelo menos uma vez, desde que o muçulmano tenha posses para sustentar a sua viagem e o sustento de sua família durante a sua ausência.

Maomé morreu em 7 de junho de 632. Após sua morte, instalaram-se os califados, sendo o califa o chefe de uma comunidade maometana e sucessor do profeta.

A primeira cisão na unidade maometana ocorreu no ano de 657, com a Batalha de Siffin, decorrente de uma discussão política originada por teorias divergentes acerca do trabalho do califa. O resultado dessa cisão permanece até hoje, representando a divisão sectária no Islã em três seitas:

(1) Sunitas (sunnî) – o número maior de adeptos, que consideram o califado como cargo eletivo ocupado por um membro da tribo quraysh, praticam a linha tradicional de Maomé. Criaram, no mundo sunita, quatro escolas da lei, que existem até o presente. Havia colégios em Damasco, Bagdá, Nishapur, Bukhara, Cairo, Qayrawan, Sevilha e Córdoba, frequentados por milhares de estudantes. Dentro da seita dos sunitas se expandiram várias Ordens de dervixes.

(2) Xiitas (shiah – shi'ites) – historicamente a segunda mais importante seita, consideram que os únicos verdadeiros califas foram Ali e seus descendentes, entendendo que o califado é uma dádiva divina, não podendo ser adotada por designações humanas. Os xiitas se desdobraram em grande número de seitas, muitas das quais não sobreviveram. A mais importante é a dos décimo segundos, assim denominada porque aceita como imãs os doze primeiros descendentes de Ali, sendo que o décimo segundo, Maomé, desapareceu por volta de 874, mas ainda está vivo e retornará nos últimos dias para restabelecer a fé Shiah (descendência de Ali) no mundo. Além dos décimo segundos, há uma outra seita importante, também xiita, a dos ismaelitas, também conhecidos como "sétimos", seguidores de Ismael, o sétimo filho de Ali, o sétimo imã, considerado o verdadeiro imã, em vez de Maomé, o décimo segundo. Os xiitas diferem dos sunitas não somente pelo conceito do califado, mas também em matérias legais e cerimoniais. Eles adotam o seu próprio livro da tradição (Hadith), diferente do livro dos sunitas. No credo, por exemplo, os xiitas adicionam ao "não há deus, mas Deus" "e Ali é o vice-regente de Deus". A peregrinação a Meca pode ser feita por um substituto contratado, e o local pode ser substituído por uma visita aos túmulos dos santos xiitas.

(3) Khawârij – a terceira seita, originada como as outras duas, por disputas a respeito do califado, acrescenta que todos os que têm fé podem se considerar pertencentes a ela, mesmo que sejam escravos negros. Essa seita rejeita o princípio da justificação pela fé e que o pecador não arrependido perecerá eternamente, mesmo que tenha professado a fé Islã. Os adeptos dessa seita se dispersaram, restando uns poucos no norte da África.

Outras seitas foram criadas, entre elas, as dos "postergadores", que entendem ser o julgamento das ações humanas feito somente no juízo final, e outra, a que entende o destino do homem como uma predestinação divina, devendo combater pela causa muçulmana com bravura e que sua vida e a sua morte já está predestinada por Deus.

Mais recentemente, o mais importante desenvolvimento sectário foi o dos Ahmadyya. Esse movimento iniciou com Mîrzâ Ghulâm Ahmad, em 1879, que começou a pregar na Índia, declarando-se ser o Messias prometido e que, ao contrário da crença comumente aceita de que Jesus teria sido levado por Deus, vivo, e que um espectro teria sido crucificado em seu lugar, ele afirmou ter sido Jesus crucificado realmente, mas que fora retirado da cruz ainda vivo, tendo seus ferimentos tratados e, posteriormente, levado para Kashmir, onde finalmente morreu, e seu túmulo ainda existe na cidade de Srînagar. Essa seita se espalhou, inclusive pela Europa e pelos Estados Unidos, aceitando não só adeptos muçulmanos, mas também os de origem agnóstica e de influência racionalista. Movimentos modernistas trouxeram ao Islã a reconciliação da religião com a ciência e, em alguns países, como na Turquia, a poligamia foi tornada ilegal e o ramadã passou a ser estabelecido com base na ciência astronômica, em substituição aos relatórios acerca da aparência da Lua. Também houve mudança no vestuário, sendo abolido o véu nas mulheres e adotado o chapéu para os homens.

O mundo islâmico passou a adotar uma nova visão acerca das questões religiosas. De acordo com a tradição antiga, Maomé disse que o Islã seria dividido em 73 seitas, mas que 72 iriam perecer e somente uma seria salva. Atualmente, há um número de seitas da ordem de algumas centenas, o que supera, em muito, a previsão original das 72 a perecer.

Após apresentar o episódio histórico-religioso da criação do Islamismo, retornemos à cronologia histórica da evolução da Igreja Católica, por meio do apoio, no Ocidente, das forças de dominação.

Os lombardos (em latim, *langobardi*, "os de barba longa") eram um povo bárbaro germânico, oriundo da Escandinávia, que invadiu o território do Império Romano.

Em 568, os lombardos invadiram a Península Itálica. Chefiados pelo rei Alboíno, derrotaram a pequena guarnição bizantina de Milão e conquistaram o norte da península até a Toscana, dando nome de Lombardia à região. A capital do novo reino lombardo era Pavia.

No ano 572, os lombardos aprofundaram a invasão da península e assumiram o controle dos enclaves bizantinos, exceto a região Sul da província e o exarcado (exarcado – território governado por um exarco, ou delegado dos imperadores de Bizâncio, na Itália ou na África – *Dicionário Aurélio*) de Ravena, no Norte.

A partir de então, a Itália teve três capitais: Roma, sede do papado; Ravena, em que ficava o exarco, representante do imperador do Oriente; Pavia, onde se tinha fixado o rei lombardo.

Depois da morte de Alboíno, em 572, ocorreu um vazio no poder, o que propiciou a união de diferentes grupos sob o comando de um líder regional lombardo. Os lombardos, como fizeram anteriormente os godos, abraçaram o credo herético denominado Arianismo, o que originou contínuos confrontos religiosos com os habitantes nativos do país, majoritariamente católicos. Um período de relativa calma na região veio com a conversão à fé católica do rei lombardo Agilulfo (reinou entre 590–615).

No Ocidente, sob a unidade merovíngia, a posição da Igreja, fortificada pelo poder espiritual do papa e pela crescente evolução dos seus bens e propriedades, levou a questionar se o papa era um chefe espiritual ou se, além disso, também era um rei temporal. Isso porque, ao final do século VI, a Igreja já dispunha de grande número de propriedades espalhadas por toda a cristandade.

Nem sempre a Sé Apostólica foi ocupada por personagens marcantes. Alguns mal conseguiram superar a mediocridade. Outros, porém, deixaram marcados, de modo indelével, os sinais de sua presença, não só na época em que viveram, mas até mesmo em épocas bem posteriores.

Um exemplo de papa notável já foi mostrado nesta obra como sendo considerado o maior papa da Antiguidade. Foi Leão I, que recebeu o adjetivo de "Leão Magno", com pontificado entre 440 e 461.

Em toda a história da Igreja, somente mais um outro papa recebeu esse mesmo adjetivo. Foi Gregório I, "Gregório Magno", que exerceu o pontificado nessa mesma época turbulenta das invasões bárbaras, merovíngias e lombardas. Apresentamos, a seguir, um breve perfil biográfico desse importante papa.

Papa Gregório Magno

Gregório nasceu em Roma, por volta do ano 540, de uma família nobre e aristocrata. Era trineto de outro papa, Félix III (483–492). Seu nome de nascimento não é mencionado na lista de papas.

Atendendo à sua vocação para a vida monástica, Gregório passou a viver com alguns companheiros, segundo a Regra de São Bento, em um antigo palácio herdado de seu pai. Herdeiro de grande fortuna, desfez-se de todos os seus bens em favor dos pobres e da Igreja. Em seus domínios na Sicília, fundou seis outros mosteiros, para abrigar os religiosos que fugiam, no norte da Itália, do massacre dos bárbaros.

O papa Pelágio II (579 – 590), interrompendo a tranquilidade monástica de Gregório, enviou-o a Constantinopla, em 579, como núncio daquela corte. Sua estada como núncio durou seis anos, até 585, sendo bastante proveitosa, já que ampliou muito a visão de Gregório sobre os problemas eclesiásticos peculiares à Igreja do Oriente, além de proporcionar-lhe oportunidade para manter relações com altas personalidades do império. Essa nova visão, em Constantinopla, ensinou-lhe a manejar o mundo e os homens.

De regresso a Roma, retornou à vida monástica. Em novembro de 589, uma enchente do Rio Tibre causou profundos estragos na cidade, até mesmo inundando os celeiros da Igreja, onde o papa conservava o alimento dos pobres.

Consequente à enchente, veio a epidemia que flagelou Roma e outras regiões da Itália, fazendo inúmeras vítimas, inclusive o próprio papa Pelágio II, que faleceu em 7 de fevereiro de 590.

Gregório foi eleito papa por unânime aclamação do clero, Senado e povo, sob o título de Gregório I. Em vão, o humilde monge tentou impedir sua designação, tendo apelado até ao imperador Maurício (582–602), no sentido de que sua eleição não fosse confirmada.

De pequena estatura, corpo débil e saúde precária, mas enérgico e decidido, Gregório I enfrentou a peste e a fome, repondo os estoques de trigo, e intensificou a prática da caridade, sem descurar da rigidez da disciplina eclesiástica, não só em Roma, mas também em várias outras dioceses da Europa e da África.

Os lombardos, que marchavam sobre a "cidade eterna", em 592, matando e decapitando, encontraram a defesa de Roma organizada por Gregório I e, graças à sua intervenção, recuaram, e não invadiram a cidade.

Manteve relações respeitosas com Constantinopla, já que o papa se considerava, sob o ponto de vista temporal, como súdito do imperador, e a sede do Império Romano era em Constantinopla. Não descurou, no entanto, do primado da Sé Romana e da autoridade da Igreja, tomando atitudes enérgicas em sua defesa, junto ao imperador.

Além de ser um esmerado homem de governo, Gregório I estendeu sua ação à liturgia da Igreja e deixou inúmeras obras literárias e teológicas. Grande destaque, na sua obra, é a fixação, definitiva, do canto sagrado. A memória de Gregório I está definitivamente vinculada, pela sua própria designação, à harmonia do canto sacro, o canto gregoriano.

Gregório I, que recebeu da Igreja o adjetivo "Magno" (Gregório Magno), exerceu um dos mais fecundos pontificados da Igreja, com raro espírito de fé e humildade. Intitulou-se "servo dos servos de Deus". Faleceu em 12 de março de 604.

A unidade merovíngia ainda seria restabelecida, em 613, quando Clotário II, rei da Nêustria, herdou os outros reinos. Essa reunificação, por Clotário II, pouco durou, já que, com a morte de Dagoberto, filho de Clotário II, em 639, o reino novamente dividiu-se em duas partes: a Austrásia e a Borgonha.

Os merovíngios consideravam o reino como um mero bem pessoal e, com base no velho costume, distribuíam seus domínios aos seus filhos, quando vislumbravam a morte. Seus filhos não tinham infância como príncipes reais e recebiam os títulos de reis automaticamente aos 12 anos, enquanto a tarefa de governar era entregue aos administradores do palácio, ou prefeitos do palácio, uma espécie de primeiro-ministro, provindos de ricas famílias aristocráticas e homens fortes do poder real.

Sétimo Concílio Ecumênico

No Império Romano do Oriente, o imperador Constantino IV convocou o Sétimo Concílio Ecumênico, em 680, com o apoio do papa Agatão.

Constantino IV, da Dinastia Heracliana (610–717), do Império Bizantino, era filho do imperador Constante II (641–668), sucedendo-o após o assassinato do pai. Tinha 17 anos e permaneceu à frente do império até o ano de 685, quando morreu, repentinamente, aos 32 anos. Como seu pai, Constante II, a principal atividade do império era o combate aos árabes muçulmanos, que invadiam o território, provocando perdas territoriais ao Império Bizantino.

Esse concílio, o Terceiro Concílio Ecumênico de Constantinopla, reuniu-se de 7 de novembro de 680 a 16 de setembro de 681, na sala da cúpula do palácio imperial.

O tema do concílio baseou-se no que já fora definido nos seis primeiros concílios ecumênicos. Foi condenado o Monotelismo (Monotelismo – doutrina religiosa do século VII, que defendia a ideia de que Jesus Cristo possuía somente uma vontade divina – *Dicionário Houaiss*) e seus protetores, em especial o papa Honório, que exercera o pontificado entre 625 e 638. Essa condenação do papa Honório foi ratificada pelo papa Leão II, sucessor do papa Agatão, que entendeu ter havido uma atitude de negligência daquele papa, em defesa da doutrina.

Esse concílio ecumênico pôs termo às disputas cristológicas, definindo e confirmando, definitivamente, todas as grandes linhas da doutrina sobre a Santíssima Trindade e o Verbo Encarnado.

Ascensão da Dinastia Carolíngia

No Ocidente, o poder real dos merovíngios foi passando para as mãos dos administradores do palácio, e, entre eles, destacaram-se, por exemplo, Carlos Martel, Pepino ("o Breve", pai de Carlos Magno) e Carlomano, todos pertencentes à tribo dos francos.

Após a vitória de Carlos Martel sobre os sarracenos em Poitiers, no ano 732, onde as tropas muçulmanas foram finalmente repelidas, pouco tempo restava para os merovíngios como uma linhagem de soberanos.

Com o tempo, o reino merovíngio voltou a fragmentar-se, formando a Austrásia, a Nêustria, a Aquitânia e a Burgúndia, futura Borgonha, e seus titulares gozavam de meras funções honoríficas.

Os últimos reis merovíngios, incapazes, preguiçosos e apáticos, ficaram conhecidos pelo epíteto de reis preguiçosos.

Pepino, apoiado pelo papa Zacarias (741–752), destituiu, em 751, o último soberano merovíngio, Childerico III, internando-o em um mosteiro e encerrando, definitivamente, a Dinastia Merovíngia. Antes de enviá-lo para o mosteiro, ordenou que os seus longos cabelos fossem cortados, como sinal de humilhação e destituição do poder que detinha, à moda do acontecido ao personagem bíblico Sansão.

Ao depor Childerico III, Pepino, prefeito do palácio da Austrásia, fundava uma nova e famosa dinastia dos francos, a chamada Carolíngia, por haver tido, em seu filho Carlos Magno, sua maior expressão política.

Os reis merovíngios guardavam sinais ou costumes sagrados que os ligavam ao misticismo, desde o fundador da dinastia, Meroveu, que tinha dois pais: um, o seu progenitor natural, outro, uma divindade marinha, o Quinotauro, que não resistira à beleza da dama grávida ao banhar-se no mar e com ela acasalara.

Esses reis merovíngios tinham longas cabeleiras e barbas, pois nunca cortavam os cabelos. Eram considerados reis sacerdotes. Conta-se que, de nascença, tinham uma cruz vermelha entre os ombros. Seus trajes reais eram ornamentados com pendões que diziam ter poderes mágicos e curativos.

Há uma linha histórica que afirma serem os merovíngios de origem judaica, descendentes da tribo dos benjamitas. Os benjamitas eram os formadores de uma das 12 tribos de Israel, descendentes de Benjamim, o décimo primeiro filho de Jacó (com sua mulher Raquel). A tribo de Benjamim emigrou para o território dos sicambrianos, antigo povo germânico que deu origem aos merovíngios, com os quais mestiçou-se.

Outras supostas tradições, inteiramente refutadas pela Igreja Católica, dizem que a família real dos merovíngios era descendente de Jesus e de Maria Madalena,* com quem Jesus teria sido casado. Segundo essa linha histórica, Maria Madalena teria viajado com os filhos (dela com Jesus), desembarcando em Marselha, na França, após a morte de Jesus, e seus descendentes constituíram família com os nobres merovíngios, que habitavam o sul da França. Haveria, então, uma linhagem que ligava a Dinastia dos Merovíngios a Jesus e, por conseguinte, os remetia à linhagem de Davi.

Ainda seguindo essa linha de raciocínio histórico, os merovíngios julgavam-se herdeiros e sucessores dos reis dos judeus. Consta que Godofredo Bulhão, o conquistador de Jerusalém na Primeira Cruzada, era descendente dos merovíngios e que seu irmão mais novo, Balduíno, após sua morte, intitulou-se Balduíno I, rei de Jerusalém, restabelecendo, dessa forma, o reino de Davi.

A Evolução do Império Romano do Oriente

No Império Romano do Oriente, o Império Bizantino, as dinastias iam se sucedendo. A Dinastia Justiniana teve prosseguimento com Justino II, o Jovem (565–578), que desencadeou, como já afirmado anteriormente, a pior fase da história do Império Bizantino. A situação financeira do império, legada por Justiniano em virtude dos pesados tributos pagos aos persas e bárbaros, exigia imediatas providências.

---

*N.E.: Sugerimos a leitura de *A Linhagem do Santo Graal – A Verdadeira História do Casamento de Maria Madalena e Jesus Cristo,* de Laurence Gardner, Madras Editora.

A defesa do império foi a grande preocupação da política externa de Justino. Essa defesa ocasionou guerras na Península Balcânica, contra os persas, as tribos bárbaras dos eslavos e avaros, e contra os bárbaros lombardos, na Itália.

A guerra contra os persas ocorreu em 572, porque Justino se recusou a continuar pagando o tributo que fora imposto pelo tratado de 562. Em 573, os persas tomaram a importante praça fortificada de Darás, derrota bizantina que, parece, provocou o estado de demência de Justino, que permaneceu louco até sua morte, em 578.

A sucessão de Justino II coube a Tibério II, que fora adotado por Justino como filho, imperador até 582. Tibério II faleceu em 582, sendo sucedido por seu genro, o general romano Maurício, que foi deposto e assassinado em 602, em um levante liderado por Focas, um oficial subalterno do exército do Danúbio, que ocupou o império até 610.

O Império Romano do Oriente foi, nessa época, levado à iminência de destruição, assolado por ameaças externas e revoltas internas.

O império foi salvo por Heráclio, o exarca de Cartago, no Chifre da África, cujo filho, também Heráclio, o Jovem, tomou Constantinopla e foi aclamado imperador. A Itália permanecia, em grande parte de seu território, nas mãos dos lombardos.

A aclamação de Heráclio deu início à Dinastia Heracliana, que dirigiu o Império Bizantino entre 610 e 717.

Após o falecimento de Maomé, em 632, os exércitos árabes lançaram-se em conquista dos territórios de seus antigos senhores, os bizantinos e persas sassânidas.

A Dinastia Sassânida foi uma linhagem real que governou a Pérsia entre 224 e 651 d.C. O território do Império Sassânida, com a capital em Ctesifonte, incluía partes dos atuais Irã, do Iraque, da Armênia, do Afeganistão, do leste da Turquia, do leste da Síria, do subcontinente indiano, da Caucásia, da Ásia Central e da Arábia. Os sassânidas davam a seu império o nome de Irã.

Os sassânidas, depois de algumas derrotas esmagadoras para os árabes muçulmanos, foram derrotados, e o último xá morreu em Cabul, em 655.

Os bizantinos resistiram menos tempo que os sassânidas, cedendo uma parte da Síria, a Palestina, o Egito e o norte de África e mantendo a sua capital Constantinopla.

Em nova onda de conquistas, os exércitos muçulmanos lançaram-se então para a Índia, para a Península Ibérica, ao sul da Itália e França, às ilhas mediterrânicas.

Esse gigantismo territorial se tornou um fator enfraquecedor, e o Império Muçulmano, aos poucos, foi perdendo as regiões mais longínquas, seja por independência, seja por terem sido recuperadas pelos seus inimigos.

A Evolução da Dinastia Carolíngia no Ocidente

A história dos francos carolíngios prossegue, e, em 754, o papa Estêvão II visitou Pepino em Paris e ungiu-o como rei, com os seus dois filhos Carlos (Carlos Magno) e Carlomano.

A ação política do papa junto a Pepino rendeu frutos, tranformando-se em uma aliança franco-pontifícia, que ocasionou a criação dos Estados Pontifícios.

Assim é que, em 754, Pepino prometeu ao papa Estêvão II a restituição dos territórios da Itália ocupados pelos lombardos, o que veio a cumprir em 756, a despeito da interpelação feita a Pepino pelos representantes do imperador do Oriente, Constantino V, que declaravam serem os proprietários daquelas terras.

O novo Estado Pontifício ficou, nessa época, acrescido do Exarcado (Ravena, Ferrara, Bolonha, entre outros), da Pentápolis (Rimini, Pésaro, Fano, Sinigalha e Ancona), além do ducado romano (acrescido com algumas cidades limítrofes) e a Córsega.

Pepino dividiu o reino entre os dois filhos: Carlos Magno e Carlomano, em seu leito de morte, em 768.

Carlos Magno

Carlos Magno, também conhecido como Carlos, o Grande, rei dos francos e imperador, nasceu em 2 de abril de 742 ou 743, filho mais velho de Pepino III (Pepino, o Breve) e Berta (Bertrada), filha de Charibert de Laon. Na data do seu nascimento, os francos eram governados pelo seu pai, Pepino, e seu tio Carlomano, irmão de Pepino, governantes com o título de prefeitos do palácio do preguiçoso rei merovíngio Childerico III. Carlomano, irmão de Pepino, abdicou em 747, retirando-se para um mosteiro, e Pepino se tornou o único governante, como seu pai, Carlos Martel, tinha sido anteriormente.

Em 768, Carlos Magno tornou-se imperador, com a morte de seu pai, que dividira o império, com seu irmão Carlomano.

Em 770, casou-se com a filha de Desiderius, rei da Lombardia, mas, no ano seguinte, repudiou a princesa lombarda e casou-se com Hildegarde, que foi a mãe de seus três filhos, Carlos (o Novo), Pepino e Luís (o Pio).

Prosseguiu seu reinado conquistando outros reinos para o domínio dos francos, seja por guerras de conquistas, alianças matrimoniais, alianças diplomáticas, ou herança do reino de seu irmão Carlomano, após sua morte. Estendeu o domínio dos francos pela Itália Central, pelo sul da Itália, pela Grécia, Saxônia, Baviera.

Em 774, Carlos Magno, em Roma, ratificou a doação dos territórios, feita pelo seu pai, Pepino, em 756, ao Estado Pontifício. Nessa ratificação, o Estado Pontifício ficou acrescido ainda de: Venécia, Ístria, Espoleto e Benevento.

No dia do Natal, em 800, o papa Leão III coroou-o, em Roma, como imperador dos romanos. A cerimônia foi apresentada como se fosse surpresa, porque Carlos Magno não desejava ficar em dívida com o bispo de Roma.

Morreu em 28 de janeiro de 814, após quatro anos de doença, vitimado por pleurisia. Foi enterrado em Aachen, na capela, em um sarcófago. Seus ossos foram encontrados em 1165, quando foram desenterrados por Frederico Barbaroxa.

A Expansão dos Territórios Carolíngios

A atitude do papa, ao coroar Carlos Magno, fazia parte das manobras políticas visando fortalecer o poder da Igreja. Nessa ocasião, foi utilizado pelo papa o poder imperial sobre o Império do Ocidente, que lhe fora fornecido pelo imperador Constantino I, no célebre documento intitulado Doação de Constantino, já tratado nesta obra em "O Império Romano e a Expansão da Igreja Católica". Como ficou relatado, a Doação de Constantino era um documento falsificado, com a finalidade de dar ao papa poderes espirituais e seculares.

Carlos Magno preferiu o título de imperador, rei dos francos e dos lombardos, mas a cerimônia reconheceu formalmente o Império Franco como sucessor do Império Romano Ocidental, com base nos poderes que a forjada doação conferia ao papa. Sua coroação deu legitimidade à Dinastia Carolíngia entre os francos e gerou protesto da parte do imperador bizantino, mas, em 812, Miguel Rangabé reconheceu-o como coimperador.

Em 801, Carlos Magno partiu para a Espanha e invadiu o sul dos Pirineus, tomando Narbonne e Septimania.

Entendemos valer a pena apresentar uma breve apreciação sobre o interessante tema Septimania.

Septimania era um principado autônomo que existiu no sul da França por um século e meio, entre os séculos VI e VII, com população preponderantemente judaica.

Durante esses séculos, a população judaica havia mantido relações extremamente cordiais com os seus senhores visigodos, que esposavam o Cristianismo ariano. Casamentos mistos eram comuns, e as palavras godo e judeu eram utilizadas como sinônimos.

Entretanto, por volta de 711, o relacionamento dos judeus em Septimania e no nordeste da Espanha com os visigodos, havia se deteriorado. Assim, quando a Espanha foi tomada dos visigodos pelos mouros, em 711, os judeus acolheram com alegria os invasores.

Os judeus gozaram de uma existência promissora sob o domínio muçulmano. Os mouros eram generosos com eles, colocando-os frequentemente em postos administrativos nas cidades capturadas, como Córdoba, Granada e Toledo. E muitas cidades – incluindo Córdoba, a capital moura da Espanha – possuíam população predominantemente judaica.

No início do século VIII, os mouros cruzaram os Pireneus, na direção de Septimania. Entre 720 e 759, Septimania ficou nas mãos dos muçulmanos, tornando-se um principado mouro independente (com sua própria capital em Narbonne) que devia uma fidelidade apenas nominal ao emir de Córdoba.

O avanço dos mouros foi percebido por Carlos Martel, prefeito do palácio dos merovíngios e avô de Carlos Magno. Por volta de 752, o filho de Carlos Martel, Pepino (Pepino, o Breve), tinha formado alianças com os aristocratas locais, conseguindo assim assumir o controle de Septimania.

Contudo, Narbonne, a capital de Septimania, continuou a resistir, suportando um cerco de sete anos das forças de Pepino. Pepino foi confrontado com dois problemas: a resistência tenaz de Narbonne e a questão de estabelecer sua própria legitimidade como rei por meio de um precedente bíblico. Ele resolveu os dois problemas por um pacto com a população judaica de Narbonne, em 759. Segundo esse pacto, Pepino receberia o endosso judaico para a sua pretensão à sucessão bíblica e também a ajuda dos judeus contra os mouros. Em troca, concederia aos judeus de Septimania um principado e um rei próprios.

Em 759, a população judaica de Narbonne voltou-se subitamente contra os defensores muçulmanos da cidade, atacando-os e abrindo os portões da fortaleza para os francos. Logo depois, os judeus reconheceram Pepino como seu senhor e validaram sua pretensão a uma sucessão bíblica legítima.

Em 768, foi criado um principado em Septimania – um principado judeu que devia uma fidelidade nominal, mas era essencialmente independente. Um governante, de nome Theodoric ou Thierry, foi oficialmente instalado como rei dos judeus, ao ser recebido nas fileiras da nobreza franca.

Theodoric, ou Thierry, pai de Guillem de Gellone, era reconhecido, tanto por Pepino quanto pelo califa de Bagdá, como "a semente da casa real de Davi".

Guillem de Gellone, um dos heróis mais reverenciados de seu tempo, no ápice de seu poder, incluiu, entre os domínios de Septimania, o nordeste da Espanha, os Pireneus e a região sul da França, área que abrigava uma grande e antiga população judaica.

Carlos Magno também capturou Barcelona, estendeu seu reino e, em 806, agindo conforme os costumes francos, dividiu seus domínios entre os seus três filhos legítimos.

Em 813, após a morte de seus filhos Carlos, o Novo, e Pepino, nomeou seu filho Luís, o Pio, como seu consorte e sucessor no império, assim como designou a Itália para Bernardo, seu neto e filho de Pepino.

Dessa forma, Carlos Magno assegurou o caráter de hereditariedade ao império. Luís, seu filho, foi coroado por ele não em Roma, mas em Aachen, para mostrar ao mundo que o papa não tinha comando sobre as disponibilidades do império.

Durante o seu império, Carlos Magno não descuidou do domínio sobre os mares e construiu um forte poder naval para proteger as cidades litorâneas de seu império. Estimulou e desenvolveu as artes e as letras. Influiu na cultura dos clérigos francos e, ele mesmo, estudou latim, gramática, dialética, astronomia e história com seus assessores.

Como produto desse desenvolvimento cultural, a legislação adotada foi muito mais bem redigida e inteligente do que a de todos que o precederam. Desenvolveu o ensino, criou bibliotecas e fez florescer o latim como o meio mais polido e flexível da expressão literária. Construiu catedrais e as decorou com o maior luxo e bom gosto. Foi um imperador que cuidou dos negócios de Estado com presteza, método e trabalho.

Sua vida privada, entretanto, foi condenável, porque, embora tivesse sido um marido devotado de três de suas quatro esposas legítimas, teve relacionamento ilegítimo com cinco senhoras. Sua corte era dissoluta, e a conduta de seus filhos provocou graves escândalos.

Luís, o Pio, também denominado de Luís I, o Piedoso, ou ainda, Ludovico, o Pio, o único filho que sobreviveu a Carlos Magno, sucedeu ao pai em 814 como governante de um império unido.

Com a morte de Luís I, o Piedoso, em 840, seu filho mais velho, Lotário, tomou a sucessão.

Pepino I da Aquitânia (atualmente sul da França, com limite nos Pireneus), filho de Luís I, o Piedoso, não tomou parte na sucessão, porque faleceu em 838.

Os outros dois filhos de Luís I – Carlos, o Calvo, e Luís, o Germânico – se aliaram e derrotaram o irmão Lotário na Batalha de Fontenoy-en-Puisaye, em 841.

Em 842, reforçaram sua aliança por meio do Juramento de Estrasburgo.

Em 843, com o Tratado de Verdun, os três irmãos, netos de Carlos Magno, repartiram o império fundado pelo avô.

Carlos, o Calvo, recebeu a Francia Ocidental, que viria a se tornar a França atual (exceto que não incluía ainda a Bretanha).

Luís, o Germânico, recebeu a Francia Oriental, que se tornaria, no futuro, a Germânia, núcleo do futuro Sacro Império Romano Germânico.

Lotário, que se reserva o título imperial, recebeu o centro da Itália até a Frísia, que viria a ser a Lotaríngia.

Oitavo Concílio Ecumênico

Também denominado de Concílio de Niceia II, o Oitavo Concílio Ecumênico reuniu-se em 787, em Niceia, sob o pontificado de Adriano I, imperador romano do Oriente.

Esse concílio, considerado, oficialmente, como o sétimo, em virtude de ter sido considerado nulo o Segundo Concílio Ecumênico, o de Rimini, em 359, foi o primeiro convocado pelo papa.

Era a época da Dinastia Isáurica, e, com a morte do imperador Leão IV (775–780), seu sucessor seria seu filho, Constantino VI. Este, por ser menor de idade, não assumiu, tomando o seu lugar sua mãe, a imperatriz Irene (780–802). Esse concílio definiu a doutrina sobre o culto relativo prestado às imagens, sobre as relíquias e a intercessão dos santos. Sua última sessão realizou-se em Constantinopla, em 23 de outubro de 787, no Palácio de Magnaura, sendo presidida pela imperatriz Irene e seu filho.

Império Bizantino

A história moderna criou uma espécie de rótulo, ou título, às atividades sociais, políticas e religiosas que se desenvolveram ao longo de mais de um milênio, nas regiões denominadas pelos historiadores mais antigos como o Império Romano do Oriente. Entendemos caber, nesta obra, uma apreciação sobre tão importante tema histórico, o Império Bizantino, que, afinal de contas, influiu bastante no destino da Igreja Católica, embora alguns episódios históricos e religiosos também estejam apresentados sob o tópico de Império Romano do Oriente.

O nome bizantino reporta-se a Bizâncio, uma cidade fundada no século VII a.C., ao que parece por Byzas, o chefe da expedição megárica (os megáricos eram povos da região grega de Mégara) fundadora da cidade.

A importância dessa cidade, na época, estava em sua localização. A Europa é separada da Ásia Sul-Ocidental pelos mares Negro e Egeu. Esses dois mares se comunicam por meio de dois estreitos canais, o Estreito de Bósforo e o de Dardanelos (antigamente chamado de Helesponto). Esses dois estreitos estão separados pelo Mar de Mármara.

O domínio dessa região, na época, significava o domínio da passagem marítima obrigatória entre o Oriente e o Ocidente, daí a sua grande importância estratégica. Bizâncio estava localizada entre Bósforo e o Mar de Mármara. Além disso, Bizâncio estava no cruzamento entre as vias terrestres da Europa Continental ao Oceano Índico e dos vales dos rios Danúbio ao Eufrates.

Constantino I (imperador romano entre 324 e 337), após examinar vários locais no Império do Oriente, decidiu construir uma nova capital do Império Romano no local da antiga Bizâncio, designando-a de Nova Roma. A cidade foi inaugurada em 330. Depois de sua morte, em 337, Nova Roma passou a chamar-se Constantinopla. Desde o primeiro quartel do século XX, a cidade tomou o nome de Istambul.

O início do Império Bizantino é discutido entre os historiadores. As preferências se dividem entre o reinado de Constantino (que se tornou o quadragésimo nono imperador romano em 324, quando foi alçado a imperador romano do Oriente e do Ocidente), em especial o ano de 330, o da inauguração de Constantinopla, e o ano de 395, época em que o imperador Teodósio dividiu o império romano entre os seus dois filhos, cabendo ao seu filho Arcádio o Império Romano do Oriente. A maioria dos historiadores adotou o ano 395 como o do início do Império Romano do Oriente.

O Império Bizantino, que foi chefiado por 12 dinastias, iniciou-se, portanto, com a Dinastia Teodosiana (395–457). As dinastias seguintes (as outras 11) foram: Dinastia Leonina (457–518), Dinastia Justiniana (518–602), Dinastia Heracliana (610–717), Dinastia Isáurica (717-802), Dinastia Amoria ou Frígia (820–867), Dinastia Macedônica (867–1056), Dinastia Ducas (1059–1081), Dinastia dos Comnenos (1081–1185), Dinastia dos Ângelos (1185–1204), Dinastia dos Lascáridas (1204–1261) e Dinastia dos Paleólogos (1258–1453).

Os traços característicos do Império Bizantino, durante essas 12 dinastias, podem ser resumidos:

1 – Não houve unidade racial: os romanos do Oriente eram, na realidade, gregos, egípcios, semitas, etc.

2 – Não houve unidade linguística: embora o latim permanecesse durante muito tempo a língua oficial, sofria a forte concorrência do grego, que era falado por uma grande parte da população; outra boa parte falava dialetos orientais.

3 – O império foi grandemente influído por problemas religiosos: as disputas teológicas repercutiam intensamente em todas as camadas da população. A esse respeito, vale destacar que os sete primeiros concílios ecumênicos da Igreja Católica tiveram lugar no Império Bizantino, convocados pelos seus imperadores.

4 – Durante muitos séculos, o Império do Oriente foi o grande baluarte da cristandade contra os ataques muçulmanos.

5 – O Império Bizantino foi, por muito tempo, o centro conservador e irradiador da cultura clássica, que sofria, no Ocidente, a grave ameaça dos bárbaros.

6 – A civilização bizantina recebeu influências orientais no campo artístico (arquitetura, arte decorativa), no campo jurídico (direito penal) e no campo político (a concepção persa da monarquia como um dom divino); recebeu influências gregas pela língua, pela literatura, pela teologia e pelo culto; recebeu influências romanas na tradição militar, no direito, na diplomacia, nas finanças e no poder supremo do Estado e do governo central.

As razões da longevidade do Império Bizantino, com duradouros sucessos e, por vezes, com épocas de decadência, podem ser sintetizadas nos diversos aspectos da civilização, que foi construída pela monarquia bizantina, como passaremos a relatar.

A organização político-administrativa do império foi uma das razões da sua admirável sobrevivência milenar; foi herdada do Império Romano e adaptada, através dos séculos, às diversas circunstâncias em que o Império do Oriente foi submetido. Poucos Estados foram organizados de forma tão bem adequada à sua época, visando impedir que o poder permanecesse em mãos incompetentes; a organização das instituições político-administrativas não foi obra de um único homem ou de um único período; foi, fundamentalmente, uma herança do passado romano, adaptada e suplementada, continuamente, no decorrer dos séculos, para atender às exigências.

Outro fator fundamental da sobrevivência do Império Bizantino foi a atuação da diplomacia, face à multidão de povos estrangeiros que, em todas as épocas, ameaçaram o império. Uma constante na atuação da política externa bizantina era, sempre que possível, obter êxito sem o emprego das armas. A ação da diplomacia empregava os mais diversos e eficientes métodos para a solução dos problemas criados com e pelos povos estrangeiros.

As instituições militares bizantinas constituíram a pedra angular do edifício estatal, porque, quando as sutilezas da sua diplomacia não alcançavam os resultados esperados, impunha-se o uso da força, para fazer prevalecer o ponto de vista de Constantinopla ou, o que foi muito frequente durante a longa história do império, para defender a sua integridade territorial.

Os historiadores afirmam que, na Europa, na Idade Média, só em Bizâncio se tratou do negócio da guerra com sentido científico, face às avançadas estratégias e táticas que o exército e a marinha dispunham.

O Império Romano do Oriente desfrutou estabilidade financeira por um período de 800 anos, desde Diocleciano, quadragésimo terceiro imperador romano (ainda no império unificado, em 283), até Aleixo Comneno, da Dinastia dos Comnenos, em 1118. Nesse período, o Império Romano do Oriente nunca foi obrigado a declarar-se em bancarrota ou a suspender pagamentos. Esse exemplar desempenho, segundo os historiadores, não foi observado nem no mundo antigo, nem no moderno.

Na literatura, a existência de um grande número de escritores deixou uma apreciável obra literária, prova eloquente da atenção e do valor que os bizantinos aplicavam à educação. A literatura bizantina era florescente na mesma época em que, no Ocidente, em meio à confusão consequente das invasões bárbaras, somente os mosteiros continuavam como os principais centros irradiadores da cultura.

No campo da filosofia, verdadeiros pensadores se preocupavam em dar uma explicação racional aos problemas relacionados ao Universo e ao homem. Os historiadores ressaltam que a filosofia sempre foi o assunto favorito para os bizantinos e que a filosofia bizantina é a forma cristã do pensamento, da razão e da alma gregos.

Na civilização bizantina, a arte foi, antes de tudo, uma arte viva que conheceu épocas de grandeza e decadência, evoluindo e transformando-se. A arte bizantina conheceu a primeira idade de ouro no século VI. A segunda idade de ouro, não menos brilhante que a primeira, mas de aspecto diverso, ocorreu nos séculos X e XI. Nos séculos XIV e XV, a arte bizantina conheceu o resplendor da Renascença, com quase completa renovação e transformação.

O desenvolvimento da ciência, na mentalidade científica do Império Bizantino, decorreu do gosto pelos problemas abstratos e da ideia de que as ciências exatas deviam ser estudadas como preparação para a filosofia. As ciências exatas se classificavam no conteúdo do *Quadrivium*: aritmética, geometria, música e astronomia, enquanto outras disciplinas, como história natural, física, química, etc., eram associadas sob o título geral de física.

Foi muito grande a influência da Igreja no desenvolvimento da civilização bizantina e nos destinos históricos do Império do Oriente, porque o imperador bizantino era considerado o dirigente máximo da Igreja Ortodoxa, cabendo ao patriarca dessa Igreja o segundo posto em importância no império. É certo que, desde os primeiros tempos da pregação cristã, começaram a pulular as heresias, ideias divergentes ameaçando a unidade doutrinária do Cristianismo. Foi no Império Bizantino que as mais importantes heresias tiveram combate e foram banidas, desde o Primeiro Concílio Ecumênico, realizado em 325, em Niceia, até o Segundo Concílio Ecumênico de Niceia, realizado em 787.

Estavam, portanto, resolvidas, por iniciativa dos imperadores bizantinos, todas as divergências teológicas da Igreja Ortodoxa, a despeito das dificuldades de relacionamento que sempre houve entre esta e a Igreja de Roma.

Este relato resumido objetiva mostrar o lugar proeminente que o Império Bizantino ocupou na história universal, deixando muitos legados, como nas artes, na literatura, na filosofia, no direito, nas ciências e até mesmo no florescimento da Renascença.

Mas foi na religião o mais vivo e atuante legado de Bizâncio, a Igreja Ortodoxa, cujos quadros hierárquicos sobreviveram à queda do império. Na Turquia, nos países árabes, na Rússia, nos Bálcãs, na Grécia e em muitas outras regiões do globo, encontramos a ortodoxia com a sua pompa litúrgica, com seus ícones, com a sua devoção à Virgem Maria, Mãe de Deus, com seus mosteiros. Toda a sua espiritualidade constitui um eloquente testemunho da persistência da tradição doutrinária dos apóstolos, conservada e admiravelmente desenvolvida e explicada pelos gênios da patrística grega (patrística – ciência que tem por objeto a doutrina dos santos padres e a história literária dessa doutrina – *Dicionário Aurélio*).

Os solenes concílios ecumênicos impediram, providencialmente, a desintegração da fé cristã ameaçada em seus fundamentos trinitários e cristológicos.

O Império Bizantino finalmente caiu sob a carnificina dos turcos otomanos, em 1453.

O Primeiro Grande Cisma na Igreja Católica

O primeiro grande cisma da Igreja Católica ocorreu em 1054, quando foi criada a Igreja Católica Apostólica Ortodoxa, porque o Império Bizantino não mais aceitou a liderança do papa de Roma, separando-se da Igreja Católica Ocidental.

Igreja Católica Romana

As divergências entre as duas Igrejas eram antigas, sendo assinalados os primeiros conflitos, desde o ano 405.

A razão dessa primeira crise, que durou dez anos (405–415), foi a injustiça cometida contra o patriarca de Constantinopla, bispo João Crisóstomo, que foi deposto e desterrado pelo imperador romano do Oriente, Arcádio, em 404. João Crisóstomo morreu no exílio em 407. Posteriormente, foi reabilitado pelo papa Inocêncio I (pontificado entre 401 e 417). É considerado santo pelas Igrejas Católicas Romana e Ortodoxa.

Uma das determinações do Concílio de Calcedônia, em 451, o cânon 28, que dava à sede de Constantinopla os mesmos direitos da Sé Romana, foi reprovada pelo papa Leão Magno. Essa atitude do papa gerou, outra vez, tensão nas relações entre Roma e Constantinopla, tendo o patriarca Anatólio, de Constantinopla, escrito ao papa, que negou a aprovação do Cânon 28.

Uma nova crise, que durou 30 anos, desde 484 até 514, resultou da decisão do patriarca Acácio de tornar Constantinopla inteiramente independente de Roma, sujeitando todas as igrejas orientais a Constantinopla. Acácio foi deposto e excomungado pelo papa Felix III. Acácio havia subscrito um decreto de 482, do imperador Zenon, que pretendia unir, em uma só fé, católicos e monofisistas. Esse cisma terminou quando o patriarca João aceitou, na Páscoa de 519, a confissão pública de fé proposta pelo papa Hormisdas.

Sério incidente ocorreu entre o papa Vigílio e o imperador Justiniano. O papa foi indignamente tratado em Constantinopla, por ocasião do Concílio de Constantinopla de 553. O centro do incidente referiu-se aos assim chamados Três Capítulos (escritos de Teodoro de Mopsuéstia, escritos de Teodoreto de Ciro contra Cirilo e o Concílio de Éfeso e a carta de Ibas de Edessa ao bispo persa Máris), considerados como expressão do Nestorianismo.

Uma outra crise, de mais de 40 anos, entre 640 e 680, ocorreu em virtude do Monotelismo (Monotelismo – Derivação do Monofisismo defendida no séc. VII, que sustenta a existência de uma única vontade em Cristo). Entre os lamentáveis episódios dessa época, figura a perversa atitude do imperador Constante II contra o papa Martinho, que morreu no exílio em 655.

O Concílio de Trulo, realizado em 691 (segundo outros autores, em 692), convocado pelo imperador Justiniano, pretendeu adotar, entre outras decisões, Evangelhos apócrifos com os quatro tradicionalmente aceitos pela Igreja, o que implicava em impor, pelo patriarca bizantino, novas normas à Igreja de Roma.

A questão da adoração de imagem provocou mais uma divergência entre os bizantinos e Roma, ocasionando uma crise que durou entre 731 e 787, quando houve o Segundo Concílio de Niceia. Outra crise em razão do Iconoclasmo (doutrina dos partidários na luta contra a adoração de imagens) ocorreu entre os anos 815 e 843.

Mais uma divergência entre Roma e Constantinopla ocorreu com o episódio da deposição e exílio do patriarca Inácio e pela designação de Fócio para substituí-lo. O fato ocorreu em 863, e o denominado Cisma Fociano durou até 867, quando o imperador bizantino Basílio, o Macedônio, encerrou Fócio em um convento, reconduziu Inácio ao patriarcado e restabeleceu as relações com Roma, interrompidas havia quatro anos. Com a morte do patriarca Inácio, Fócio foi novamente reconhecido como patriarca. Posteriormente, em 886, foi destituído pelo imperador bizantino Leão, o Filósofo, mas a época do patriarcado de Fócio acentuou a oposição entre a Igreja Romana e a Bizantina, produzindo novas razões para a separação definitiva.

Nova crise ocorreu entre 912 e 923, provocada pela decisão do papa, contrariando o patriarca Nicolau, o Místico, ao conceder ao imperador Leão VI, já três vezes viúvo, permissão para contrair o quarto casamento, a tetragamia.

A corte bizantina tomou partido, apoiando o antipapa Bonifácio VII, o que provocou a interrupção de relações entre Roma e Constantinopla entre 974 e 985.

O imperador bizantino Basílio II e o patriarca Eustácio enviaram, no pontificado do papa João XIX (1024 a 1032), uma embaixada, com a finalidade de obter de Roma o reconhecimento do título de patriarca Ecumênico ao patriarca de Constantinopla. Esse título, em princípio, em nada alterava o primado universal do bispo de Roma, apenas reforçando a afirmação do patriarca sobre os demais bispos do Império Bizantino. A recusa de João XIX em reconhecer o título proposto ao patriarca bizantino feriu a sensibilidade bizantina.

Em março de 1043, Miguel Cerulário ascendeu ao patriarcado, época em que o pontificado romano atravessava mais uma fase crítica de sua história. Essa instabilidade, em especial na ocupação do cargo de papa, dificultava, ou quase impedia, o relacionamento entre Constantinopla e Roma e iria provocar o ponto culminante do Cisma Oriental. Era imperador bizantino, na época, Constantino IX, e o papa era Bento IX (pontificado entre 1 de agosto de 1032 e 16 de janeiro de 1045).

Um fato político, todavia, iria aproximar o imperador bizantino do papa: uma aliança contra invasões normandas no sul da Itália.

O patriarca Cerulário, temeroso de que essa aliança provocasse o aumento da influência do papa no Oriente, procurou reacender as polêmicas religiosas e, repetindo as velhas acusações do tempo do patriarca Fócio, mandou fechar todas as igrejas e conventos latinos de Constantinopla, influindo junto ao bispo búlgaro Leão de Acrida na elaboração de uma carta ao bispo João de Trani, da Apúlia, atacando diversas práticas da Igreja de Roma.

O papa Leão IX (pontificado entre 10.02.1049 e 19.04.1054) enviou uma embaixada a Constantinopla, chefiada pelo cardeal Umberto, um teólogo erudito, no sentido de talvez minimizar o ambiente hostil provocado pelo orgulhoso patriarca Cerulário. A embaixada de Roma teve um bom relacionamento com o imperador Constantino IX. Com o patriarca Cerulário, todavia, a comitiva papal não teve boa acolhida, e Cerulário, julgando-se ferido em seu orgulho, provocou a ruptura definitiva com Roma. Estava consumado o Cisma Oriental, em 1054.

Os historiadores entendem que o episódio em que foi protagonista o patriarca Miguel Cerulário não pareceu, aos contemporâneos, como o rompimento definitivo. Foi considerado, na época, como mais um incidente entre os muitos que pontilharam o relacionamento de Roma e Constantinopla.

Além disso, do estudo das relações entre a Sé Apostólica de Roma e a Sé Patriarcal de Constantinopla, os historiadores entendem que havia, da parte da Igreja Bizantina, uma ideia da necessidade de comunhão com Roma.

Independentemente dessas conjecturas históricas, o fato real é que a inabilidade política, aliada ao orgulho ferido do patriarca Cerulário, além dos históricos pontos de divergência durante mais de 600 anos precipitaram a separação definitiva.

A existência da Igreja Católica Apostólica Ortodoxa como organização religiosa independente da Igreja Católica Apostólica Romana será apresentada, nesta obra, em título próprio.

Turcos Seljúcidas

Desde o século X, acentuou-se a desagregação do Império Muçulmano, que se expandira em guerras contra os bizantinos e turcos sassânidas, desde o século VII, logo após a morte de Maomé.

A perda de territórios islâmicos, em grande parte, ocorreu pela influência de grupos de mercenários convertidos ao Islã, que criaram reinos próprios.

Os turcos seljúcidas eram uma tribo de nômades, conduzidos por um homem chamado Seljuque, que se instalaram perto de Bucara (agora no Usbequistão) no final do ano 900. Alguns desses guerreiros partiram, a seguir, para a conquista de novas terras mais para Ocidente, como reação à desagregação do Império Muçulmano, ocasionada, como já mencionado, pela criação de reinos próprios pelos mercenários convertidos ao Islã.

Em 1071, os seljúcidas conquistaram a Armênia, acabando com o poderio bizantino na Ásia Menor, e tomaram Jerusalém em 1078.

O Império Bizantino, enfrentando sérias dificuldades, viu-se a braços com revoltas de nômades, com a perda dos territórios e a diminuição dos recursos financeiros e humanos disponíveis no Estado. Como solução, o imperador bizantino Aleixo Commeno decidiu pedir auxílio militar ao Ocidente para poder enfrentar a ameaça seljúcida.

O domínio dos turcos seljúcidas sobre a Terra Santa foi entendido, pelos cristãos do Ocidente, como uma ameaça e uma forma de repressão sobre os peregrinos e os cristãos do Oriente.

Concílio de Clermont

O Concílio de Clermont-Ferrand (cidade da França na região de Auvergne), convocado pelo papa Urbano II (pontificado entre 25 de junho de 1088 e 8 de setembro de 1099) em novembro de 1095, foi um sínodo católico que incluiu, entre suas decisões, a de conceder o perdão de todos os pecados – isto é, a indulgência plena – aos que fossem ao Oriente para defender os peregrinos, cujas viagens se tornavam cada vez mais perigosas, as chamadas cruzadas.

A repercussão popular da medida foi tão grande que o papa, ao anunciá-la, foi aclamado por uma multidão. Ao pregar e prometer a salvação a todos os que morressem em combate contra os pagãos (maior parte constituída por muçulmanos), o papa Urbano II criou um novo ciclo, garantindo um grande exército, mas também um novo e forte objetivo bélico às forças que se batiam em lutas internas, perturbando a paz na Europa.

A multidão aceitou, entusiasticamente, o desafio e logo iniciou a organização para partir em direção ao Oriente, pondo uma cruz de tecido vermelho sobre as suas roupas (daí terem recebido o nome de "cruzados"). Assim, começavam as cruzadas.

Cruzada Popular

A Cruzada Popular ou dos Mendigos, que ocorreu em 1096, foi um movimento popular característico do misticismo da época e começou antes da Primeira Cruzada oficial.

O monge Pedro, o Eremita, graças às suas pregações comoventes, conseguiu reunir uma multidão. Esse mesmo monge figura na história como tendo sido o tutor de Godofredo de Bulhão, líder da Primeira Cruzada.

Entre os guerreiros que aderiram à Cruzada Popular, havia uma multidão de mulheres, velhos e crianças. Auxiliados por um cavaleiro, Gautier Sans Avoir (Galtério Sem Bens), os peregrinos atravessaram a Alemanha, a Hungria e a Bulgária, causando desordens e desacatos, sendo em parte aniquilados pelos búlgaros. Ainda no caminho, seus seguidores tinham criado tumultos, massacrando comunidades judaicas em cidades da atual Alemanha, chegando em péssimas condições a Constantinopla. Mal equipada e mal alimentada, essa cruzada massacrou judeus pelo caminho, pilhou e destruiu.

O imperador bizantino Aleixo Commeno recebeu os seguidores do eremita em Constantinopla. Prudentemente, Aleixo aconselhou o grupo a aguardar a chegada das tropas mais bem equipadas. Mas a turba começou a saquear a cidade, o que levou o imperador bizantino a obrigá-los a se alojarem fora de Constantinopla, perto da fronteira muçulmana.

Durante um mês mais ou menos, os cavaleiros turcos observaram a movimentação dos invasores, que se ocupavam apenas em saquear as regiões próximas ao acampamento onde foram alojados. Em agosto de 1096, o bando inquieto cansou-se de esperar e partiu para a ofensiva em direção às muralhas de Niceia, cidade dominada pelos muçulmanos.

O exército do eremita atacou Niceia, tomou uma fortaleza da região e comemorou se embriagando, sem saber que estava caindo em uma emboscada. O sultão mandou seus cavaleiros cercar a fortaleza e cortar os canais que levavam água aos invasores. Foi só esperar que a sede se encarregasse de aniquilá-los e derrotá-los, o que levou cerca de uma semana.

Foi também fácil exterminar o restante dos cruzados maltrapilhos. Tão logo tentaram uma ofensiva, marchando lentamente e levantando uma nuvem de poeira, foram recebidos por um ataque de flechas. A maioria morreu ali mesmo, já que não dispunha de nenhuma proteção. Os que sobreviveram fugiram em pânico.

O sultão, que havia ouvido histórias temíveis sobre os francos, que compunham a Cruzada Popular, respirou aliviado. Mal imaginava ele que aquela era apenas a primeira invasão e que os cavaleiros bem mais preparados ainda estavam por vir.

Primeira Cruzada

O episódio histórico das cruzadas, que ocupou grande parte dos primeiros 200 anos do século XI, observado do ponto de vista atual, parece ter sido uma sucessão de decisões inoportunas e malsucedidas. A questão histórica, para ser melhor compreendida, deve ser, todavia, estudada dentro do contexto da época.

A repercussão da concessão da indulgência plena pelo papa Urbano II no Concílio de Clermont aos que fossem ao Oriente em defesa dos peregrinos não ficou limitada à organização (malsucedida) da Cruzada Popular ou dos Mendigos.

Numerosos europeus, de todas as camadas sociais, vestiram um uniforme que ostentava uma grande cruz vermelha, que deu o nome de cruzados aos guerreiros. O entusiasmo foi de tal ordem que muitos venderam ou hipotecaram todos os seus bens para obter as armas e o dinheiro necessários. Os exércitos da nobreza e o povo comum procedente da França, do sul da Itália e das regiões de Lorena, Borgonha e Flandres participaram dessa empreitada.

Os grupos que partiram foram organizados como exércitos. Um, sob o comando do conde Hugo de Vermandois, irmão do rei francês Filipe I, partiu em 1096, e parte naufragou no mar Adriático.

Outro grupo, que viajou por terra, comandado por Godofredo de Bulhão, duque da Baixa Lorena, e por seus irmãos Eustáquio e Balduíno, atingiu Constantinopla em fins de dezembro. Parece que Godofredo não pretendia voltar para casa, já que vendera seu castelo para financiar a jornada.

Outro grupo, comandado por Boemundo de Tarento, normando do sul da Itália, velho inimigo de Bizâncio, chegou a Constantinopla em abril de 1097.

O mais numeroso dos exércitos, o de Raimundo de Saint-Gilles, conde de Toulouse, acompanhado de Ademar de Monteil, legado do papa e bispo de Le Puy, chegou a Constantinopla por terra em abril do mesmo ano, depois de percorrer a região bizantina da Dalmácia (atual costa croata).

O último contingente estava sob as ordens de Roberto de Flandres, com quem iam Roberto da Normandia, irmão do rei inglês Guilherme II, o Ruivo, e Estêvão de Blois, neto de Guilherme I, o Conquistador. Esse exército cruzou o Adriático saindo de Brindisi e chegou também à capital bizantina.

Ao todo, reuniram-se, em 1097, perto de 300 mil cruzados em Constantinopla, sob o comando de Godofredo de Bulhão, sendo cerca de quatro mil cavaleiros e aproximadamente 25 mil soldados a pé.

O imperador bizantino Aleixo Comneno forneceu-lhes navios para passarem o estreito. Em abril de 1097, os cruzados atravessaram o Estreito de Bósforo (que separa a Europa da Ásia) sem encontrar resistência.

O governante muçulmano, o sultão turco, estava mais preocupado com disputas internas com vizinhos muçulmanos do que com a chegada de um novo contingente de cristãos. Esse foi o maior erro de sua vida.

O acordo dos cruzados com os bizantinos de devolver-lhes os territórios conquistados não era cumprido, à medida que o desentendimento entre as duas partes crescia. Os bizantinos pretendiam um grupo de mercenários solidamente enquadrado, ao qual se pagasse o soldo e que obedecesse às ordens, mas os cruzados mais pareciam turbas indisciplinadas. A realidade é que os cruzados não estavam, definitivamente, dispostos, após tantos sacrifícios, a entregar o que conquistaram. Apesar da animosidade entre os líderes e das promessas quebradas entre os cruzados e os bizantinos que os ajudavam, a cruzada prosseguiu.

Em 19 de junho de 1097, os cruzados cercaram e tomaram Niceia, devolvendo-a aos bizantinos, e logo tomaram o rumo de Antioquia. Em julho, foram atacados pelos turcos em Dorileia, mas conseguiram vencê-los e, após penosa marcha, chegaram aos arredores de Antioquia, em 20 de outubro. A cidade somente caiu em 3 de junho de 1098, com a ajuda de uma sentinela armênia que facilitou a entrada dos cruzados nas muralhas da cidade (os armênios eram um povo cristão subjugado pelos muçulmanos). Uma vez dentro de Antioquia, efetuou-se o extermínio da sua população islâmica e um saque terrível.

Em 28 do mesmo mês de junho, os cristãos travaram uma longa batalha contra o general turco Karbuga de Mosul e venceram, mas uma peste mortífera dizimou as fileiras e empanou essa vitória. A peste, contudo, não os impediu de marchar sobre Jerusalém, agora em poder dos califas fatímidas do Cairo. O exército cristão ficara reduzido a cerca de 1.200 a 1.500 cavaleiros e 12 mil soldados, carentes de armas e provisões.

Os cruzados acamparam perto da cidade santa em 7 de junho de 1099, e, em 15 de julho, Godofredo de Bulhão tomou um setor das muralhas e conseguiu abrir uma de suas portas. Nesse mesmo ano, tomaram Jerusalém. A repressão aos árabes e judeus foi violenta. Os árabes que encontraram no pátio da Grande Mesquita foram exterminados com golpes de espada e de lança. Os judeus foram queimados vivos. Mataram até os animais domésticos. Pouparam apenas a vida do governador egípcio Iftikhar ad-Dawla e dos seus guardas, a quem Raimundo de Saint-Gilles (um dos nobres da Primeira Cruzada) jurara proteção. O número das vítimas que os cristãos fizeram em Jerusalém oscila entre 6 mil e 40 mil mortos. A carnificina foi de tal ordem, que os próprios vencedores ficaram impressionados.

A maioria dos cruzados retornou após a conquista de Jerusalém, mas Godofredo de Bulhão decidiu permanecer na Palestina com 300 homens, o que demonstra sua decisão antecipada de não mais retornar à França, ao vender suas propriedades (antes de partir) para financiar despesas dessa Primeira Cruzada.

Os chefes dos exércitos ofereceram a Godofredo de Bulhão a coroa de rei de Jerusalém, mas ele não a aceitou. Essa oferta, segundo outra versão histórica, teria sido feita pela Ordem do Sinai, apresentada adiante, nesta obra, como cumprimento de uma das finalidades daquela Ordem, o restabelecimento da Dinastia Merovíngia, à que Godofredo de Bulhão pertencia.

Godofredo de Bulhão concordou em aceitar o título de protetor (defensor e barão do Santo Sepulcro). Na sua morte, Balduíno, seu irmão, proclamou-se rei, em novembro de 1100 (parece que Balduíno foi levado a ocupar o posto por exigência da Ordem do Sinai), inaugurando-se assim o primeiro dos reinos cristãos que se instalariam na Terra Santa em consequência das cruzadas.

Priorado de Sião

A Montanha do Sinai está localizada ao sul de Jerusalém. Quando Jerusalém caiu sob os cruzados, em 1099, Godofredo de Bulhão mandou erguer, sobre as ruínas de uma antiga basílica bizantina existente no local, uma abadia fortificada, com muralhas, torres e parapeitos. Essa abadia tomou o nome de Abadia de Notre Dame do Monte Sinai, sendo também conhecida, ao longo da história, com os nomes de Abadia de Santa Maria do Monte Sinai e do Santo Espírito. A abadia era habitada por um ramo de agostinianos, sob a direção de um abade.

Nesse ano de 1099, foi criada, por Godofredo de Bulhão, uma Ordem que funcionou sob uma variedade de nomes diferentes, sendo os mais conhecidos Ordem do Monastério do Sinai, Ordem do Sinai e Priorado de Sião (Prieuré de Sion). Essa Ordem passou a funcionar na abadia construída no Monte Sinai.

Godofredo de Bulhão era, na época, um dos descendentes da Dinastia Merovíngia. Essa dinastia de reis sacerdotes trazia na sua constituição genealógica o sangue dos descendentes de Jesus, que, segundo seitas gnósticas, teriam migrado para o sul da França (através de Marselha) com Maria Madalena (que, ainda segundo os gnósticos, teria sido a mulher de Jesus e, com Ele, gerou descendentes), logo após o episódio da crucificação.

O objetivo confesso da Ordem é a restauração da Dinastia Merovíngia no trono também não só da França, como de outras nações europeias.

Documentos históricos afirmam que a Ordem dos Templários foi criada pela Ordem do Sinai (ou Priorado de Sião) e, por volta de 1114, já era ativa como o seu braço armado. Consta ainda que a oficialização da Ordem dos Templários foi negociada em 1117, e a sua existência veio a público em 1118, ano considerado, oficialmente, como o da sua criação. Assim é que, até 1188, os Grão-Mestres da Ordem do Sinai eram os mesmos da Ordem dos Templários.

Durante muito tempo, a Ordem do Sinai permaneceu na abadia do Monte Sinai. Em 1152, quando Luís VII, da França, retornou da Segunda Cruzada, trouxe consigo membros da Ordem do Sinai, tendo doado o Monastério de Saint-Samsom, em Orléans, onde 62 deles se instalaram. Outros 26 membros da Ordem do Sinai, que vieram na comitiva de Luís VII, instalaram-se no Monastério do Monte Sinai, em Saint-Jean-le-Blanc, nas redondezas de Orléans.

A Ordem do Monastério do Sinai tem uma longa e ininterrupta história. Existe e funciona ainda hoje. Não só influencia, como também desempenha um papel importante em assuntos internacionais, bem como nos assuntos internos de certos países europeus, sendo liderada por Grão-Mestres, cujos nomes se encontram entre os mais ilustres da história e da cultura ocidentais.

Ordem dos Templários*

A primeira informação histórica sobre os Templários, amplamente conhecida, foi feita pelo historiador Guillaume de Tyre, que escreveu entre 1175 e 1185. Foi a época do ápice das cruzadas, quando exércitos ocidentais já haviam conquistado a Terra Santa e estabelecido o reino de Jerusalém, ou, como era chamado pelos próprios Templários, Ultramar, a Terra Além do Mar.

A Ordem dos Pobres Cavaleiros de Cristo e do Templo de Salomão* foi fundada em 1118 por um tal Hugo de Payenes, um nobre da região de

---

*N.E.: Sugerimos a leitura de *Templários – Sua Origem Mística,* de David Caparelli e Pier Campadello, e de *Templários – História da Ordem dos Pobres Cavaleiros de Cristo e do Templo de Salomão,* de Alfredo Paschoal, ambos da Madras Editora.

Champagne, vassalo do conde de Champagne. Um dia, sem ter sido solicitado, Hugo apresentou-se com oito companheiros no palácio de Balduíno I, rei de Jerusalém, cujo irmão mais velho, Godofredo de Bulhão, havia capturado a Cidade Santa 19 anos antes.

O objetivo declarado dos Templários era, tanto quanto permitissem suas forças, manter as estradas e as rodovias seguras, tomando um cuidado especial com a proteção dos peregrinos.

Era um objetivo aparentemente tão meritório que o rei colocou uma ala inteira do palácio à disposição dos cavaleiros, os quais, a despeito de seu declarado voto de pobreza, se instalaram nessa luxuosa residência. Segundo a tradição, seu quartel foi construído sobre as fundações do Templo de Salomão. Daí o nome da Ordem.

Durante nove anos, os nove cavaleiros não admitiram novos candidatos à Ordem. Entretanto, naquela época, havia um historiador oficial, empregado pelo rei, chamado Fulk de Chartres, que não mencionou Hugo de Payenes, ou seus companheiros, ou qualquer coisa relacionada, mesmo remotamente, aos Templários. Não existe registro – nem mesmo mais tarde – de peregrinos sendo protegidos por eles. Nove homens para proteger os peregrinos de todos os cantos à Terra Santa. A despeito disso, em uma década, a fama dos Templários parece ter se espalhado pela Europa. Por volta de 1128, um panfleto elogiando as suas virtudes e qualidades foi produzido por ninguém menos do que São Bernardo, abade de Clairvaux e principal porta-voz da cristandade. Em 1127, nove anos depois da fundação da Ordem, a maioria dos nove cavaleiros retornou à Europa e recebeu uma acolhida triunfal. Em janeiro de 1128, um conselho foi criado em Troyes, na corte do conde de Champagne, também sob inspiração de São Bernardo. Nesse conselho, os Templários foram oficialmente reconhecidos e incorporados como uma Ordem religiosa militar. Hugo de Payenes recebeu o título de Grão-Mestre.

Os Templários faziam voto de pobreza, castidade e obediência. Todos eram obrigados a usar hábito ou sobretudo e toga brancos. Em 1139, uma encíclica seria enviada pelo papa Inocêncio II. Segundo essa encíclica, os Templários deviam obediência a ninguém mais, além do próprio papa. Em 1146, os Templários adotaram a famosa cruz vermelha, *patée*, cujos braços se alargavam e encurvavam nas extremidades. Nos cem anos seguintes, os Templários se tornaram um poder com influência internacional. Seus interesses se estendiam além de guerras, diplomacia e intrigas políticas: eles criaram e estabeleceram a moderna instituição bancária.

Por volta de 1306, Filipe IV, da França, conhecido como Filipe, o Belo, estava ansioso para livrar o seu território dos Templários, arrogantes e impulsivos, eficientemente treinados, um contingente militar muito mais forte e mais bem organizado do que qualquer outro que o próprio rei poderia reunir. Filipe precisava conseguir a cooperação do papa, a quem os Templários deviam fidelidade e obediência. Então, em 1305, Filipe conseguiu assegurar a eleição de seu próprio candidato, o arcebispo de Bordeaux, para o trono papal vago. O novo pontífice tomou o nome de Clemente V. Uma lista de acusações foi compilada, em parte por espiões infiltrados na Ordem, em parte por confissão voluntária de um suposto Templário renegado. Em uma operação de segurança, o rei enviou ordens secretas e seladas aos seus senescais (governadores-gerais) em todo o país. Elas deveriam ser abertas em todos os lugares simultaneamente e deveriam ser implementadas imediatamente. Na madrugada de 13 de outubro de 1307, todos os Templários na França deveriam ser capturados e presos pelos homens do rei, as preceptorias colocadas sob guarda real e seus bens, confiscados. O objetivo de surpreender foi atingido, mas seu principal interesse – a imensa fortuna da Ordem – jamais foi encontrado. O que aconteceu com o fabuloso tesouro dos Templários permanece um mistério.

Depois de resistir durante algum tempo, em 1312, o papa cedeu (a Filipe), e os Templários foram oficialmente dissolvidos, sem que um veredicto conclusivo de culpa ou inocência jamais tenha sido pronunciado. Nos domínios de Filipe, julgamentos, inquéritos e investigações continuaram por mais dois anos. Finalmente, em março de 1314, Jacques de Molay, o Grão-Mestre, e Geoffroy de Charnay, preceptor da Normandia, foram assados até a morte em fogo lento.

Segunda Cruzada

Os Estados cristãos do Oriente foram continuamente fustigados pelos turcos, e, em 1114, os senhores de Mosul, em uma fase de reunificação da Síria, conquistaram o condado de Edessa aos cristãos.

Na Europa, imediatamente, vozes clamaram pela retomada do condado pelos cruzados. O papa Eugênio III entendeu que era o momento de empreender a Segunda Cruzada e convocou-a por uma bula especial em 1145.

A exortação aos cristãos a empreenderem uma nova cruzada foi feita por São Bernardo de Claraval, a pedido do papa Eugênio III, antigo monge cisterciense e discípulo do santo. Eugênio III havia tomando o lugar do papa Lúcio II, eleito em 12 de março de 1144, mas que morrera em 15 de fevereiro de 1145, vítima de uma pedrada, ao tentar apaziguar um distúrbio popular.

Na Páscoa de 1146, em Vezelay, muitos franceses acorreram a escutar as palavras de Bernardo. A nova convocação atraiu vários expedicionários, entre os quais se destacaram o rei da França, Luís VII, o imperador Conrado III, do Sacro Império Romano Germânico, Frederico da Suábia, herdeiro do império germânico, e os reis da Polônia e da Boêmia. Homens não faltavam. Soldados flamengos e ingleses tinham conquistado Lisboa, voltavam para casa e estavam sem o que fazer.

A situação no Oriente tornara-se ainda mais perigosa, em virtude da presença de Zangi, governador muçulmano de Mosul e conquistador de Edessa, que então governava em Alepo e ameaçava Constantinopla.

O imperador Conrado partiu para essa cidade, onde chegou em setembro de 1147. Ignorando o conselho do imperador bizantino Manuel I, atravessou a Anatólia, e, em 25 de outubro, seu exército foi esmagado em Dorileia pelos turcos. O imperador alemão conseguiu escapar e refugiou-se em Niceia.

Luís VII da França, cognominado o Jovem, rei dos francos, de 1137 até a sua morte, em setembro de 1180, foi o sexto da chamada Dinastia dos Capetianos diretos. Era também um membro dos ramos reais dos francos carolíngios e bosonidas pela ascendência da sua mãe.

No início desse mês de outubro de 1147, Luís VII, acompanhado da esposa, a famosa Leonor da Aquitânia, chegou a Constantinopla, alcançando Niceia em novembro, e ali soube da sorte de Conrado. O que sobrou do exército de Conrado juntou-se aos franceses, com o apoio dos Templários. Com algumas dificuldades de transporte, mais uma vez, uma parte do exército teve de ser abandonado, sobretudo os plebeus, a pé, e estes tiveram de abrir caminho contra os turcos. Os franceses, entretanto, chegaram a Antioquia em março de 1148, rumando para Jerusalém com cerca de 50 mil soldados. Em Jerusalém, Luís VII e Conrado decidiram atacar Damasco. Em 28 de julho de 1148, depois de cinco dias de cerco, concluíram que se tratava de uma missão impossível, então recuaram, terminando assim a Segunda Cruzada.

Um autêntico malogro. Seus líderes regressaram aos seus países sem qualquer vitória. Porém, foi desta cruzada que alguns cruzados dos contingentes flamengos e ingleses saíram para auxiliar Afonso Henriques na conquista de Lisboa, em 1147, uma vez que eram concedidas indulgências para quem combatia na Península Ibérica.

O resultado desta Segunda Cruzada foi miserável, a exceção da conquista de Lisboa, e ensejou a reunificação das potências muçulmanas.

A Inquisição

A ordem cronológica da história da Igreja Católica Romana registra, ainda no século XII, uma "página negra", sob a pretensa alegação de defender a Igreja contra a heresia. Essa é a opinião do autor, face aos excessos cometidos em nome da religião, embora os historiadores da Igreja Católica classifiquem a Inquisição como um movimento meritório e, de certa forma, despojado de excessos e violências por parte dos inquisidores da Igreja.

Inquisição é um termo que deriva do ato judicial de "inquirir", que significa perguntar, averiguar, e foi uma instituição da Igreja Católica Romana para combater as heresias. A Inquisição ganhou maior relevo como instrumento da Contrarreforma (combate aos adeptos da Reforma Protestante).

As origens da Inquisição remontam a 1183, no combate, massacre e extermínio dos pacíficos cátaros de Albi, os albigenses, no sul da França, rotulados de hereges por parte de delegados pontifícios enviados pelo papa.

A instituição de um tribunal eclesiástico se deu no Concílio de Verona, realizado em 1183, com a finalidade de combater os albigenses.

Em uma época na qual o poder religioso se confundia com o poder real, o papa Gregório IX, em 20 de abril de 1233, editou a bula *Licet ad capiendos*, que marca verdadeiramente o reinício da Inquisição contra a heresia. Essa bula, dirigida aos dominicanos, braço operacional dos inquisidores, diz em seu texto: "Onde quer que os ocorra pregar, estais facultados, se os pecadores persistem em defender a heresia apesar das advertências a privá-los para sempre de seus benefícios espirituais e proceder contra eles e todos os outros, sem apelação, solicitando em caso necessário a ajuda das autoridades seculares e vencendo sua oposição, se isso for necessário, por meio de censuras eclesiásticas inapeláveis".

Nos séculos seguintes, a Inquisição julgou, torturou, condenou e entregou ao Estado (que aplicava a pena capital, como era comum na época) vários de seus inimigos propagadores de heresias.

Bem mais tarde, já em pleno século XV, os reis de Castela e Leão, Isabel e Fernando, que passaram à história com o título de reis católicos, solicitaram e obtiveram do papa Sisto IV, em 1º de novembro de 1478, a bula *Exigit sincerae devotionis affectus*, que autorizava a introdução de um Santo Tribunal do Ofício na Espanha, a Inquisição, sob a alegação de que tal instituição era necessária ao jovem Estado, que recentemente alcançara a expulsão dos muçulmanos da Península Ibérica e expulsara os judeus, na obtenção da uniformização e unidade nacional que, até ali, nunca existira.

Aproveitaram-se desse poder extraordinário para perseguir os nobres e principalmente os judeus. No primeiro caso, eles reduziram o poder da nobreza; no segundo, eles se aproveitaram desse poder para torturar e matar os judeus, tomando-lhes seus bens.

A Inquisição na Espanha, que fora estabelecida em 1478, sofreu grande resistência imposta pela sociedade. Em 1480, houve uma conjuração em Sevilha contra os inquisidores, que comprometeram personalidades do governo da cidade, grandes rendeiros e familiares de eclesiásticos. Foi violentamente esmagada. Em 1485, houve uma conjuração em Saragoça, tendo os conjurados assassinado o inquisidor Pedro de Arbués, no dia 13 de março de 1485, na Catedral de Saragoça. Pedro de Arbués, o inquisidor assassinado, foi consagrado como um santo mártir, e a Inquisição recebeu o elemento que lhe faltava, o sinal da aprovação divina. Os responsáveis pelo homicídio foram executados e esquartejados.

Em Portugal, também sob o pretexto da difusão do Judaísmo, foi estabelecida a Inquisição, por meio da bula papal *Cum ad nihil magis*, em 23 de maio de 1536.

Em Roma, ela foi estabelecida pela bula *Licet ab initio*, de 4 de julho de 1542, sob o pretexto da heresia protestante. Essa congregação estendeu seu domínio inquisitorial a toda a Península Itálica (exceto a Sicília, que estava sob domínio da Inquisição espanhola), em algumas regiões do Império Romano e nos Países Baixos.

A Igreja Católica tenta imputar, inutilmente, a culpa dos excessos cometidos pela Inquisição, em especial na Espanha, ao poder político, que se teria apossado do processo para alcançar os seus objetivos políticos a despeito dos objetivos religiosos. A afirmativa parece ser falsa, uma vez que o primeiro inquisidor-geral da Espanha foi formalmente nomeado pelo papa, com poderes para nomear outros inquisidores, evidenciando o início de uma prática regular, que confirmava e legitimava a Inquisição espanhola como um "tribunal eclesiástico", funcionando com poderes delegados pelo papa. A criação dos tribunais da Inquisição pelo papa, tornou-se uma das características durante todo o histórico desse processo contra a heresia. Esta sim, a heresia, mudava de local para local, mas a perseguição, o combate e o processo penal foram sempre idênticos.

Todos que se tornassem suspeitos de heresia aos inquisidores eram perseguidos, julgados, e aqueles que eram condenados cumpriam as penas que podiam variar desde prisão temporária ou perpétua até a morte na fogueira, na qual os condenados eram queimados vivos em plena praça pública.

Aos perseguidos, não lhes era dado o direito de saber quem os denunciara, mas, em contrapartida, estes podiam dizer os nomes de todos os seus inimigos para a averiguação desse tribunal medieval. Com o passar do tempo, essa forma de julgamento foi ganhando cada vez mais força e tomando conta de países europeus, como Portugal, França, Itália e Espanha. A exceção foi o caso da Inglaterra, onde não chegaram a se formar tribunais.

Muitos cientistas* também foram perseguidos, censurados e até condenados por defender ideias contrárias à doutrina cristã. Um dos casos mais conhecidos foi o do astrônomo italiano Galileu Galilei, que escapou por pouco da fogueira. Suas pesquisas indicavam que não era em torno da Terra que o Universo girava, mas que a Terra é, tão somente, um planeta que gira em torno do Sol. Quando Galileu estava em Florença, em 1611, foi convocado a Roma para defender-se da acusação de crime de heresia. Ele foi condenado. Em 1616, teve de assinar um decreto do Tribunal da Inquisição, declarando ser meramente hipotético o sistema heliocêntrico. Nessa declaração, lê-se que os movimentos dos corpos no céu "já estavam descritos nos Salmos, no livro de Josué e em outras passagens da Bíblia". Por isso Galileu deveria deixar esses temas para os pais da Igreja.

Em 1642, Galileu morreu cego e condenado pela Igreja Católica por suas convicções científicas. Teve suas obras censuradas e proibidas. Contudo, uma de suas obras (sobre mecânica) foi publicada mesmo com a proibição da Igreja, pois seu local de publicação foi em zona protestante,

---

*N.E.: Sugerimos a leitura de *Ciência – 100 Cientistas que Mudaram o Mundo*, de Jon Balchin, *Giordano Bruno*, de Giordano Bruno, e *Bruxaria e Magia na Europa*, de Richard Gordon, Valerie Flint e Daniel Ogden, todos da Madras Editora.

em que a interferência católica não tinha influência significativa. A Igreja absolveu Galileu somente recentemente, em 1983.

A mesma sorte não teve o cientista italiano Giordano Bruno,* que foi julgado e condenado por heresia pelo Tribunal da Inquisição. Morreu na fogueira em 17 de fevereiro de 1600, porque defendeu suas ideias revolucionárias sobre astronomia até o fim.

As mulheres também sofreram nessa época e foram alvos constantes. Os inquisidores consideravam bruxaria* todas as práticas que envolviam a cura por meio de chás ou remédios feitos de ervas ou outras substâncias. As "bruxas medievais", que nada mais eram do que conhecedoras do poder de cura das plantas, também receberam um tratamento violento e cruel.

Durante essa triste época da história, milhares de pessoas foram torturadas ou queimadas vivas por acusações que, muitas vezes, eram injustas e infundadas. Com um poder cada vez maior nas mãos, o grande inquisidor chegou a desafiar reis, nobres, burgueses e outras importantes personalidades da sociedade.

No Brasil, os tribunais chegaram a ser instalados no período colonial, porém, não apresentaram muita força como na Europa. Foram julgados, principalmente no Nordeste, alguns casos de heresias relacionadas ao comportamento dos brasileiros, além de perseguir alguns judeus que aqui moravam.

A Inquisição foi extinta gradualmente ao longo do século XVIII, embora só em 1821 se dê a extinção formal em Portugal, em uma sessão das Cortes Gerais. Porém, para alguns estudiosos, a essência da Inquisição permaneceu na Igreja Católica por meio de uma nova congregação: A Congregação para a Doutrina da Fé

A Congregação para a Doutrina da Fé é a mais antiga das nove congregações da Cúria Romana, um dos órgãos do Vaticano. Na Idade Média, era chamada de Sacra Congregação da Inquisição Universal e era responsável pela Inquisição em si. Foi também designada por Tribunal da Santa Inquisição.

Essa Ordem, que se encarregava de averiguar casos de apostasia entre católicos, inclusive os pertencentes ao próprio clero, foi fundada pelo papa Paulo III, em 21 de julho de 1542, com o objetivo de defender a Igreja da heresia. É historicamente relacionada com a Inquisição.

Até 1908, era denominada como Sacra congregação da Romana e Universal Inquisição, quando passou a se chamar Santo Ofício. Em 1967, uma nova reforma durante o pontificado de Paulo VI mudou para o nome atual, Congregação para a Doutrina da Fé.

A Igreja Católica afirma que a razão de ser da congregação é difundir a sólida doutrina e defender aqueles pontos de tradição que possam estar em perigo, com consequência de doutrinas novas não aceitáveis. Afirma, ainda, que, de acordo com o art. 48 da Constituição Apostólica sobre a Cúria Romana, de 1988, "a tarefa própria da Congregação para a Doutrina da Fé é promover e tutelar a doutrina da fé e a moral em todo o mundo católico. Por essa razão, tudo aquilo que, de alguma maneira, tocar este tema cai sob sua competência".

Em que pese a mudança de designação ao longo do tempo, assim como a explicação de sua tarefa, com palavras escolhidas, a missão da Congregação para a Doutrina da Fé mostra que a Inquisição não foi extinta até os dias atuais. Tanto assim é que, em 1983, foi essa congregação que indultou Galileu Galilei. O atual papa, Bento XVI, até pouco tempo atrás, antes do seu pontificado, era o dirigente máximo dessa congregação. Naturalmente, os processos de atuação da congregação não poderiam ser os mesmos que os Tribunais da Inquisição aplicaram desde 1183 até o século XIX.

A Igreja em Jerusalém após a Segunda Cruzada

Retornando à cronologia, nenhuma nova cruzada foi lançada após a Segunda Cruzada até um novo acontecimento: a conquista de Jerusalém pelos muçulmanos em 1187. Os cristãos enfrentavam um adversário decidido, Saladino.

Na década de 1180, o Reino Latino de Jerusalém atravessava uma fase delicada. O rei cristão Balduíno IV estava sendo consumido pela lepra, ao mesmo tempo em que era desafiado por um baronato cada vez mais rebelde.

Os muçulmanos, pressentindo essa fraqueza, mantinham a pressão no máximo. Qualquer passo em falso seria catastrófico para os cristãos. Ocorreu, então, que o cavaleiro Reynald de Châtillon (Reinaldo de Châtillon) atacou uma caravana na qual viajava a irmã do sultão Saladino. Na confusão que se seguiu, Saladino convocou uma *jihad*.

O termo *jihad* é um conceito essencial da religião islâmica. Pode ser entendido como uma luta, mediante vontade pessoal de se buscar e conquistar a fé perfeita. Ao contrário do que muitos pensam, *jihad* não significa Guerra Santa. O conceito de *jihad*, como Guerra Santa, foi dado pelos europeus às lutas religiosas na Idade Média, em especial nas cruzadas.

Saladino capturou Damasco em 1174 e Alepo, em 1183. Em 1187, avançou pela Galileia e, nos Cornos de Hattin, travou a Batalha de Hattin contra um exército cristão.

Do lado cristão, as tropas do francês Guy de Lusignan, o rei consorte de Jerusalém, e o príncipe da Galileia Raimundo III de Trípoli, com cerca de 60 mil homens entre cavaleiros, soldados desmontados e mercenários muçulmanos. A Dinastia Aiúbida, representada por Saladino, contava com 70 mil guerreiros. Quando os cruzados montaram acampamento em um campo aberto, forçados a descansar após um dia de exaustivas batalhas, os homens de Saladino atearam fogo em volta dos inimigos, cortando seu acesso ao suprimento de água fresca. A cortina de fumaça tornou quase impossível para os cristãos se desviarem das flechas muçulmanas. Sedentos, muitos cruzados desertaram. Os que restaram foram trucidados pelo inimigo, já de posse de Jerusalém (tomada em outubro de 1187). Saladino poupou a vida de Guy de Lusignan, enquanto Raimundo III escapou da batalha.

Na cristandade, esse episódio desencadeou uma nova onda de preocupação com a Terra Santa.

Em 1189, Guy de Lusignan tentou reconquistar a cidade, em um conflito que duraria anos e só seria resolvido com a chegada de um novo personagem, Ricardo Coração de Leão, o rei da Inglaterra.

Saladino

Saladino, em árabe, Salah al-Din Yusuf bin Aiub, era de origem curda. Nasceu em Tikrit (que hoje pertence ao Iraque), em 1138, e morreu em Damasco, hoje capital da Síria, em 1193.

Em 1164, Nur ad-Din, governador de Alepo (Síria), enviou um exército para a conquista do Egito, que era o país muçulmano mais rico da época. O comandante daquele exército levou seu sobrinho, Saladino, então um notável guerreiro.

Após a conquista do Egito, Nur ad-Din nomeou Saladino vizir (governador) do Egito, em 1169. Saladino unificou o Egito entre 1164 e 1174. Com a morte de Nur ad-Din e de seu filho, Saladino tornou-se sultão do Egito, a partir de 1175.

A Síria foi unificada entre 1174 e 1187, assim como a Mesopotâmia. Saladino tornou-se um poderoso dirigente, sultão de um império que se estendia do Egito até a região central da atual Turquia.

Em 1187, à frente de um poderoso exército, Saladino invadiu a Terra Santa. Uma a uma, as fortalezas caíam diante das tropas lideradas por Saladino.

Armando ciladas, seus exércitos, depois de esmagar os cristãos em Tiberíades, destruíram uma poderosa força cruzada na Batalha de Hattin, em 4 de julho de 1187.

Por volta de setembro, seus exércitos já haviam cercado Jerusalém. Os defensores da cidade, muito menos numerosos que os soldados muçulmanos, renderam-se.

Em 2 de outubro de 1187, os muçulmanos entraram em Jerusalém e começaram a destruir todos os altares e as cruzes dos lugares santos, pondo fim à ocupação cristã dessa cidade e reconquistando os territórios perdidos pelo Islã.

Em consequência dessa derrota, o papa Gregório VIII abençoou a Terceira Cruzada, que partiu em 1191, em direção à Palestina, com a missão de reconquistar a Terra Santa.

No entanto, esse grande contra-ataque cristão foi paralisado pela genialidade militar de Saladino, em 1192, quando o rei Ricardo Coração de Leão abandonou sua sagrada missão e regressou à Europa.

Nesse mesmo ano de 1192, Saladino, empobrecido pelos grandes gastos de sua campanha contra a Terceira Cruzada e na expansão do Império Muçulmano, retornou para a Síria, onde morreu em 4 de março de 1193.

Saladino doutrinou seu povo a encarar a luta contra a cristandade como uma Guerra Santa e fundou colégios para o ensino da religião islâmica.

Ficou famoso por sua humanidade e honestidade, em contrapartida ao que era comum na época: governantes traiçoeiros e cruéis. Tendo dado sua palavra, fosse a um amigo ou a um inimigo, ele sempre a mantinha. Tinha grande amor pelas crianças, e as histórias de seu carinho para com elas e sua gentileza para com os desprotegidos fizeram dele uma lenda.

Era implacável na luta, mas generoso na vitória. Ao contrário do que acontecia com os exércitos cristãos, seus homens nunca macularam seus trunfos com o massacre de prisioneiros indefesos.

Além de excelente chefe militar, Saladino foi grande protetor da cultura islâmica. Não era apenas um líder militar, mas também um excelente administrador dos seus domínios. Mandou reconstruir a Mesquita de Al-Aksa, na cidade de Jerusalém. Ordenou a construção da cidadela do Cairo, entre outros monumentos de interesse.

Considerado o campeão da Guerra Santa, Saladino foi o herói de um ciclo de lendas que percorreram todo o Oriente Médio e a Europa. Seus feitos são lembrados e admirados até os dias de hoje pelos povos muçulmanos.

Corte do Olmo

Uma história muito interessante, porém, não muito clara, contemporânea aos fatos que antecederam a Terceira Cruzada, foi escrita por Henry Lincoln e outros coautores no livro *O Santo Graal e a Linhagem Sagrada*, editado pela Editora Nova Fronteira. Durante suas pesquisas, que resultaram no referido livro, os autores encontraram documentos antigos, intitulados *Dossiers Secrets*, que relatam a criação de uma sociedade secreta denominada Ordem do Sinai, fundada por Godofredo de Bulhão em 1090 ou 1099. Essa sociedade está relatada, nesta obra, sob o título "Priorado de Sião".

Segundo os documentos, a Ordem do Sinai, posteriormente denominada Monastério do Sinai, tinha sua localização principal na Abadia de Notre Dame do Monte Sinai, localizada sobre o Monte Sinai, na fronteira de Jerusalém. Resumindo, a Ordem do Sinai foi a fundadora da Ordem dos Templários, em 1118. A partir daí, todos os Grão-Mestres da Ordem do Sinai eram também os Grão-Mestres da Ordem do Templo.

Em 1187, Jerusalém foi perdida para os sarracenos, principalmente por causa de uma ação que foi considerada, pelo grão-mestre do Sinai, uma traição de Gerard de Ridefort, Grão-Mestre do Templo. Como resultado dessa derrota, os iniciados do Sinai teriam retornado para a França, presumivelmente para Orléans.

Quando Jerusalém caiu sob o domínio sarraceno, a Abadia no Monte Sinai deve ter caído também. Seria de se esperar que os ocupantes da abadia, desprovidos de sua base na Terra Santa, procurassem refúgio na França, onde uma nova base já existia.

Os eventos de 1187 – a traição de Gerard de Ridefort e a perda de Jerusalém – parecem ter precipitado um rompimento entre a Ordem do Sinai e a Ordem do Templo.

Uma separação formal teria ocorrido entre as duas instituições em 1188. Essa ruptura teria sido celebrada por um ritual ou uma cerimônia realizada em Gisors e citada nos *Dossiers Secrets* e em outros documentos do monastério como o Corte do Olmo.

Nas terras adjacentes à fortaleza de Gisors, na França, havia um bosque chamado Campo Sagrado. Segundo cronistas medievais, o local era considerado sagrado desde os tempos pré-cristãos, tendo abrigado numerosas reuniões entre os reis da França e da Inglaterra durante o século XII. Um velho olmo se erguia no centro do Campo Sagrado.

Em 1188, durante uma reunião entre Henrique II da Inglaterra e Filipe II da França, o olmo tornou-se a causa de uma disputa séria e sangrenta, motivada por razões desconhecidas.

No terceiro dia de negociações, o ânimo dos franceses que se situavam fora da sombra produzida pelo olmo tinha se tornado ríspido por causa do calor. Cavaleiros armados trocaram insultos, e uma flecha partiu das fileiras dos mercenários galeses de Henrique, provocando um ataque terrível por parte dos franceses, muito mais numerosos. Aqueles buscaram refúgio dentro das muralhas de Gisors, enquanto os franceses cortavam a árvore por pura frustração.

Os documentos do monastério afirmam que os Templários se tornaram autônomos a partir de 1188, livrando-se da autoridade da Ordem do Sinai e deixando de atuar como seu braço militar e administrativo.

Após o Corte do Olmo, em 1188, a Ordem do Sinai passaria a selecionar o seu próprio Grão-Mestre, o qual não teria conexão com o Templo. Esse primeiro Grão-Mestre, segundo os documentos do monastério, foi Jean de Gisors.

Em 1188, a Ordem do Sinai teria também modificado o seu nome, adotando um que, supostamente, permaneceu até hoje, Monastério do Sinai, embora, ultimamente, essa Ordem seja melhor conhecida como Priorado de Sião.

Terceira Cruzada

As disputas entre os Estados Cruzados e a ameaça do sultão Saladino, que se apoderara de Jerusalém em outubro de 1187, levaram o papa Gregório VIII a lançar imediatamente uma nova cruzada, com o apoio de vários monarcas, entre os quais o imperador germânico Frederico Barba Roxa,

Filipe Augusto da França, Henrique II da Inglaterra (depois substituído pelo seu sucessor, Ricardo I, Coração de Leão) e Guilherme II da Sicília.

O imperador Frederico Barba Roxa, atendendo aos apelos do papa, partiu com um contingente alemão de Ratisbona e tomou o itinerário danubiano atravessando com sucesso a Ásia Menor. Na Cilícia, ao atravessar o Rio Sélef (atual Goksu), um dos rios da Anatólia, Barba Roxa afogou-se. Sua morte representou o fim prático desse núcleo.

Os franceses e os ingleses foram por mar até Acre. Em abril de 1191, os franceses alcançaram Acre, no litoral da Terra Santa, e, dois meses depois, juntou-se a eles, Ricardo. Ao fim de um mês de assédio, os cruzados tomaram a praça e rumaram para Jerusalém, agora sem o rei francês, Filipe Augusto, que regressara ao seu país depois do cerco de Acre.

Ainda em 1191, em Arsuf, Ricardo derrotou as forças muçulmanas e ocupou novamente Jaffa.

Ricardo Coração de Leão conseguiu alguns feitos notáveis, tais como a conquista de Chipre (que se tornou um reino latino em 1197), Acre, Jaffa e uma série de vitórias contra efetivos superiores. Mas não vacilou em massacrar prisioneiros (incluindo mulheres e crianças). Ao garantir a volta de Acre para a mão da cristandade, Ricardo conquistou o título de Coração de Leão (*Coeur de Lion*, em francês).

Com Saladino, o rei Ricardo teve um adversário à altura, combatendo e empregando oportunas táticas. Apesar de inimigos e de nunca terem se encontrado, Saladino e Ricardo se respeitavam. Trocaram presentes e honrarias, culminando, em 1192, em um acordo, no qual os cristãos mantinham o que tinham conquistado e obtinham o direito de peregrinação, desde que desarmados, a Jerusalém (que ficava em mãos muçulmanas). Em consequência desse acordo, São João de Acre transformou-se na grande capital dos Estados Latinos na Terra Santa. Se esse objetivo principal falhara, alguns resultados tinham sido obtidos, porque Saladino vira sua carreira de vitórias iniciais entrar em um certo impasse, já que o território de Outremer (o nome que era dado aos reinos cruzados no Oriente) sobrevivera.

Esse episódio marcou o término da Terceira Cruzada que, embora não tenha conseguido recuperar Jerusalém, consolidou os Estados cristãos do Oriente.

Após a trégua que combinou com Saladino, Ricardo voltou para a Inglaterra sem jamais haver entrado na cidade santa. No retorno, naufragou. Foi preso pelo duque da Áustria e vendido ao imperador germânico, que o libertou mediante resgate.

Quarta Cruzada

A partir de 1198, o papa Inocêncio III, percebendo que a morte de Saladino e a desagregação de seu império enfraqueceram as forças muçulmanas, conclamou uma nova cruzada, com o objetivo de reconquistar

Jerusalém, em mãos dos muçulmanos desde 1187. O prestígio e a capacidade de legislação e de organização eram apanágio do papa Inocêncio III, o que fazia recair sobre o seu pontificado uma enorme aura de confiança popular.

A pregação dessa Quarta Cruzada foi feita na França pelo sacerdote Fulk de Neuilly, que convocou o povo e os reis, recrutando muitos nobres.

A Quarta Cruzada foi empreendida por Balduíno IX, conde de Flandres, e por Bonifácio II, marquês de Montferrant.

A experiência acumulada nas outras cruzadas indicava que o deslocamento por terra seria impraticável, em virtude de ter longa duração e do risco para os homens e animais. Estabeleceram como alvo inicial a ser conquistado o Egito, o mais rico e frágil dos Estados do Islã na época.

Solicitaram ajuda a Veneza, em fevereiro de 1201, para o transporte dos cruzados, com seus navios, na travessia do Mediterrâneo. Prometeram, na conclusão da negociação com o doge veneziano, pagar a altíssima soma de 85 mil marcos de ouro, mas, até junho de 1202, não haviam conseguido arrecadar o total da soma acordada.

Veneza era uma república comercial que vivia, na época, em tensão crescente com Constantinopla, depois do massacre de mercadores daquela cidade italiana em 1182. Se, por um lado, a pretensão papal desta cruzada apontava para a destruição do poderio muçulmano no Egito, por outro, a tensão entre Veneza e os bizantinos acabaria por influenciar o decurso das operações militares, cujos objetivos se centravam cada vez mais em Constantinopla, em virtude da intenção veneziana de vingar o massacre dos seus mercadores.

Os cruzados, com suas tropas acampadas na ilha do Lido, em Veneza, à espera de uma solução para o pagamento da travessia, receberam a proposta do doge veneziano Henrique Dândolo de, em vez de resgatarem Jerusalém por uma incursão pelo Egito (Veneza mantinha relações amigáveis com o Egito), como era o plano original, tomar, em troca de um adiantamento, a cidade de Zara (atual Zadar, na Croácia), que havia sido ocupada pelo rei da Hungria, um cristão. Zara, efetivamente, caiu em poder das hostes cristãs em 1202, contra a vontade de Inocêncio III, que condenava veementemente a secularização da Quarta Cruzada, excomungando os líderes venezianos.

A Quarta Cruzada, em vez de ser uma cruzada religiosa, ficou conhecida como uma Cruzada Comercial, em razão de ter desviado seus objetivos pelo acordo com Veneza.

Na mesma época, notícias de Constantinopla informavam que o imperador Isaque II fora derrubado pelo seu irmão Alexius III e fora cegado. O filho de Isaque II, de nome Alexius IV, conseguiu fugir e apelou aos cruzados para o ajudarem. Em troca de o colocarem no trono, prometia-lhes dinheiro, os recursos do império para a conquista de Jerusalém, além de recolocarem a Igreja do Oriente, separada da Igreja Romana desde 1054, sob a autoridade do papa.

Em 1203, os cruzados tomaram Constantinopla e coroaram Alexius IV como imperador bizantino. Inocêncio III aceitou a situação, sonhando com a reaproximação entre a Igreja Católica e a Igreja Ortodoxa. Com novos impostos lançados para pagar as promessas feitas aos cruzados, rapidamente a população ficou à beira da revolta.

Contudo, Alexius IV foi assassinado pelos bizantinos, o que impeliu Veneza a tomar novamente o poder no Bósforo. Para tal, contaram com o apoio dos cruzados, que, em abril de 1204, assaltaram de novo Constantinopla, submetendo-a a três dias de massacres e pilhagens, dividindo depois os despojos. Estátuas, mosaicos, relíquias, riquezas acumuladas durante quase um milênio foram pilhadas ou destruídas durante os incêndios.

Os cruzados conquistaram quase todo o Império Bizantino e fundaram o Reino Latino de Constantinopla, sob a tutela de Veneza.

Nesse mesmo ano de 1204, o conde Balduíno de Flandres coroou-se imperador, e o Reino Latino de Constantinopla transformou-se em Império Latino do Oriente, uma nova designação ao Império Bizantino.

O Império Latino do Oriente, na tentativa de favorecer a reunião das duas Igrejas, separadas desde 1054, e de servir de base territorial de apoio à reconquista de Jerusalém, existiu entre 1204 e 1261.

Todavia, apesar de enfraquecido, o Império Bizantino não desvaneceu, retomando sua pujança em 1261, quando Miguel VIII Paleólogo tomou o poder, reconquistou Constantinopla e restabeleceu o Império Bizantino.

A trégua assinada por Ricardo Coração de Leão, em 1191, mantinha-se, apesar da despropositada e desastrosa Quarta Cruzada, em pleno século XIII, assegurando a manutenção dos Estados Latinos do Levante (Armênia, Jerusalém, Acre, Trípoli e Chipre).

Ordem Franciscana

Pouco antes de ser reinstalada a Inquisição, em 1233, pelo papa Gregório IX, a Igreja Católica viu nascer, em 16 de abril de 1209, a Ordem dos Frades Menores, o núcleo da notável Ordem dos Franciscanos.

A originalidade do movimento franciscano, constituído oficialmente como Ordem dos Frades Menores, caracterizou-se por sua vocação de levar uma vida pobre e peregrina, a exemplo de Cristo, que se traduziu na recusa de possuir bens não só individualmente – o que era o caso dos monges –, mas também em comum. Assim é expresso o ideal de vida franciscana: "A regra e a vida desses irmãos é esta: viver em obediência, em castidade, sem propriedade e seguir a doutrina e as pegadas de Nosso Senhor Jesus Cristo".

Escolhendo a condição de "minores" (que, nas comunas italianas, era o designativo das classes inferiores da população, desprovidas de poder), Francisco e seus companheiros fazem uma opção de mudança social.

Francisco, antes rico mercador, abandonou efetivamente sua classe social, a ordem dominante naquele tempo; deixou a sociedade dos "maiores" e decidiu fazer-se um "menor".

Os companheiros de primeira hora de Francisco, em sua maioria, eram pertencentes aos estratos sociais mais altos da cidade de Assis. Ângelo Tancredo de Rieti, Masseo de Marignano e Rufino eram cavaleiros, no sentido exato do termo. Bernardo de Quintavale, Pedro de Cattani, Morico, Filipe Longo, João de San Constanzo e Bernardo de Vigilante faziam parte da burguesia.

Esse pequeno grupo de homens estabeleceu um modo de vida pobre e simples, mas que, dada a velocidade com que recebeu adesões, logo teve de se institucionalizar, dando origem ao que, posteriormente, veio a se chamar Regra de Vida. A Regra de Vida foi sendo, na verdade, gestada ao longo dos anos, mais especificamente de 1209, com a aprovação verbal do papa Inocêncio III, até ganhar sua forma definitiva, aprovada por Honório III em 1233, e é hoje conhecida como Regra Bulada (Regra Aprovada).

Os franciscanos, no cumprimento de sua regra, divergiram, desde o início, na forma, o que acabou resultando na riqueza do franciscanismo, contra entendimentos únicos e padronizados. Dessa forma, não se pode falar em um, mas em muitos franciscanismos, assim como não há uma, porém, numerosas instituições franciscanas, todos e todas filhos legítimos do pai seráfico de Assis. A reunião de tantos irmãos e irmãs, constituídos em suas respectivas fraternidades, é o que, hoje, se chama de Família Franciscana.

É composta pelos diversos ramos da Ordem Primeira, a Ordem dos Frades Menores: Observantes, Conventuais, Capuchinhos e Regulares. Os Capuchinhos e os Conventuais possuem a administração dividida em províncias e, se necessário, em subprovíncias. Ainda é comum uma província estar presente em dois ou mais países, criando posto, loja, casa ou igreja em uma cidade do exterior.

A Ordem Segunda, a Ordem das Clarissas, fundada por Santa Clara de Assis em 1212: as damas pobres ou clarissas. A jovem Clara, da família nobre dos Scifi, impressionada com a pregação franciscana, abandonou a casa paterna e recebeu o véu religioso das mãos de Francisco. O exemplo de Clara foi seguido por muitas outras jovens, entre as quais estavam as suas irmãs Inês e Beatriz, além de sua própria mãe.

A Ordem Terceira ou Ordem Franciscana Secular é, em geral, integrada por leigos. Essa Ordem foi chamada, pelo papa Gregório IX, de Ordem dos Irmãos e das Irmãs da Penitência, dedicada a acolher aqueles que, vivendo no mundo, desejavam seguir as pegadas dos religiosos.

Além dessas designações, a Família Franciscana é também constituída por inúmeras congregações religiosas, institutos de vida consagrada e associações de leigos, tanto masculinos quanto femininos, em incessante crescimento em relação ao número dos existentes.

Os franciscanos não são monges, mas sim religiosos. Realizam voto de pobreza, castidade e obediência. Vivem em fraternidades que se designam por conventos, e não como abadias ou mosteiros. Seus conventos são tradicionalmente junto das cidades.

A fundação e a expansão da Ordem Franciscana confundem-se de tal forma com a biografia do seu criador, que decidimos melhor explanar sobre a Ordem apresentando, a seguir, um breve resumo da biografia de São Francisco.

São Francisco de Assis

Francesco Bernardone, nascido em Assis, na Úmbria, Itália, em 26 de setembro de 1181, foi um santo vindo de uma família de comerciantes. Sua mãe talvez fosse francesa, o pai chamava-se Pedro Bernardone. Em Assis, ficou conhecido como Francisco, ou seja, o "pequeno francês".

O nome de batismo inicial era Giovane di Bernardone (João Bernardone), dado pela mãe provavelmente em homenagem a João Batista, que o pai, Pedro Bernardone, alterou para Francesco Bernardone. Por razões ainda muito controversas, acredita-se que o nome seria em homenagem à França, país com quem mantinha relações comerciais. Outra hipótese fala que teria sido em homenagem à terra natal de sua mulher; outra ainda que se tratava de um apelido dado pelos amigos pelo fato de o santo usar muito a língua francesa.

Renunciou ao mundo em 1206. Fez penitência durante dois anos e lançou-se a pregar em linguagem simples e ardorosa. Tem-se dito que, imitando a cavalaria, Francisco também teve sua dama, Madonna Povertà, a Senhora Pobreza, que ele serviu e cantou com grande entusiasmo.

Em 1209, formou, com 12 discípulos, a Família dos 12 Irmãos Menores. Os cluniacenses de Assis cederam-lhes um pouco de terreno, a Porciúncula, e os franciscanos construíram ali suas choças. Adotaram o vestuário dos humildes: túnica grossa de lã, com uma corda na cinta, e sandálias. Sua missão consistia em praticar e pregar a simplicidade, o amor a Deus e a caridade cristã. Esteve na Espanha e na África, onde se juntou aos cruzados do Nilo.

Fundou a Ordem dos Frades Menores em 16 de abril de 1209. Em 1212, recolheu junto de si Clara d'Offreducci e algumas companheiras que, perseguindo o mesmo ideal de pobreza, fundaram a Ordem das Clarissas.

Francisco tornou-se um árduo defensor da não-violência não apenas em relação aos seres humanos, mas a toda a natureza. Assim, amava, respeitava todas as pessoas, ao mesmo tempo em que protegia animais e plantas, aos quais chamava, carinhosamente, de irmãos. Para ele, também a chuva, o vento e o fogo deveriam ser reverenciados e respeitados como irmãos. Nunca consumia mais do que o mínimo necessário para viver e incentivava todas as pessoas a fazer o mesmo. São Francisco é respeitado por várias religiões pela sua mensagem de paz. Ficou famosa uma oração atribuída a ele que começa com os dizeres: "Senhor, fazei-me instrumento de Vossa paz...". Embora não haja certeza de sua autoria, ela reflete mais do que qualquer outra os ensinamentos e a vida desse grande homem, reconhecido como santo no mundo todo e adotado como patrono da ecologia e porque não da paz.

Recebeu os primeiros irmãos: frei Bernardo de Quintavalle, que, mais tarde, foi seu sucessor, homem de grande fortuna que abandonou tudo para seguir São Francisco. Frei Pedro Cattani, cônego e conselheiro legal de Assis, homem de esmerada cultura, instrução e dotado de grande inteligência. E o irmão Leão, que, sempre e em todas as horas, foi um fiel companheiro.

Com 11 irmãos, foi a Roma, levando uma breve regra (esta se perdeu). O papa Inocêncio III, admirado, ouviu a exposição do programa de vida, porém, com regras tão severas, ficou indeciso e decidiu esperar, aprovando as regras só verbalmente.

Conta-se que, dias mais tarde, o papa, em sonhos, teve a revelação da missão destinada por Deus a Francisco (diz-se que esse papa foi enterrado com vestes franciscanas). Francisco instalou-se com seus irmãos em Rivotorto, perto de Assis, em um rancho abandonado e próximo de um leprosário. Essa mísera residência foi a primeira casa, por uns tempos, dos irmãos franciscanos; foi uma fase difícil, sombria e assinalada por duras provas, mas São Francisco só desejava enxugar as lágrimas dos desprezados do mundo, dos pobres e dos leprosos.

Apesar do espírito de renúncia e sacrifício que deveriam existir na vida de seus filhos espirituais, São Francisco pregava que um servo de Deus não podia manifestar tristeza, desânimo ou impaciência. Na alegria da vida, o santo via a fortaleza da alma cristã, a força que devia levar aos desamparados e a todos aqueles que sofriam provações. Suas humildes túnicas amarradas por um simples cordão levam até hoje três nós, são seus votos de pobreza, obediência e castidade.

Irradiando a luz franciscana para toda a Europa, enviou missionários, semelhantemente a Cristo, aos pares, para pregar o Evangelho.

São Francisco orava e trabalhava sem cessar, assistia viúvas, crianças famintas e todos os deserdados. Fosse no campo, nas cidades ou nos mosteiros, derramava suas orações para converter os pecadores, proclamava a paz, pregando a salvação e a penitência para a remissão dos pecados, resolvia conflitos, desavenças, estabelecendo sempre a harmonia em nome do Senhor. Compreendia a dor e o sofrimento pelo amor a Deus, considerava-se um pecador, o mais miserável dos homens; vivia em penitência e jejum, purificando seu corpo e todo o seu ser; renunciava às mínimas comodidades. Era severíssimo com ele, como São Paulo, ao qual admirava, mas, aos seus filhos espirituais, não permitia que fizessem demasiada penitência nem jejum; pedia sempre que imperasse a virtude da moderação, para assim poder servir melhor a Deus.

Os padres beneditinos, em 1212, oferecem-lhe as pequenas igrejas de Santa Maria dos Anjos, em Porciúncula, pois eram muitos os homens que, atraídos pela vida de pureza do santo, queriam ser acolhidos na Ordem.

Esse foi o berço da Ordem Franciscana. Os frades renovavam, solenemente, seus votos. O santo os chamou de "frades menores", porque sempre serão pobres e humildes, como Nosso Senhor Jesus Cristo desejava que fossem seus apóstolos: puros e livres das coisas desse mundo, com o coração e a mente dominados pelo desejo de Deus, para trilhar o caminho da bem-aventurada simplicidade.

Trabalhavam com suas próprias mãos para alcançar os meios de subsistência e, só em último caso, pediam ajuda a outros. Jamais deveriam possuir bens de qualquer natureza, porque, assim, não teriam correntes que os prendessem à terra. A caridade os levava até a tirar o pão da boca ou a despojar-se de suas míseras vestes para ir em socorro de quem estivesse com fome ou fosse mais pobre do que eles.

No mesmo ano de 1212, funda a Ordem Segunda das Pobres Damas, destinada às mulheres que desejassem deixar o mundo, em uma dedicação exclusiva a Deus e a nosso Senhor Jesus Cristo, para uma vida de oração e de santa pobreza. A figura central da Ordem Segunda (atualmente também conhecida como Irmãs Clarissas) foi Santa Clara de Assis, jovem nobre que abandonou tudo para seguir São Francisco.

Em 1213, o conde Orlando de Chiusi ofereceu a São Francisco um monte chamado Alverne, para servir de eremitério, retiro e oração. Foi lá que São Francisco recebeu os sagrados estigmas. Esse episódio dos estigmas, ocorrido no eremitério de Alverne, foi assim descrito:

"Suas mãos e seus pés pareciam atravessados bem no meio pelos cravos, aparecendo as cabeças no interior das mãos e em cima dos pés, com as pontas saindo do outro lado. Os sinais eram redondos no interior das mãos e longos no lado de fora, deixando ver um pedaço de carne como se fossem pontas de cravos entortados e rebatidos, saindo para fora da carne. O lado direito parecia atravessado por uma lança, com uma cicatriz fechada que, muitas vezes, soltava sangue, de maneira que sua túnica e sua calça estavam, muitas vezes, banhadas do sagrado sangue".

Em 1219, durante a Quinta Cruzada, os comandados de João de Brienne sitiaram a cidade de Damietta, no Egito, delta do Rio Nilo. Francisco, acompanhado pelo franciscano Illuminé, para lá se dirigiu. Não foram como combatentes, mas para tentar converter os muçulmanos à fé cristã.

Francisco e seu companheiro, em missão cristã, desdobraram-se em amparar os aflitos, assistir os feridos e ajudar os necessitados.

O sultão do Egito havia proposto aos cruzados a troca da cidade de Damietta por Jerusalém. Francisco e Illuminé tentaram convencer os dirigentes da cruzada a aceitar a troca, mas não obtiveram êxito. Inconformados, os dois franciscanos partiram para o território muçulmano e conseguiram chegar à tenda do sultão, que ouviu a pregação de Francisco sobre a fé cristã e sobre Jesus, sem também obter êxito. Impressionaram, de tal forma, ao caminharem pelo fogo para provar que Jesus é o verdadeiro Deus, que o sultão desejou presenteá-los. Recusaram, gentilmente, os presentes, explicando seus votos de pobreza. Receberam, então, do sultão, autorização para pregar a fé cristã em seus domínios, o que resultou infrutífero.

Com essa atitude, Francisco levou, pela primeira vez, a uma cruzada a ideia de vencer os muçulmanos pela conversão ao Cristianismo, em lugar da vitória pela guerra.

No ano de 1221, Francisco fundou a Ordem Terceira, ainda como instrumento de concórdia e de bem-estar social.

À Ordem Primeira dos Frades Menores, Francisco incumbiu o apostolado a seguir os passos do Nosso Senhor Jesus Cristo e o exemplo de obediência à Igreja.

À Ordem Segunda das Pobres Damas, incumbiu o sacrifício, a oração e o amor a Deus no claustro.

À Ordem Terceira, incumbiu a nobre missão de reavivar, nas consciências, a honestidade dos costumes e os sentimentos cristãos de paz e caridade. Essa Ordem, que designou, inicialmente, como Irmãos da Penitência, era destinada a homens e mulheres que, sem deserção da própria família e sem renunciarem às suas propriedades, pudessem levar a todos os sentimentos cristãos. Conhecida hoje como Ordem Terceira Franciscana, seus membros tentam alcançar a perfeição cristã.

Ainda no ano de 1219, foi aprovada a terceira regra, chamada de Regra Bulada (Aprovada), que impera até hoje. Seu texto original conserva-se como relíquia no Sacro Colégio de Assis; outra cópia, com a aprovação papal, está no Vaticano.

Em 1224, frei Elias ficou sabendo, em sonhos, que São Francisco só teria mais dois anos de vida. Nesse mesmo ano, o santo de Assis nomeou o próprio frei Elias vigário para suceder o frei Pedro Cattani, falecido há pouco. São Francisco, inspirado por Deus com o irmão Leão, seu fiel companheiro e confessor, e outros freis, retirou-se ao Monte Alverne já bastante doente, preparando-se para a Quaresma de oração e jejum e a festa de São Miguel Arcanjo.

Viveu em louvor a Deus, passando noites e dias inteiros em oração, alimentando-se com um pedaço de pão e água que o irmão Leão lhe levava. O santo de Assis aceitou os percalços e as vicissitudes da vida terrena, em uma demonstração de coragem e de fé inabalável; sempre aceitou tudo, colocando-se dentro da virtude da humildade. Muitas vezes, no fim da sua vida, doente estigmatizado e quase cego, visitava cidades e aldeias pregando as verdades evangélicas, atendia os pobres, os leprosos e os necessitados, com seu coração cheio de santas consolações, pedindo a paz, jamais dando por terminada sua missão terrena e desejando ainda servir a Deus. Corrigia, com doces palavras, mas sabia ser enérgico quando necessário. Falava aos seus filhos espirituais para que se afastassem do orgulho, da vaidade, do egoísmo e da avareza, que fossem sempre o exemplo da santa pobreza (como ele a chamava), humildade, caridade e trabalho.

Sempre foi simples em tudo, severo consigo mesmo, mas benigno com os outros. Nos ensinamentos do Evangelho, encontrava o apoio para aliviar a dor daquelas almas que, em desespero, acudiam a ele e, por meio da sua fervorosa oração, operou grandes milagres. Ele dizia: "Tudo o que faço é Nosso Senhor que me guia". Sua alma pura e cristalina aparecia aureolada de luz, e, igual ao apóstolo Paulo, repetia: "Já não vivo eu, é Cristo que vive em mim".

Suas orações e meditações, constantes e prolongadas por dias e noites, eram elevadas ao Ser Divino, que ele tanto amava; eram de adoração, de louvor e de ação de graças, ardentes diálogos para poder servir melhor ao Senhor; outras, para pedir pelos pobres, os doentes e os desamparados, ou para implorar sem cessar a Deus por seus filhos espirituais, temendo a infidelidade de uns e a deserção de outros. Conta-se que, estando ante uma visão divina, dizia humildemente: "Senhor Deus, que será, depois da minha morte, da tua pobre família, que por Sua benignidade foi entregue a mim pecador? Quem a confortará? Quem a corrigirá? Quem rogará por ela?" Prometeu-lhe o Senhor que seus filhos espirituais não desapareceriam da face da terra, até o fim dos tempos, e que grandes graças do céu receberiam os religiosos da Ordem que permanecessem na prática do bem e na pureza da regra.

São Francisco de Assis faleceu em Assis, em 3 de outubro de 1226.

Os frades franciscanos existem há mais de 800 anos.

A Cruzada das Crianças

O insucesso das cruzadas anteriores, no sentido de libertar Jerusalém dos muçulmanos, levou a opinião pública na Europa do século XIII a entender que homens pecadores não poderiam jamais libertar a Terra Santa. Acreditavam que essa tarefa deveria caber aos inocentes. Somente as crianças poderiam conquistar o ideal de libertação de Jerusalém.

Dentro da empolgação provocada pela disseminação dessa ideia, em 1212, milhares de crianças, principalmente alemãs, comandadas pelo adolescente alemão Nicolas, e francesas, comandadas pelo pastor francês Estêvão de Blois, deixaram seus lares para formar a cruzada.

As crianças alemãs tomaram o rumo da Itália, de onde não conseguiram seguir avante, porque não possuíam dinheiro nem alimentos. Mendigavam para sobreviver. A maioria retornou a seus lugares de origem.

O pastor francês Estêvão de Blois apregoava a todos ter sido escolhido por Deus para liderar a cruzada e libertar a Terra Santa. As crianças francesas, empunhando o estandarte vermelho de São Diniz, rumaram para Marselha. Comerciantes desonestos ofereceram transporte gratuito para a Palestina. Eufóricas, as crianças francesas, apressadas, embarcaram nos navios. O naufrágio de vários navios, atingidos por tempestade, matou muitas delas. As sobreviventes foram vendidas como escravas no Egito.

Nenhuma dessas crianças, componentes da Cruzada das Crianças, conseguiu chegar à Terra Santa. É difícil, senão impossível, nos dias atuais, acreditar como poderia tal decisão ter sido tomada com o beneplácito dos dirigentes, reis da Alemanha e da França, e sob a proteção da Igreja.

Ordem Dominicana

Contemporânea à Ordem Franciscana, foi a criação da Ordem dos Pregadores, ou Ordem Dominicana.

A Ordem dos Pregadores (do latim *Ordo Prædicatorum, O. P.*), também conhecida por Ordem dos Dominicanos ou Ordem Dominicana, é uma Ordem religiosa católica que tem como objetivo a pregação da mensagem de Jesus Cristo e a conversão ao Cristianismo.

Foi fundada em Toulouse, França, no ano de 1216, por São Domingos de Gusmão, sacerdote castelhano (atual Espanha), originário de Caleruega.

Seu fundador, Domingos de Gusmão, notabilizou-se no trabalho de tentativa de conversão dos cátaros no sul da França. Os cátaros eram conhecidos como hereges, por divergirem de certas práticas da Igreja Católica, embora fossem cristãos. A evangelização dos cátaros resultou em desastre para a Igreja, tendo o papa determinado a realização de uma verdadeira cruzada para combatê-los. O combate e a exterminação dos cátaros alcançaram a história como uma página negra na obra da Igreja Católica e são conhecidos como a primeira manifestação da Inquisição. Essa fase da Inquisição, assim como as demais que perduraram até o século XIX, contou, como braço executor, com a Ordem Dominicana.

A história da Ordem Dominicana insiste em dar um aspecto religioso e sagrado ao combate aos hereges, mas, na realidade, o que ocorreu, mesmo guardadas as circunstâncias político-sociais da época, foi a sistemática prática de bárbaras torturas, sumárias condenações à morte nas fogueiras e na forca e o extermínio de comunidades inteiras, por conta de simples divergências ocasionais.

Segundo fontes da história, a ação dos Dominicanos foi, em muitos casos, nos séculos XVI e seguintes, insuflada pelo jogo de interesses políticos dos jesuítas (Companhia de Jesus).

Os dominicanos não são monges, mas sim religiosos: realizam voto de pobreza, castidade e obediência. Vivem em comunidade, que se designam por conventos, e não como abadias ou mosteiros. Os seus conventos ficam, tradicionalmente, junto das cidades.

A Ordem dos Pregadores é mundialmente dirigida por um Mestre-Geral, eleito atualmente por mandato de nove anos.

Regionalmente, a Ordem está dividida em províncias que podem compreender um ou mais países ou existirem mesmo várias províncias dentro do mesmo Estado.

Em cada Província, existe um prior provincial eleito pelos priores e representantes dos frades dos conventos e casas dessa província. Na eleição do Mestre-Geral, é enviado, para o Capítulo-geral-eletivo, um representante eleito por todos os frades (definidores) e o respectivo provincial, tendo todos igual direito de voto.

Há três tipos diferentes de Capítulo-gerais:

O Capítulo de Definidores (representantes eleitos pelos membros de cada província).

O Capítulo de Provinciais.

O Capítulo-Geral Eletivo (que comporta os dois tipos anteriores de membros).

Os frades dominicanos usam um hábito composto de quatro peças: um vestido branco com mangas, um escapulário (peça de tecido sem manchas sobre as espáduas), um capuz e uma capa de cor negra. Um cinto de couro, com um rosário pendurado, completa o hábito.

Deve-se notar que o hábito branco tradicional do papa é por este usado desde que Pio V, frade dominicano, foi eleito.

A Ordem compreende três diferentes ramos, que fazem parte integrante da Ordem, mas têm regulamentos próprios (Constituições ou Regras), adaptados à missão e ao estilo de vida específico de cada um: frades, monjas e leigos.

Atualmente, a Ordem dos Pregadores tem mais de 100 mil membros em todo o mundo, a maior parte leigos.

Os frades vivem, geralmente, em conventos e agrupam-se por províncias, que podem coincidir ou não com um Estado, parte deste ou mais do que um Estado. Em alguns casos, existem os vicariatos, dependentes organicamente de uma província, mas que abarcam uma região, território ou Estado diferente daquela, por não terem ainda dimensão, em termos de casas, conventos e membros, para receberem autonomia como província. Por exemplo, na província de Portugal, existe o vicariato de Angola.

As monjas vivem em mosteiros, cada um diretamente dependente do Mestre-Geral, embora existam federações de dimensão territorial variável e geralmente participem das atividades e vida das províncias dos frades.

Os leigos agrupam-se em Fraternidades Leigas de São Domingos (anteriormente conhecidas como Ordem Terceira de São Domingos), estando integradas nas províncias dos frades, fazendo promessa de vida perante o representante do Mestre-Geral.

São Domingos de Gusmão

São Domingos de Gusmão nasceu em Caleruega, em Castela, a Velha Espanha, em 24 de junho de 1170. Seus pais, de ilustre nascimento, foram Félix de Gusmão e Joana de Aza, que deram origem a uma família de santos. Além de Domingos, os dois outros filhos do casal morreram em odor de santidade. O primeiro foi Antônio de Gusmão, sacerdote que, distribuindo todos os seus bens aos pobres, se retirou a um hospital para servir a Nosso Senhor Jesus Cristo em seus membros sofredores. Manes, o segundo, entrou depois para a Ordem Dominicana, tornando-se grande pregador e exemplar religioso. Foi beatificado com sua mãe, por Gregório XVI.

Não admira que, em uma tal família, o menino Domingos se sentisse atraído para a virtude desde o berço. Conta a tradição que, antes de ele nascer, sua mãe fez uma novena no santuário de São Domingos de Silos, e que, no sétimo dia, o santo abade apareceu-lhe rodeado de glória, para anunciar-lhe que o filho que trazia no ventre seria a luz do mundo e a consolação de toda a Igreja. Pouco depois, ela viu em sonhos que dava à luz um pequeno que tinha uma tocha na boca e, com ela, começou a incendiar o mundo.

Diz-se que o pequeno Domingos, tão sério e maduro, era já dotado da sabedoria dos anciãos. Ele foi sempre modesto, recolhido, humilde, devoto, temperante e obediente.

Aos sete anos, foi aprender as primeiras letras com seu tio, arcipreste em Gumiel d'Yzan, e, aos 14, ingressou na Universidade de Castela, em Palência (Espanha). Durante dez anos, brilhou nos bancos escolares e deu exemplo de virtude.

Os pobres, órfãos e viúvas encontravam nele amparo e auxílio. Os sacerdotes que tinham dificuldades sobre a teologia, casos de consciência ou dúvida sobre pontos da Escritura acorriam às suas luzes. Nessa época, ele dava lições públicas de Sagrada Escritura na Universidade de Palência.

O bispo de Osma, tendo conseguido reformar sua diocese, induziu os cônegos da catedral a viver em comunidade, observando a Regra de Santo Agostinho. Conseguiu que Domingos fosse para aquela cidade e vestisse o hábito de cônego regular. Pouco depois, ele foi nomeado vice-prior dos cônegos, que era o mais alto posto, visto que o de prior o bispo acumulava com seu cargo episcopal. Domingos passou nove anos em uma vida de contemplação e de união com Deus, como cônego regular, dificilmente ultrapassando os limites da casa canonical.

Entretanto, ele estremecia ao saber que tantos se perdiam por falta de pregadores e implorava a Nosso Senhor Jesus Cristo que lhe proporcionasse um meio de se consagrar por inteiro à salvação das almas.

Aos 33 anos de idade, sua formação física, intelectual e moral estava terminada. Tinha uma ampla educação eclesiástica e universitária; a cátedra deu solidez a seus conhecimentos; a vida regular do cabido o iniciou nas vias da perfeição religiosa, e seu cargo à frente dos cônegos abriu-lhe as perspectivas da administração temporal e do regime das almas. Estava ele pronto para a grande odisséia espiritual de sua vida.

Em 1203, o rei de Castela, Afonso VIII, pediu ao novo bispo de Osma, dom Diego de Acevedo, que fosse à corte da Dinamarca para negociar o casamento de um dos filhos do rei com uma princesa daquela terra, cuja formosura tinha sido celebrada na corte pelos trovadores. Com ele, iria Domingos de Gusmão.

Era um longo caminho. Tinham de atravessar os Pireneus e entrar no sul da França. Passaram por Toulouse, que era a capital dos hereges cátaros, uma seita maniqueísta que estava fazendo muitos prosélitos, até mesmo atraindo os condes de Toulouse. Foi aí que Domingos se deu conta da necessidade de uma congregação de pregadores apostólicos para se opor às heresias.

Continuaram sua viagem, mas foi esta do ponto de vista humano infrutífera, pois a princesa de quem iam pedir a mão falecera pouco antes. Os dois apóstolos ouviram falar, então, de umas tribos selvagens na Alemanha, que até então ninguém tinha conseguido evangelizar. Tomaram a resolução de ir a Roma pedir ao sumo pontífice permissão para ir evangelizar aqueles povos, o que incluía a resignação de dom Acevedo ao episcopado.

Mas Inocêncio III, que conhecia os méritos do bispo e que julgava muito mais importante para a Igreja, no momento, combater a seita dos cátaros, não aceitou a resignação e apenas permitiu ao bispo que dedicasse dois anos à conversão dos cátaros antes de voltar à sua diocese.

Juntaram-se eles a alguns monges de Cister, que já estavam pregando entre os hereges.

A santidade de Domingos, seu rigoroso ascetismo, seu zelo inflamado, sua inalterável doçura e sua convincente eloquência começaram a produzir frutos esplêndidos. Muitas conversões se operaram e, em torno dele, foi se juntando um grupo de jovens para receber sua direção e imitar seu exemplo. Esse foi o núcleo inicial do que seria depois a Ordem dos Predicadores ou Dominicanos.

São Domingos tinha 45 anos, em 1215, quando reuniu os seis primeiros discípulos em uma casa de Toulouse e lhes deu o hábito branco com a capa e o capuz de lã negra dos cônegos regulares de Osma, que ele continuava vestindo. Entre estes seis primeiros, estava seu irmão, o beato Manes. Deviam formar eles um corpo de homens sábios, pobres e austeros, sendo que a ciência e a piedade deveriam ser os traços essenciais desses cavaleiros de Cristo. O trabalho manual ficava suprimido, o estudo, prolongado, a oração litúrgica, diminuída e os exercícios de penitência, subordinados às exigências da pregação. São Domingos queria que seus discípulos fundassem casas nas principais cidades universitárias da Europa, a fim de atrair a juventude acadêmica para suas fileiras.

Inocêncio III concedeu sua primeira aprovação à Ordem nascente em 1215 e propôs no Concílio de Latrão, a todas as igrejas, aquele programa de renovação cristã e vida apostólica. Seu sucessor, Honório III, foi um protetor e amigo de Domingos e seus discípulos.

Em uma das viagens de Domingos a Roma, encontrou-se por acaso com São Francisco de Assis, o célebre fundador da Ordem dos Frades Menores, que para lá tinha ido a fim de obter a aprovação de sua obra. Sem se conhecerem anteriormente, eles dirigiram-se um ao outro e abraçaram-se, enquanto dizia Domingos: "Somos companheiros e criados de um mesmo Senhor; os mesmos negócios tratamos; os mesmos são nossos intentos; caminhemos como se fôssemos um só, e não haverá força infernal que nos desbarate".

São Domingos de Gusmão faleceu aos 51 anos de idade, em 1221, e foi canonizado por Gregório IX em 1234.

Um dos expoentes da Ordem Dominicana foi São Tomás de Aquino, cuja biografia sucinta não poderia faltar nesta obra.

São Tomás de Aquino

Tomás de Aquino nasceu em Roccaseca, próximo a Aquino, na Itália (na época reino da Sicília), no final de 1224 ou início de 1225. Roccaseca era um modesto domínio feudal (onde os pais de Tomás de Aquino eram posseiros), cujos limites eram constantemente disputados entre o imperador e o papa. Morreu em Fossanova, próximo a Terracina, no Lácio, Itália (na época, um Estado papal), em 7 de março de 1274. A comemoração de sua data, como santo da Igreja Católica (São Tomás de Aquino, conhecido como *doctor angelicus*), é no dia 28 de janeiro (anteriormente se comemorava no dia 7 de março).

Teólogo dominicano, foi o primeiro erudito medieval. Desenvolveu suas próprias conclusões das premissas aristotélicas, notadamente na metafísica da personalidade, da criação e da Providência. Como teólogo, foi o responsável, entre muitos outros, pelos seus dois mais importantes trabalhos para a sistematização da teologia latina clássica, a *Summa Theologica* e a *Summa contra Gentiles*.

Como poeta, escreveu alguns dos mais belos hinos eucarísticos da liturgia da Igreja. Seu sistema doutrinário e as explanações e desenvolvimentos feitos pelos seus seguidores são conhecidos como Tomismo.

Embora muitos teólogos católicos romanos modernos discordem dos pontos de vista de Tomás de Aquino, ele é, a despeito disso, reconhecido pela Igreja Católica Romana como seu mais importante filósofo e teólogo ocidental.

Seu pai, Landolfo de Aquino, era de origem lombarda; sua mãe, Teodora de Teate, pertencia a uma linhagem de príncipes normandos conquistadores da Sicília. Sua família se destacou no serviço do imperador Frederico II, durante as lutas civis, no sul da Itália, entre as forças papais e imperiais.

Tomás de Aquino foi colocado, em 1230, ainda menino, com 5 anos, por sua família, na Abadia Beneditina de Monte Cassino, próximo a Roccaseca, como oblato (isto é, com perspectiva de se tornar monge).

A família visava tirar proveito futuro, caso ele um dia viesse a se tornar abade, porque, de fato, a Abadia de Monte Cassino representava importante domínio territorial, alta dignidade honorífica e excelente posição estratégica dentro do xadrez político e militar da época.

Em 1239, após nove anos naquele santuário de vida espiritual e cultural, o jovem oblato Tomás foi forçado a retornar ao seio da família, quando o imperador Frederico II expulsou os monges, porque eram muito obedientes ao papa (na literatura, há uma outra explicação para o retorno de Tomás ao seio da família: a excomunhão de Frederico II [primo de Tomás] pelo papa Gregório IX atrai as iras imperiais sobre Monte Cassino. Os monges são exilados). Ele foi, então, enviado à Universidade de Nápoles, recentemente fundada pelo imperador, onde estudou as chamadas artes liberais (o *trivium*: gramática, retórica e dialética, e o *quadrivium*: aritmética, geometria, astronomia e música) e travou o primeiro contato com os trabalhos científicos e filosóficos que estavam sendo traduzidos do grego e do árabe.

Na Universidade de Nápoles, Tomás decidiu se juntar aos frades pregadores (Ordem dos Pregadores ou Dominicanos), uma nova Ordem religiosa fundada 30 anos antes que se afastou da forma paternalista tradicional de governo dos monges e adotava a forma mais democrática de frades mendicantes (Ordem religiosa cuja pobreza corporativa e pessoal tornava necessário mendigar donativos), assim como se afastava da vida monástica de orações e trabalhos manuais para uma vida mais ativa de pregação e doutrinação. Com essa mudança, Tomás se liberou do mundo feudal onde nasceu e da espiritualidade monástica em que se criou.

Um episódio dramático teve grande significado em virtude dessa sua decisão: seus pais, que não concordavam com a decisão de Tomás em se tornar dominicano (abandonando a Ordem dos Beneditinos em que fora recebido, como oblato, em Monte Cassino), mandaram um grupo de cavaleiros, tendo à frente Pedro della Vigna (conselheiro do imperador Frederico II) e Reinaldo de Aquino (irmão de Tomás) para sequestrá-lo, na estrada, durante sua viagem a Paris; seus astutos superiores o haviam imediatamente designado a ir a Paris, com a finalidade de afastá-lo da riqueza da família e para proporcionar-lhe prosseguir com seus estudos na mais prestigiada e turbulenta universidade da época.

Tomás resistiu obstinadamente contra a sua família, a despeito de permanecer um ano cativo em Roccaseca. Ele foi, finalmente, liberado e, no outono de 1245, foi para o Convento de Saint-Jacques, em Paris, o grande centro universitário dos dominicanos. Lá estudou com Alberto Magno, um grande sábio com larga extensão de participação intelectual. A fuga do mundo feudal, o rápido engajamento na Universidade de Paris e a vocação religiosa para uma das novas Ordens de mendicantes, tudo isso significava muito em um mundo em que a fé na estrutura tradicional, institucional e conceitual estava sendo atacada.

O encontro entre o Evangelho e a cultura de sua época formou o centro nervoso do posicionamento de Tomás e dirigiu seu desenvolvimento. Seu trabalho, normalmente, é apresentado à integração da filosofia aristotélica ao pensamento cristão, em contraposição à integração do pensamento platônico adotado pelos pais da Igreja nos primeiros 12 séculos da Era Cristã. Essa visão de Tomás de Aquino é essencialmente correta, de um ponto de vista mais radical. Entretanto, pode-se afirmar que o trabalho de Tomás assegurou um despertar evangélico para as necessidades de um renascimento cultural e espiritual não somente na vida dos homens, como indivíduos, mas na própria vida da Igreja.

Tomás de Aquino deve ser compreendido, no seu contexto de religioso mendicante, pela influência que teve do evangelismo de São Francisco de Assis, fundador da Ordem Franciscana, e pela devoção ao erudito São Domingos, fundador da Ordem Dominicana.

Quando Tomás de Aquino chegou à Universidade de Paris, a influência da ciência arábico-aristotélica estava originando uma grande reação entre os crentes; muitas vezes, as autoridades da Igreja tentaram bloquear o naturalismo e o racionalismo que emanava dessa filosofia e, segundo muitos eclesiásticos, seduzia as novas gerações. Tomás não temia essas novas ideias e, acompanhando seu mestre Alberto Magno (e Roger Bacon, que também ensinava em Paris), estudou os trabalhos de Aristóteles e, eventualmente, fez conferências públicas sobre eles. Pela primeira vez na história, os teólogos e crentes cristãos foram confrontados com as rigorosas exigências do racionalismo científico. Ao mesmo tempo, o progresso técnico estava forçando os homens a se deslocarem da economia rudimentar de uma sociedade agrária para a sociedade urbana com produção organizada em associações comerciais, com economia de mercado e com um profundo sentimento de comunidade.

As novas gerações de homens e mulheres, incluindo os clérigos, reagiam contra a noção tradicional de desprezo ao mundo e estavam se empenhando pela supremacia sobre as forças da natureza por meio do uso de sua razão. A estrutura da filosofia aristotélica enfatizava o primado da inteligência. A tecnologia, propriamente dita, tornou-se um meio de acesso à verdade.

Durante o verão de 1248, Aquino deixou Paris com Alberto, que fora designado para assumir a direção da nova faculdade estabelecida pelos dominicanos no convento em Colônia. Ele permaneceu lá até 1252, quando retornou a Paris para se preparar para o grau de mestre em teologia. Depois de receber seu grau de bacharel, ele recebeu a *licentia docendi* (licença para ensinar) no início de 1256 e, pouco depois, terminou o treinamento necessário para o título e os privilégios de mestre. Então, no ano de 1256, ele passou a ensinar teologia em uma das duas escolas dominicanas incorporadas à Universidade de Paris.

Em 1259, Tomás foi designado assessor teológico e conferencista na Cúria papal, então centro do humanismo ocidental. Retornou à Itália, onde passou dois anos em Anagni, no final do reinado de Alexandre IV, e quatro anos em Ovieto, com Urbano IV. Entre 1265 e 1267, ele lecionou no Convento de Santa Sabina em Roma, e, então, por convocação de Clemente IV, foi para a Cúria papal, em Viterbo. Em novembro de 1268, foi enviado a Paris, onde se envolveu em uma aguda polêmica doutrinária que havia sido levantada. Os trabalhos de Averroes, o ilustre representante da filosofia árabe na Espanha, que era conhecido como o grande comentador e intérprete de Aristóteles, estavam começando a ser conhecidos pelos mestres parisienses. Parecia não haver dúvidas acerca da fé islâmica do filósofo de Córdoba, entretanto, ele afirmou que a estrutura do conhecimento religioso era inteiramente heterogênea em relação ao conhecimento racional: duas verdades – uma da fé e outra da razão – podem, na análise final, ser contraditórias. Esse dualismo foi desprezado pela ortodoxia muçulmana e era ainda menos aceitável pelos cristãos.

Com o aparecimento de Siger de Brabant, todavia, e, a partir de 1266, a qualidade da exegese de Averroes e a tendência completamente racional do seu pensamento começaram a atrair discípulos na faculdade das artes da Universidade de Paris.

Tomás de Aquino protestou contra seus confrades, não obstante, os contendores mantiveram sua opinião. Tão logo retornou da Itália, Tomás iniciou uma disputa com Siger, que, clamou, estava comprometendo não somente a ortodoxia, mas também a interpretação cristã de Aristóteles. Tomás viu-se abrindo caminho entre a tradição do pensamento agostiniano, agora mais enfático do que nunca na crítica a Aristóteles, e os averroístas. O averroísmo radical foi condenado em 1270, porém, ao mesmo tempo, Tomás, que anunciara estar a razão subordinada à fé, fora desacreditado. No curso dessa disputa, o verdadeiro método de teologia foi convocado à questão. De acordo com Tomás de Aquino, a razão é capaz de operar dentro da fé e ainda de acordo com suas próprias leis. O mistério de Deus está expressado e personificado na linguagem humana; ele é, portanto, capaz de tornar-se o objeto de uma ativa, consciente e organizada elaboração na qual as regras e as estruturas da atividade racional estão integradas à luz da fé. No sentido aristotélico da palavra, naquela época (embora não seja verdadeiro no sentido moderno), "teologia é uma ciência". Ela é o conhecimento que é racionalmente derivado de proposições que são aceitas como certas, porque foram reveladas por Deus.

O teólogo aceita a autoridade e a fé como pontos de partida e, então, prossegue para as conclusões usando a razão; o filósofo, por outro lado, confia somente na luz natural da razão. Tomás foi o primeiro a ver a teologia explicitamente por esse caminho ou, pelo menos, foi o primeiro a apresentá-la sistematicamente e, assim agindo, levantou uma tempestade de oposições em vários lugares. Mesmo na atualidade, essa oposição resiste, especialmente entre religiosos entusiastas, para quem a razão subsiste como uma intrusa no domínio da comunhão mística, contemplação e o súbito êxtase do fervor evangélico.

A forma literária dos trabalhos de Tomás de Aquino deve ser apreciada no contexto de sua metodologia. Ele organizou seus ensinamentos na forma de indagações, em que a pesquisa crítica é apresentada por argumentos a favor e contra, conforme o sistema pedagógico em uso, naquela época, pelas universidades. As formas variavam desde simples comentários sobre textos oficiais até relatos escritos das disputas públicas, que eram ocorrências significantes na vida da universidade medieval.

Os trabalhos de Tomás são divididos em três categorias: 1) comentários sobre trabalhos, tais como o Velho Testamento, as *Sentenças de Peter Lombard* (o manual oficial de teologia nas universidades) e os escritos de Aristóteles; 2) questões contestadas, relatos de seus ensinamentos como um mestre nas controvérsias; 3) duas *summae* ou sínteses pessoais, a *Summa contra Gentiles* e a *Summa Theologica*, que eram apresentadas como introduções completas para o uso dos iniciantes. Numerosos *opuscula* (pequenos trabalhos), que têm grande valor por causa das circunstâncias particulares que os provocaram, devem também ser destacados. A lógica da posição de Aquino com relação à fé e à razão exigiam o reconhecimento da consistência fundamental das realidades da natureza. A natureza (*physis*) tem leis necessárias; o reconhecimento desse fato permite a construção da ciência em conformidade com o *logos* (estrutura racional). Tomás evitou a tentação de sacralizar as forças da natureza pelo ingênuo recurso do miraculoso ou da Providência de Deus. Para ele, a totalidade do mundo sobrenatural, que projeta sua sombra sobre as coisas e os homens tanto na arte romanesca como nos costumes sociais, embaçou a imaginação dos homens. A natureza, descoberta em sua realidade profana, deveria assumir seu próprio valor religioso e conduzir a Deus por caminhos mais racionais, e não mais simplesmente como uma sombra do sobrenatural. Esse entendimento é exemplificado pela forma que Francisco de Assis admirava os pássaros, as plantas e o Sol. A inclusão da física de Aristóteles nos programas da universidade não era, portanto, uma questão de curiosidade acadêmica.

O naturalismo, todavia, em oposição à visão sagrada do mundo, estava penetrando em todos os domínios: espiritualidade, costumes sociais e conduta política. Por volta de 1270, Jean de Meun, um poeta francês das novas cidades e vizinho de Tomás na Rua de Saint-Jacques, em Paris, deu importância, em seu *Roman de la Rose* (Romance da Rosa), ao grosseiro realismo não somente no exame do Universo físico, mas também descrevendo e julgando as leis da procriação. Estavam em circulação inumeráveis manuscritos, *Ars Amatoria* (Arte do Amor), do poeta romano Ovídio; André le Chapelain, no seu *De Deo Amoris* (No Deus do Amor), adaptou uma versão mais refinada para o público. O amor cortesão, nas suas mais sedutoras formas, tornou-se o elemento mais prevalente na cultura do século

XIII. Na mesma época, a lei romana estava passando por renovação na Universidade de Bolonha; essa renovação envolveu rigorosa análise da lei natural e supriu os juristas de Frederico II com uma arma contra a teocracia eclesiástica. As apresentações tradicionais do desempenho e deveres dos príncipes, nas quais o simbolismo bíblico era usado para delinear belas imagens devotas, foram substituídas por tratados que descreviam experiências experimentais e racionais no governo.

Tomás compôs um tratado denominado *De Regimine Principum* (No Governo de Príncipes), em 1266, para o rei de Chipre. Na administração da justiça, investigações jurídicas e procedimentos substituíram o fanático recurso do ordálio (ordálio: 1. prova judiciária feita com a concorrência de elementos da natureza e cujo resultado era interpretado como um julgamento divino; juízo de Deus. 2. provação extrema; calvário. – *Dicionário Houaiss*) e dos julgamentos de Deus.

Em face desse movimento, havia grande receio de que os valores autênticos da natureza não fossem distinguidos, propriamente, das inclinações desordenadas da mente e do coração. Teólogos de inclinação tradicional resistiram firmemente a qualquer forma de uma filosofia determinista que, para eles, poderia atrofiar a liberdade, dissolver a responsabilidade pessoal, destruir a fé na Providência e negar a noção da gratuidade do ato da criação. Inspirados nas doutrinas de Agostinho, eles afirmavam a necessidade e o poder da graça para uma natureza dilacerada pelo pecado. O otimismo da nova teologia, concernente aos valores religiosos da natureza, escandalizava.

Embora fosse um aristotélico, Tomás de Aquino estava certo de que ele poderia se defender contra a interpretação heterodoxa do filósofo, como Aristóteles era conhecido. Tomás sustentava que a liberdade humana podia ser defendida como uma tese racional, embora admitindo que as determinações são encontradas na natureza.

Na sua teologia da Providência, ele ensinava uma criação contínua, na qual a dependência da criatura sob o domínio criador garante a realidade da ordem da natureza. Deus move soberanamente tudo o que ele cria; porém, o governo supremo que Ele exerce sobre o universo é adaptado às leis de uma Providência criativa que permite a cada ser agir conforme sua própria natureza. Essa autonomia encontra sua mais alta realização na criatura racional: o homem é, literalmente, independente na sua existência física, intelectual e na sua liberdade de decisão. A liberdade do homem encontra a sua base nessa verdadeira ligação, em vez de ser destruída pela sua ligação com Deus. "Tirar algo da perfeição da criatura é abstrair a perfeição do poder criativo propriamente dito". Esse axioma metafísico, que é também um princípio místico, é a chave do espiritualismo de São Tomás.

Na Páscoa de 1272, Tomás retornou à Itália para estabelecer uma comunidade religiosa dominicana de estudos na Universidade de Nápoles. Esse deslocamento foi, sem dúvida, feito para atender a um pedido do rei

Charles d'Anjou, que estava ansioso para reativar a universidade. Após participar de um capítulo geral (encontro) dos dominicanos, realizado em Florença durante a semana de Pentecostes, e, tendo resolvido alguns problemas particulares, Tomás retomou seu ensino universitário em Nápoles, em outubro, prosseguindo com ele até o final do ano seguinte. Embora o argumento de Tomás com os averroístas tenha sido, durante anos, comparado a uma controvérsia com os mestres cristãos, que obedeciam à tradicional concepção agostiniana da queda do homem, essa última disputa se tornou agora mais pronunciada.

Em uma série de conferências na universidade, em 1273, Boaventura, um frade franciscano amigo e colega de Tomás em Paris, renovou sua desaprovação à corrente aristotélica de pensamento, incluindo os ensinamentos de Tomás. Ele criticou a tese de que a filosofia é distinta da teologia, assim como a noção de que a natureza física tenha determinado leis; foi crítico especialmente da teoria de que a alma é estreitamente associada ao corpo como os dois princípios necessários que constituem a natureza do homem e também reagiu fortemente à rejeição pelos aristotélicos da teoria platônico-agostiniana do conhecimento baseada em ideias ou formas servindo como padrões. A divergência foi profunda.

Certamente, todos os filósofos cristãos ensinavam a diferença entre matéria e espírito. Essa diferença, todavia, poderia somente ser inteligentemente mantida se o relacionamento interno entre matéria e espírito fosse pesquisado. Foi no processo dessa explanação que as diferenças de opinião surgiram – não somente diferenças intelectuais entre filósofos idealistas e realistas, mas também diferenças emocionais.

Alguns consideravam o mundo material meramente como uma realidade física e biológica, um estágio em que as pessoas espirituais desempenhavam seu papel, sua cultura evoluía e sua salvação ou condenação se decidia. Esse estágio subsiste, destacado do evento espiritual, e a história da natureza é somente por acaso o cenário para a história espiritual.

A história da natureza segue sua própria e imperturbável trajetória: nesta história, o homem é um forasteiro desempenhando um curto papel somente para escapar, o mais rápido possível, do mundo para o domínio do espírito puro, o domínio de Deus. Tomás, ao contrário, observou a inclusão da história da natureza na história do espírito e, ao mesmo tempo, observou a importância da história do espírito na história da natureza. O homem está situado ontologicamente (isto é, pela sua verdadeira existência) na junção de dois universos, "como um horizonte do corporal e do espiritual". No homem, não há somente uma distinção entre espírito e natureza, mas também uma homogeneidade intrínseca aos dois.

Aristóteles supriu Tomás de Aquino com as categorias necessárias para a manifestação deste conceito: a alma é a forma do corpo. Para Aristóteles, forma é o que faz uma coisa ser o que ela é; forma e matéria – que fora da qual uma coisa é feita – são duas causas intrínsecas que constituem toda coisa material.

Para Tomás, então, o corpo é a matéria, e a alma é a forma do homem. A objeção tomou corpo porque ele não estava salvaguardando suficientemente a transcendência do espírito, a doutrina de que a alma sobrevive após a morte do corpo.

Em janeiro de 1274, Tomás de Aquino foi designado por Gregório X, pessoalmente, para o Segundo Concílio de Lião, que foi uma tentativa de reparar o cisma entre as Igrejas latina e grega. No trajeto, ele foi detido pela doença, na Abadia Cisterciense de Fossanova, onde morreu em 7 de março. Em 1277, os mestres de Paris, a mais alta jurisdição teológica da Igreja, condenaram uma série de 219 proposições, 12 das quais eram teses de Tomás. Essa foi a mais grave condenação possível na Idade Média; suas repercussões foram sentidas no desenvolvimento de ideias. Ela produziu, por vários séculos, um certo espiritualismo doentio, que opôs resistência ao realismo cósmico e antropológico de Tomás de Aquino.

A biografia de Tomás de Aquino é de extrema simplicidade, ela noticia pequenas e modestas viagens durante uma carreira devotada inteiramente à vida universitária: em Paris, na Cúria Romana, novamente Paris e Nápoles. Seria um erro, todavia, julgar que sua vida foi meramente a vida quieta de um professor profissional intocado pelos incidentes sociais e políticos de sua época. O drama que continuava na sua mente e na sua vida religiosa encontrou suas causas e produziu seus efeitos na universidade.

Nas universidades novas, todos os ingredientes de uma civilização que se desenvolvia rapidamente eram aglutinados em conjunto, e, nessas universidades, a Igreja Cristã envolveu, deliberada e autoritariamente, sua doutrina e seu espírito. Em tal ambiente, Tomás encontrou as condições técnicas para a elaboração do seu trabalho – não somente para eliminar as condições polêmicas, mas também pelo ambiente espiritual, envolvente e penetrante, necessário a essa eliminação. É dentro dos contextos homogêneos fornecidos por este ambiente que é possível, hoje, descobrir a inteligibilidade do seu trabalho, no exato momento em que eles supriam o clima para a sua fertilidade, no instante do seu nascimento.

Tomás de Aquino foi canonizado em 1323, oficialmente designado doutor da Igreja em 1567 e proclamado protagonista da ortodoxia durante a crise modernista, no final do século XIX. Essa contínua honraria, todavia, não pode ignorar as dificuldades históricas em que ele foi envolvido no século XIII, durante uma renovação teológica radical – uma renovação que foi contestada na época e que também foi efetuada pela evolução social, cultural e religiosa do Ocidente. Tomás estava no coração da crise doutrinária que confrontou a parte do mundo em que a cristandade prevalecia quando o descobrimento da ciência, cultura e pensamento gregos pareciam prestes a destruí-la.

William de Tocco, primeiro biógrafo de Aquino, que o conheceu e era capacitado a dar testemunho da impressão causada pelos ensinamentos do seu mestre, declara: "O irmão Tomás levantou novos problemas em seus ensinamentos, inventou um método novo, usou diferentes sistemas de prova. Para ouvi-lo ensinar outra doutrina, com novos argumentos, não se poderia duvidar que Deus, pela irradiação dessa nova luz e pela novidade dessa inspiração, deu a ele o poder de ensinar, pelo poder da palavra falada e escrita, novas opiniões e conhecimentos".

Quinta Cruzada

Retornando à cronologia desta obra, que ficara em 1216, com a criação da Ordem Dominicana, abordemos mais uma tentativa infrutífera de retomada da Terra Santa pelos católicos, o que constituiu a Quinta Cruzada.

A Quinta cruzada foi proposta pelo papa Inocêncio III, em 1215, no Quarto Concílio de Latrão, mas somente foi posta em prática pelo seu sucessor, o papa Honório III, em 1216.

Essa cruzada foi liderada pelo rei André II, da Hungria, Leopoldo VI, duque da Áustria, Jean de Brienne, rei de Jerusalém (em título), e Frederico II, imperador do Sacro Império Romano Germânico. Frederico II concordou em organizar a expedição.

Os cruzados desembarcaram, em setembro de 1217, em Acre, também denominada São João de Acre (Acre, atualmente cidade de Israel, situada na região da Galileia, ao norte da Baía de Haifa, na costa do Mar Mediterrâneo).

A tentativa de ataque à Fortificação do Monte Tabor, defendida pelos muçulmanos, fracassou e, diante do malogro, o rei André II retornou à Europa.

Diante da primeira derrota, decidiu-se que, para a conquista de Jerusalém, era necessário, antes, conquistar o Egito, uma vez que este controlava aquele território.

Em maio de 1218, as tropas de Frederico II puseram-se a caminho do Egito, sob o comando de Jean de Brienne, para atacar Damietta, cidade no delta do Nilo (que servia de acesso ao Cairo). O ataque a Damietta ocorreu em agosto de 1218. Depois de conquistar uma pequena fortaleza de acesso, aguardaram reforços. Em junho de 1219, foram reforçados pelas tropas papais do cardeal Pelágio. Pelágio, homem autoritário, negou-se a subordinar-se a Brienne e interferia, constantemente, nos assuntos militares.

Depois de alguns combates, quando tudo parecia perdido, uma série de crises na liderança egípcia permitiu aos cruzados ocupar o campo inimigo. Porém, em uma paz negociada em 1219 com os muçulmanos, Jerusalém era oferecida aos cristãos, entre outras cidades, em troca da sua retirada do Egito.

Os chefes dos cruzados, em especial o cardeal Pelágio, recusaram tal oferta, objetivo máximo da cristandade, e a cruzada teria sido encerrada, caso aceitassem a proposta dos egípcios. A decisão, ao recusar a oferta dos muçulmanos, fora baseada na certeza de que o Islã não conseguiria resistir aos cruzados, quando chegasse Frederico II com os seus exércitos.

A história conta que, nessa época, chegaram ao Egito, em Damietta, dois pregadores da fé cristã. Eram nada menos que Francisco de Assis e um outro franciscano de nome Illuminé. Sua missão não era a mesma dos cruzados, porque Francisco e seu companheiro procuravam trabalhar para a conversão dos muçulmanos à fé cristã sem guerras. Suas armas para a conversão dos muçulmanos eram o amor e o convencimento pelas palavras e pelo exemplo. Consta que Francisco insistiu, com veemência, pela aceitação da proposta egípcia da troca de Damietta por Jerusalém. Não logrou êxito, como também não logrou êxito no seu posterior trabalho de conversão do sultão e de seus comandados.

Os cruzados cercaram o porto egípcio de Damietta e, depois de algumas batalhas, sofreram uma derrota. O sultão renovou a proposta, mas foi novamente recusada. Depois de um longo cerco que durou de fevereiro a novembro de 1219, a cidade caiu.

A estratégia posterior requeria assegurar o controle da Península do Sinai. Os conflitos entre os cruzados cresceram, o que ocasionou a perda de tempo e da oportunidade. Os egípcios recuperaram forças. Em julho de 1221, o cardeal ordenou uma ofensiva contra o Cairo, mas os muçulmanos foram recuando até levarem os cruzados a uma armadilha.

Cercados e sem suprimentos, os cruzados acabaram por ter de chegar a um acordo, com a entrega de Damietta em troca de sua retirada do Egito, com a preservação da vida dos combatentes cruzados. Tiveram também de aceitar uma trégua de oito anos.

Não alcançaram seus objetivos, já que os reforços, prometidos por Frederico II, não chegaram. Essa foi a última cruzada com a participação das tropas do papa.

Sexta Cruzada

A Sexta Cruzada foi lançada em 1227 pelo imperador do Sacro Império Romano Frederico II de Hohenstauffen, que fora excomungado pelo papa em 28 de setembro do mesmo ano, porque retardara a partida para a cruzada. Somente no ano seguinte, 1228, a cruzada ganharia forma.

Frederico, que era genro de João de Brienne, herdeiro do trono de Jerusalém, pretendia reclamar seus direitos sobre Chipre e Jerusalém-Acre.

Finalmente, no verão de 1228, depois de muita hesitação, Frederico II partiu ao Oriente para se livrar da excomunhão que o papa lhe havia imposto, apesar de ser defensor do diálogo com o Islã, religião que o apaixonava sobremaneira, e preferir conversar em vez de combater. Depois de uma escala em Chipre, Frederico desembarcou, em 7 de setembro de 1228, em São João de Acre.

O minguado exército de Frederico II, auxiliado pelos Cavaleiros Teutônicos, foi diminuindo em razão de deserções e uma semi-hostilidade das forças cristãs locais em virtude de sua excomunhão pelo papa.

Aproveitando-se das discórdias entre os sultões do Egito e de Damasco (que eram irmãos), Frederico II conseguiu, pela diplomacia, um vantajoso tratado com o sultão do Egito Malik el-Kamil, sobrinho de Saladino.

Pelo tratado de Jaffa, de 11 de fevereiro de 1229, Frederico II recuperou para os cristãos Jerusalém, Belém, Nazaré e Sídon, garantindo um corredor para o mar, além de uma trégua de dez anos nas hostilidades. Os cristãos reconquistaram a posse do Santo Sepulcro, enquanto os muçulmanos ficaram com as mesquitas de Omar e Al-Aqsa e o reconhecimento, pelos cristãos, da liberdade de culto para os muçulmanos. Por causa disso, o papa excomungou Frederico II outra vez.

Frederico foi coroado, em 18 de março de 1229, no Santo Sepulcro, rei de Jerusalém.

Atacado pela Igreja, receoso de perder seu trono na Germânia e o trono de Nápoles, Frederico II regressou para a Europa. Retomou relações com Roma em 1230.

A trégua de dez anos, celebrada entre Frederico II e o sultão Malik el-Kamil (que morrera em março de 1238), com o Tratado de Jaffa, terminou em julho de 1239.

Um outro contingente de cristãos desembarcou em Acre em 1º de setembro de 1239, sob o comando de Thibauld IV (Teobaldo IV) de Champagne. Em 13 de novembro desse mesmo ano, os muçulmanos retomaram Jerusalém.

Em outubro de 1240, aportou em Acre uma cruzada inglesa sob o comando de Ricardo da Cornualha. Após vários combates, com vitórias parciais de um lado e de outro, finalmente, em 23 de agosto de 1244, os cristãos perderam Jerusalém para os turcos.

A Sexta Cruzada foi mais uma desastrada derrota para os exércitos cristãos.

Sétima Cruzada

Findos os dez anos da trégua de 1229 (assinada, durante a Sexta Cruzada, por Frederico II), uma expedição militar cristã, com poucos homens e poucos recursos, liderada por Teobaldo IV de Champagne (que desembarcou em Acre em 1º de setembro de 1239) e Ricardo de Cornualha (que desembarcou em Acre em outubro de 1240), encaminhou-se para a Terra Santa, a fim de reforçar a presença cristã nos lugares santos. Não pôde impedir, entretanto, que, em 1244, Jerusalém caísse nas mãos dos turcos muçulmanos.

Nesse ano de 1244, quando o papa Inocêncio IV abriu o Concílio de Lyon, o rei da França, Luís IX, posteriormente canonizado como São Luís, expressou o desejo de ajudar os cristãos do Levante.

Luís IX levou três anos para embarcar, mas o fez com um respeitável exército de 35 mil homens. Aproveitou o monarca francês as perturbações causadas pelos mongóis no Oriente e partiu de Aigues-Mortes para o Egito, em 25 de agosto de 1248. Com escala em Chipre, em 25 de setembro de 1248, onde passaram o inverno, atacaram o Egito, onde chegaram, em 5 de junho de 1249, desembarcando em Damietta, costa mediterrânea do Egito.

Em junho de 1249, Damietta foi recuperada para os cristãos, o que serviria de base de operação para a conquista da Palestina. Em 20 de novembro de 1249, o exército cruzado dirigiu-se ao sul, para a conquista do Cairo.

No ano seguinte, quase conquista o Cairo, só não o conseguindo por causa de uma inundação do Nilo e porque os muçulmanos se apoderaram das provisões alimentares dos cruzados, o que provocou fome e doenças, como o escorbuto nas hostes de São Luís. Ao mesmo tempo, Roberto de Artois, irmão do rei, depois de quase vencer em Mansurá, foi derrotado.

Perante esse cenário, com seu exército dizimado pela peste de tifo, São Luís bateu em retirada, em direção a Damietta. O exército cruzado e o rei Luís IX foram feitos prisioneiros, em Mansurá, em 7 de abril de 1250. Em 6 de maio de 1250, o rei Luís IX foi libertado após o pagamento de um avultado resgate (800 mil peças de ouro) e da restituição de Damietta, tendo sido assinada uma trégua de dez anos.

Livre do cativeiro, o rei seguiu para a Palestina em companhia de seu irmão Carlos d'Anjou. Permaneceu quatro anos na Terra Santa. Só abandonaria a Palestina em 1254, depois de reorganizar a Palestina e a Síria, conseguir recuperar todos os demais prisioneiros cristãos e de ter concluído um esforço de fortificação das cidades francas do Levante. Em 24 de abril de 1254, o rei Luís IX retornou à França.

Entre 1258 e 1260, os mongóis tomaram Bagdá, Alepo, Damasco, Homs. Em 1260, os mamelucos de Dinastia Egípcia (povos escravizados e treinados pelos muçulmanos para ser guerreiros e administradores das terras conquistadas) tomaram o poder dos mongóis.

Em 1265, os egípcios da Dinastia Mameluca tomaram Cesareia, Haifa e Arsuf; em 1266, ocuparam a Galileia e parte da Armênia e, em 1268, conquistaram Antioquia. O Oriente Médio vivia uma época de anarquia entre as Ordens religiosas que deveriam defendê-lo, bem como entre comerciantes genoveses e venezianos.

Estava concluída, desde 1250, com consequências que duraram até 1268, a Sétima Cruzada, mais um desastre para as forças cristãs.

Oitava Cruzada

O rei da França, Luís IX (São Luís), retomando o espírito das cruzadas, lançou novo empreendimento armado, a Oitava Cruzada, em março de 1270. Embora sem grande repercussão na Europa, os objetivos eram diferentes dos projetos anteriores. O teatro de operações não era o Levante, mas Túnis, e o propósito, mais do que militar, era a conversão do emir da mesma cidade norte-africana, que dizia ser amigo dos franceses e desejava converter-se ao Cristianismo.

Luís IX, com as tropas francesas, embarcou em Aigues-Mortes, em 2 de julho de 1270, desembarcando em Túnis, em 18 de julho daquele ano.

O rei verificou o malogro de sua missão, porque fora traído; o sultão Maomé recebeu-o de armas nas mãos. A expedição de São Luís redundou, como quase todas as outras expedições, em tragédia. Não chegaram sequer a ter oportunidade de combater, porque as forças francesas mal desembarcaram em Túnis e logo foram acometidas por uma peste que assolava a região, ceifando inúmeras vidas entre os cristãos, nomeadamente São Luís e um dos seus filhos. O outro filho do rei, Filipe, o Audaz, firmou um tratado de paz com o sultão e voltou para a Europa.

O rei Luís IX, acometido pela peste, faleceu em Túnis, norte da África, em 25 de agosto de 1270. Luís IX ficou na história como o último herói das cruzadas.

No início de novembro de 1270, novas tropas francesas, sob o comando de Afonso de Poitiers, embarcaram para a Síria, mas foram dizimados por uma tempestade.

Luís IX foi canonizado pelo papa Bonifácio VIII, no tempo em que reinava na França Filipe IV, o Belo, seu neto.

Melancolicamente, mais uma cruzada, a última, resultou em completo fracasso.

A queda de São João d'Acre, em 18 de maio de 1291, marcou o término do Oriente Cristão, ficando a Terra Santa em mãos dos muçulmanos.

John Wyclif

Na história da Igreja Católica Romana, merece especial destaque a figura do inglês John Wyclif (ou Wycliffe), em virtude da repercussão que sua obra de teólogo e reformador religioso causou em toda a Europa, no século XIV. Wyclif foi, verdadeiramente, o precursor das divergências religiosas que viriam produzir, 150 anos depois, a Reforma Protestante.

John Wyclif nasceu na Inglaterra, na região de Yorkshire, provavelmente entre 1320 e 1328, em uma família tradicional na região. Ainda jovem, em data não precisada, talvez antes de 1345, foi enviado pela família para estudar na Universidade de Oxford, na qual se aplicou nos estudos de teologia, filosofia e legislação canônica.

Em 1351, tornou-se sacerdote e, depois, foi professor em Balliol College (uma das faculdades da Universidade de Oxford). Em 1356, foi membro de Merton College (uma faculdade da Universidade de Oxford). Em 1360, tornou-se mestre em artes em Balliol College e, em 1372, doutor em teologia.

Como teólogo, logo se destacou pela firme defesa dos interesses nacionais contra as disputas com a Santa Sé, ganhando reputação de patriota e reformista. Wyclif afirmava que havia um grande contraste entre o que a Igreja era e o que deveria ser, por isso defendia reformas. Suas ideias apontavam a incompatibilidade entre várias normas do clero e os ensinos de Jesus e seus apóstolos, notadamente na questão das propriedades e da riqueza do clero. Wyclif defendia o retorno da Igreja à primitiva pobreza dos tempos dos evangelistas, algo que, na sua visão, era incompatível com o poder temporal do papa e dos cardeais.

A cátedra deixou de ser a única tribuna de propagação de suas ideias, quando iniciou a escrever o seu trabalho mais importante, a *Summa Theologiae*, uma obra considerada de ideias revolucionárias. Entre elas, está a afirmação de que, nos assuntos de ordem material, o rei está acima do papa e a Igreja deveria renunciar a qualquer tipo de poder temporal.

Sua obra seguinte, *De Civili Dominio*, com 18 teses, que vieram a público em Oxford em 1376, aprofunda as críticas ao papado de Avignon (onde esteve a sede da Igreja de 1309 até 1377), com seu sistema de venda de indulgências e a vida perdulária e luxuosa de padres, bispos e religiosos, sustentados com dinheiro do povo.

Na questão relacionada ao cisma da Igreja, com papas reivindicando em Roma e Avignon a liderança da Igreja, Wyclif entendia que o cristão não precisa de Roma ou Avignon, pois Deus está em toda parte. "Nosso papa é o Cristo", sustentava. Em sua opinião, a Igreja poderia continuar existindo mesmo sem a existência de um líder visível; por outro lado, Wyclif afirmava que os líderes poderiam surgir naturalmente, desde que vivessem e exemplificassem os ensinamentos de Jesus.

Suas ideias espalharam-se com grande rapidez, em parte, em razão dos interesses da nobreza em confiscar os bens até então em poder da Igreja. Wyclif pregava nas igrejas em Londres, e sua mensagem era bem recebida.

Em razão de sua crescente popularidade, a Igreja decidiu censurar Wyclif. Em 19 de fevereiro de 1377, foi intimado a apresentar-se diante do bispo de Londres, para explanar-lhe seus ensinamentos. Compareceu, acompanhado de vários amigos influentes, e quatro monges foram seus advogados. Uma multidão aglomerou-se na igreja para apoiar Wyclif, e houve animosidades com o bispo. Isso irritou ainda mais o clero, e os ataques contra ele se intensificaram, acusando-o de blasfêmia, orgulho e heresia. Enquanto isso, os partidos no Parlamento inglês pareciam convictos de que os monges poderiam ser melhor controlados se fossem aliviados de suas obrigações seculares.

É importante lembrar que, nesse período, desenrolava-se a Guerra dos Cem Anos, entre a França e a Inglaterra (iniciada em 1337, com duração até 1453). Na Inglaterra, na época, tudo que era identificado como francês era visto como inimigo, e, nessa visão, se incluiu a Igreja, pois havia transferido a sede do papado de Roma para Avignon, na França (entre 1309 e 1377).

A elite inglesa (realeza, Parlamento e nobreza) reagia à ideia de enviar dinheiro aos papas, porque essa era uma atitude vista como ajuda ao sustento do próprio inimigo. Nesse clima de hostilidade da Inglaterra com a

França e a Igreja, Wyclif desfrutou, quase imediatamente, grande apoio político e popular, despertando o nacionalismo inglês.

Em 22 de maio de 1377, o papa Gregório XI, que, em janeiro, havia abandonado Avignon para retornar a sede da Igreja a Roma, expediu uma bula contra Wyclif, declarando que suas 18 teses eram errôneas e perigosas para a Igreja e o Estado. O apoio que Wyclif desfrutava na corte e no Parlamento tornaram a bula sem efeito prático, pois era geral a opinião de que a Igreja estava exaurindo os cofres ingleses.

Ao mesmo tempo em que defendia que a Igreja deveria retornar à primitiva pobreza dos tempos apostólicos, Wyclif também apregoava que o poder da Igreja devia ficar limitado às questões espirituais, sendo o poder temporal exercido pelo Estado, representado pelo rei.

Seu livro *De Officio Regis* defendia que, segundo as Escrituras Sagradas, o poder real também era originário de Deus. Era pecado, em sua opinião, opor-se ao poder do rei, e todas as pessoas, inclusive o clero, deveriam pagar-lhe tributos. O rei aplicava seu poder com sabedoria, e suas leis estariam de acordo com as leis de Deus, já que, destas, se derivam a autoridade das leis reais. Dentro dessa conceituação, Wyclif entendia que o rei deveria atuar contra o clero, porque, se o clero negligenciasse seu ofício, o rei teria de chamá-lo a responder diante dele. Ou seja, o rei deveria possuir o controle evangélico, e quem serve à Igreja deveria submeter-se às leis do Estado. Os arcebispos ingleses teriam de receber sua autoridade do rei e não do papa.

O livro *De Officio Regis* exerceu grande influência na Reforma da Igreja, desencadeada cerca de 120 anos depois, não apenas na Inglaterra, que, sob Henrique VIII, passaria a ter a Igreja subordinada ao Estado e o rei como chefe da Igreja, mas também na Boêmia e na Alemanha.

Especialmente interessantes são também os ensinamentos que Wyclif endereçou aos reis, para que protegessem seus teólogos. Ele sustentava que, já que as leis do rei devem estar de acordo com as Escrituras, o conhecimento da Bíblia é necessário para fortalecer o exercício do poder real. O rei deveria cercar-se de teólogos para aconselhá-lo na tarefa de proclamar as leis reais.

Wyclif insurgiu-se contra as Ordens monásticas (que ele chamava de seitas), por volta de 1377, até sua morte. Afirmava que o papado imperialista era suportado por essas seitas, que serviam ao domínio do papa sobre as nações daquele tempo. Em vários de seus escritos, como *Trialogus, Dialogus, Opus Evangelicum* e alguns sermões, Wyclif dizia que a Igreja não necessitava de novas seitas e que eram suficientes os ensinos dos três primeiros séculos de existência da Igreja. Defendia que as Ordens monásticas não eram suportadas pela Bíblia e deveriam ser abolidas com suas propriedades. O povo, então, se insurgiu contra os monges, e podemos observar os maiores efeitos dessa insurreição na Boêmia, anos mais tarde, com a revolução hussita (promovida pelos adeptos de Jan Huss, que era seguidor das ideias de Wyclif).

Na Inglaterra, entretanto, o resultado não foi o esperado por Wyclif, porque as propriedades acabaram nas mãos dos grandes barões feudais.

Contrário à rígida hierarquia eclesiástica, Wyclif defendia a pobreza dos padres e os organizou em grupos para divulgar os ensinos de Cristo. Esses padres (mais tarde chamados de lolardos) não faziam votos nem recebiam consagração formal, mas dedicavam sua vida a ensinar o Evangelho ao povo. Esses pregadores itinerantes espalharam os ensinos de Wyclif pelo interior da Inglaterra, agrupados dois a dois, de pés descalços, usando longas túnicas e carregando cajados nas mãos.

Em meados de 1381, uma insurreição social, a revolta dos camponeses, amedrontou os grandes proprietários ingleses, e o rei Ricardo II foi levado a crer que os lolardos haviam contribuído com ela. Ele ordenou à Universidade de Oxford (que havia sido reduto de líderes insurretos) que expulsasse Wyclif e seus seguidores, apesar destes não haverem apoiado qualquer movimento rebelde. O rei proibiu a citação dos ensinos de Wyclif em sermões e mesmo em discussões acadêmicas, sob pena de prisão para os infratores.

Wyclif então se retirou para a sua casa em Lutterworth, onde reuniu sábios que o auxiliaram na tarefa de traduzir a Bíblia do latim para o inglês. Organizou um projeto de tradução das Escrituras, defendendo que a Bíblia deveria ser a base de toda a doutrina da Igreja e a única norma da fé cristã. Sustentava que o papa ou os cardeais não possuíam autoridade para condenar suas 18 teses, pois Cristo é a cabeça da Igreja, e não os papas.

Em seu livro *De Sufficientia Legis Christi*, Wyclif cita que a verdadeira autoridade emana da Bíblia, que contém o suficiente para governar o mundo. Afirmava que na Bíblia se encontra a verdade, a fonte fundamental do Cristianismo e que, por isso, sem o conhecimento da Bíblia, não haveria paz na Igreja e na sociedade. Com isso, contrapunha a autoridade das Escrituras à autoridade papal: "Enquanto temos muitos papas e centenas de cardeais, suas palavras só podem ser consideradas se estiverem de acordo com a Bíblia". Idêntico princípio seguiria Lutero, mais de um século depois, ao liderar a Reforma Protestante.

Wyclif defendia a Bíblia como um bem comum de todos os cristãos que precisaria estar disponível para o uso cotidiano, na língua nativa das populações. A honra nacional requeria isso, desde que os membros da nobreza passaram a possuir exemplares da Bíblia em língua francesa. Partes da Bíblia já haviam sido traduzidas para o inglês, mas não havia uma tradução completa. Wyclif atribuiu a si mesmo esta tarefa. Embora não se possa definir exatamente a sua parte na tradução (que foi baseada na *Vulgata*), não há dúvidas de que foi sua a iniciativa e de que o sucesso do projeto foi por causa de sua liderança. A ele devemos a tradução clara e uniforme do Novo Testamento, enquanto seu amigo Nicholas de Hereford traduziu o Antigo. Essas traduções foram revisadas por John Purvey, em 1388, quando então a população em massa teve acesso à Bíblia em idioma inglês, ao mesmo tempo que se ouvia dos críticos: "A joia do clero tornou-se o brinquedo dos leigos".

A hierarquia da Igreja empenhou-se em destruir a versão inglesa da Bíblia, alegando erros de tradução e comentários equivocados, mas essa tradução, por causa de Wyclif, foi amplamente difundida, na Inglaterra, no século XV, apesar de ter sido rotulada pela Igreja como tradução não autorizada.

Enquanto assistia à missa em Lutterworth, no dia 28 de dezembro de 1384, foi acometido por um ataque de apoplexia, falecendo três dias depois, em 31 de dezembro de 1384.

A influência dos escritos de Wyclif foi muito grande em outros movimentos reformistas, em particular sobre o da Boêmia, liderado por Jan Huss e Jerônimo de Praga. Um decreto do Concílio de Constança (1414–1418), expedido em 4 de maio de 1415, declarou Wyclif como herético, recomendou que todos os seus escritos fossem queimados e ordenou que seus restos mortais fossem exumados e queimados, o que foi cumprido, em 1428, pelo papa Martinho V. Suas cinzas foram jogadas no Rio Swift, que banha Lutterworth.

Jan Huss

Consideramos, como consequência imediata à síntese biográfica de John Wyclif, a apresentação do seu maior discípulo, Jan Huss.

Jan Huss, ou Jean Hus foi sacerdote tcheco, mártir e precursor da Reforma Protestante. Nasceu em Husinec (de onde tirou o seu nome), Boêmia, em 1369, e morreu em Constança, em 6 de julho de 1415, queimado vivo pela Santa Inquisição.

Filho de pais camponeses, completou o seu curso na Universidade de Praga, na qual se formou como bacharel em teologia (1394) e em artes (1396).

Assinava Jan de Husinec e, por abreviatura, Hus, que em tcheco quer dizer ganso ou pato. Trabalhou na fixação da ortografia e na reforma da língua literária tcheca.

Em 1400, foi ordenado sacerdote e, no ano seguinte, passou a ocupar o cargo de reitor da universidade, quando se aproximou da obra do reformador inglês John Wyclif, passando a considerar-se teologicamente seu discípulo. Nesse mesmo ano, 1401, tornou-se pregador da Capela de Belém, em Praga, capital da Boêmia, com o apoio do arcebispo.

Como Wyclif, Huss não aceitava a supremacia papal, mas sim a doutrina de que o Cristo, e não Pedro, era o chefe e o cabeça da Igreja, considerando o Evangelho como única lei.

A Capela de Belém, na qual Jan Huss pregava, fora fundada para que nela se falasse em tcheco. Antes disso, somente podia se falar em latim.

A Igreja, então, ocupava lugar excepcional na Boêmia; sua opulência e os privilégios de que gozava produziram o enfraquecimento das regras canônicas e da moral. Praga revoltou-se contra os abusos eclesiásticos. Destarte, as preocupações de uma reforma religiosa juntaram-se às reivindicações nacionais. Até na doutrina religiosa, havia hostilidade entre alemães e boêmios.

Huss era francamente pela reforma e pela preponderância nacional da Boêmia, embora sem entrar em conflito com as autoridades eclesiásticas. Chegou a ser nomeado pregador sinodal, com o mandado de protestar contra os desregramentos do clero.

Mais tarde, ele desmascarava a velhacaria dos que atraíam a Wilsnack numerosos peregrinos, e, de acordo com o arcebispo, Jan Huss publicou um tratado em que desenvolvia a tese de que um cristão não deve correr atrás de milagres.

Pouco depois, suas relações com o arcebispo começaram a esfriar; o clero irritava-se com as suas acusações e, afinal, retirou o cargo de pregador sinodal.

A rainha Sofia, entretanto, gostava de ouvi-lo. Surgiu daí um conflito político e religioso, e Jan Huss aparece como o chefe do partido nacional.

Aos poucos, suas críticas ao clero foram evidenciando suas simpatias para com a doutrina de Wyclif, e a oposição cresceu contra ele, sendo excomungado em 1410. O resultado disso foi um grande tumulto popular em Praga, quando Huss, com o apoio do rei Venceslau, foi festejado como herói nacional.

O rei da Boêmia, Venceslau IV (reinado entre 1378 e 1419, filho de Carlos IV da Boêmia, que reinou entre 1346 e 1378), decidira-se pela neutralidade entre os dois papas que, na época, pretendiam chefiar o mundo cristão. Pediu à universidade uma decisão a respeito. Os alemães eram partidários de Gregório XII e possuíam três votos, como representantes de três nações polonesas, e a tcheca, um voto só. Por instigação de Huss, o rei modificou os estatutos, ficando os tchecos com os três votos e os outros, com um. Mas cerca de 5 mil alemães, professores e alunos deixaram Praga. Huss foi, então, nomeado reitor da universidade, que se tornou inteiramente eslava.

O arcebispo, que era por Gregório XII, acusou Huss de heresia wyclifita e transmitiu sua queixa a Alexandre V papa eleito pelo Concílio de Pisa em 1409.

O papa, então, pela bula de 1409, exigiu a retratação dos erros wyclifitas, a apreensão dos livros de Wyclif e a interdição de se pregar em igrejas que não fossem as antigas.

Huss apelou, mas o arcebispo fez queimar os escritos de Wyclif e excomungou seus partidários. Porém, o clero inferior, a universidade, o povo e o rei ficaram com Jan Huss. Continuaram as prédicas na Capela de Belém, apesar da bula; ninguém se incomodou com o interdito contra Praga. Em uma segunda fase da luta, entra diretamente em cena o papa João XXIII, que sucedeu a Alexandre V, em 1410.

O tráfico das indulgências e a política guerreira do papa escandalizaram Huss e seus partidários, embora alguns recuassem, com receio da autoridade papal. Huss, porém, sustentava que o perdão dos pecados só se poderia obter por contrição e penitência sincera e nunca por dinheiro; que nem o papa, nem qualquer sacerdote poderiam levantar a espada em nome da Igreja; que a infalibilidade do papa era uma blasfêmia.

Houve o discurso inflamado do seguidor de Huss, Jerônimo de Praga, e cortejos satíricos, nos quais se ridicularizava a Igreja Oficial.

O papa ameaçou a Boêmia de excomunhão, e Venceslau aconselhou Huss, novamente excomungado, a deixar a capital em 1412, ao que Huss obedeceu.

Entrementes, o imperador Sigismundo, do Sacro Império Romano, irmão de Venceslau IV da Boêmia, entendia-se com João XXIII, para convocar o Concílio de Constança, de cujo programa constava a pacificação religiosa da Boêmia.

Sigismundo prometeu a Huss um salvo-conduto, se consentisse em comparecer ao Concílio de Constança (1414). Huss acedeu. Diante da promessa, veio a Praga e se pôs em caminho. Em Constança, Jan Huss recebeu o salvo-conduto.

Mas, com o pretexto de que ele queria retirar-se, prenderam-no e internaram-no no Convento dos Dominicanos, em infecto recinto. Instauraram-lhe um processo; o ato da acusação coube a Etienne Palec. Começara sua via-crúcis.

Ficou sob a guarda do bispo de Constança. Foi transferido, como medida de maior segurança, para o torreão do Castelo de Gottlieben, onde foi agrilhoado. Foi removido para o Convento dos Franciscanos.

O concílio condenara as teorias de Wyclif. Os inquisidores apresentam a Huss o seu tratado *De Ecclesia*, mas ele não pôde apresentar defesa, porque vozes exasperadas o interromperam.

Voltou-se ao exame do tratado *De Ecclesia*. Huss manteve a doutrina de que apenas o Cristo e não Pedro era o chefe da Igreja e resistiu às promessas e ameaças que lhe fizeram.

Em 6 de julho de 1415, foi proclamada a condenação de Jan Huss e logo executada. Foi degradado e lhe fizeram um chapéu de papel, no qual se lia esta inscrição: *hic est hoere siarcha* (eis o herege). Conduzido a um terreno vazio, despiram-no, amarraram-no a um poste, ajuntaram lenha em torno e lhe puseram fogo. Diz a história que, enquanto seu corpo queimava na fogueira, Jan Huss teria proferido a seguinte frase: "Hoje vós assais um pato (alusão ao significado de pato, de seu nome em tcheco), mas dia virá em que o cisne de luz (Martinho Lutero, um século mais tarde, foi cognominado o cisne) voará tão alto que as vossas labaredas não mais alcançarão". Suas cinzas foram lançadas ao Reno. Um ano após o martírio de Jan Huss, Jerônimo de Praga, talvez o seu mais destacado discípulo, também era imolado na fogueira da Inquisição.

A Sede do Papado em Avignon

Fato relevante da história da Igreja Católica foi o cisma que ocorreu após a mudança da sede do papado de Roma para Avignon (Avinhão, em português), França, em 1309.

O rei Filipe IV da França conseguiu que fosse eleito papa um francês, em 1305 (que adotou o nome de Clemente V), e, em 1309, persuadiu-o a deslocar a sede papal de Roma para Avignon, às margens do Rio Ródano. Foi sob a ação desse papa Clemente V e do rei Filipe IV (conhecido historicamente como Filipe, o Belo) que ocorreu a extinção da Ordem dos Cavaleiros Templários, em 13 de outubro de 1307, e seu Grão-Mestre, Jacques de Molay, foi queimado na fogueira em março de 1314.

Sete papas residiram em Avignon durante a primeira fase da conturbada ocorrência de um duplo papado:

Papa Clemente V – 1305-1314;
Papa João XXII – 1316-1334;
Papa Bento XII – 1334-1342;
Papa Clemente VI – 1342-1352;
Papa Inocêncio VI – 1352-1362;
Papa Urbano V – 1362-1370;
Papa Gregório XI – 1370-1378.

Em 1377, o papa Gregório XI transferiu a residência do papa de volta para Roma. Gregório XI faleceu um ano depois.

Após a morte de Gregório XI, em 27 de março de 1378, foi eleito papa o cardeal Bartolomeu Prignano, que assumiu o nome de Urbano VI. O conclave fora difícil porque os cardeais não conseguiam chegar a um acordo, e a população cercava o Vaticano gritando: "Queremos um romano ou matamos todos!". Concluída a eleição, o povo acabou por invadir o conclave e tentou aclamar outro cardeal como papa. Embora a eleição de Urbano VI tenha sido legítima, seus adversários, irritados com seu autoritarismo, usaram a invasão como pretexto para realizar uma segunda eleição.

Em 9 de agosto de 1378, na cidade de Fondi, foi eleito papa, sob forte pressão dos cardeais franceses, o controvertido Roberto de Genebra, que assumiu o nome de Clemente VII e estabeleceu-se em Avignon, com pontificado entre 1378 e 1394.

Ainda com sede em Avignon, o cardeal espanhol Pedro de Luna, com o nome de Bento XIII, sucedeu a Clemente VII, com pontificado entre 1394 e 1424.

Em Roma, ao mesmo tempo, a Igreja prosseguiu com o papado, considerado, até hoje, como o legítimo pela Igreja Católica. Foram promulgados papas, nesse período, com sede em Roma:

Urbano VI, papa entre 8 de abril de 1378 e 15 de outubro de 1389.
Bonifácio IX, com pontificado entre 2 de novembro de 1389 e 1 de outubro de 1404.
Inocêncio VII, papa entre 17 de outubro de 1404 e 6 de novembro de 1406.
Gregório XII, papa entre 30 de novembro de 1406 e 4 de julho de 1415.

Essa ambígua situação, que assolava a legitimidade da Igreja Católica, recebeu, em 1409, uma tentativa de solução, com a promulgação do Concílio de Pisa.

Concílio de Pisa

Em face desse cisma da Igreja, com papas em Roma e em Avignon, em 1409, provavelmente no mês de abril, foi promulgado o Concílio de Pisa, que teve, desde o primeiro momento, o caráter de um tribunal, em que era ajuizada, duramente, a atuação dos dois pontífices. O tom geral desse concílio era violentamente contrário à autoridade papal. No dia seguinte à abertura, os dois papas Gregório XII e Bento XIII foram declarados rebeldes e advertidos de deposição, caso não comparecessem à assembleia.

Os protestos contra essa deliberação do concílio, por parte de uma delegação de romanos e de uma delegação inglesa e, posteriormente, por parte de uma embaixada do Reino de Aragão (que ofereceu a renúncia de Bento XIII se, simultaneamente, também renunciasse Gregório XII), não lograram efeito. Sobre os dois papas, as acusações eram, além de outras, de heresia e de favorecimento ao cisma.

A condenação, pelo concílio, dos dois papas, e sua consequente deposição foi pronunciada em 5 de junho de 1409. Iniciaram-se, imediatamente, os preparativos para uma nova eleição, ao mesmo tempo em que uma ala mais radical do concílio propunha a realização de profundas reformas na Igreja. Era a primeira vez que tal tipo de requerimento era, oficialmente, apresentado.

O Concílio de Pisa elegeu, em 26 de junho de 1409, o cardeal Pedro Philargès arcebispo de Milão, que adotou o nome de Alexandre V. Lentamente, até o ano seguinte, diversas nações apresentaram seu reconhecimento ao papa eleito em Pisa.

A eleição de um terceiro papa, com adesões importantes, embora estivesse longe de um reconhecimento geral, deu lugar a uma debilidade nas outras obediências, em especial na romana.

Gregório XII permaneceu papa em Roma, ao mesmo tempo em que Bento XIII permanecia papa em Avignon. A intenção revolucionária do Concílio de Pisa em terminar com o cisma causado pela existência de dois papas deu lugar a um outro cisma, com a discussão da legitimidade de três papas.

Os projetos de reforma da Igreja, apresentados ao Concílio de Pisa, pareciam requerer a eleição de um novo pontífice. Todavia, esses projetos, logo após a eleição de Alexandre V, foram esquecidos. Foi anunciada a celebração de um novo concílio no prazo de três anos em local a ser determinado e, em 7 de agosto de 1409, foi encerrado o Concílio de Pisa.

O papa de Pisa, Alexandre V, faleceu no ano seguinte à sua eleição, em 1410, o que poderia pôr fim à existência de três papas, que se consideravam legítimos. Mas isso não ocorreu.

Foi sucessor de Alexandre V, o cardeal Baldassare Cossa, que se denominou João XXIII, com pontificado entre 1410 e 1419. Permanecia o triplo cisma. A história afirma que João XXIII se autoproclamou papa.

Nova tentativa de solução, dessa vez bem-sucedida, ocorreu com a promulgação do Concílio de Constança.

Concílio de Constança

O Concílio de Constança teve lugar entre 5 de outubro de 1414 e 22 de abril de 1418, na cidade ao sul da Alemanha, nos arredores do Lago de Constança.

Foi um Concílio Ecumênico da Igreja Católica, que teve três objetivos: a restauração da unidade da Igreja, a reforma eclesiástica do papado e das igrejas locais e, por fim, a destruição da heresia, sobretudo de hussitas (adeptos de Jan Huss).

Na época em que o concílio foi convocado, havia três papas, todos eles trocavam acusações entre si e clamavam legitimidade. Alguns anos antes, em um dos primeiros golpes que afetaram o movimento conciliador, os bispos do Concílio de Pisa tinham deposto ambos os papas anteriores e elegido um terceiro papa, Alexandre V, argumentando que, em tal situação, um concílio de bispos tem mais autoridade do que um papa. Isso apenas contribuiu para agravar o cisma, porque os dois papas depostos prosseguiram em seus postos.

Com o apoio e a pressão de Sigismundo, sacro imperador romano, o Concílio de Constança foi convocado pelo papa de Pisa, João XXIII, eleito, em Pisa, em 1410. A promulgação do Concílio de Constança teve a confirmação pelo papa de Roma, Gregório XII.

O papa Gregório XII, ao convocar o Concílio de Constança, baixou o decreto *Sacrossanta,* que determinou a supremacia do concílio sobre o papa e condenou a doutrina herética de Jan Huss. No mesmo ato, Gregório XII renunciou ao legítimo pontificado. Ao mesmo tempo, o antipapa autoproclamado João XXIII foi detido e, em seguida, também destituído pelo concílio, em 1415, sob a acusação de 54 crimes. O papa de Avignon, Bento XIII, manteve-se irredutível, ficando completamente isolado e sendo abandonado por todos os governantes europeus.

O segundo objetivo do Concílio de Constança, a reforma da Igreja, ficou prejudicado, porque, com a presença constante do imperador Sigismundo, outros monarcas exigiram que tivessem uma palavra a dizer na escolha do papa. Grande parte da discussão no concílio foi ocupada na tentativa de acalmar monarcas seculares, mais do que em efetuar uma reforma da igreja e da sua hierarquia. Em face disso, foi declarado, mais tarde, com relação às reformas eclesiásticas, que um concílio de bispos não poderia exercer maior influência do que o papa.

O terceiro objetivo do concílio, o combate à heresia, pretendeu prosseguir com as discussões interrompidas no Concílio de Pisa contra John Wyclif, Jan Huss e seus seguidores.

Em 1415, o Concílio de Constança condenou, por heresia, John Wyclif, que morrera em 1384.

Em 6 de julho de 1415, Jan Huss, discípulo de Wyclif, que fora ao concílio prestar esclarecimentos sobre sua doutrina, sob a promessa de receber salvo-conduto, foi queimado como herege pela Inquisição, após sumário julgamento, em Constança.

Em 1416, foi a vez de Jerônimo de Praga, amigo de Jan Huss e seguidor de suas ideias, ser queimado como herege pela Inquisição, na fogueira.

Em 11 de novembro de 1417, o Concílio de Constança elegeu, como único papa da Igreja Católica, o cardeal Oddo Colonna, que adotou o nome de Martinho V.

Em 22 de abril de 1418, o Concílio de Constança encerrou seus trabalhos, colocando um ponto final no tão famoso Cisma do Ocidente, título que a história deu ao cisma iniciado com o papado de Avignon, em 1309.

O papa Martinho V, para cumprir a sentença do Concílio de Constança contra John Wyclif, ordenou, em 1438, a exumação de seus ossos, que foram queimados, e suas cinzas foram lançadas no Rio Swift.

Joana d'Arc

A situação política na França, no início do século XV, era de guerra entre feudos.

Desde que o duque da Normandia, Guilherme, o Conquistador, apoderou-se da Inglaterra em 1066, os monarcas ingleses passaram a controlar extensas terras no território francês. Com o tempo, a Inglaterra possuía vários ducados franceses: Aquitânia, Gasconha, Poitou, Normandia, entre outros. Os duques, apesar de vassalos do rei inglês, acabaram tornando-se rivais do rei.

Quando a França tentou recuperar os territórios perdidos para a Inglaterra, originou-se um dos mais longos e sangrentos conflitos da história da humanidade: a Guerra dos Cem Anos, que durou, na realidade, 116 anos (iniciou em 1337 e terminou em 1453, com a vitória da França sobre a dominação inglesa) e produziu milhões de mortos e a destruição de quase toda a região norte da França.

Os interesses mais que evidentes de unificar as coroas se concretizaram com a morte do rei francês Carlos IV, em 1328. Filipe VI, sucessor graças à Lei sálica (Carlos IV não tinha descendentes masculinos e, pela Lei Sálica, a sucessão não poderia ser feita por uma mulher), proclamou-se rei da França em 27 de maio de 1328.

Filipe VI reclamou, em 1337, o feudo da Gasconha ao rei inglês Eduardo III, e, no dia 1º de novembro daquele ano, Eduardo III respondeu, plantando-se às portas de Paris, que ele era o candidato adequado para ocupar o trono francês. Estava iniciada a Guerra dos Cem Anos, entre França e Inglaterra.

Uma grave enfermidade do rei francês Carlos VI, 1380–1422, que ficou louco, originou uma luta pelo poder entre seu primo João I, duque de Borgonha, cognominado João sem Medo, e o irmão de Carlos VI, Luís de Orléans, o duque de Orléans.

No dia 23 de novembro de 1407, nas ruas de Paris e por ordem do duque de Borgonha, foi assassinado Luís de Orléans.

A família real francesa estava dividida entre os que davam suporte ao duque de Borgonha (borguinhões) e os que davam suporte a Carlos VI e, depois, a Carlos VII, delfim da França (armagnacs). Com o assassinato do armagnac Luís de Orléans, os bandos se enfrentaram em uma guerra civil, em que buscaram o apoio dos ingleses. Os partidários do duque de Orléans, em 1414, viram rechaçada uma proposta pelos ingleses, que, finalmente, pactuaram com os borguinhões.

Com a morte de Carlos VI, em 1422, Henrique VI da Inglaterra foi coroado rei francês, mas os armagnacs não desistiram e se mantiveram fiéis ao filho do rei, Carlos VII, coroando-o também em 1422.

O delfim instalou-se no Vale do Loire e, dali, passou a liderar a resistência francesa aos invasores.

É nesse momento que aparece em cena uma camponesa mística e visionária de Domrémy: Joana d'Arc, que conseguiu desarmar uma conspiração para matar o soberano. Os regentes do ineficaz Henrique VI foram perdendo o controle dos territórios conquistados para as forças francesas, sob a liderança de Joana d'Arc.

Apresentamos, a seguir, breve relato sobre a vida e a ação dessa donzela, que se tornou santa e é a padroeira da França.

Joana d'Arc (em francês, Jeanne d'Arc), nasceu em Domrémy, na região de Lorena (ou Lorraine), na França, posteriormente renomeada como Domrémy-la-Pucelle em sua homenagem (*pucelle*: donzela, em português), provavelmente em 6 de janeiro de 1412, e morreu em Ruão (Rouen, em francês), em 30 de maio 1431.

Filha de Jacques d'Arc e Isabelle Romée, tinha mais quatro irmãos: Jacques, Catherine, Jean e Pierre, sendo ela a mais nova dos irmãos. Seu pai era agricultor, e sua mãe lhe ensinou todos os afazeres de uma menina da época.

Joana d'Arc, que era analfabeta, desde os 13 anos, ouvia vozes divinas. Segundo ela, a primeira vez que escutou as vozes, elas vinham da direção da igreja, acompanhadas de claridade, causando-lhe uma sensação de medo. Dizia que, às vezes, não as entendia muito bem e que as ouvia duas ou três vezes por semana. Entre as mensagens que ela entendeu, estavam conselhos para frequentar a igreja, que deveria ir a Paris e que deveria levantar o domínio que havia na cidade de Orléans. Posteriormente, ela identificaria as vozes como sendo do arcanjo São Miguel,* Santa Catarina de Alexandria e Santa Margaret.

Aos 16 anos, Joana foi a Vaucouleurs, cidade vizinha a Domrémy. Recorreu a Robert de Baudricourt, capitão da guarnição armagnac estabelecida em Vaucouleurs, para lhe ceder uma escolta até Chinon, onde estava o delfim Carlos VII, já que teria de atravessar todo o território hostil defendido pelos aliados ingleses e borguinhões. Quase um ano depois, Baudricourt aceitou enviá-la escoltada até o delfim. A escolta ocorreu, aproximadamente, em 13 de fevereiro de 1429.

Portando roupas masculinas até sua morte, Joana atravessou as terras dominadas por borguinhões chegando a Chinon, onde, finalmente, ela iria se encontrar com Carlos VII, após apresentar uma carta enviada por Baudricourt.

Chegando a Chinon, Joana já dispunha de uma grande popularidade. O delfim, porém, tinha ainda desconfianças sobre a moça. Decidiram passá-la por algumas provas. Segundo a tradição oral, com medo de apresentar o delfim diante de uma desconhecida que talvez pudesse matá-lo, eles decidiram ocultar Carlos em uma sala cheia de nobres ao recebê-la. Joana então teria reconhecido o rei disfarçado entre os nobres, sem que jamais o tivesse visto. Joana teria ido até o verdadeiro rei, curvado-se e dito: "Senhor, vim conduzir os seus exércitos à vitória".

Sozinha na presença do rei, ela o convenceu a lhe entregar um exército com o intuito de libertar Orléans. Porém, o rei ainda a fez passar por provas diante dos teólogos reais. As autoridades eclesiásticas em Poitiers submeteram-na a um interrogatório, averiguaram sua virgindade e suas intenções.

Convencido do discurso de Joana, o rei entregou-lhe, nas mãos, uma espada, um estandarte e o comando das tropas francesas (um exército com 5 mil homens), para seguir rumo à libertação da cidade de Orléans, que havia sido invadida e tomada pelos ingleses havia oito meses.

Joana d'Arc organizara um exército completamente diferente dos exércitos feudais. Guerra era assunto para nobres e homens. Seu exército era liderado por uma mulher camponesa.

---

*N.E.: Sugerimos a leitura de *Comunicando-se com São Miguel Arcanjo*, de Richard Webster, Madras Editora.

Os exércitos feudais lutavam por seu senhor e seu feudo. O de Joana d'Arc era um exército nacional, que lutava pela França e por seu rei. Os franceses, agora, sentiam-se integrantes de um país. A ideia de nação estava lançada.

Com uma bandeira branca desfraldada, Joana chegou a Orléans em 29 de abril de 1429. Comandando um exército de cerca de 5 mil homens, ela conseguiu a vitória sobre os invasores no dia 9 de maio de 1429. O episódio é conhecido como a libertação de Orléans (e, na França, como a siège d'Orléans). Os franceses já haviam tentado defender Orléans, mas não obtiveram sucesso.

Os ingleses pensaram que os franceses, após libertar Orléans, iriam tentar reconquistar Paris ou a Normandia. Joana convenceu o delfim a iniciar uma campanha sobre o Rio Loire. Isso já era uma estratégia de Joana para conduzir o delfim a Reims.

Joana dirigiu o exército a vários pontos fortificados sobre pontes do Rio Loire. Em 11 e 12 de junho de 1429, venceu a Batalha de Jargeau. No dia 15 de junho, foi a vez da Batalha de Meung-sur-Loire. A terceira vitória foi na Batalha de Beaugency, nos dias 16 e 17 de junho do mesmo ano. Um dia após sua última vitória, dirigiu-se a Patay, onde sua participação foi pouca. A Batalha de Patay, única batalha em campo aberto, já se desenrolava sem a presença de Joana.

Cerca de um mês após sua vitória sobre os ingleses em Orléans, ela conduziu o rei Carlos VII à cidade de Reims, onde o delfim foi coroado em 17 de julho. Joana assistiu a coroação do delfim de uma posição privilegiada e acompanhada do seu estandarte.

A vitória de Joana d'Arc e a coroação do rei acabaram por reacender as esperanças dos franceses de se libertarem do domínio inglês e representaram a virada da guerra.

Carlos VII precisava tomar Paris para exercer sua autoridade de rei, mas não queria criar uma imagem ruim com uma conquista violenta de terras que passariam a ser seu domínio. Foi isto que o que motivou a firmar a trégua com o duque de Borgonha. Foi uma necessidade de ganhar tempo.

Durante a trégua, Carlos VII levou seu exército até Ile de France (região de Paris). Houve alguns enfrentamentos entre os armagnacs e a aliança inglesa com os borguinhões. Os ingleses abandonaram Paris dirigindo-se a Ruão (ou Rouen em francês). Restava então derrotar os borguinhões que ainda ficaram em Paris e na região.

Joana foi ferida por uma flecha durante uma tentativa de entrar em Paris. Isto acelerou a decisão do rei de bater em retirada no dia 10 de setembro. Com a parada, o rei francês não expressava a intenção de abandonar definitivamente a luta, mas optava por pensar e defender a opção de conquistar a vitória mediante a paz, tratados e outras oportunidades no futuro.

Na primavera de 1430, Joana d'Arc retomou a campanha militar e passou a tentar libertar a cidade de Compiègne, onde acabou sendo dominada e capturada pelos borguinhões, aliados dos ingleses.

Foi presa em 23 de maio do mesmo ano. Ela foi, do dia 23 ao dia 27, conduzida a Beaulieu-lès-Fontaines. Joana foi entrevistada entre os dias 27 e 28 pelo próprio duque de Borgonha, Filipe, o Bom. Naquele momento, Joana era propriedade do duque de Luxemburgo. Foi levada ao Castelo de Beaurevoir e permaneceu lá todo o verão, enquanto o duque de Luxemburgo negociava sua venda. Ao vendê-la aos ingleses, Joana foi transferida a Ruão.

Em Ruão, foi presa em uma cela escura e vigiada por cinco homens, em contraste ao bom tratamento que recebeu em sua primeira prisão. Ela, agora, vivia seus piores tempos.

O processo contra Joana começou no dia 9 de janeiro de 1431, sendo chefiado pelo bispo de Beauvais, Pierre Cauchon, o Inquisidor.

A história conta que a Inquisição não prosperou na Inglaterra mas, nesse caso de Joana d'Arc, foi a Inquisição, sob a proteção dos ingleses, embora operada por um bispo francês inquisidor, Pierre Cauchon, quem submeteu Joana ao processo de heresia.

Dez sessões foram feitas, sem a presença da acusada. Nas primeiras sessões, foram apresentadas provas da acusação, sendo ela acusada de heresia e assassinato.

No dia 21 de fevereiro, Joana foi ouvida pela primeira vez. A princípio, ela negou-se a fazer o juramento da verdade, mas logo o fez. Foi interrogada sobre as vozes que ouvia, a igreja militante, seus trajes masculinos. No dia 27 e 28 de março, Thomas de Courcelles fez a leitura dos 70 artigos da acusação de Joana e que, depois, foram resumidos em 12, no dia 5 de abril. Estes 70 artigos sustentavam a acusação formal para a donzela, buscando a sua condenação.

No mesmo dia 5 de abril de 1431, Joana começou a perder a saúde, por causa de ingestão de alimentos venenosos que a fizeram vomitar. Isto alertou Cauchon, o Inquisidor, e aos ingleses, que lhe trouxeram um médico. Os ingleses queriam mantê-la viva, para executá-la publicamente.

Durante a visita do médico, Jean d'Estivet acusou Joana de ter ingerido os alimentos envenenados conscientemente para se suicidar. No dia 18 de abril, quando finalmente ela se viu em perigo de morte, pediu para confessar.

Os ingleses se impacientaram com a demora do julgamento. O conde de Warwick disse a Cauchon que o processo estava demorando muito. Até que o primeiro proprietário de Joana, Jean de Luxemburgo, apresentou-se a ela fazendo-lhe a proposta de pagar sua liberdade, se ela prometesse não atacar mais os ingleses.

A partir do dia 23 de maio, as coisas se aceleraram, e, no dia 29 de maio, ela foi condenada por heresia.

Joana estava em pé, à frente de seus juízes, quando recebeu a sentença de morte. A menina, de apenas 19 anos, foi considerada culpada em 12 das 70 acusações que lhe foram imputadas. Seus inquisidores, todos eles autoridades eclesiásticas, estavam irritados com a extrema independência e rebeldia daquela garota com feições de menino que dizia conversar com Deus, dispensando a intermediação dos padres, fato que era inadmissível pela Inquisição. A mística que crescia em torno de Joana, heroína e santa, ameaçava o poder da Igreja. Finalmente, suas atitudes másculas terminaram por esgotar a paciência do chefe inquisidor, o bispo Cauchon, que lia em voz alta o quinto artigo da sentença:

"Esta mulher afirma que, obedecendo ao desejo e à ordem de Deus, vestiu e continua a vestir roupas masculinas. Além disso, diz que, porque Deus ordenou que vestisse essas roupas, teve de providenciar túnicas curtas, jaleco, calças, meias, cortou o cabelo acima das orelhas e não adotou nenhuma roupa que pudesse mostrar seu verdadeiro sexo. Ela afirma que recebeu o sacramento da eucaristia diversas vezes vestida com roupas masculinas. Ela não quis e nem desejava voltar a usar roupas de mulher, apesar de ter sido solicitada e gentilmente exortada a fazê-lo. Por vezes, disse preferir morrer a abandonar a roupa que vestia; outras vezes, disse que somente o faria se Deus assim mandasse".

Joana jamais escutou uma ordem para que vestisse roupas de mulher, a não ser dos inquisidores.

Depois de lida sua sentença, a menina foi conduzida à fogueira, mas pediu que, antes, rapassem sua cabeça. Ao chegar perto do fogo, quente e crepitante, Joana tremeu e acovardou-se. Não queria morrer. Havia tanto para ser vivido, e ela era tão jovem. Pensou que, se mostrasse remorso, poderia ser libertada. Assim, quando foi perguntada, pela última vez, se estava arrependida por seus erros, Joana disse que sim e assinou um termo prometendo nunca mais reincidir em qualquer um dos 12 artigos.

Poupada do fogo, foi reconduzida à masmorra. No dia seguinte, 30 de maio, os soldados a encontraram, dentro da cela, novamente vestindo calça e jaleco. O inquisidor Cauchon foi chamado às pressas e, após breve deliberação, decidiu condenar Joana, dessa vez em caráter irreversível, à morte na fogueira. Antes, porém, perguntaram a Joana por que havia retomado o uso de roupas masculinas. Joana simplesmente respondeu: "Fiz isso por minha livre e espontânea vontade. Eu prefiro roupas de homem a roupas de mulher".

Joana d'Arc morreu queimada na fogueira, em frente ao "Velho Mercado", na manhã de 30 de maio de 1431, em Ruão, França, por reincidir no crime de travestismo. Mais uma vítima da "Santa Inquisição".

Quase 500 anos depois, a Igreja Católica francesa propôs ao papa Pio X sua beatificação, que foi realizada em 1909, em um período dominado pela exaltação da nação e o ódio ao estrangeiro, inglês ou alemão.

Em 9 de maio de 1920, Joana d'Arc foi definitivamente reabilitada, sendo canonizada pelo papa Bento XV, como a Santa Joana d'Arc.

Em 1922, foi declarada padroeira da França.

Joana d'Arc permanece como testemunha de milagres que pode realizar uma pessoa ainda mesmo que animada apenas pela energia de suas convicções, mesmo adolescente, pastora e analfabeta, de modo que seu exemplo guarda um valor universal.

Idade Moderna

O início da Idade Média, marcando o término da Idade Antiga, que se caracterizou pela existência da sociedade escravagista, foi motivo de várias controvérsias entre os historiadores. A Idade Média, todavia, ficou caracterizada pelo feudalismo. Mas a escolha do término desse período originou menores dúvidas. Em geral, os historiadores situam o término da Idade Média em uma das três épocas que assinalam decisivos eventos da história: 1453 (tomada de Constantinopla pelos turcos), 1492 (descobrimento da América) e 1517 (início do movimento luterano), o que coloca o início da Idade Moderna entre meados do século XV e o início do século XVI, embora o ano de 1453 seja o mais aceito para marcar o final da Idade Média.

A Reforma de Lutero

Os dois primeiros grandes cismas na Igreja Católica Romana foram a separação definitiva da Igreja Católica Apostólica Ortodoxa, em 1054, e o chamado Grande Cisma do Ocidente, entre 1305 e 1417 (quando a Igreja chegou a ter três papas simultâneos). Esses cismas já foram abordados nesta obra.

O terceiro grande cisma, se observado pelo ponto de vista cronológico, ocorreu sob o pontificado de Leão X – Giovanni de Medici (1513– 1521), com a revolta do alemão Martinho Lutero, monge católico que, em 1517, escreveu *As 95 Afirmações* contra o abuso das indulgências, afixando-as à porta do Mosteiro de Wittenberg, marcando época pela Reforma Religiosa.

A atitude de Lutero representa, no século XVI, a confirmação de uma série de manifestações de descontentamento dos religiosos contra a hierarquia da Igreja, com destaque nas posições de John Wyclif, por volta de 1360, na Inglaterra, e Jan Huss, na Boêmia, por volta de 1400 (temas abordados nesta obra).

Lutero não concordava com a permissividade das indulgências, que concedia, até a delinquentes, o perdão, em troca de contribuição financeira. *As 95 Afirmações* foram levadas a Roma, que considerou Lutero herege e rebelde à autoridade eclesiástica. Embora a intercessão de políticos, seus aliados, protelassem a decisão papal, os pontos de vista de Lutero eram irreconciliáveis com os da Igreja Católica Romana.

A firme posição de Lutero foi apoiada pela nobreza alemã que, além da motivação ético-religiosa, estava saturada, assim como muitos monarcas estavam insatisfeitos com o enorme poder que o papa exercia no mundo. Ao mesmo tempo, muitos teólogos criticavam a doutrina e as práticas da Igreja, sua atitude para com a fé e seu feitio organizacional. Ideias e razões distintas deram origem a diversas comunidades eclesiais novas.

Nascia o Protestantismo na Alemanha, com Lutero. O movimento recebeu diversas adesões: Zwinglio, na Suíça; Calvino, na França e Holanda; e Henrique VIII, na Inglaterra.

Os movimentos religiosos decorrentes do nascimento do Protestantismo serão abordados, nesta obra, em títulos próprios.

Companhia de Jesus

Fato relevante na cronologia da Igreja Católica foi a criação, em 27 de setembro de 1540, da Companhia de Jesus.

No dia 15 de agosto de 1534, Inácio de Loiola, estudante da Universidade de Paris com seis companheiros vindos da Espanha, Portugal e França (Francisco Xavier, Nicolau de Bobadilla, Diogo Laínez, Afonso Salmerón, Simão Rodrigues e Pedro Fabro, o único que era sacerdote) fizeram voto de pobreza, de castidade e de dedicação à causa da Igreja Católica.

Em 1537, juntaram-se ao grupo três novos companheiros, Pascássio Broet, João Codure e Cláudio Jay. Dirigiram-se a Roma, puseram-se à disposição do papa e dedicaram-se a obras de caridade.

Em 1539, decidiram criar uma Ordem religiosa, e Inácio de Loiola começou a escrever as Constituições, que só ficaram prontas 16 anos mais tarde.

Em 27 de setembro de 1540, o papa Paulo III, pela bula *Regimini Militantis Ecclesiae*, aprovou a criação da nova Ordem, também denominada Companhia de Jesus, então, com apenas dez membros.

A Companhia de Jesus surgiu com o objetivo missionário de espalhar a fé cristã; não estava previsto que fosse uma Ordem religiosa especialmente consagrada ao ensino.

Não era uma Ordem religiosa como as outras; seus combativos integrantes tinham uma organização paramilitar: consideravam-se soldados da Igreja que deviam se infiltrar em todas as atividades sociais e culturais, a fim de eliminar aqueles que pusessem em risco os princípios do Catolicismo. Os membros da Ordem deviam prestar voto especial de obediência ao sumo pontífice e dependiam diretamente dele.

A companhia é dividida em províncias, agrupadas de acordo com critérios geográficos e linguísticos. O superior governa cada província. O supremo poder da companhia pertence ao superior-geral eleito pela congregação-geral, que é formada pelos delegados das diversas províncias.

Além de sua intensa atividade na Inquisição e na luta contra o Protestantismo (Contrarreforma), sobretudo na Itália e na Espanha, tinham o ensino em colégios e universidades. A principal tarefa dos religiosos foi evangelizar os indígenas das regiões recém-descobertas.

Quando Inácio de Loiola morreu, em 1556, existiam 40 colégios aprovados, mas só 35 estavam em funcionamento. A companhia tinha cerca de 1.000 membros, distribuídos em 110 casas e 13 províncias, sendo a de Portugal a primeira a ser criada.

A Companhia de Jesus, em que pesem as alegações em sua defesa, rapidamente estendeu seus tentáculos sobre os governos, no sentido de dominá-los e aumentar o seu poder.

O ensino apresentado pelos jesuítas na metrópole não atendia aos interesses da corte, assim como a colonização dos gentios não atendia aos interesses do colonizador.

O poder dos jesuítas era enorme nas cortes e sobre a direção da Igreja de Roma. Os jesuítas eram detentores de todos os segredos de Estado, além de ser os confessores de praticamente toda a nobreza ocidental, incluindo os reis e até mesmo o papa. Esse estado de coisas cresceu de tal forma que o marquês de Pombal, em 1759, erradicou os jesuítas de todo o reino português. Na França, a Ordem foi expulsa em 1764 e, de todo o reino de Espanha, em 1767. Até que o papa Clemente XIV, o famoso Ganganelli, dissolveu a Companhia de Jesus, em 1773, exceto na Prússia e na Rússia Branca.

Em 1814, o papa Pio VII, por meio da bula *Sollicitudo Omnium Ecclesiarum* restaurou a Companhia de Jesus.

Durante todo século XIX, a vida da companhia foi muito atribulada. Quando os governos eram conservadores, os jesuítas eram chamados e exaltados; quando os governos eram liberais, eram perseguidos e expulsos.

A Companhia de Jesus tem sua sede geral em Roma. Sua organização, para que o superior-geral tenha conhecimento do que acontece em todos os países onde estão os 22.869 (dados de 1996) jesuítas, é dividida em províncias.

Jesuítas no Brasil

A Companhia de Jesus chegou ao Brasil em março de 1549, menos de nove anos após a sua constituição oficial, com o primeiro contingente de jesuítas formado pelos padres Manuel da Nóbrega, Leonardo Nunes, João de Azpilcueta Navarro, Antônio Pires e mais os irmãos Vicente Rodrigues e Diogo Jácome, acompanhando Tomé de Sousa, primeiro governador-geral do Brasil. Aportaram na Bahia, onde foi fundada, por Tomé de Sousa, em 29 de março de 1549, a cidade de Salvador. Essa data é simbólica e coincide com a da chegada de Tomé de Sousa à Bahia.

A região, antes mesmo de ser fundada, já era habitada desde o naufrágio de um navio francês, em 1510, de cuja tripulação fazia parte Diogo Álvares, o Caramuru.

Em 1534, foi fundada a capela em louvor a Nossa Senhora da Graça, porque ali viviam Diogo Álvares e sua esposa, Catarina Paraguaçu. Em 1536, chegou à região o primeiro donatário, Francisco Pereira Coutinho, que recebeu capitania hereditária do rei dom João III. Fundou o Arraial do Pereira, nas imediações onde hoje está a Ladeira da Barra, em Salvador. Esse arraial, 12 anos depois, na época da fundação da cidade, foi chamado de Vila Velha. Os índios não gostavam de Pereira Coutinho por causa de sua crueldade e arrogância no trato. Por isso aconteceram diversas revoltas indígenas enquanto ele esteve na vila. Uma delas obrigou-o a refugiar-se em Porto Seguro com Diogo Álvares. Na volta, já na Baía de Todos os Santos, enfrentando forte tormenta, o barco, à deriva, chegou à praia de Itaparica. Nela, os índios fizeram-no prisioneiro, mas deram liberdade a Caramuru. Francisco Pereira Coutinho foi retalhado e servido em uma festa antropofágica.

D. João III, rei de Portugal, não escolheu o Recôncavo Baiano para ser a sede do governo-geral da colônia por acaso. Ali, na capitania que pertencia ao donatário Francisco Pereira Coutinho, já existia uma pequena e organizada produção de açúcar. A extração de pau-brasil era a maior de todo o território, e o porto do recôncavo, além de mais próximo da Europa, era o principal responsável pelo escoamento de matérias-primas.

O sistema político do governo-geral que entrou em vigor em janeiro de 1549, em adição às capitanias hereditárias, tinha como missão primordial colonizar ordenadamente o Brasil e garantir o domínio luso sobre o território ultramarino. Salvador foi a primeira metrópole lusitana de além-mar.

Os jesuítas, ao chegarem ao Brasil em 1549, fundaram a Província do Brasil da companhia de Jesus, que passou a ser a sede e a cabeça da Ordem Inaciana na América Portuguesa. Perto da Câmara Municipal, os padres da companhia escolheram um lugar para construir seu colégio em um terreiro que, por causa deles, passou a ser chamado de Terreiro de Jesus, nome que até hoje conserva e que passou a ser o ponto central da antiga cidade.

Fundaram uma igreja de taipa coberta de palha que dedicaram a Nossa Senhora da Ajuda, além de outras precárias instalações iniciais, que foram, sucessivamente, reconstruídas e ampliadas. A Igreja de Nossa Senhora da Ajuda, a primeira dos jesuítas no Brasil, foi cedida posteriormente ao clero secular, que, no mesmo local, em 1914, construiu a atual igreja; nela, está o púlpito em que o padre Antônio Vieira pregou o famoso Sermão contra a Holanda.

Outro célebre jesuíta, José de Anchieta, aportou em Salvador no dia 13 de julho de 1553, com a comitiva do segundo governador-geral do Brasil, Duarte da Costa.

Os colégios da companhia transmitiam uma cultura humanística de caráter acentuadamente retórico que, de um lado, atendia aos interesses da Igreja e, de outro, atendia às exigências do patriarcado de cana-de-açúcar.

Os mais importantes intelectuais da colônia estudaram nesses colégios, como Bento Teixeira, frei Vicente do Salvador, Gregório de Matos Guerra, Basílio da Gama, Alvarenga Peixoto, entre outros. A grande importância que a Companhia de Jesus dava para a cultura colonial foi a causa da fundação dos colégios de São Vicente por Leonardo Nunes e do de Salvador por Nóbrega. Logo, acompanhando a expansão dos trabalhos de catequese entre 1548 e 1604, quando cerca de 28 expedições de missionários foram enviadas à colônia, uma vasta rede de colégios se espalhou pelo nosso litoral: São Paulo (1554), Rio de Janeiro (1568), Olinda (1576), Ilhéus (1604), Recife (1655), São Luís, Paraíba, Santos, Belém, Alcântara (1716), Vigia (1731), Paranaguá (1738), Desterro (1750).

Nas aldeias, vilas e cidades, as escolas intitulavam-se de ler, escrever, e contar e, umas vezes, dizia-se Escola de Rudimentos, outras, Escola Elementar; nos colégios, o mestre ora se chamava *alphabetarius* (1615), ora *ludi-magister* (mestre-escola). Estavam abertas durante cinco horas diárias, repartidas em duas partes iguais, metade de manhã, metade à tarde.

Há, no Brasil, quatro províncias e um Distrito Missionário da Amazônia: a) Província da Bahia; b) Província do Brasil Setentrional; c) Província do Brasil Centro-Leste; d) Província do Brasil Meridional. A Província do Brasil Meridional abrange os Estados do Rio Grande do Sul, Santa Catarina, Paraná, Mato Grosso do Sul, Mato Grosso e Rondônia.

Santo Inácio de Loiola

Santo Inácio de Loiola (ou Loyola) foi o fundador da Companhia de Jesus, conhecida como os jesuítas, uma Ordem religiosa católica romana estabelecida com a finalidade de fortalecer a Igreja, inicialmente contra o Protestantismo.

Nascido possivelmente em 24 de dezembro de 1491, recebeu o nome de Íñigo López, na localidade de Loiola (em espanhol, Loyola), no atual município de Azpeitia (a cerca de 20 quilômetros a sudoeste de São Sebastião, no País Basco).

Inácio foi o mais novo de 13 irmãos e irmãs. O seu pai faleceu quando ele tinha apenas 7 anos de idade. Em 1506, tornou-se pajem a serviço de um familiar, Juan Velásquez de Cuellar, tesoureiro (contador maior) do reino de Castela. Como cortesão, levou uma vida leviana.

Em 1517, Inácio tornou-se militar. Gravemente ferido na Batalha de Pamplona (20 de maio de 1521), passou meses como inválido no castelo de seu pai.

Durante o período de sua recuperação, Inácio leu numerosos textos religiosos sobre a vida de Cristo e dos santos da Igreja. Empolgou-se com a ideia ascética de uma vida de autoabnegação, emulando os feitos heroicos de Francisco de Assis e outros líderes monásticos, decidindo devotar sua vida à conversão dos infiéis na Terra Santa.

Durante esse período, Inácio desenvolveu os primeiros planos dos exercícios espirituais (*ejercicios espirituales*), que iriam adquirir uma grande influência na mudança dos métodos de propaganda da Igreja.

Após ter recuperado a saúde, Inácio visitou o Mosteiro Dominicano de Montserrat (25 de março de 1522), no qual pendurou seu equipamento militar diante de uma imagem da Virgem. Logo após, entrou no Mosteiro de Manresa (ele apenas morou em um quarto do mosteiro como hóspede, mas não era monge), na Catalunha, onde praticou o mais rigoroso ascetismo.

Diz-se que Inácio teve visões. A Virgem tornou-se objeto de uma devoção de cavaleiro. Imagens militares tomaram grande relevo nas suas contemplações religiosas.

Em 1528, entrou para a Universidade de Paris, na qual ficou sete anos e estendeu sua educação literária e teológica, tentando cativar o interesse dos outros estudantes para os seus exercícios espirituais. Em 1534, tinha seis seguidores: Pedro Faber, Francisco Xavier, Alfonso Salmeron, Jacob Laines e Nicolau Bobedilla (espanhóis) e Simão Rodrigues (português).

Em 15 de agosto de 1534, ele e os outros seis fundaram a Companhia de Jesus na Igreja de Santa Maria, em Montmartre, "para efetuar trabalho missionário e de apoio hospitalar em Jerusalém, ou para ir aonde o papa quisesse, sem questionar". Em 1537, eles viajaram até a Itália em busca da aprovação papal da sua Ordem. O papa Paulo III concedeu-lhes uma recomendação e permitiu que fossem ordenados padres. Foram ordenados em Veneza pelo bispo de Arbe (24 de junho). Devotaram-se inicialmente a pregar e a fazer obras de caridade na Itália.

Em 1538, foi impressa a obra *Exercícios Espirituais*, que foi objeto de inspeção pela Inquisição Romana, tendo sido, no entanto, autorizada.

Na companhia de Faber e Laines, Inácio viajou até Roma, em outubro de 1538, para pedir que o papa aprovasse a nova Ordem. A congregação de cardeais deu parecer positivo à Constituição apresentada, e, em 27 de setembro de 1540, o papa Paulo III confirmou a Ordem por meio da bula *Regimini Militantis Ecclesiae*, que integra a Fórmula do Instituto, em que está contida a legislação substancial da nova Ordem. O número dos seus membros foi, no entanto, limitado a 60. Essa limitação foi, porém, posteriormente, abolida pela bula *Injunctum Nobis* de 14 de março de 1543.

Inácio foi escolhido como o primeiro superior-geral. Enviou os seus companheiros como missionários para criar escolas, liceus e seminários por toda a Europa.

Escreveu as Constituições Jesuítas, adotadas em 1554, que criaram uma organização hierarquicamente rígida, enfatizando a absoluta autoabnegação e a obediência ao papa e aos superiores hierárquicos (*perinde ac cadaver*, disciplinado como um cadáver, nas palavras de Inácio). Seu grande princípio tornou-se o lema dos jesuítas: *ad majorem Dei gloriam* (tudo por uma maior glória de Deus). Os jesuítas foram um grande fator do sucesso da Contrarreforma.

Inácio de Loiola morreu em Roma, em 31 de julho de 1556, e foi canonizado em 12 de março de 1622 pelo papa Gregório XV. A Igreja comemora o seu dia em 31 de julho.

Celibato Clerical

O celibato é o estado de uma pessoa solteira. Em geral, confunde-se a qualidade de celibatário com o voto de castidade (casto é aquele que se abstém de quaisquer relações sexuais). Na verdade, esse entrelaçamento de conceitos é mais comum à Igreja Católica do que propriamente ao estrito significado das palavras.

A Igreja Católica exige o celibato e a castidade em todas as hierarquias sacerdotais e costuma justificar sua atitude como um ato de fé baseado na vida de Jesus Cristo, que, de acordo com ela, teria sido solteiro.

No entanto, afirmam historiadores que a prática do celibato foi implementada apenas após o final do primeiro milênio, ou seja, na Idade Média, para evitar que a Igreja perdesse posses em eventuais disputas de herança.

Desde o início da Igreja Católica, o clero regular, das Ordens religiosas, conventos e mosteiros, era celibatário. Os padres do clero secular, os padres diocesanos, tinham sua família.

Já no século IV, na época do Concílio de Elvira, começou-se a promover na Igreja Católica o celibato entre os padres seculares. Nesse concílio provincial (Elvira era uma cidade romana, junto a Granada), foi imposta a "continência sob pena de degradação".

Com o passar dos séculos, houve avanços e recuos, e o celibato só seria definido como regra, tanto para os clérigos do clero secular como para os do clero regular, no Concílio de Trento, na seção XXIV das atas do concílio – Doutrina do Sacramento do Matrimônio, cânone IX, celebrada pelo papa Pio IV, em 11 de novembro de 1563. A pena para o descumprimento dessa regra é a excomunhão, sob o motivo de que Deus não recusa o dom da castidade aos que, devidamente, Lhe pedem, nem, tampouco permite a tentação além das possibilidades.

A lei do celibato acabou por se impor no Ocidente, e não se estendeu ao Oriente, onde existem padres católicos que não são celibatários e são aceitos pela Igreja.

Concílio de Trento

O Concílio de Trento, realizado entre 1545 e 1563, foi o 19º Concílio Ecumênico, convocado pelo papa Paulo III para assegurar a unidade de fé e a disciplina eclesiástica.

A sua convocação surge no contexto da reação da Igreja Católica à divisão que viveu a Europa do século XVI, em presença da Reforma Protestante.

O Concílio de Trento foi o mais longo e um dos mais importantes da história da Igreja: é chamado de Concílio da Contrarreforma.

Durante a realização do Concílio de Trento, houve cinco papas: Paulo III, que o convocou (13.10.1534 – 10.11.1549), Júlio III (29.11.1549 – 23.3.1555), Marcelo II (7.4.1555 – 3.4.1555), Paulo IV (23.5.1555 – 18.08.1559) e Pio IV (25.12.1559 – 9.12.1565).

O Concílio de Trento, até a sua conturbada realização, foi o resultado de uma série de antecedentes político-religiosos que merecem uma rápida consideração.

O papa Paulo III, cardeal Alexandre Farnese, foi eleito papa em 1534, aos 66 anos. Ao sabor do costume da época, foi um papa corrupto que cedeu ao luxo, aos divertimentos e ao nepotismo.

Não obstante, mostrou-se mais consciente da necessidade de reforma do que os pontífices anteriores. Por isso favoreceu as novas Ordens religiosas dos teatinos, capuchinhos, barnabitas, somascos e ursulinas.

Em 27 de setembro de 1540, o papa Paulo III, pela bula *Regimini Militantis Ecclesiae*, aprovou a criação da nova Ordem, também denominada Companhia de Jesus.

Chamou para o Colégio Cardinalício homens doutos e dignos e nomeou uma comissão de nove membros, que elaborou para o papa um relatório dos males da Igreja e uma sugestão de medidas para remediá-los.

Roma tomava consciência do fato de que ideias revolucionárias penetravam na Itália, especialmente em Nápoles. As obras de Lutero, Zvínglio, Calvino e Erasmo difundiam-se entre o clero e o povo. Apareciam personagens ambíguos, que, sem romper com a Igreja, se compraziam nas obras dos reformadores protestantes.

Para conter tais avanços, Paulo III reorganizou a Inquisição, inspirado pelo cardeal Carafa (futuro papa Paulo IV) e por Inácio de Loiola (o superior-geral dos jesuítas).

Designou uma comissão de seis cardeais, com a faculdade de nomear sacerdotes inquisidores em qualquer lugar onde julgasse necessário, originando, assim, a Congregação do Santo Ofício (que, após o Concílio do Vaticano II, tomou o nome de Congregação para a Doutrina da Fé).

A Congregação do Santo Ofício agiu, energicamente, contra os inovadores, conseguindo exterminar, por completo, as novas ideias na Itália.

A necessidade de convocar um concílio ecumênico era uma ideia muito difundida na época. Havia, porém, obstáculos à realização concreta desse ideal, em razão de um receio generalizado em relação ao conciliarismo.

O imperador Carlos I, do Sacro Império Romano, filho de Filipe, o Belo (este Filipe, de Castela, era outro Filipe, não o conhecido Filipe, o Belo, rei da França, que, em 13 de outubro de 1307, suprimiu a Ordem dos Templários), como rei da Espanha, foi Carlos I; como rei do Sacro Império Romano, Carlos foi Carlos V; como rei de Nápoles e Sicília, Carlos foi Carlos IV; daí, encontramos, na literatura, as três denominações, Carlos I, Carlos IV e Carlos V. Esse imperador, Carlos I, queria que o concílio se realizasse em território alemão, para facilitar a participação dos luteranos, que Carlos queria trazer de novo à unidade da Igreja, enquanto o papa preferia uma cidade da Itália.

Em resumo, imperador, papado, protestantes, Espanha e França tinham posições divergentes em relação à convocação do concílio.

O papa Paulo III tentou ainda convocar o concílio para Mântua, em 1536, e Vicenza, em 1537. Depois de dez anos de tentativas, fixou a abertura do concílio para Trento (na época, território alemão), em março de 1545, mas só em dezembro daquele ano se abriu a grande assembleia na catedral de Trento.

O Concílio de Trento durou 18 anos, sendo interrompido, longamente, por duas pausas. Durante a sua realização, morreram quatro papas. As três fases do concílio são: 1545 a 1547, 1551 a 1552, 1562 a 1563. O grupo preponderante foi o dos espanhóis, dotados de profundo senso eclesiástico, sem os quais não teriam sido elaborados os decretos dogmáticos do concílio.

O Concílio de Trento emitiu numerosos decretos disciplinares. Especificou claramente as doutrinas católicas quanto à salvação, os sacramentos e o cânone bíblico, em oposição aos protestantes, e estandardizou a missa pela Igreja Católica, abolindo as variações locais.

A nova missa padronizada tornou-se conhecida como a Missa Tridentina, com base no nome da cidade de Trento, onde o concílio teve lugar. Regulou também as obrigações dos bispos e confirmou a presença de Cristo na eucaristia. Foram criados seminários como centros de formação sacerdotal e reconheceu a superioridade do papa sobre a assembleia conciliar, instituiu o índice de livros proibidos (*Index Librorum Prohibitorum*) e reorganizou a Inquisição.

Apresentamos, a seguir, breve comentário acerca de cada um dos três períodos de realização do Concílio de Trento.

Primeiro Período – 1545 a 1547

A presidência do concílio sempre foi dada aos legados papais, que mantinham estreito contato com Roma. Já no início do concílio, houve divergência entre o papa e o imperador Carlos I. O imperador queria que se abordassem logo as questões disciplinares e jurídicas por causa das posições inovadoras dos protestantes na Alemanha. O papa, ao contrário, queria começar pelas questões dogmáticas. Ficou determinado que os dois grandes temas seriam tratados simultaneamente.

Os decretos dogmáticos do concílio, em suas três sessões, tiveram sempre em mira o Protestantismo, que afirmava:

1) A unicidade da fonte de fé na Sagrada Escritura;
2) Um conceito espiritualista (e por isso subjetivo) de Igreja.

Muito importante foi a sessão de abril de 1546, porque:

• Definiu, mais uma vez, o cânon da Sagrada Escritura (que, desde 397, no Concílio de Hipona, fora definido nos mesmos termos).

• Afirmou que as tradições apostólicas (ou a Palavra de Deus oral que não foi consignada nas Escrituras) devem ser acolhidas com o mesmo respeito que as Escrituras.

• Declarou autêntica a tradução latina da Bíblia dita *Vulgata* (deveria ser considerada isenta de erros teológicos em meio às muitas traduções tendenciosas da época).

Em janeiro e março de 1547, foi abordada a questão dos sacramentos: estes não são meros ritos simbólicos, mas sim canais transmissores da graça, graça que não é mero revestimento da alma do pecador, mas que opera uma transformação (justificação) intrínseca. A vontade humana não é meramente passiva nem escrava do pecado, mas é chamada a colaborar com a graça de Deus. A missa é a perpetuação do sacrifício da cruz sob forma sacramental.

Os conciliares também decretaram medidas disciplinares, desejo do imperador Carlos I:

• Ficava proibido o acúmulo de mais de um benefício (cargo) eclesiástico nas mãos de um só titular.

• Foi abolido o ofício de coletor de esmolas (que pregava as indulgências).

• Tornou-se obrigatório o casamento sacramental dentro de moldes bem definidos e na presença do pároco ou do vigário.

• Foram estipuladas normas rígidas para a formação do clero nos seminários.

Já que uma febre contagiosa se propagou em Trento, o papa transferiu o concílio para Bolonha. O imperador, porém, opôs-se ao traslado, de modo que, para evitar maiores males, Paulo III resolveu suspender o concílio, em 1547.

Segundo Período – 1551 a 1552

O papa Paulo III faleceu em 1549, tendo como sucessor Júlio III (1550 a 1555), que acedeu aos desejos do imperador Carlos I de continuar o concílio em Trento à revelia dos desejos da França.

Reaberto o concílio em 1º de maio de 1551, promulgou longa exposição sobre a eucaristia (presença real, transubstanciação, culto...). Também tratou dos sacramentos da penitência e da unção dos enfermos.

Os franceses não tomaram parte nessa sessão por motivos políticos. Todavia apareceram legados dos príncipes alemães protestantes, que, cedendo ao convite do imperador Carlos I, participaram desde outubro de 1551 até março de 1552.

Apesar da boa vontade manifestada pelos católicos, as negociações com os protestantes foram frustradas, porque estes:

• Exigiam a ab-rogação (revogação) dos decretos até então promulgados e a realização de novos estudos sobre os respectivos assuntos.

• Queriam a renovação dos decretos dos concílios de Constança e Basileia sobre o conciliarismo.

• Pleiteavam que os membros do concílio fossem desligados do juramento de obediência ao papa.

Aconteceu que, quando os legados protestantes deixaram Trento, as tropas luteranas na Alemanha faziam uma perigosa incursão no sul do país. Esse episódio levou os conciliares, em 28 de maio de 1552, a decretar a suspensão do concílio por dois anos, que, na realidade, duraria quase um decênio.

O papa Júlio III morreu em 23 de março de 1555. Seguiu-se o curto período de 23 dias do papa Marcelo II, sucedido pelo papa Paulo IV, com pontificado entre 23 de maio de 1555 a 18 de agosto de 1559.

Paulo IV procedeu a reformas na Igreja, mas não convocou o prosseguimento do concílio. Em 1556, Carlos I da Espanha dividiu o seu reino em dois Estados, abdicando em favor de seu filho Filipe (como Filipe II da Espanha) e seu irmão Fernando (Fernando I da Alemanha). Com a morte de Paulo IV, sucedeu-lhe Pio IV, com pontificado entre 25 de dezembro de 1559 a 9 de dezembro de 1565.

Terceiro Período – 1562 a 1563

Pio IV reabriu o concílio em Trento, apesar da França e da Alemanha, que queriam novo concílio em outro local, com total abandono das definições e resoluções até então promulgadas.

As discussões neste terceiro período foram muito vivas, pois os príncipes católicos alemães promulgaram a comunhão sob as duas espécies e a permissão de casamento para o clero. Essa última proposição foi energicamente rejeitada pelos conciliares. Na ata final do concílio, ficou registrada, na seção XXIII – Doutrina do Sacramento do Matrimônio, celebrada em 11 de novembro de 1563, em seu cânone IX –, a reafirmação, aos sacerdotes da Igreja, da castidade e do celibato, sob pena de excomunhão.

Quanto à comunhão sob as duas espécies (parte do pleito dos príncipes católicos alemães), a decisão foi entregue ao juízo do sumo pontífice. Em 1564, Pio IV resolveu permiti-la, sob certas condições, em algumas dioceses da Alemanha, mas, em breve, caiu em desuso.

O concílio se encerrou em 3 e 4 de dezembro de 1563. Pio IV confirmou os seus decretos pela bula *Benedictus Deus*. Atendendo a um pedido do concílio, publicou *Índex de Livros Proibidos* e *Profissão de Fé Tridentina*.

O concílio de Trento durou mais do que todos os outros e foi o que mais dificuldades encontrou para se realizar. Mas nenhum exerceu influxo tão profundo e duradouro sobre a fé e a disciplina da Igreja. Verdade é que a unidade de fé não foi restabelecida, mas a doutrina católica foi elucidada e consolidada em todos os pontos ameaçados.O programa de reforma tridentino foi a base de renovação do clero e do povo católico, embora a execução desses decretos tenha sido, por vezes, lenta e controvertida.

O concílio comunicou nova união e confiança aos católicos, abalados pelos acontecimentos dos últimos decênios. O Concílio de Trento foi também o mais papal de todos os concílios antes do Concílio Vaticano I (1870), já que preparou o caminho para a definição, ainda que prematura, do primado do romano pontífice no século XVI, quando ainda eram fortes as tendências a formar igrejas nacionais.

O concílio confiou ao papa o desejo de que promovesse a publicação de um novo Catecismo, de um novo Missal e de novo livro de Liturgia das Horas (o que, de fato, foi executado pelos sucessores de Pio IV).

Pode-se dizer que o Concílio de Trento foi a autoafirmação da Igreja como sociedade universal de salvação contra as diversas formas de individualismo e subjetivismo que se faziam sentir fortemente no limiar da Idade Moderna. Os decretos tridentinos e os diplomas promulgados pelo concílio foram as principais fontes do direito eclesiástico durante os quatro séculos seguintes até a promulgação do Código de Direito Canônico, em 1917.

A Condenação da Maçonaria pela Igreja

A Maçonaria conviveu em harmonia com os governos da sociedade constituída e com os dirigentes religiosos (católicos, protestantes, judeus, maometanos) durante muito tempo, desde a sua fase chamada operativa (a dos pedreiros construtores) até a fase especulativa (que admitiu outros membros da sociedade).

A Maçonaria passou a provocar receios em vários países da Europa nos primeiros 30 anos do século XVII. Os motivos desses receios eram políticos e religiosos, embora não tenham sido claramente explicitados na época.

Na Holanda, em 1735, foram proscritas as assembleias dos franco-maçons, cujas Lojas,* se expandiam entre os membros da nobreza, do clero e da sociedade burguesa.

O exemplo da Holanda foi seguido por outros governos, como o da República de Genebra, o do condado de Baden e o da cidade de Hamburgo.

Na França, já havia intervenções da polícia contra as Lojas Maçônicas, tendo o cardeal Fleury, primeiro-ministro do rei Luís XV, proibido a formação de associações, em especial as dos franco-maçons, em setembro de 1737, alegando razões de segurança.

---

*N.E.: Sugerimos a leitura de *O Templo e a Loja*, de Michael Baigent e Richard Leigh, Madras Editora.

A Maçonaria aparecia, diante desses governos europeus, segundo a visão da Congregação do Santo Ofício, como uma sociedade de quietistas e epicuristas.

O Quietismo é uma doutrina mística, especialmente difundida na Espanha e na França no século XVII, segundo a qual a perfeição moral consiste na anulação da vontade, na indiferença absoluta e na união contemplativa com Deus (*Dicionário Aurélio*).

O Epicurismo é caracterizado, na moral, pela identificação do bem soberano com o prazer, o qual, concretamente, há de ser encontrado na prática da virtude e na cultura do espírito (*Dicionário Aurélio*).

Quem conhece, ainda que superficialmente, a Maçonaria, sabe que ela nada tem de Quietismo. Quanto ao aspecto moral, a Maçonaria poderá ter aspectos do Epicurismo no que concerne à prática da virtude e à cultura do espírito.

Os conceitos sobre a condenação da Maçonaria, na época, eram inteiramente falsos, derivados da perseguição que a Ordem Maçônica sofria da Inquisição (Congregação do Santo Ofício).

A Inquisição considerava heresia o fato de a Maçonaria receber, em seu seio, praticantes das mais diversas religiões, que tivessem a crença em um Ser criador universal, o Grande Arquiteto do Universo, que é Deus. Se a Maçonaria proclamasse ser católica, apostólica e romana, adotando a crença na Santíssima Trindade e em Jesus como consubstancial a Deus, não haveria heresia. Em verdade, nenhuma outra razão existiu para a Inquisição ser contra a Maçonaria – que sempre aceitou em seu seio os católicos, sem discriminação, embora não admitindo, nas Lojas, discussões sobre credos religiosos e político-partidárias.

Há alegações de juramentos de segredo acerca dos assuntos tratados em reuniões da Ordem, de penas rigorosas contra os traidores desse segredo, mas são alegações adjetivas, que servem para cimentar argumentos que não encontram suporte na razão e na teologia.

O fato concreto é que a Maçonaria, ou a Sociedade dos Franco-Maçons, como era nomeada no século XVIII, era temida pela Igreja Católica e pelos governos europeus, não pelo que realmente era e ainda hoje é, mas pelo que a Congregação do Santo Ofício (Inquisição) supunha, ou alegava que fosse.

A primeira condenação papal à Maçonaria ocorreu no tempo do pontificado do papa Clemente XII.

Clemente XII nasceu Lorenzo Corsini, em Florença, em 7 de abril de 1652. Foi papa entre 12 de julho de 1730 até a data da sua morte, em 6 de fevereiro de 1740.

A morte de Bento XIII, com pontificado entre 1724 e 1730, ocasionou o conclave que elegeu Corsini e durou mais de quatro meses, em virtude da discórdia política entre os cardeais.

Corsini fazia parte da lista de papáveis desde a morte de Clemente XI (pontificado entre 23 de novembro de 1700 e 19 de março de 1721).

Inocêncio XIII sucedeu a Clemente XI (8.5.1721–7.3.1724). Com a morte de Inocêncio XIII, sucedeu-lhe Bento XIII (29.5.1724– 21 .2.1730).

O motivo central da preterição do cardeal Lorenzo Corsini, nos conclaves para a eleição de um novo papa, estava no receio que os cardeais tinham, em razão de sua origem florentina, que ele viesse a favorecer demais seus compatriotas, já que Florença e Roma estavam com relações estremecidas.

Na sua ascensão a papa, em 12 de julho de 1730, Clemente XII estava com 79 anos, com a saúde abalada pela perda da visão e pelo ataque de gota, nos pés e nas mãos, que o obrigava a permanecer acamado quase constantemente.

Seu sobrinho, Néri Corsini, também florentino, clérigo tonsurado, nomeado cardeal em 14 de agosto de 1730, foi, na realidade, o braço direito do velho papa. Em 1737, Clemente XII havia perdido totalmente a memória, e o seu sobrinho, o cardeal Néri Corsini, desempenhava o principal papel na condução das decisões do papa.

A condenação da Maçonaria, pelo papa Clemente XII, por meio da encíclica *In Eminenti Apostolatus Specula*, datada de 28 de abril de 1738, tem antecedentes nas atuações da Congregação do Santo Ofício (a Inquisição), em Florença, desde 1736.

Os historiadores têm dúvidas sobre a atuação pessoal do papa Clemente XII nos movimentos eclesiásticos que deram ensejo à redação da Constituição *In Eminenti Apostolatus Specula*, em razão de ele não ter comparecido ao consistório convocado por força dos inquisidores, em 1738 (o papa estava com 86 anos), vitimado pela cegueira e, principalmente, porque estava permanentemente acamado em virtude da gota. Mas o documento existiu, assinado pelo papa, talvez induzido pelo cardeal Néri Corsini, o papa "de fato". Contam os historiadores que o cardeal Corsini levava os documentos necessários da chancela de Sua Santidade, colocando sua mão no local de assinatura.

A encíclica *In Eminenti*, como ficou conhecida, proibiu a existência da Ordem Maçônica, por ser uma instituição subversiva, contrária à religião e ao poder legítimo da sociedade civil, e submeteu seus membros à pena de excomunhão pelo papa.

Os teólogos entendem que a encíclica *In Eminenti* é obscura na sua redação, mas que o sucessor de Clemente XII, o papa Bento XIV, com pontificado entre 17 de agosto de 1740 e 3 de maio de 1758, ao emitir a bula *Providas Romanorum Portificum*, em 18 de maio de 1751, ofereceu uma melhor compreensão, pois ali estão enumeradas seis razões para a condenação da Maçonaria:

• A primeira é que, nas tais sociedades e assembleias secretas, estão filiados indistintamente homens de todos os credos; daí ser evidente a resultante de um grande perigo para a pureza da religião católica;

• A segunda é a obrigação estrita do segredo indevassável, pelo qual se oculta tudo que se passa nas assembleias secretas;

• A terceira é o juramento pelo qual se comprometem a guardar inviolável segredo, como se fosse permitido a qualquer um apoiar-se em uma promessa ou juramento com o fato de furtar-se a prestar declarações ao legítimo poder;

• A quarta é que tais sociedades são reconhecidamente contrárias às sanções civis e canônicas;

• A quinta é que, em muitos países, as ditas sociedades e agremiações foram proscritas e eliminadas por leis de princípios seculares;

• A sexta é que tais sociedades e agremiações são reprovadas por homens sábios e honestos.

A situação de conflito da Igreja Católica com a Maçonaria não ficou restrita as duas encíclicas de Clemente XII e de Bento XIV. Outros papas, como Pio VII (em 1800), Leão XII (em 1823), Pio VIII (em 1829), Pio IX (em 1864 e 1869), Leão XIII (em 1872, 1878, 1884 e 1892), também emitiram encíclicas ou bulas papais de condenação à Ordem Maçônica. Adotaram sempre nos seus textos as mesmas razões adjetivas de maquinar contra a Igreja e os legítimos poderes do Estado.

Mais recentemente, em 1917, o primeiro Código de Direito Canônico, em seu cânon 2335, manteve a proibição aos católicos de filiarem-se à Maçonaria, sob pena de excomunhão. Em 1974, a Sagrada Congregação para a Doutrina da Fé (nova denominação, em substituição à Congregação do Santo Ofício, para a Inquisição) manteve a pena do cânon 2.335 (excomunhão) para os que se inscrevessem na Ordem Maçônica.

Em 26 de novembro de 1983, na véspera da entrada em vigor do novo Código de Direito Canônico, a Congregação para a Doutrina da Fé, então sob a direção do cardeal Ratzinger (atual papa), reafirmou:

"Permanece, portanto, imutável o parecer negativo da Igreja a respeito das associações maçônicas, pois seus princípios foram sempre considerados inconciliáveis com a doutrina da Igreja e por isso permanece proibida a inscrição nelas. Os fiéis que pertencem às associações maçônicas estão em estado de pecado grave e não podem aproximar-se da sagrada comunhão". O sumo pontífice João Paulo II, durante audiência concedida ao cardeal prefeito, aprovou a presente declaração e ordenou sua publicação.

Não há, portanto, qualquer dúvida, para o católico, da proibição de adoção da dupla fidelidade, eclesial e maçônica.

A despeito de todas as investidas da Igreja Católica e, mais recentemente, de várias denominações ou seitas protestantes, a verdadeira Maçonaria sempre existiu e continua firme no seu propósito de transformação do homem em um ser honesto, trabalhador, respeitoso de todas as religiões e obediente às leis do país em que vive.

Primeiro Concílio Vaticano

O Primeiro Concílio Vaticano, também conhecido como Concílio Vaticano I, o acontecimento de maior relevo na história da Igreja do século XIX, ocorreu entre 8 de dezembro de 1869 e 18 de dezembro de 1870. Foi decretado por Pio IX (que exerceu o mais longo papado da história da Igreja, entre 1846 e 1878).

A bula de convocação do concílio data de 29 de junho de 1868. O convite à participação no concílio foi feito também aos protestantes e aos ortodoxos separados, que, todavia, não compareceram.

A notícia de um próximo concílio suscitou entusiasmo, mas também apreensões, porque o público só sabia que seriam condenados erros contemporâneos, reafirmada a doutrina da Igreja, revistas a disciplina, a obra missionária e a formação dos seminaristas.

Na Cúria Romana reinava um certo mistério sobre os intensos preparativos do concílio. A agitação pública aumentou quando, em fevereiro de 1869, a revista jesuíta *La Civiltà Cattolica* anunciou que o concílio iria definir a infalibilidade papal. Isso porque o mundo não católico, imbuído de liberalismo, proclamava-se defensor da liberdade dos simples fiéis católicos, considerados subjugados pelo domínio obscuro e obscurantista dos eclesiásticos. Vários movimentos, em especial na Alemanha, se apresentaram contra a tese da infalibilidade papal. Em verdade, a definição desse dogma podia parecer ousadia em uma época em que se respirava o liberalismo.

O concílio foi aberto em 8 de dezembro de 1869, na Basílica de São Pedro, com a presença de 764 prelados. Consta que, no mesmo dia e na mesma hora, se abria, em Nápoles, sob a presidência de Ricciardi, um anticoncílio, do qual participaram 700 delegados maçônicos do mundo inteiro. Esse anticoncílio foi dispersado após poucos dias, sob a alegação de indignação popular, provocada por supostas blasfêmias contra Cristo e sua Mãe Imaculada.

Quatro foram as sessões públicas do concílio. Na terceira sessão pública, realizada em 24 de abril de 1870, foi aprovada por unanimidade e promulgada a Constituição Dogmática *Dei Filius*.

No capítulo 1º, a Constituição Dogmática *Dei Filius* afirma a existência de um Deus pessoal, livre, criador de todas as coisas e independente do mundo criado (contra o materialismo e o panteísmo).

No capítulo 2º, ensina que certas verdades religiosas, como a existência de Deus, podem ser conhecidas com certeza pela luz natural da razão humana (contra o Ateísmo e contra o Fideísmo). Na época em que a fé cristã era escarnecida pelo racionalismo, o concílio defendia a razão. O texto desse 2º capítulo acrescenta que houve uma revelação divina, a qual chega até nós mediante as tradições orais e as Escrituras Sagradas.

O capítulo 3º proclama que a fé, uma adesão livre do homem a Deus, surge de um dom da graça divina.

O capítulo 4º define os setores próprios da razão e da fé e lembra que qualquer aparente desacordo entre razão e fé pode vir de falsa compreensão das proposições da fé ou das conclusões da razão.

A quarta sessão do concílio, em 18 de julho de 1870, definiu a infalibilidade do papa e seu primado de jurisdição sobre toda a Igreja, com a promulgação da Constituição Dogmática *Pastor Aeternus*.

O texto sobre a infalibilidade papal foi proposto à discussão dos padres conciliares e debatido de março a julho. A assembleia se dividiu em dois campos: a grande maioria julgava a definição oportuna e necessária; eles eram apoiados por uma corrente de leigos franceses, encabeçados por Louis Veuillot, que, repudiando os resquícios de galicanismo (galicanismo – tendência jurídica e teológica que defendia, no séc. XIV, a interferência dos reis franceses nos negócios eclesiásticos e, mais tarde, após o séc. XVII, a autonomia dos bispos franceses em face da autoridade pontifícia romana – *Dicionário Aurélio*), eram ditos ultramontanos (ultramontanismo – 1. Doutrina e política dos católicos franceses [e outros] que buscavam inspiração e apoio além dos montes, os Alpes, i.e., na Cúria Romana. 2. Sistema dos que defendem a autoridade absoluta do papa em matéria de fé e disciplina, pois ultrapassavam a cordilheira dos Alpes para aderir a Roma – *Dicionário Aurélio*); os demais eram contrários à definição ou porque se opunham ao dogma como tal, ou porque apenas negavam a oportunidade de o proclamar, por causa das reações que isso poderia provocar.

Um grupo intermediário foi o autêntico vencedor. Ele defendia a infalibilidade em questões de fé e de moral, diferentes dos que queriam que fossem tidos como infalíveis todos os pronunciamentos papais. Pouco a pouco, a tese maximalista (infalível a tudo o que o papa fala) cedeu espaço para a tese minimalista (sobre o primado e a infalibilidade do papa quando se pronuncia "ex-cátedra", em assuntos de fé e de moral).

Os argumentos da oposição foram, assim, sendo desfeitos. Quando viram a causa perdida, 56 dos oposicionistas se retiraram de Roma, tendo pedido e obtido a licença do papa, em 17 de julho de 1870. Deixaram, porém, uma carta ao santo padre em que afirmavam seu propósito de conservar sempre fidelidade e submissão à Santa Sé.

No dia seguinte, 18 de julho, 533 padres conciliares deram voto favorável à Constituição *Pastor Aeternus*; dois apenas se manifestaram contrários, mas logo se anexaram à sentença positiva.

Pio IX promulgou logo a Constituição Dogmática *Pastor Aeternus*, o que provocou calorosa aclamação em toda a Basílica de São Pedro.

Após essa memorável sessão, o concílio ainda estava no início das suas atividades. Dos 51 projetos de decreto, só tinham estudado e publicado dois; das questões disciplinares, só quatro haviam sido discutidas, mas não definidas.

Em 19 de julho de 1870, o dia seguinte à proclamação da Constituição Dogmática *Pastor Aeternus*, estourou a guerra entre a França e a Prússia.

A maior parte dos bispos achou melhor abandonar Roma. Até 10 de setembro, realizaram-se algumas sessões com uma centena de bispos.

No dia 20 de setembro de 1870, Roma foi ocupada pelas tropas italianas. Deixavam de existir os Estados Pontifícios, e Pio IX não era mais rei de Roma.

Um mês depois, em 20 de outubro de 1870, o concílio foi suspenso por tempo indeterminado e nunca mais foi reaberto.

Os trabalhos do Concílio Vaticano I foram completados no Concílio do Vaticano II (1962-1965), abordado adiante, nesta obra.

A Igreja Católica nos Tempos Modernos

Nos tempos modernos, a Igreja Católica é uma federação de 24 ritos autônomos em comunhão completa uns com os outros e em união com o papa na sua qualidade de sumo pontífice da Igreja Universal. O papa, na sua qualidade de patriarca de Roma (ou Patriarca do Ocidente), é também o chefe da maior das Igrejas, a Igreja Latina (popularmente conhecida como Igreja Católica Romana). As restantes 23 Igrejas, conhecidas coletivamente como Igrejas Uniate ou Igrejas Católicas do Oriente, são governadas por um hierarca que ou é patriarca, ou arcebispo principal, ou metropolita.

A Cúria Romana administra tanto as Igrejas Orientais quanto a Igreja Ocidental. Em virtude desse sistema, é possível que um católico esteja em comunhão completa com o pontífice de Roma sem ser católico romano.

O rito romano, usado pela Igreja Latina, é dominante em grande parte do mundo e é usado pela vasta maioria dos católicos (cerca de 98%). Antigamente havia muitos ritos ocidentais menores, que foram substituídos pelo rito romano, com as reformas litúrgicas do Concílio de Trento.

Historicamente, o santo sacrifício da missa no rito romano (a missa tridentina) era conduzido inteiramente em latim eclesiástico, mas, no Concílio Vaticano II, no início dos anos 1960, foi promulgada uma nova versão da missa (*Novus Ordo Missae*), que é celebrada na língua vernacular (local).

A característica mais visível das reformas é a postura do padre. No passado, o padre virava-se de frente para o altar, ficando, consequentemente, de costas para a congregação. As reformas fizeram que o padre se voltasse para o povo, ficando entre eles o altar, já que esse último é o centro da igreja. Isso simboliza também o desejo de que a missa se torne mais centrada nas pessoas.

Concílio Vaticano Segundo

O Concílio Vaticano Segundo, também conhecido como Concílio Vaticano II (CVII), foi o 21º Concílio Ecumênico da Igreja Católica.

Foi aberto sob o papado de João XXIII no dia 11 de outubro de 1962 e encerrado sob o papado de Paulo VI em 8 de dezembro de 1965.

Segundo a opinião dos seguidores da Igreja Católica, nesses três anos, com grande abertura intelectual, discutiu-se e regulamentou-se temas pertinentes à Igreja sempre visando a um melhor entendimento de Cristo junto à realidade vigente do homem moderno. Esse melhor entendimento de Cristo foi e é a verdadeira hermenêutica (hermenêutica – 1. Interpretação do sentido das palavras. 2. Interpretação dos textos sagrados. 3. Arte de interpretar leis. – *Dicionário Aurélio*) do CVII, hermenêutica que nos dá o verdadeiro espírito de todos os concílios ecumênicos da Igreja Católica. Na homilia de abertura do CVII aos padres conciliares, o papa da época, João XXIII, expõe sua intenção:

"Procuremos apresentar aos homens de nosso tempo, íntegra e pura, a verdade de Deus de tal maneira que eles a possam compreender e a ela espontaneamente assentir. Pois somos pastores..."

Todos os concílios católicos são nomeados segundo o local onde se deu o concílio episcopal. A numeração indica a quantidade de concílios que se deram em tal localidade. Vaticano II, portanto, indica que o concílio ocorreu na cidade-estado do Vaticano, e o número dois indica que foi o segundo concílio realizado nessa localidade.

Os documentos emitidos pelo Concílio Vaticano II foram quatro Constituições, três declarações e nove decretos. Passaremos a apresentar, resumidamente, o objeto de cada um desses documentos:

Constituições:

Constituição Dogmática *Dei Verbum* sobre a Revelação Divina – O sagrado concílio, ouvindo religiosamente a Palavra de Deus, proclamando-a com confiança, faz suas as palavras de São João: "Anunciamo-vos a vida eterna, que estava junto do Pai e nos apareceu. Anunciamo-vos o que vimos e ouvimos, para que também vós vivais em comunhão conosco e a nossa comunhão seja com o Pai e com o seu Filho Jesus Cristo" (I João 1: 2-3). Por isso, segundo os Concílios Tridentino e Vaticano I, entende-se propor a genuína doutrina sobre a revelação divina e a sua transmissão, para que o mundo inteiro, ouvindo, acredite na mensagem da salvação; acreditando, espere e, esperando, ame.

Constituição Dogmática *Lumen Gentium* sobre a Igreja – A luz dos povos é Cristo. Por isso esse sagrado concílio, reunido no Espírito Santo, deseja ardentemente iluminar com a Sua luz, que resplandece no rosto da Igreja, todos os homens, anunciando o Evangelho a toda a criatura (cf. Marcos 16:15). Mas porque a Igreja, em Cristo, é como o sacramento, ou sinal e o instrumento da íntima união com Deus e da unidade de todo o gênero humano, pretende ela, na sequência dos anteriores concílios, pôr de manifesto com maior insistência, aos fiéis e a todo o mundo, sua natureza e missão universal. E as condições do nosso tempo tornam ainda mais urgentes esse dever da Igreja, para que, desse modo, os homens todos, hoje mais estreitamente ligados uns aos outros, pelos diversos laços sociais, técnicos e culturais, alcancem também a plena unidade em Cristo.

Constituição Conciliar *Sacrosanctum Concilium* sobre a Sagrada Liturgia – 1. O sagrado concílio propõe-se a fomentar a vida cristã entre os fiéis, adaptar melhor as necessidades do nosso tempo às instituições suscetíveis à mudança, promover tudo o que pode ajudar a união de todos os crentes em Cristo e fortalecer o que contribui para chamar todos ao seio da Igreja. Julga por isso dever também interessar-se de modo particular pela reforma e incremento da liturgia. 2. A liturgia, pela qual, especialmente no sacrifício eucarístico, "opera-se o fruto da nossa redenção", contribui em sumo grau para que os fiéis exprimam na vida e manifestem aos outros o mistério de Cristo e a autêntica natureza da verdadeira Igreja, que é simultaneamente humana e divina, visível e dotada de elementos invisíveis, empenhada na ação e dada à contemplação, presente no mundo e, todavia, peregrina, mas de forma que o que nela é humano se deve ordenar e subordinar ao divino, o visível, ao invisível, a ação, à contemplação e o presente à cidade futura que buscamos. A liturgia, ao mesmo tempo em que edifica os que estão na Igreja em templo santo no Senhor, em morada de Deus no Espírito, até a medida da idade da plenitude de Cristo, robustece de modo admirável as suas energias para pregar Cristo e mostra a Igreja aos que estão fora, como sinal erguido entre as nações, para reunir à sua sombra os filhos de Deus dispersos, até que haja um só rebanho e um só pastor. 3. Entende, portanto, o sagrado concílio dever recordar os princípios e determinar as normas práticas que se seguem acerca do incremento e da reforma da liturgia.

Entre esses princípios e normas, alguns podem e devem aplicar-se não só ao rito romano, mas também a todos os outros ritos, muito embora as normas práticas que se seguem devam entender-se referidas só ao rito romano, a não ser que se trate de coisas que, por sua própria natureza, digam respeito também aos outros ritos. 4. O sagrado concílio, guarda fiel da tradição, declara que a santa mãe Igreja considera iguais em direito e honra todos os ritos legitimamente reconhecidos, quer que se mantenham e sejam por todos os meios promovidos e deseja que sejam prudentes e integralmente revistos no espírito da sã tradição e lhes seja dado novo vigor, de acordo com as circunstâncias e as necessidades do nosso tempo.

Constituição Pastoral *Gaudium et Spes* sobre a Igreja no Mundo Atual – 1. As alegrias e as esperanças, as tristezas e as angústias dos homens de hoje, sobretudo dos pobres e de todos aqueles que sofrem, são também as alegrias e as esperanças, as tristezas e as angústias dos discípulos de Cristo, e não há realidade alguma verdadeiramente humana que não encontre eco no seu coração. Porque sua comunidade é formada por homens que, reunidos em Cristo, são guiados pelo Espírito Santo, na sua peregrinação em demanda do reino do Pai, e receberam a mensagem da salvação para comunicá-la a todos. Por esse motivo, a Igreja sente-se real e intimamente ligada ao gênero humano e à sua história. 2. Por isso o Concílio Vaticano II, tendo investigado mais profundamente o mistério da Igreja, não hesita agora em dirigir sua palavra não apenas aos filhos da Igreja e a quantos invocam o nome de Cristo, mas também a todos os homens. Deseja expor-lhes o seu modo de conceber a presença e a atividade da Igreja no mundo de hoje. Tem, portanto, diante dos olhos, o mundo dos homens, ou seja, a inteira família humana, com todas as realidades no meio das quais vive; esse mundo, que é teatro da história da humanidade, marcado pelo seu engenho, pelas suas derrotas e vitórias; mundo que os cristãos acreditam ser criado e conservado pelo amor do Criador; caído, sem dúvida, sob a escravidão do pecado, mas libertado pela cruz e ressurreição de Cristo, vencedor do poder do maligno; mundo, finalmente, destinado, segundo o desígnio de Deus, a ser transformado e a alcançar a própria realização. 3. Nos nossos dias, a humanidade, cheia de admiração ante as próprias descobertas e poder, debate, porém, muitas vezes, com angústia, as questões relativas à evolução atual do mundo, ao lugar e à missão do homem no Universo, ao significado do seu esforço individual e coletivo, enfim, ao último destino das criaturas e do homem. Por isso o concílio, testemunhando e expondo a fé do povo de Deus por Cristo congregado, não pode manifestar mais eloquentemente sua solidariedade, respeito e amor para com a inteira família humana, na qual estão inseridos, do que estabelecendo com ela diálogo sobre esses vários problemas, aportando a luz do Evangelho e pondo à disposição do gênero humano as energias salvadoras que a Igreja, conduzida pelo Espírito Santo, recebe do seu fundador. Trata-se, com efeito, de salvar a pessoa do homem e de restaurar a sociedade humana. Por isso o homem será o fulcro de toda a nossa exposição: o homem na sua unidade e integridade: corpo e alma, coração e consciência, inteligência e vontade. Eis a razão por que esse sagrado concílio, proclamando a sublime vocação do homem e afirmando que nele está depositado um germe divino, oferece ao gênero humano a sincera cooperação da Igreja, a fim de instaurar a fraternidade universal que a essa vocação corresponde. Nenhuma ambição terrena move a Igreja a não ser unicamente este objetivo: continuar, sob a direção do Espírito Consolador, a obra de Cristo que veio ao mundo para dar testemunho da verdade, para salvar e não para julgar, para servir e não para ser servido.

Declarações:

Declaração *Gravissimum Educationis* sobre a Educação Cristã – O sagrado concílio ecumênico considerou atentamente a gravíssima importância da educação na vida do homem e sua influência cada vez maior no progresso social do nosso tempo. Na verdade, a educação dos jovens e até uma certa formação continuada dos adultos tornam-se, nas circunstâncias atuais, não só mais fáceis, mas também mais urgente. Com efeito, os homens, mais plenamente conscientes da própria dignidade e do próprio dever, anseiam por tomar parte cada vez mais ativamente na vida social, sobretudo na vida econômica e política; os admiráveis progressos da técnica e da investigação científica e os novos meios de comunicação social dão aos homens a oportunidade de, gozando por vezes de mais tempo livre, conseguir mais facilmente a cultura intelectual e moral e de mutuamente se aperfeiçoarem, mercê dos laços de união mais estreitos, quer com os grupos, quer mesmo com os povos. Por isso, em toda parte, fazem-se esforços para promover cada vez mais a educação; declaram-se e registram-se em documentos públicos os direitos fundamentais dos homens e, em particular, dos filhos e dos pais, relativos à educação; com o aumento crescente do número de alunos, multiplicam-se e aperfeiçoam-se as escolas e fundam-se outros centros de educação; cultivam-se, com novas experiências, os métodos de educação e de instrução; realizam-se grandes esforços para que tais métodos estejam à disposição de todos os homens, embora muitas crianças e jovens ainda não possuam a formação mais elementar e tantos outros careçam de educação adequada, na qual se cultivem simultaneamente a verdade e a caridade. Visto que a santa mãe Igreja, para realizar o mandato recebido do seu fundador de anunciar o mistério da salvação a todos os homens e de tudo restaurar em Cristo, deve cuidar de toda a vida do homem, mesmo da terrena e, enquanto está relacionada com a vocação celeste, tem a sua parte no progresso e na ampliação da educação. Por isso o sagrado concílio enuncia alguns princípios fundamentais sobre a educação cristã, mormente nas escolas, princípios que serão depois desenvolvidos por uma comissão especial e aplicados nos diversos lugares pelas conferências episcopais.

Declaração *Nostra Aetate* sobre a Igreja e as Religiões não Cristãs – Hoje, que o gênero humano se torna cada vez mais unido e aumentam as relações entre os vários povos, a Igreja considera mais atentamente qual a sua relação com as religiões não cristãs. E, na sua função de fomentar a união e a caridade entre os homens e até entre os povos, considera primeiramente tudo aquilo que os homens têm em comum e os leva à convivência. Com efeito, os homens constituem uma só comunidade; todos têm a mesma origem, pois foi Deus quem fez habitar em toda a Terra o inteiro gênero humano; têm também todos um só fim último, Deus, que a todos estende a Sua providência, Seus testemunhos de bondade e Seus desígnios de salvação, até que os eleitos se reúnam na cidade santa, iluminada pela glória de Deus e onde todos os povos caminharão na Sua luz. Os homens esperam das diversas religiões resposta para os enigmas da condição humana, os quais, hoje, como ontem, profundamente preocupam seus corações: o que é o homem? Qual o sentido e a finalidade da vida? O que é o pecado? De onde provém o sofrimento e para que serve? Qual o caminho para alcançar a felicidade verdadeira? O que é a morte, o juízo e a retribuição depois da morte? Finalmente, que mistério último e inefável envolve a nossa existência, do qual viemos e para onde vamos?

Declaração *Dignitatis Humanae* sobre a Liberdade Religiosa – Os homens de hoje se tornam cada vez mais conscientes da dignidade da pessoa humana e, cada vez em maior número, reivindicam a capacidade de agir segundo a própria convicção e com liberdade responsável não forçados por coação, mas sim levados pela consciência do dever. Requerem também que o poder público seja delimitado juridicamente, a fim de que a honesta liberdade das pessoas e das associações não seja restringida mais do que lhes é devida. Essa exigência de liberdade na sociedade humana diz respeito principalmente ao que é próprio do espírito e, antes de mais nada, ao que se refere ao livre exercício da religião na sociedade. Considerando atentamente essas aspirações e propondo-se declarar quanto são conformes à verdade e à justiça, esse concílio vaticano investiga a sagrada tradição e doutrina da Igreja, das quais tira novos ensinamentos, sempre concordantes com os antigos. Em primeiro lugar, afirma o sagrado concílio que o próprio Deus deu a conhecer ao gênero humano o caminho pelo qual, servindo-O, os homens podem se salvar e alcançar a felicidade em Cristo. Acreditamos que essa única religião verdadeira se encontra na Igreja Católica e Apostólica, à qual o Senhor Jesus confiou o encargo de a levar a todos os homens, dizendo aos apóstolos: "Ide, pois, fazer discípulos de todas as nações, batizando-os em nome do Pai, do Filho e do Espírito Santo, ensinando-os a cumprir tudo quanto vos prescrevi" (Mateus 28: 19-20). Por sua parte, todos os homens têm o dever de buscar a verdade, sobretudo no que diz respeito a Deus e à Igreja, e, uma vez conhecida, de abraçá-la e guardá-la. O sagrado concílio declara igualmente que tais deveres atingem e obrigam a consciência humana e que a verdade não se impõe de outro modo senão pela sua própria força, que penetra nos espíritos de modo ao mesmo tempo suave e forte. Ora, visto que a liberdade religiosa, que os homens exigem no exercício do seu dever de prestar culto a Deus, diz respeito à imunidade de coação na sociedade civil, em nada afeta a doutrina católica tradicional acerca do dever moral que os homens e as sociedades têm para com a verdadeira religião e a única Igreja de Cristo. Além disso, ao tratar dessa liberdade religiosa, o sagrado concílio tem a intenção de desenvolver a doutrina dos últimos sumos pontífices acerca dos direitos invioláveis da pessoa humana e da ordem jurídica da sociedade.

Decretos

Decreto *Ad Gentes* sobre a Atividade Missionária da Igreja – A Igreja, enviada por Deus a todas as gentes para ser "sacramento universal de salvação", por íntima exigência da própria catolicidade, obedecendo a um mandato do seu fundador, procura incansavelmente anunciar o Evangelho a todos os homens. Já os próprios apóstolos em que a Igreja se alicerça, seguindo o exemplo de Cristo, pregam a palavra da verdade e geraram as Igrejas. Aos seus sucessores, compete perpetuar essa obra, para que "a

Palavra de Deus se propague rapidamente e seja glorificada" (II Tessalonicenses 3:1) e o reino de Deus seja pregado e estabelecido em toda a Terra. No estado atual das coisas, de que surgem novas condições para a humanidade, a Igreja, que é sal da Terra e luz do mundo, é com mais urgência chamada a salvar e a renovar toda criatura, para que tudo seja instaurado em Cristo e n'Ele os homens constituam uma só família e um só povo de Deus. Por isso este sagrado concílio, agradecendo a Deus a grandiosa obra já realizada pelo esforço generoso de toda a Igreja, deseja delinear os princípios da atividade missionária e reunir as forças de todos os fiéis, para que o povo de Deus, continuando a seguir o caminho estreito da cruz, difunda por toda parte o reino de Cristo, Senhor e perscrutador dos séculos, e prepare os caminhos para Sua vinda.

Decreto *Presbyterorum Ordinis* sobre o Ministério e a Vida dos Sacerdotes – Este sagrado concílio, por várias vezes, chamou a atenção de todos para a excelência da Ordem do presbiterado na Igreja. Todavia, em virtude desta Ordem ter uma parte sumamente importante e cada vez mais difícil na renovação da Igreja de Cristo, pareceu muito útil tratar dos sacerdotes com mais amplitude e profundeza. As coisas que se dizem neste decreto se aplicam a todos os sacerdotes, sobretudo àqueles que têm cura de almas, com a conveniente adaptação quando se trata dos presbíteros religiosos. Com efeito, os presbíteros, em virtude da sagrada ordenação e da missão que recebem das mãos dos bispos, são promovidos ao serviço de Cristo, mestre, sacerdote e rei, de cujo ministério participam e mediante o qual a Igreja continuamente é edificada em povo de Deus, corpo de Cristo e templo do Espírito Santo.

Decreto *Apostolicam Actuositatem* sobre o Apostolado dos Leigos – O sagrado concílio, desejando tornar mais intensa a atividade apostólica do povo de Deus, volta-se com muito empenho para os cristãos leigos, cujas funções próprias e indispensáveis na missão da Igreja já em outros lugares recordou. Com efeito, o apostolado dos leigos, que deriva da própria vocação cristã, jamais poderá faltar na Igreja. A mesma Sagrada Escritura demonstra, abundantemente, como foi espontânea e frutuosa essa atividade no começo da Igreja (cf. Atos 11: 19-21, 18, 26; Romanos 16: 1-16; Filipenses 4: 3). Os nossos tempos, porém, não exigem um menor zelo dos leigos; mais ainda as condições atuais exigem deles absolutamente um apostolado cada vez mais intenso e mais universal. Com efeito, o aumento crescente da população, o progresso da ciência e da técnica, as relações mais estreitas entre os homens não só dilataram os campos do apostolado dos leigos, em grande parte acessíveis só a eles, mas também suscitaram novos problemas que reclamam sua atenção interessada e o seu esforço. Esse apostolado se torna tanto mais urgente quanto à autonomia de muitos setores da vida humana, como é justo, aumentou, por vezes com um certo afastamento da ordem ética e religiosa e com grave perigo para a vida cristã. Além disso, em muitas regiões em que os sacerdotes são demasiado poucos ou, como acontece por vezes, são privados da liberdade de ministério, a Igreja dificilmente poderia estar presente e ativa sem o trabalho dos leigos. Sinal dessa multíplice e urgente necessidade é a evidente atuação do Espírito Santo, que hoje torna os leigos cada vez mais conscientes da própria responsabilidade e, por toda a parte, os anima ao serviço de Cristo e da Igreja. No presente decreto, o concílio ilustra a natureza, a índole e a variedade do apostolado dos leigos, bem como enuncia os princípios fundamentais e dá as orientações pastorais para o seu mais eficaz exercício; tudo isso deverá servir de norma na revisão do direito canônico na parte que diz respeito ao apostolado dos leigos.

Decreto *Optatam Totius* sobre a Formação Sacerdotal – O sagrado concílio reconhece que a desejada renovação de toda a Igreja depende, em grande parte, do ministério sacerdotal, animado do espírito de Cristo; proclama por isso a gravíssima importância da formação dos sacerdotes e declara alguns dos seus princípios fundamentais, pelos quais sejam confirmadas as leis já aprovadas pela experiência dos séculos, e se introduzam nelas as inovações que correspondam às suas constituições e decretos e à evolução dos tempos. Essa formação sacerdotal, por causa da unidade do mesmo sacerdócio, é necessária aos dois cleros e de qualquer rito. Portanto, estas prescrições, que se referem diretamente ao clero diocesano, devem ser acomodadas na devida proporção a todos os sacerdotes.

Decreto *Perfectae Caritatis* sobre a Conveniente Renovação da Vida Religiosa – 1. O sagrado concílio já mostrou que, na constituição que começa pelas palavras *Lumen gentium*, a consecução da caridade perfeita por meio dos conselhos evangélicos tem sua origem na doutrina e nos exemplos do divino mestre e brilha como um sinal luminoso do reino dos céus. Agora, porém, propõe-se a tratar da disciplina e da vida dos institutos, cujos membros professam castidade, pobreza e obediência, e a prover as necessidades dos mesmos, conforme sugerem os nossos tempos. Logo, desde os princípios da Igreja, houve homens e mulheres que, pela prática dos conselhos evangélicos, procuraram seguir Cristo com maior liberdade e imitá-Lo mais de perto, consagrando, cada um a seu modo, a própria vida a Deus. Muitos deles, movidos pelo Espírito Santo, levaram vida solitária ou fundaram famílias religiosas que depois a Igreja de boa vontade acolheu e aprovou com sua autoridade. Daqui proveio, por desígnio de Deus, uma variedade admirável de famílias religiosas, que muito contribui para que a Igreja não só esteja preparada para toda obra boa (cf. 2 Timóteo 3: 17) e para o ministério da edificação do corpo de Cristo (cf. Efésios 4: 12), mas, ainda aformoseada com a variedade dos dons dos seus filhos, se apresente como esposa ornada ao seu esposo (cf. Apocalipse 21: 2) e por ela brilhe a multiforme sabedoria de Deus (cf. Efésios 3: 10). Em tanta variedade de dons, todos aqueles que são chamados por Deus à prática dos conselhos evangélicos e fielmente os professam se consagram de modo particular ao

Senhor, seguindo Cristo, que, sendo virgem e pobre (cf. Mateus 8: 20; Lucas 9: 58), remiu e santificou todos os homens pela obediência até a morte na cruz (Filipenses 2: 8). Movidos assim pela caridade, que o Espírito Santo derrama nos seus corações (cf. Romanos 5: 5), mais e mais, vivem para Cristo e para o seu corpo, que é a Igreja (cf. Colossenses 1: 24). Portanto, quanto mais fervorosamente se unirem a Cristo por uma doação que abraça a vida inteira, mais rica será a sua vida para a Igreja e mais fecundo o seu apostolado. Ora, para que o valor excelente da vida consagrada pela profissão dos conselhos evangélicos e a sua função necessária nas presentes circunstâncias resultem em maior bem para a Igreja, este sagrado concílio estabelece o que se segue e que diz apenas respeito aos princípios gerais de uma conveniente renovação da vida e disciplina das religiões e, respeitada sua índole própria, das sociedades de vida comum sem votos e dos institutos seculares. As normas particulares, porém, para conveniente exposição e aplicação desses princípios, serão dadas depois do concílio pela autoridade competente. 2. A conveniente renovação da vida religiosa compreende não só um contínuo regresso às fontes de toda a vida cristã e à genuína inspiração dos institutos, mas também sua adaptação às novas condições dos tempos.

Essa renovação, sob o impulso do Espírito Santo e a orientação da Igreja, deve promover-se segundo os princípios seguintes: a) Dado que a vida religiosa tem por última norma o seguimento de Cristo proposto no Evangelho, deve ser esta a regra suprema de todos os institutos. b) Reverte em bem da Igreja que os institutos mantenham a sua índole e função particular; por isso sejam fielmente aceitos e guardados o espírito e as intenções dos fundadores, bem como as sãs tradições, que constituem o patrimônio de cada instituto. c) Todos os institutos participem da vida da Igreja e, segundo a própria índole, tenham como suas e favoreçam quanto puderem as iniciativas e as empresas da mesma Igreja em matéria bíblica, dogmática, pastoral, ecumênica, missionária e social. d) Promovam os institutos nos seus membros o conveniente conhecimento das circunstâncias dos tempos e dos homens, bem como das necessidades da Igreja; de maneira que, sabendo julgar sabiamente as situações do mundo dos nossos dias à luz da fé e ardendo de zelo apostólico, possam mais eficazmente ir ao encontro dos homens. e) Dado que a vida religiosa se ordena antes de tudo a que os seus membros sigam Cristo e se unam a Deus mediante a profissão dos conselhos evangélicos, deve se pesar seriamente que as melhores adaptações às necessidades do nosso tempo não surtirão efeito se não forem animadas pela renovação espiritual, que sempre, mesmo na promoção das obras exteriores, deve ser a parte principal.

Decreto *Christus Dominus* sobre o Múnus Pastoral dos Bispos da Igreja – 1. Cristo Senhor, Filho de Deus vivo, que veio salvar o seu povo dos pecados e santificar todos os homens, assim como Ele foi enviado pelo pai assim também enviou os seus apóstolos, a quem santificou, dando-lhes o Espírito Santo, para que também eles glorificassem o Pai na terra e salvassem os homens, "para a edificação do corpo de Cristo" (Efésios 4: 12), que é a Igreja. 2. Nesta Igreja de Cristo, o romano pontífice, como sucessor de Pedro, a quem o mesmo Cristo mandou que apascentasse suas ovelhas e seus cordeiros, está revestido, por instituição divina, de poder supremo, pleno, imediato e universal, em ordem à cura das almas. Por isso, tendo sido enviado como pastor de todos os fiéis para promover o bem comum da Igreja Universal e o de cada uma das Igrejas particulares, ele tem a supremacia do poder ordinário sobre todas as igrejas. Por outro lado, porém, também os bispos, constituídos pelo Espírito Santo, sucedem aos apóstolos como pastores das almas e, com o sumo pontífice e sob sua autoridade, foram enviados a perpetuar a obra de Cristo, pastor eterno. Na verdade, Cristo deu aos apóstolos e aos seus sucessores o mandato e o poder de ensinar todas as pessoas, de santificar os homens na verdade e de os apascentar. Por isso foram os bispos constituídos pelo Espírito Santo que lhes foi dado, verdadeiros e autênticos mestres, pontífices e pastores. 3. Os bispos, participando da solicitude por todas as igrejas, exercem esse seu ministério, recebido pela sagração episcopal, em união com o sumo pontífice e, sob sua autoridade, naquilo que se refere ao magistério e ao governo pastoral: todos unidos em um colégio ou corpo a favor de toda a Igreja de Deus. Individualmente, exercem-no para com a porção do rebanho do Senhor a cada um assinalada, quando cada um cuida da igreja particular que lhe fora confiada, ou quando vários reunidos proveem a certas necessidades comuns a diversas igrejas.

Decreto *Unitatis Redintegratio* sobre o Ecumenismo – 1. Promover a restauração da unidade entre todos os cristãos é um dos principais propósitos do sagrado Concílio Ecumênico Vaticano II. Pois Cristo Senhor fundou uma só e única Igreja. Todavia, são numerosas as comunhões cristãs que se apresentam aos homens como a verdadeira herança de Jesus Cristo. Todos, na verdade, se professam discípulos do Senhor, mas têm pareceres diversos e caminham por rumos diferentes, como se o próprio Cristo estivesse dividido. Esta divisão, porém, contradiz abertamente a vontade de Cristo e é escândalo para o mundo, como também prejudica a santíssima causa da pregação do Evangelho a toda criatura. O Senhor dos séculos, porém, prossegue sábia e pacientemente o plano de sua graça a favor de nós, pecadores. Começou ultimamente a infundir de modo mais abundante nos cristãos separados entre si a compunção de coração e o desejo de união. Por toda a parte, muitos homens sentiram o impulso dessa graça. Também surgiu entre os nossos irmãos separados, por moção da graça do Espírito Santo, um movimento cada vez mais intenso em ordem à restauração da unidade de todos os cristãos. Esse movimento de unidade é chamado ecumênico. Participam dele os que invocam Deus Trino e confessam a Cristo como Senhor e Salvador não só individualmente, mas também reunidos em assembleias. Cada qual afirma que o grupo do qual ouviu o Evangelho é Igreja sua e de Deus. Quase todos, se bem que de modo diverso, aspiram a uma Igreja de Deus una e visível, que seja verdadeiramente universal e enviada ao mundo inteiro, a fim de que o mundo se converta ao Evangelho e assim seja salvo, para a glória de Deus. Este sagrado concílio considera todas essas coisas com muita alegria. Tendo já declarado a doutrina sobre a Igreja, movido pelo desejo de restaurar a unidade de todos os cristãos, quer propor aos católicos os meios, os caminhos e as formas com que eles possam corresponder a essa vocação e graça divina.

Decreto *Orientalium Ecclesiarum* sobre as Igrejas Católicas Orientais – A Igreja Católica aprecia as instituições, os ritos litúrgicos, as tradições eclesiásticas e a disciplina cristã das Igrejas Orientais. Com efeito, ilustres em razão da sua veneranda antiguidade, nelas brilha aquela tradição que vem dos apóstolos, por meio dos padres e que constitui parte do patrimônio divinamente revelado e indiviso da Igreja Universal. Por isso, no exercício da sua solicitude pelas Igrejas Orientais, que são vivas testemunhas dessa tradição, este sagrado e ecumênico concílio, desejando que elas floresçam e realizem com novo vigor apostólico a missão que lhes foi confiada, decidiu estabelecer alguns pontos, além daquilo que diz respeito à Igreja Universal, deixando o restante à providência dos sínodos orientais e da Sé Apostólica.

Decreto *Inter Mirifica* sobre os Meios de Comunicação Social – Entre as maravilhosas invenções da técnica que, principalmente nos nossos dias, o engenho humano extraiu, com a ajuda de Deus, das coisas criadas, a santa Igreja acolhe e fomenta aquelas que dizem respeito, antes de mais nada, ao espírito humano e abriram novos caminhos para comunicar facilmente notícias, ideias e ordens. Entre esses meios, salientam-se aqueles que, por sua natureza, podem atingir e mover não só cada um dos homens, mas também as multidões e toda a sociedade humana, como a imprensa, o cinema, o rádio, a televisão e outros, que, por isso mesmo, podem se chamar, com toda a razão, meios de comunicação social.

Há, todavia, críticos que não concordam com a natureza da missa pós-Vaticano II.

Após o Concílio Vaticano II, que foi a "primavera da Igreja", surgiram novos grupos, formados por clérigos insatisfeitos pelos rumos do Catolicismo; divididos entre conservadores, que formaram o grupo de católicos tradicionalistas, chefiados pelo arcebispo Marcel Lefèbvre, e progressistas, liderados pelo arcebispo André Barbeau.

Em 2003, foi revelado que a missa tridentina pré-Vaticano II estava de novo sendo celebrada na Basílica de São Pedro (embora não no altar principal) e que o papa João Paulo II começou a celebrar missas tridentinas na sua capela privada no Palácio Apostólico, no Vaticano.

O escritor e pensador católico brasileiro, Gustavo Corção (1896–1978), em artigo publicado no jornal *O Globo*, em 18 de dezembro de 1976, tece críticas severas ao Concílio Vaticano II, afirmando que "o contexto dos fatos ocorridos durante o concílio e multiplicados depois dele está aí na memória de todos para confirmar que o concílio trouxe efetivamente uma 'simpatia imensa' por todas as impiedades da soberba humana erigidas em sistema e correlatamente ostentou uma estranha indiferença pelas vítimas de tais perversidades".

Prossegue, em seu artigo, afirmando que "...desde as primeiras sessões do concílio se observou a escandalosa recusa de reafirmação das condenações do comunismo, tornadas mais necessárias do que nunca em vista da torrencial infiltração da ideologia 'intrinsecamente perversa, ímpia, monstruosa e desumana' nos recintos da Igreja".

Acrescenta que "...outros papas e concílios se chocaram com tais impiedades erigidas em sistema, lutaram contra as várias formas dessa religião do homem que se faz Deus, condenaram severamente a revolução anarquista, o comunismo, os diversos socialismos e as Maçonarias".

É fato que o Concílio Vaticano II, em seu temário, não se ocupou dos temas enunciados por Gustavo Corção em seu artigo. Mas nem por isso a Igreja Católica Romana deixou de condenar o que o articulista denomina impiedades. Haja vista que, com relação à Maçonaria, uma das impiedades apresentadas por Gustavo Corção, a Igreja sempre reafirmou sua condenação não somente nos concílios anteriores, como também em documentos posteriores ao Concílio Vaticano II.

Sobre o assunto, relembramos que, no tópico desta obra, intitulado "A Condenação da Maçonaria pela Igreja", relatamos que, em 1974, a Sagrada Congregação para a Doutrina da Fé (nova denominação, em substituição à Congregação do Santo Ofício, para a Inquisição) manteve a pena do cânon 2335 (excomunhão) para os que se inscreverem na Ordem Maçônica. Em 26 de novembro de 1983, na véspera da entrada em vigor do novo Código de Direito Canônico, a Congregação para a Doutrina da Fé, então sob a direção do cardeal Ratzinger (atual papa), reafirmou:

"Permanece, portanto, imutável o parecer negativo da Igreja a respeito das associações maçônicas, pois seus princípios foram sempre considerados inconciliáveis com a doutrina da Igreja, e por isso permanece proibida a inscrição nelas. Os fiéis que pertencem às associações maçônicas estão em estado de pecado grave e não podem se aproximar da sagrada comunhão". O sumo pontífice João Paulo II, durante audiência concedida ao cardeal prefeito, aprovou a presente declaração e ordenou a sua publicação.

Os ritos ocidentais, praticados pela Igreja Latina, são:
Rito tridentino (Missal de 1962 - missa tridentina);
Rito novo (*Novus Ordo Missae*, de 1970 em diante);
Rito ambrosiano;
Rito bracarense;
Rito galicano;

Rito moçárabe;
Uso anglicano.

Os ritos das Igrejas Uniate, ou Igrejas Católicas do Oriente, são apreciados em capítulo próprio nesta obra.

A Igreja Católica, como muitas outras denominações cristãs, assistiu a um rápido declínio na sua influência global na sociedade ocidental no fim do século XX. Crenças doutrinárias rígidas em matérias relacionadas com a sexualidade humana são pouco atraentes no mundo ocidental secularizado, em que a diversidade de práticas sexuais e a igualdade dos sexos são norma. A generalidade do próprio clero abraçou a ideia do secularismo e tentou diminuir sua influência na sociedade. Em lugares onde, durante certo tempo, desempenhou um papel de primeira importância, como Quebec, Irlanda ou Espanha, tem hoje apenas uma fração da anterior influência.

Ao mesmo tempo, no entanto, o Catolicismo Romano vem experimentando uma dramática adesão na África e em partes da Ásia. Se nos primeiros tempos os missionários ocidentais serviam como padres em igrejas africanas, no final do século XX, havia um número crescente de países ocidentais que já recrutavam padres africanos para contrabalançar a redução nas suas próprias vocações.

Assim como vem ocorrendo com outras denominações, em algumas partes do globo, há um desinteresse crescente da população em relação ao Catolicismo. Tem-se observado esse fenômeno principalmente em partes da América e da Europa. Um reflexo desse desinteresse provém de uma grande massa de católicos (não praticantes) em países como Brasil e Portugal. Eles afirmam ser adeptos da religião por frequentar cerimônias como casamentos e batizados, mas não fazem parte regularmente de ritos, como a missa aos domingos. Esses católicos, muitas vezes, discordam dos ensinamentos morais da Igreja, porque estes não são adaptados a modelos do mundo contemporâneo, como o relativismo cultural, o ceticismo científico e a liberalidade sexual.

No Censo 2000, feito pelo IBGE, 40% dos que responderam ser católicos no Brasil diziam ser não praticantes. Em Portugal, segundo dados da própria Igreja Católica Apostólica Romana, apenas 10% da população foi aderente ao serviço religioso, no momento do Censo 2001.

Os grupos e os movimentos em que predominam a participação de leigos ganharam muito destaque no pontificado de João Paulo II, de quem receberam muito apoio. São exemplos disso: o Caminho Neocatecumenal, o *Opus Dei*, o *Regnum Christi*, entre outros.

Caminho Neocatecumenal

O Caminho Neocatecumenal, ou Neocatecumenato, é um itinerário de formação cristã, nascido na Espanha, em 1964, por iniciativa do pintor e músico Kiko Argüello e de Carmen Hernández.

Sua fundação funcionou como resposta às diretrizes do Concílio Vaticano II, no sentido de promover a abertura de um caminho de iniciação ao batismo, fazendo descobrir o que significa ser cristão. Mais tarde, se uniria aos fundadores o sacerdote Mario Pezzi.

A Igreja Católica reconheceu o Caminho Neocatecumenal no momento em que oficialmente foi proposto como "um itinerário de formação católica válido para a sociedade e os dias de hoje", que busca a redescoberta do batismo, embora, mais tarde, o papa João Paulo II tenha alertado a Igreja para os abusos que são característicos desse movimento.

Atualmente, o Caminho Neocatecumenal está difundido em mais de 100 países, incluindo alguns que tradicionalmente não são cristãos, como China, Egito, Coreia do Sul e Japão.

O Caminho Neocatecumenal não pretende formar um novo movimento em si, senão ajudar as paróquias a abrir um caminho de iniciação ao batismo que faça descobrir o que significa ser cristão. É um instrumento a serviço dos bispos, nas paróquias, para recuperar a fé de tantas pessoas que a tem abandonado.

Opus Dei

Não podemos deixar de destacar a atuação do *Opus Dei* dentro desse movimento de predominante participação de leigos, dada a grande repercussão que provoca no noticiário nacional e internacional.

O *Opus Dei* (em português, Obra de Deus) é uma prelatura composta de um prelado, padres seculares e leigos comuns, que se juntam a ela de livre vontade.

A prelatura segue uma via de conduta que passa pela santificação do trabalho cotidiano (nas palavras do fundador, "o trabalho é santo, santifica-nos e santifica os outros"). Assim, todo e cada um, homem ou mulher, é chamado à santificação pelo trabalho que exerce cotidianamente, encontrando Deus nas coisas ordinárias da Terra.

O *Opus Dei* foi fundado por Josemaría Escrivá de Balaguer em 2 de outubro de 1928, em Madri, na Espanha. Em 14 de fevereiro de 1930, o seu fundador compreendeu que a instituição também deveria desenvolver o apostolado entre as mulheres, vindo, dessa forma a ser fundada, em 14 de fevereiro de 1943, a Sociedade Sacerdotal da Santa Cruz, inseparavelmente unida ao *Opus Dei*.

Até o dia 25 de junho de 1944, o *Opus Dei* só teve um único sacerdote: seu fundador e líder Josemaría Escrivá. Nesse dia, mais três veteranos da obra, todos engenheiros de formação, foram ordenados sacerdotes pelo bispo de Madri-Alcalá, dom Leopoldo Eijo y Garay. Entre eles, Álvaro del Portillo, que, mais tarde, tomaria o lugar de Escrivá como prelado do *Opus Dei*.

O *Opus Dei* foi aprovado, definitivamente, pela Santa Sé em 16 de junho de 1950, e, no dia 28 de novembro de 1982, foi erigido como uma prelatura pessoal, assim declarado pelo papa João Paulo II – conforme o Código de Direito Canônico –, que tem como finalidade contribuir para a missão evangelizadora da Igreja.

Na época do falecimento do seu fundador, em 26 de junho de 1975, a prelatura já se estendia pelos cinco continentes, contando com mais de 60 mil membros de 88 nacionalidades.

O *Opus Dei* tem como lema "encontrar Deus no trabalho e na vida cotidiana". Procura a santificação de cada cristão no mundo, por meio do exercício profissional cotidiano e do cumprimento dos deveres pessoais, familiares e sociais de cada um, de maneira que cada indivíduo se torne um fermento de intensa vida cristã em todos os ambientes em que estiver inserido.

Para essa finalidade, a prelatura proporciona os meios de formação espiritual e atendimento pastoral aos próprios fiéis e também a muitas outras pessoas. Pelo atendimento pastoral, as pessoas são estimuladas a colocar em prática os ensinamentos do Evangelho, mediante o exercício das virtudes cristãs e a santificação do trabalho. Isso significa, para os fiéis da prelatura, trabalhar segundo o espírito de Jesus Cristo: realizar as próprias tarefas com perfeição, como forma de dar glória a Deus, servir aos outros e, desse modo, contribuir para santificar o mundo, tornando presente o espírito do Evangelho em todas as atividades e realidades temporais. Os membros da prelatura praticam também as chamadas normas de piedade, que consistem em, por exemplo, rezar o terço todos os dias, visitar Deus no sacrário ou confessar habitualmente.

Os fiéis realizam pessoalmente sua tarefa evangelizadora nos vários âmbitos da sociedade em que estão inseridos. Por conseguinte, o trabalho que levam a cabo não se limita a um campo específico, como a educação, o cuidado de doentes ou a ajuda a deficientes. A prelatura propõe-se a recordar que todos os cristãos, seja qual for a atividade secular a que se dediquem, devem cooperar na solução cristã dos problemas da sociedade e dar testemunho constante da sua fé.

A sede da prelatura do *Opus Dei* é em Roma, onde está a igreja do prelado, sob a direção do bispo dom Javier Echevarría.

O trabalho apostólico do *Opus Dei* no Brasil teve início em 1957, em Marília (São Paulo), em virtude do interesse e da prolongada insistência do então bispo dessa diocese, dom Hugo Bressane de Araújo. Os primeiros membros do *Opus Dei* que chegaram a Marília foram: padre Jaime Espinosa Anta, licenciado em medicina e doutor em direito canônico; o médico recém-formado José Luís Alonso Nieto e o advogado Félix Ruiz Alonso.

O *Opus Dei* tem sofrido, ao longo de sua trajetória, uma série de críticas não somente no Brasil, como em outros países, tornando-se uma das maiores controvérsias atuais em que a Igreja Católica se envolveu.

Seus críticos tentam mostrar, com exemplos, que, na prática, o *Opus Dei* submete seus membros a uma atitude totalmente contrária aos hábitos dos tempos modernos.

O livro *Opus Dei – Os Bastidores*, assinado por três autores: Jean Lauand – professor titular da Faculdade de Educação da USP –, Dario Fortes Ferreira e Marcio Fernandes da Silva, todos ex-membros daquela prelazia, é uma das diversas fontes de denúncia ao movimento.

Segundo os autores, os jovens são afastados de suas "famílias de sangue", que devem ser substituídas pela "família sobrenatural" dos irmãos na fé. Algumas horas por dia, é necessário usar o cilício – um cordão com pontas de ferro colocado por debaixo da roupa, sobre uma das coxas, para mortificar o corpo. Há regras para cada atividade do cotidiano, criadas para promover a "santificação" no mundo: não pode viajar, nem cumprimentar mulheres com beijo, nem sair à noite, nem ter telefone celular... Os superiores devem ser consultados sobre tudo, desde uma oferta de emprego até uma visita a amigos ou à família.

Um índex relaciona os autores proibidos: José Saramago, James Joyce e praticamente todos os filósofos desde Descartes (1596–1650), entre outros.

As mulheres, segundo os autores, passam os dias reclusas, a cozinhar, lavar e passar as roupas dos chefes. Homens fazem o serviço de portaria, atendem ao telefone e lavam o carro para seus superiores. E todos se submetem a uma série de rezas – em latim –, normas e autoflagelação. "Há, no *Opus Dei*, abdicação das iniciativas pessoais, sacrificadas a uma obediência cega e mecânica, e despersonalização do indivíduo, calcada em um rigoroso e diuturno processo de doutrinação, o que se costuma designar de lavagem cerebral", escrevem os autores, que acrescentam: "Tal como em outras seitas, existe um enorme abismo entre a proposta de fachada do *Opus Dei* e a realidade que, pouco a pouco, o prosélito vai encontrar".

Diversos depoimentos constam do referido livro, descrevendo constrangimentos morais sofridos por numerários (uma das classes de membros do *Opus Dei*, que residem nas casas da instituição e observam o celibato, a obediência irrestrita aos superiores e a pobreza pessoal – o que significa entregar todo o seu salário mensal ao *Opus Dei*).

O livro considera o *Opus Dei* como "a mais brutal forma de manipulação humana".

A contestação de sua atuação no Brasil é tão grande que existe uma página eletrônica, fórum de debates de dissidentes da prelazia.

Temos notícias, sempre ocultadas por um véu de receio, de que, em pelo menos um país da América Latina, o *Opus Dei* tem atuação bastante significativa na sociedade, nos órgãos de governo e nas grandes empresas. Até aí, nada de mais, não fosse a coação que exercem sobre os pseudo-adversários de suas ideias, chegando ao terror de demiti-los de seus cargos profissionais. Os maçons daquele país vivem sob esse terror de ser demitidos de seus empregos, caso o *Opus Dei* os identifiquem. Isso nos dias de hoje.

Renovação Carismática Católica

Outro movimento criado na Igreja Católica, muito simpático e bem-sucedido entre os fiéis, com a forte participação de leigos no Brasil, é o da Renovação Carismática Católica (RCC).

Esse movimento, surgido nos Estados Unidos em 1966 e trazido ao Brasil em 1969 pelo padre Harold Hams, ganhou força em meados dos anos de 1990 e já responde sozinho por grande parte dos católicos praticantes no país.

A Renovação Carismática Católica busca dar uma nova abordagem às formas de evangelização e renovar práticas tradicionais da religião católica, parecendo, ao leigo, um movimento cheio de alegria, de combate à expansão das seitas protestantes evangélicas, pentecostais e neo-pentecostais.

Uma das comunidades carismáticas mais conhecidas é a Canção Nova, que é presidida pelo padre Jonas Abib; sua sede fica na cidade de Cachoeira Paulista, em São Paulo, onde possui emissora de rádio e um canal de televisão.

Outro ícone da RCC no Brasil é padre Marcelo Rossi, fenômeno de mídia e cultura de massa surgido no final do século XX. Cantando, dançando e fazendo coreografias em missas lotadas e programas de televisão, ele se propõe a levar aos homens a mensagem de Cristo segundo o Catolicismo.

O estilo do padre Rossi já foi criticado por alguns setores conservadores da Igreja no Brasil, mas logo obteve respeito e aprovação. O padre Marcelo Rossi já gravou discos, desde 1998; aparece em programas de TV com certa regularidade; possui um programa de rádio com mais de 100 mil ouvintes em todo o país, e suas missas, a céu aberto, na época da Páscoa, atraem milhares de fiéis.

Regnum Christi

A história do *Regnum Christi* está estreitamente ligada à dos Legionários de Cristo.

O *Regnum Christi* é um movimento internacional de apostolado, destinado ao serviço dos homens e da Igreja. É um movimento de católicos romanos leigos dedicados a promover a fé católica. Seu lema é: amar Cristo, servir ao povo, construir a Igreja.

Foi fundado em 1959 por Marcial Maciel Degollado, que foi ordenado sacerdote em 26 de novembro de 1944, na Basílica de Nossa Senhora de Guadalupe, na Cidade do México.

Em 1941, em 3 de fevereiro, Marcial Maciel fundou, na Cidade do México, com mais 13 companheiros, a Congregação Religiosa dos Legionários de Cristo, também conhecida como Legionários de Cristo, ou Legião de Cristo.

O *Regnum Christi* está diretamente ligado à Legião de Cristo, porém, é uma entidade separada dentro da Igreja Católica. Cada membro da Legião de Cristo é, primeiro, um membro do *Regnum Christi*, para depois tornar-se membro da Legião de Cristo. O padre da Legião de Cristo é considerado membro do terceiro grau do *Regnum Christi*.

A primeira obra de apostolado da Legião de Cristo, o Instituto Cumbres, foi fundada, na Cidade do México, em 8 de fevereiro de 1954. O Instituto Cumbres, com suas atividades espirituais e de formação, passou a levar aos alunos e a seus familiares os ideais apostólicos da Legião de Cristo.

Em 1959, o padre Maciel redigiu, com o auxílio do padre Rafael Arumí, o primeiro esboço dos futuros estatutos de um movimento de apostolado para leigos. O título *Regnum Christi*, para esse novo movimento de apostolado que compartilha os propósitos da Legião de Cristo, foi criado em 1963.

Nesse mesmo ano, em 15 de março, foi inaugurado, na Cidade do México, o Centro Cultural Interamericano, que oferece retiros espirituais, tríduos para a renovação das promessas de batismo, exercícios culturais e palestras para a formação de leigos.

Em 6 de junho de 1964, foi criada a Fundação *Mano Amiga* (em português, Mão Amiga), com a ajuda da associação de pais de família do Instituto Cumbres, com o objetivo de construir um colégio para instruir crianças sem recursos. O primeiro Colégio *Mano Amiga* foi inaugurado em 1966.

A Legião de Cristo recebeu, do papa Paulo VI, em 6 de fevereiro de 1965, o decreto de louvor e a aprovação experimental de suas Constituições (a aprovação definitiva das Constituições pela Santa Sé ocorreu em 29 de junho de 1983), em que se fixam como uma das tarefas principais da Legião de Cristo o estabelecimento de grupos de católicos que sejam o fermento evangélico nos diversos ramos da sociedade. Em março desse mesmo ano, foi aberto o primeiro centro do *Regnum Christi* em Madri.

A primeira turma de leigos, formada por 12 jovens madrilenos, foi incorporada ao *Regnum Christi* em 3 de janeiro de 1968, na Basílica de Nossa Senhora da Virgem do Pilar, em Saragoça, na Espanha.

No México, no Centro Cultural Interamericano, foi incorporado ao *Regnum Christi* o primeiro grupo de jovens mexicanos, em julho de 1969. Em 3 de agosto desse ano, foi incorporado o primeiro grupo de senhoritas.

Daí por diante, o *Regnum Christi* foi se expandindo para outros países, como Irlanda, Estados Unidos e Itália. Foram também criados, à sombra do *Regnum Christi*, outros movimentos localizados, assim como organizações destinadas à beneficência.

A Legião de Cristo é formada, atualmente, por mais de 650 sacerdotes e cerca de 2.500 seminaristas em 18 países. Por sua vez, o *Regnum Christi* é composto por cerca de 65 mil membros, seculares – homens e mulheres –, diáconos e sacerdotes, espalhados por todos os continentes.

A aprovação definitiva dos estatutos do *Regnum Christi* pela Santa Sé ocorreu em 26 de novembro de 2004.

Em 2005, durante o Terceiro Capítulo-Geral, o padre Maciel, fundador da Legião de Cristo e do *Regnum Christi*, decidiu declinar de sua reeleição para diretor-geral. Seu sucessor é o padre Álvaro Corcuera, um dos primeiros membros do *Regnum Christi* no México.

Os membros do *Regnum Christi* assumem compromissos específicos de prece e meditação diária, encontros semanais e retiros espirituais anuais. Seus membros enquadram-se em três graus de compromisso:

O primeiro grau, de membros não consagrados, os que aderem ao *Regnum Christi*.

O segundo grau, de membros não consagrados, com dedicação integral ao movimento, trabalhando, frequentemente, como colaboradores do *Regnum Christi* ou da Legião de Cristo.

O terceiro grau, de membros consagrados, homens, mulheres e Legionários de Cristo.

Tanto a Legião de Cristo como o *Regnum Christi* experimentaram forte expansão mundial, inclusive no Brasil, onde estão espalhados por diversas cidades, com forte atuação no correio eletrônico (internet).

Apesar de toda a grandeza da obra, a Legião de Cristo e o *Regnum Christi* enfrentaram, nos últimos tempos, sérios reveses com relação às atitudes de seu fundador, o padre Marcial Maciel Degollado. Havia acusações ao fundador dos dois movimentos, dirigidas ao Vaticano, desde 1998, de abusos sexuais contra seminaristas da Legião de Cristo.

As acusações foram, em parte, tornadas públicas ao longo dos anos, e, em 2002, o padre Maciel publicou uma declaração em que as negava.

Os casos de pedofilia por parte dos sacerdotes do clero secular têm aparecido na imprensa de forma generalizada. A exigência dos votos de celibato e castidade, aos membros do clero secular da Igreja Católica no Ocidente, constitui um transtorno aos dirigentes da Igreja. No clero regular, que opera dentro dos mosteiros, cujos membros são submetidos ao mesmo regime de celibato e castidade, as distorções de origem sexual, caso existam, não têm vindo a público.

Em 2005, como já assinalado, o padre Marcial Maciel, alegando motivos de sua avançada idade, renunciou ao cargo de superior-geral da Legião de Cristo.

As acusações ao padre Marcial Maciel foram analisadas pela Congregação para a Doutrina da Fé (nome atual dado à Inquisição), desde o tempo em que o prefeito da congregação era o cardeal Ratzinger, atual papa Bento XVI.

Recentemente, o papa Bento XVI, por intermédio da Congregação para a Doutrina da Fé, após maduro exame, exigiu ao fundador da Legião de Cristo, o padre mexicano Marcial Maciel Degollado, de 86 anos de idade, investigado por alegados abusos sexuais contra seminaristas, que renuncie "a todo o ministério público" da sua atividade sacerdotal e que leve uma vida discreta de oração e penitência. Em virtude de sua avançada idade e saúde precária, foi poupado de um processo canônico. A sanção, porém, é muito dura para o fundador da Legião de Cristo.

Essa condenação, na história da Igreja, é um caso raro. O normal é que os fundadores de Ordens e movimentos religiosos venham a ser canonizados. O padre Maciel gozou de muita influência entre cardeais e bispos da Igreja Católica, especialmente em Roma e no México, sua terra natal.

A Legião de Cristo e o Movimento *Regnum Christi*, obras fundadas pelo padre Marcial Maciel, reagiram ao comunicado da Santa Sé sobre a conclusão da investigação das acusações feitas ao seu fundador com uma nota em que "renovam o compromisso de servir à Igreja".

Igrejas Uniate do Oriente

Há uma quantidade de outras Igrejas do Oriente, também designadas Igrejas Uniate do Oriente,* ou Igrejas de Rito Oriental, em completa comunhão com a Santa Sé, porém, organizadas separadamente.

Elas não representam, como se imagina frequentemente, nenhuma espécie de compromisso ou posição intermediária entre o Catolicismo Ocidental e as várias igrejas heréticas ou cismáticas do Oriente.

Todas as Igrejas Uniate aceitam inteiramente a fé católica e estão, em matéria de doutrina, inteiramente de acordo com Roma. Aceitam, em sua totalidade, o primado da Santa Sé e estão submetidas à sua suprema jurisdição.

O objetivo buscado por Roma, ao instituir a Igreja Uniate, não foi a latinização dos antigos ritos, mas sim a união dos corações em uma única fé e sob o primado da Santa Sé. Todavia, foi considerado impossível seguir estritamente o sistema de jurisdição territorial adotado em todos os lugares no Ocidente.

No Leste, as igrejas se distinguem mais pela nacionalidade, pela língua e pelo rito do que pela localidade e, portanto, há um sistema de jurisdições que se interpenetram, o que torna muito difícil explicar o plano de organização das diversas Igrejas Uniate.

A efetivação dessa comunhão resultou de um longo processo. Após o Grande Cisma de 1054 entre as Igrejas Oriental e Ocidental (que provocou a criação da Igreja Ortodoxa), alguns grupos, tais como os maronitas e os

---

*N.A.: Consultando o *Webster's New Twentieth Century Dictionary – Second Edition – Collins World* – USA – 1977, encontramos e traduzimos: *U'ni-at, U'ni-âte* – do russo *uniyat* – de *uniya*, união, do latim *unus*, um; designa a "união" com a Igreja Romana – um membro de qualquer Igreja Cristã Oriental que reconhece o primado do papa, mas guarda sua própria liturgia, rito, etc.

armênios, uniram-se a Roma no século seguinte. A história real do desenvolvimento das Igrejas de Rito Oriental, todavia, começou no século XVI. Em 1596, com a União Brest-Litovsk, dois bispos ucranianos ortodoxos concordaram com a primazia do papa. Outros grupos os seguiram, tais como os caldeus (1681) e outras Igrejas do Rito Bizantino (os ruthenianos em 1692, os romenos em 1698 e os melkitas em 1724). Os últimos foram os malankarese (rito antioqueno) da Índia, em 1930. Com o crescimento desses grupos de católicos orientais, Roma estabeleceu hierarquias eclesiásticas para eles.

As Igrejas de Rito Oriental são constituídas em cinco ritos, derivados das antigas tradições das Igrejas Cristãs do Oriente. Atualmente, mais de 10 milhões de católicos orientais pertencem aos vários ritos.

Conforme o rito que professam, podem resumidamente ser definidas:

1. Católicos de rito bizantino na Europa, compreendendo as igrejas fundadas no território que pertenceu ao Império Turco na Europa, no tempo de sua maior extensão, que, mais tarde, se tornou Império Austro-Húngaro: Igreja da Ruthenia, Igreja da Romênia, Igreja da Rússia, Igrejas da Turquia e Grécia e Igreja da Itália Meridional e da Cilícia.

2. Católicos do rito armênio, espalhados pela Turquia, Iraque, chegando até Alexandria, no Egito.

3. Católicos do rito copta, espalhados entre Alexandria, Hermópolis e Tebas.

4. Os três Patriarcados de Antioquia, que compreendem: o Patriarcado Melquita, com jurisdição sobre os católicos de nacionalidade grega no Império Turco; o patriarcado maronita, com centro no Líbano, rito sírio e o siríaco como língua litúrgica; o Patriarcado Sírio, com jurisdição na Síria e no Iraque; há um quarto patriarcado, o Patriarcado Latino de Antioquia – cujo patriarca reside em Roma e é, geralmente, italiano.

5. Católicos do rito caldaico – com dioceses na Pérsia e no Iraque.

6. Cristãos de São Thomas, na costa de Malabar, Ásia, professando o rito sírio.

Um rito, na Igreja Uniate, significa mais do que uma liturgia. Ele compreende diferentes tradições ao longo de uma larga fronteira. Digno de nota é a presença de padres casados entre os católicos do Oriente, em contraposição ao celibato dos padres do rito romano.

As práticas sacramentais são também diferentes, tais como a admissão imediata de crianças batizadas na confirmação e na eucaristia. A linguagem litúrgica, nas igrejas de rito oriental, é ou a falada pelos missionários fundadores de cada rito ou a do vernáculo atual.

O Concílio Vaticano II, em seu decreto sobre as Igrejas Católicas Orientais, confirmou o pleito de preservação intacta dos ritos orientais. Tal preservação foi bem-vinda, em virtude das repetidas críticas de que suas tradições estavam sendo erodidas pela comunhão com Roma.

Igrejas Uniate do Oriente no Brasil

No Brasil, a Igreja Uniate do Oriente, embora com participação reduzida, também está presente, praticando alguns de seus ritos:

No rito bizantino, embora não possua ordinários – superiores eclesiásticos, há um representante do rito bizantino de língua ítalo-albanesa no Rio de Janeiro e outro no Instituto São Vladimir do rito bizantino de língua russa, em São Paulo.

No rito armênio, há o Exarcado Apostólico Armênio – nome atribuído, no Direito Canônico Oriental, a uma circunscrição eclesiástica que é uma eparquia em formação –, na cidade de São Paulo, que também é sede do Exarcado Apostólico Armênio da América Latina, para os fiéis do rito.

O termo eparquia é usado, no Direito Canônico Oriental, para designar o correspondente, no Direito Canônico Latino, à diocese.

No rito melquita, há a Eparquia de Nossa Senhora do Paraíso, na cidade de São Paulo.

No rito maronita, há a Eparquia de Nossa Senhora do Líbano, na cidade de São Paulo, e as Paróquias Nossa Senhora do Líbano, no Rio de Janeiro e em São Paulo. Esse rito, após a chegada ao Brasil, em São Paulo, recentemente, do arcebispo maronita Edgard Madi, está em franca expansão. O arcebispo Edgard Madi, nomeado pelo papa Bento XVI líder maronita no Brasil, está utilizando os meios de comunicação (rádio e televisão) da Renovação Carismática Católica (abordada, anteriormente, nesta obra) – a comunidade Canção Nova –, presidida pelo padre Jonas Abib, para a atração dos fiéis maronitas de origem libanesa residentes no Brasil. Esta é a principal razão da rápida expansão atual do rito maronita no país.

O rito sírio, ou siríaco, está presente no Brasil, embora não possua ordinário do próprio rito, na Igreja Sagrado Coração de Jesus, em Belo Horizonte.

Igreja Ortodoxa

A Igreja Católica Apostólica Ortodoxa existe há quase 2 mil anos e é mais conhecida, atualmente, por Igreja Ortodoxa; seus fiéis são os cristãos ortodoxos.

A Igreja Ortodoxa é conhecida também como Igreja Ortodoxa Oriental, já que tinha sede no Oriente Médio, por oposição à Igreja Ocidental, cujo centro era Roma. A partir de Jerusalém e Istambul (Constantinopla), espalhou-se pela Bulgária, Romênia, Grécia e Rússia, seu atual principal centro. Expandiu-se também para os Estados Unidos, onde há em torno de cinco milhões de ortodoxos, em razão de imigrações da Europa Oriental para aquele país.

Na Grécia, onde toda a população adota a fé ortodoxa, ela se tornou igreja estatal.

Na Finlândia, país que conta com 75 mil cristãos ortodoxos, ela também é igreja estatal, com a Igreja Luterana.

Por causa dos seus fortes laços com o regime czarista, a Igreja Ortodoxa Russa foi muito perseguida depois da Revolução Socialista de 1917.

Houve uma cisão na Igreja Ortodoxa Russa, em 1927, que ficou separada do Patriarcado de Moscou.

A separação do Patriarcado de Moscou deu-se em 1927, após a deposição e o assassinato do patriarca Thicon, que se negou a submeter-se às regras impostas pelo Estado soviético à religiosidade ortodoxa. Entretanto, um metropolita de nome Sérgio assumiu-se favorável às limitações impostas pelo Estado socialista ao clero ortodoxo russo, tornando-se o homem de confiança do governo soviético no meio clerical. Esse episódio ficou conhecido como a heresia do sergianismo.

Por considerar que o Patriarcado de Moscou estava preso ao ateísmo do sistema soviético, um grupo de padres discordantes daquela situação passou a acompanhar refugiados e outros imigrantes russos em outros países. Parte deles veio estabelecer residência no Brasil, onde foi criada a Igreja Católica Apostólica Ortodoxa Russa no Exílio. Antes dessa cisão no meio ortodoxo russo, por ocasião da intervenção do Estado socialista na Igreja, houve outra separação por parte de um grupo de fiéis, quando ainda vigorava o regime monárquico dos czares.

É importante esclarecer que muitos russos ortodoxos (padres e fiéis), mesmo sem seguirem para o exílio, não ficaram favoráveis ao sergianismo e à normatização religiosa imposta pelo Estado. Isso os obrigou a levar uma vida de clandestinidade religiosa dentro de sua própria pátria.

Essa Igreja Ortodoxa, rebelde e perseguida, foi denominada Igreja das Catacumbas, uma analogia ao Cristianismo em sua fase primordial. A perseguição aos fiéis da Igreja das Catacumbas foi suspensa quando o *premier* Mikhail Gorbachev implantou a Perestroika, em 1990.

Em razão das condições políticas envolvendo a Igreja Ortodoxa, não se sabe com exatidão o número de pessoas que pertencem atualmente à fé ortodoxa, mas se estima que os fiéis totalizem cerca de 150 milhões.

A Criação da Igreja Católica Apostólica Ortodoxa

Desde o início da prática da religião católica, houve desavenças e desacordos entre a Igreja Ocidental, de fala latina, e as Igrejas Orientais, que não queriam reconhecer a supremacia do papa.

As razões históricas, que resultaram na separação da Igreja Católica Apostólica Ortodoxa, com sede em Istambul (antiga Constantinopla), estão apresentadas, resumidamente, nesta obra, no capítulo intitulado "O Primeiro Grande Cisma na Igreja Católica".

Como já apresentado no capítulo acima referido, em março de 1043, quando Miguel Cerulário ascendeu ao patriarcado da Sé Apostólica de Constantinopla, o pontificado romano atravessava mais uma fase crítica de instabilidade na sua história, dificultando o relacionamento entre Constantinopla e Roma, e provocaria o ponto culminante do Cisma Oriental.

Era imperador bizantino, na época, Constantino IX, e o papa era Bento IX (pontificado entre 1 de agosto de 1032 e 16 de janeiro de 1045).

Todavia, uma aliança política entre o papa e o imperador bizantino, no sentido de combater as invasões normandas no sul da Itália, aproximaram Bento IX de Constantino IX.

O patriarca Cerulário, receoso de um possível aumento da influência do papa na Igreja do Oriente, face à aliança política, procurou reacender as polêmicas religiosas e, repetindo as velhas acusações do tempo do patriarca Fócio, mandou fechar todas as igrejas e os conventos latinos de Constantinopla e influiu junto ao bispo búlgaro Leão de Acrida na elaboração de uma carta ao bispo João de Trani, da Apúlia, atacando diversas práticas da Igreja de Roma.

O papa Leão IX (pontificado entre 10 de fevereiro 1049 e 19 de abril 1054), talvez no sentido de minimizar o ambiente hostil provocado pelo patriarca Cerulário, enviou uma embaixada a Constantinopla, chefiada pelo cardeal Umberto, um teólogo erudito. A embaixada de Roma teve um bom relacionamento com o imperador Constantino IX. Com o patriarca Cerulário, todavia, a comitiva papal não teve boa acolhida.

Cerulário, julgando-se ferido em seu orgulho, face à boa acolhida oferecida por Constantino IX à embaixada da Santa Sé, provocou a ruptura definitiva com Roma. Estava consumado o Cisma Oriental em 1054.

Os historiadores entendem que o episódio em que foi protagonista o patriarca Miguel Cerulário não pareceu, na época, como o rompimento definitivo. Foi considerado como mais um incidente entre os muitos que pontilharam o relacionamento de Roma e Constantinopla.

Independentemente dessas conjecturas históricas, o fato real é que a inabilidade política aliada ao orgulho ferido do patriarca Cerulário, além dos históricos pontos de divergência durante mais de 600 anos precipitaram a separação definitiva.

A Igreja Ortodoxa conta, atualmente, com as seguintes jurisdições: Patriarcado de Constantinopla, Patriarcado de Alexandria, Patriarcado de Antioquia, Patriarcado de Jerusalém, Patriarcado de Moscou, Patriarcado da Geórgia, Patriarcado da Sérvia, Patriarcado da Romênia, Patriarcado da Bulgária, Igreja Ortodoxa de Chipre, Igreja Ortodoxa Grega, Igreja da Albânia, Igreja Ortodoxa da Polônia, Igreja das Terras Checoslovacas, Igreja Ortodoxa na América, Igreja do Sinai, Igreja da Finlândia, Igreja da Ucrânia, Igreja do Japão e Igreja da China.

O Fundamento da Igreja Ortodoxa

As Igrejas Ortodoxas não têm nenhum chefe ou liderança em comum; são autônomas e independentes. Cada uma delas é dirigida por um patriarca.

A Ortodoxia é formada por diversas Igrejas Cristãs Orientais que professam a mesma fé e, com algumas variantes culturais, praticam basicamente os mesmos ritos. O chefe espiritual das Igrejas Ortodoxas é o patriarca ecumênico de Constantinopla, embora este seja um título mais honorífico, uma vez que os patriarcas de cada uma dessas igrejas são independentes.

Para os ortodoxos, o chefe único da Igreja, sem comparsas ou legatários, é o próprio Jesus Cristo.

O sacerdócio é composto por diáconos, padres, bispos, arcebispos, metropolitas e patriarcas. O celibato é obrigatório apenas para os bispos, não para os padres – embora o casamento deva ocorrer antes da ordenação. A Igreja Ortodoxa tem claustros e monges, mas não possui ordens separadas, independentes, como a Igreja Católica Romana. Cada claustro tem sua própria ordem e está sob a jurisdição do bispo local.

O fundamento da doutrina ortodoxa é a tradição, conforme revelada na Bíblia e nos pronunciamentos dos primeiros sete concílios ecumênicos (de 325 a 789). O mais importante de todos é o Credo Niceno, a mais alta expressão da fé ortodoxa.

O Credo Niceno de fé define a Igreja Ortodoxa como a Igreja Una, Santa, Católica e Apostólica:

É una, porque apenas pode haver uma só Igreja verdadeira, com um só chefe, que é Cristo.

É santa, porque a Igreja procura santificar e transformar seus membros por meio dos sacramentos.

É católica, porque a Igreja é universal e tem membros em todas as partes do mundo. a palavra "católica" provém da palavra grega "katholikós", que significa mundial ou universal.

É apostólica, porque sua doutrina está estabelecida sobre os fundamentos colocados pelos apóstolos, de quem essa Igreja recebeu seus ensinamentos e autoridade, sem ruptura ou mudança.

A Igreja Ortodoxa costuma ser chamada de Igreja da Ressurreição, em virtude de sua ênfase na ressurreição de Cristo. Adota os sete sacramentos, mas tudo o que a Igreja faz é considerado sacramental. O batismo de crianças é muito difundido e, com frequência, imediatamente seguido da santa crisma (confirmação). Por esse motivo, as crianças também participam da eucaristia.

É ortodoxa a crença de que o pão e o vinho se transformam no sangue e no corpo de Cristo pelo poder do Espírito Santo.

Quanto ao juízo final, geralmente se faz uma distinção entre os salvos e os condenados. Porém, muitos fiéis ortodoxos se afastaram da doutrina da perdição eterna. Eles seguem a indicação de um antigo padre da Igreja, Orígenes, que falou da "redenção de todas as coisas" (apocatástase), ou seja, todas as pessoas serão salvas no final, até mesmo Satã e seus anjos. Essa doutrina foi criticada no Concílio Ecumênico, segundo de Constantinopla, em 553, mas, trazida novamente à tona por vários teólogos ortodoxos contemporâneos, não foi tachada de herética pela Igreja Católica.

A autoridade suprema na Santa Igreja Católica Apostólica Ortodoxa é o Santo Sínodo Ecumênico, que se compõe de todos os patriarcas chefes das Igrejas Autocéfalas e dos arcebispos primazes das Igrejas Autônomas, que se reúnem por chamada do patriarca ecumênico de Constantinopla e sob a sua presidência, em local e data que ele determinar.

Aspecto interessante refere-se às canonizações de santos na doutrina ortodoxa. Existe uma particularidade entre elas no que toca à devoção a esses personagens místicos.

Ao lado dos santos universais (santos apóstolos e mártires dos primeiros séculos), há os santos locais. Os primeiros são venerados no universo global apostólico, já os locais das diversas denominações ortodoxas não se inserem nesse universo. Assim, exemplifica-se que os santos da Igreja Grega Ortodoxa não são reconhecidos no calendário da Igreja Russa do Patriarcado Moscovita, dos russos no exílio, dos cipriotas ortodoxos, dos romenos, antioquenos e demais tementes a essa confissão.

Os santos comuns a todas as Igrejas Ortodoxas e à Igreja Católica Apostólica Romana são aqueles reverenciados até o cisma, que ocorreu em 1054. Após o cisma, houve um não reconhecimento recíproco das canonizações procedidas por ambas as partes. Deve-se, porém, esclarecer que os santos entronizados na Igreja Russa Ortodoxa, antes de sua cisão em 1927, dada a questão do sergianismo, eram comuns as duas, pelo fato de ser a mesma Igreja. Após essa cisão russa, os santos reconhecidos pelo Patriarcado de Moscou não são venerados pelos exilados e vice-versa. Entretanto, um aspecto polêmico e recente nesse campo das santificações prende-se à canonização da família Romanov, que governou o Império Russo até 1917, data em que ocorreu a Revolução Socialista, quando toda a família foi executada pelo governo soviético implantado após a insurreição.

A autoridade suprema regional em todos os Patriarcados Autocéfalos e Igrejas Ortodoxas Autônomas é da competência do Santo Sínodo Local, que é composto pelos metropolitas-chefes das arquidioceses sob a presidência do próprio patriarca ou arcebispo que convoca a reunião, marcando a data, o local e a ordem do dia.

Igreja Ortodoxa Autocéfala

Uma Igreja Autocéfala possui o direito de resolver todos os seus problemas internos, com base em sua própria autoridade, tendo também o direito de remover seus bispos, incluindo o patriarca, arcebispo ou metropolita que presida essa Igreja. Cada Igreja Autocéfala atua independentemente, mantendo, todavia, comunhão canônica e sacramental plena umas com as outras.

Atualmente, as Igrejas Ortodoxas Autocéfalas incluem os quatro antigos patriarcados orientais (Constantinopla, Alexandria, Antioquia e Jerusalém), assim como as outras dez Igrejas Ortodoxas que surgiram nos séculos posteriores: Rússia, Sérvia, Romênia, Bulgária, Geórgia, Chipre, Grécia, Albânia e Repúblicas Tcheco e Eslováquia.

Por iniciativa própria, o Patriarcado de Moscou concedeu o *status* de autocefalia à maior parte de suas paróquias nos Estados Unidos, que passou a se denominar Igreja Ortodoxa na América; não obstante, o Patriarcado de Constantinopla reclama para si a prerrogativa de outorgar autocefalia e, por este motivo, outras Igrejas Ortodoxas ainda não reconhecem o *status* da Igreja Ortodoxa na América.

Das Igrejas Ortodoxas Autocéfalas, nove são Igrejas Patriarcais: Constantinopla, Alexandria, Antioquia, Jerusalém, Rússia, Sérvia, Romênia, Bulgária e Geórgia.

As demais Igrejas Ortodoxas Autocéfalas são presididas tanto por um arcebispo quanto por um metropolita.

Igreja Ortodoxa Autônoma

Há cinco Igrejas Ortodoxas Autônomas que funcionam de modo independente no que diz respeito aos seus assuntos internos, porém, sempre dependendo canonicamente de uma Igreja Ortodoxa Autocéfala. Na prática, isso significa que a "cabeça" de uma Igreja Autônoma deverá ser confirmada em ofício pelo Santo Sínodo de sua Igreja Mãe.

As Igrejas Ortodoxas Autônomas da Finlândia e Estônia são dependentes do Patriarcado Ecumênico, enquanto a de Monte Sinai depende do Patriarcado de Jerusalém. A essas três Igrejas Ortodoxas Autônomas deveríamos acrescentar as outras duas igrejas que Moscou outorgou autonomia, a saber: a Igreja Ortodoxa da China e a Igreja Ortodoxa do Japão, ambas filhas da Igreja Russa. Tais ações ainda não tiveram o reconhecimento oficial do Patriarcado Ecumênico de Constantinopla.

Liturgia na Igreja Ortodoxa

A fim de compreender o serviço, é necessário, primeiro, compreender o próprio edifício da Igreja, que é construído como o Templo de Salomão, em Jerusalém. Entra-se primeiro em um vestíbulo, que contém a pia batismal, símbolo de que o ingresso na Igreja se faz mediante o batismo.

Em seguida, vem a nave em que a congregação se posta durante o serviço. Oculto atrás de um biombo fica o santuário, que corresponde ao Santo dos Santos no Templo Judaico do Antigo Testamento. Apenas o padre tem permissão de entrar nesse santuário, mas, quando as portas estão abertas, a congregação pode ver o que acontece ali.

O biombo se chama iconostas (parede de imagens), porque é coberto de pinturas religiosas ou ícones, característicos da Igreja Ortodoxa.

O serviço ortodoxo impressiona por sua beleza. Há procissões com luzes e incenso; velas são acesas e apagadas; as pessoas se ajoelham e beijam os ícones. A música, em sua maior parte, é cantada por um coro, sem acompanhamento instrumental, que utiliza uma forma arcaica da linguagem vernácula.

O serviço é uma reafirmação simbólica de toda a história da salvação, desde a criação, passando pela natividade e pela morte de Jesus, até Sua ressurreição.

O clímax da liturgia é a eucaristia. Primeiro o pão e o vinho são consagrados no santuário, e o padre e o diácono recebem o sacramento no altar. Abre-se então a Porta Real, o par central de portas duplas no iconostas. A congregação avança e fica em pé para receber o corpo e o sangue de Cristo.

O rito bizantino da Igreja Ortodoxa é composto por três liturgias: a de São Basílio Magno, a dos pré-santificados e a de São João Crisóstomo. O rito mais habitual é o de Crisóstomo, patriarca de Constantinopla.

A liturgia de São Basílio Magno tem sua celebração dez vezes ao todo em um ano, ou seja, nos cinco primeiros domingos da Quaresma, Quinta-Feira e Sábado Santos e também na Festa de São Basílio, comemorada em 1º de janeiro, e nos dias precedentes às Festas da Natividade e Epifania, realizadas no dia 6 de janeiro.

Na liturgia dos pré-santificados, salienta-se que não se trata de uma missa, mas sim de um solene rito de comunhão que se une à celebração das vésperas e que ocorre durante o ano cerca de 19 vezes, principalmente nas quartas e sextas-feiras da Grande Quaresma.

Na liturgia de São João Crisóstomo, ganha destaque a epiclese, invocação do Espírito Santo sobre os dons eucarísticos.

A Igreja Ortodoxa no Brasil

A Igreja Ortodoxa na América Latina, principalmente no Brasil, está presente em numerosas paróquias oriundas de vários patriarcados, bem como outras da emigração que estão canonicamente ligadas ao Patriarcado Ecumênico.

No município de São Paulo, por exemplo, existem, na região central, representações importantíssimas: a Igreja Ortodoxa de Antioquia, localizada no bairro do Paraíso, a Catedral de São Pedro e São Paulo, sede do Arcebispado Metropolitano (Arquidiocese de São Paulo e Todo o Brasil), que atende à comunidade sírio-libanesa paulista, além de manter uma instituição de ensino e asilos para idosos, um em Santo Amaro e outro no bairro do Tatuapé. Essa igreja tem templos na cidade de Santos e no interior paulista, além de outras paróquias distribuídas pelos Estados brasileiros.

Muito expressiva também é a presença da Igreja Grega Ortodoxa, dependente eclesiasticamente da Arquidiocese Grega da América do Norte e Sul, que responde ao Patriarcado Ecumênico. Dessa denominação, estão no município de São Paulo a Catedral de São Pedro, localizada à rua Bresser, no bairro do Brás, e a Paróquia Ortodoxa da Dormição da Santa Mãe de Deus, no bairro do Cambuci. Há templos também no sul do Brasil, destacando-se, em Florianópolis, a Igreja de São Nicolau.

O bispado greco-ortodoxo, responsável pelas paróquias brasileiras e dos países sul-americanos, localiza-se na Argentina, em Buenos Aires.

A Igreja Ucraniana, ligada à Igreja Metropolitana de Nova York, iniciou suas atividades em terras brasileiras ainda no século XIX. É uma das Igrejas Ortodoxas que conta com maior número de atividades em território nacional, no tocante a paróquias e formação de seminaristas. Os primeiros núcleos de ucranianos ortodoxos no Brasil se instalaram nas seguintes localidades do Estado do Paraná: Dorizon, Antônio Olinto, Cruz Machado, Marco Cinco, Gonçalves Júnior, São Roque, Curitiba, Piraquara, Guajuvira, Iapó (Castro), Joaquim Távora, Nova Ucrânia e Maringá e, após a Segunda Guerra Mundial, em Palmital e Ponta Grossa. Dessa denominação, encontram-se ainda paróquias no Estado de Santa Catarina, Rio Grande do Sul e São Paulo. Nesse último, as comunidades ortodoxas ucranianas fixaram-se na Grande São Paulo: em Osasco e São Caetano do Sul.

No ano de 2002, os ucranianos ortodoxos fundaram, em Curitiba, ao lado da Catedral de São Demétrio, o Seminário Santos Cirilo e Metódio, para que os vocacionados não precisem sair do Brasil para sua formação sacerdotal, como ocorre em outras Igrejas Ortodoxas aqui instaladas. Das igrejas aqui apresentadas, todas são de rito bizantino (12), sendo sua liturgia cantada na língua pátria, evidenciando-se a manutenção das tradições da terra natal. São igrejas de imigração, voltadas ao atendimento de suas comunidades, o que revela um certo fechamento, com fundamento em um etnicismo peculiar a todas elas, apesar de se pretenderem católicas, isto é, universais e apostólicas.

A Igreja Católica Apostólica Ortodoxa Russa no Exílio, localizada na cidade de São Paulo, revela um caso exemplar de religião universal étnica e reflete um apelo radical aos preceitos ortodoxos, que eventualmente poderão ser descaracterizados pelo processo imigratório.

Desvinculada do Patriarcado Ecumênico de Constantinopla, bem como do Patriarcado de Moscou, a Igreja Católica Apostólica ortodoxa Russa no Exílio está subordinada à Jurisdição Eclesiástica de Buenos Aires e América do Sul, ligada à Metropolia (Arcebispado) de Nova York, em Manhattan.

Sua separação do Patriarcado de Moscou deu-se em 1927, após a deposição e o assassinato do patriarca Thicon, que se negou a submeter-se às regras impostas pelo Estado soviético à religiosidade ortodoxa, conforme já apresentado anteriormente, no capítulo intitulado "A Criação da Igreja Católica Apostólica Ortodoxa".

Esse ramo da Igreja Russa mantém no município de São Paulo diversos templos, fundados entre as décadas de 1930 e 1950 do século passado. Essas comunidades paroquiais na cidade estão localizadas nos seguintes bairros: Vila Alpina, Liberdade (Catedral de São Nicolau), Pedreira – Santo Amaro, Vila Zelina e Moema. Ressalta-se ainda que a igreja mantém uma comunidade em Carapicuíba, na Grande São Paulo, e outra em Niterói, no Rio de Janeiro.

Na Paróquia de São Sérgio de Radonej, em Moema, a importância da Igreja Ortodoxa Russa no Exílio para os seus fiéis é muito grande, pois essa igreja preservou todo o conjunto de tradições culturais sufocadas pela Revolução Socialista de 1917: língua, calendário, folclore, entre os demais elementos culturais de um povo que foi obrigado a emigrar. Essa Igreja se responsabiliza não só pela espiritualidade, mas também por aspectos profanos, que expressam tradições culturais do grupo que englobam e transcendem a esfera religiosa. Na ausência de outras instituições associativas, tais como clubes, agremiações e centros culturais russos no Brasil, delegou-se à Igreja a responsabilidade de manutenção da identidade daquele povo.

Na visão de seus fiéis, a Igreja tem vital importância fora das fronteiras da pátria. É parte integrante e norteadora da vida do emigrado para que não se desvaneçam suas estruturas morais, espirituais e todo o seu contexto cultural de origem. Além disso, propicia o contato entre seus pares étnicos.

Em suma, a religiosidade fluindo pela Igreja atua como elemento de integração entre essas pessoas que aqui escolheram para dar continuidade à sua vida, sem perder de vista suas origens. Contudo, ainda que se preservando, notam-se algumas mudanças na Igreja, relacionadas principalmente à liturgia, em especial na questão da língua. Em geral, as missas são cantadas em eslavônico, não em russo. O eslavônico não é uma linguagem de domínio popular, mas sim uma língua adotada pela Igreja. Por isso, para se tornar inteligível aos fiéis, alguns momentos nas celebrações são feitos em português. Isso leva o fiel que não domina o eslavônico a procurar aprender a língua portuguesa.

A Igreja Ortodoxa Russa no Exílio se abre em relação aos brasileiros que, em número considerável, têm procurado a doutrina em retidão. Por esse motivo, pelo menos uma vez no mês, ocorre o culto, em sua totalidade, celebrado na língua portuguesa. Evidentemente, a inserção do português na liturgia causou um certo foco de descontentamento entre alguns fiéis arraigados a um conservadorismo radical, mas isso não levou a nenhuma espécie de ruptura da Igreja.

É interessante registrar que não há nenhum impedimento à ordenação de padres brasileiros que não tenham ascendência eslava. Contudo, a preparação do candidato torna-se difícil, uma vez que todo o procedimento no tocante aos estudos e aprendizado da língua, caso o vocacionado não tenha o domínio desta, é feito fora do Brasil, em Jordanville (norte do Estado de Nova York). No Brasil, ainda não foi criado um seminário mantido por essa instituição.

Os padres que vão ingressar nesse ramo da doutrina ortodoxa têm suas ordenações feitas pelo bispo de Buenos Aires e de toda a América do Sul.

A Igreja Ortodoxa Russa no Exílio não tem demonstrado interesse pela educação formal. Não possui escola voltada ao ensino fundamental e médio. Em compensação, mantém escolas paroquiais nas quais se ministram cursos voltados ao ensino básico da língua russa para leigos, além de aulas de catecismo. A igreja mantém, no bairro de Jardim Marajoara, em São Paulo, um asilo para idosos de todas as etnias, o Asilo de São Nicolau.

A Igreja Ortodoxa Russa no Exílio é totalmente contrária às práticas ecumênicas, portanto, não detém quaisquer relações com outros patriarcados ortodoxos, o que inclui, além do estabelecido em Moscou, o de Constantinopla, pois ambos são favoráveis à política ecumênica. A razão da não–adesão ao ecumenismo se deve ao fato de que, se os russos ortodoxos do exílio se abrissem para o ecumenismo, como outras igrejas apostólicas o fizeram, estariam compactuando com religiosidades não cristãs, como as religiões afros, o Judaísmo e as seitas que têm origem no Extremo Oriente (Budismo e Xintoísmo), que não reconhecem Jesus Cristo como Filho Unigênito de Deus e salvador da humanidade. Para os russos ortodoxos no exílio, a prática ecumênica é uma heresia.

Há respeito, na Igreja Ortodoxa Russa no Exílio, às igrejas históricas da Reforma, mas nenhuma prática religiosa em conjunto é concretizada. Os sacramentos do Catolicismo Romano não são válidos entre os russos do exílio, o que indica uma negação ao acordo entre o papa Paulo VI e o patriarca ecumênico Atenágoras I, firmado na década de 1960, no século XX.

Em 1997, a Igreja Ortodoxa Russa no Exílio canonizou a família Romanov (do czar russo), e, no ano 2000, após o fim do regime soviético na Rússia, o Patriarcado de Moscou também procedeu à canonização da família real. Ficou então a polêmica sobre qual das duas canonizações é válida, uma vez que se trata dos mesmos personagens. Os russos no exílio reivindicam para si essa legitimidade, pois foram os primeiros a consagrar os Romanov. Há, todavia, por parte de Moscou, uma réplica em relação a tal canonização, que argumenta que a validade dessa canonização reside em sua igreja.

Algumas festas comemoradas pelos russos da Igreja no Exílio são comuns às demais igrejas da doutrina ortodoxa e à Igreja Católica Apostólica Romana, ainda que exista, em relação a essa última, uma diferenciação nas datas. Dessas solenidades, são destacadas as seguintes: Nascimento da Virgem Maria, Apresentação da Virgem ao Templo, Festa da Anunciação, Dormição da Mãe de Deus, Festa da Natividade de Jesus, Apresentação de Jesus ao Templo, Festa do Domingo de Ramos, Festa da Ressurreição de Cristo (a mais importante festa na Igreja Ortodoxa), Pentecostes, Exaltação da Santa Cruz e Transfiguração de Jesus Cristo.

A título de exemplos voltados para as igrejas russas, citam-se as festas em louvor a São Sérgio de Radonej (1314-1392) e a São Serafim de Sarov (1759-1833), que têm suas datas comemoradas pelas duas igrejas. Seguem-se também as comemorações aos padroeiros, que são homenageados com seus nomes nas paróquias, bem como celebrações das datas de fundação das paróquias.

Igreja Luterana

O Luteranismo, assim como o Protestantismo, nasceu por intermédio do alemão Martinho Lutero (Martin Luther).

Lutero, contrariando a vontade de seu pai, que sonhava que ele fosse um advogado, em 1507, se tornou monge católico, conquistando vários títulos, como os de mestre em artes e doutor em teologia.

A partir de 1511, Lutero foi nomeado padre da Paróquia de Wittenberg e professor da universidade da mesma cidade.

Em 31 de outubro de 1517, revoltado com a venda de indulgências pela Igreja Católica, pregou, na porta da Igreja de Todos os Santos do Castelo de Wittenberg, suas 95 teses sobre justificação, salvação e fé. Nelas também deixou bem claro sua oposição para com os erros da Igreja Católica Romana.

A reação do clero católico romano resultou no aprofundamento da doutrina luterana, que rejeitou a intermediação eclesiástica e recusou aceitar a tradição e o magistério da Igreja Católica Romana, aderindo somente às Escrituras.

Segundo Lutero, a Igreja é a assembleia de santos na qual o Evangelho é ensinado de maneira pura, e os sacramentos, administrados de maneira correta.

O importante no Luteranismo é o fato de que o próprio Cristo fala e age utilizando as palavras e o sacramento que Ele instituiu. Assim, o serviço divino é o verdadeiro eixo da Igreja. Lutero diferenciou o sacerdócio universal do ministério clerical especializado.

O sacerdócio universal significa, no Luteranismo, que, pelo batismo e a fé, cada cristão se torna seu próprio sacerdote, não precisando, portanto, de nenhum intermediário quando se aproxima de Deus em suas orações.

O ministério clerical é muito diferente. Foi estabelecido por Deus a fim de pregar o Evangelho e administrar os sacramentos. A ordenação não concede ao sacerdote nenhum atributo especial. Ele é um cristão comum que recebeu uma posição especial dentro da Igreja.

As mulheres sempre foram importantes na vida oficial da Igreja Luterana e em muitas organizações voluntárias. Entretanto, o papel por elas desempenhado tem sido secundário.

Desde o início, no século XVI, as igrejas luteranas foram instituições estatais. O chefe da igreja era o próprio soberano, que nomeava os funcionários para administrá-la. As principais características desse sistema sobrevivem, até hoje, em algumas igrejas, por exemplo, na Noruega.

Contudo, na Alemanha, a Igreja e o Estado se separaram em 1919, e, nos Estados Unidos, as igrejas luteranas sempre foram independentes, assim como todas as outras comunidades religiosas.

Hoje, na Alemanha, a Igreja Luterana é a mais importante, ao lado do Catolicismo Romano. Nos países escandinavos, predomina o Luteranismo (mais de 90% da população).

Lutero sabia que não bastava simplesmente se referir à Bíblia, pois as pessoas a interpretam de diferentes maneiras. Ele acreditava que era essencial estudá-la profundamente em suas línguas originais, hebraico e grego, e isso continua fazendo parte do treinamento dos pastores luteranos. Outra implicação disso é que nem todas as partes da Bíblia são igualmente significativas.

Depois de certo tempo, os líderes da Igreja Luterana tentaram formular as doutrinas mais relevantes, apoiando-as na Bíblia editada como exposição correta das Santas Escrituras e nos livros confessionais luteranos do século XVI.

As Confissões Luteranas

Os seguintes documentos formam as Confissões Luteranas:

Catecismo Menor (1529), um resumo de interpretações bíblicas, escritas para o povo.

O *Catecismo Maior* (1529), as mesmas interpretações detalhadamente explicadas para adultos.

A *Confissão de Augsburgo* (1530), a principal confissão luterana.

A *Apologia* (1531), uma defesa da *Confissão de Augsburgo*.

Os *Artigos de Esmalcalda* (1537) reafirmam os ensinos da *Confissão de Augsburgo* e expõem, com mais profundidade, a doutrina da Santa Ceia, segundo a visão luterana.

A *Fórmula de Concórdia* (1577), que define o pecado original, a impossibilidade de o homem salvar-se por suas próprias forças, a pessoa e a obra de Cristo.

Todos esses livros confessionais, com os três símbolos da fé, apostólico, niceno e atanasiano, foram reunidos, em 1580, no *Livro de Concórdia*, que é a coletânea de documentos confessionais da Igreja Luterana. O *Livro de Concórdia* é aceito hoje por muitas Igrejas Luteranas no mundo.

Essas igrejas afirmam que aceitam todos os livros canônicos das Escrituras Sagradas do Antigo e Novo Testamentos, como palavra infalível de Deus e como exposição correta da Escritura Sagrada, além de aceitar livros simbólicos reunidos no *Livro de Concórdia*. A Escritura ou Bíblia Sagrada é a única norma na igreja para doutrina e praxe.

O Luteranismo no Mundo

Atualmente, no mundo, há cerca de 250 ramos luteranos. Dessas igrejas, mais de 160 estão filiadas à Federação Luterana Mundial (FLM) e mais 50 fazem parte do Concílio Luterano Internacional (CLI). As demais igrejas luteranas estão na sua maioria filiadas à Conferência Luterana Confessional, e várias outras se intitulam Comunidades Luteranas Independentes. O número de luteranos ultrapassa, atualmente, a marca dos 87 milhões.

Federação Luterana Mundial

A Federação Luterana Mundial é uma agência das igrejas luteranas, organizada em Lund, na Suécia, em 1947. É um desenvolvimento a partir da Convenção Luterana Mundial, que realizou convenções em 1923, 1929 e 1935. A eficácia da Convenção Luterana Mundial ficou prejudicada, durante os anos da Segunda Guerra Mundial, porque não tinha constituição ou organização definida. Na Conferência de Lund, em 1947, a Convenção Luterana Mundial foi reorganizada como Federação Luterana Mundial e uma constituição foi adotada.

É uma associação livre de igrejas, cujo quadro de associados se aproxima de 55 milhões. Ela não pode impor ou interferir na autonomia das igrejas membros.

Nos seus primeiros anos, ela esteve intensamente envolvida no auxílio aos refugiados e a outros que sofreram em consequência da Segunda Guerra Mundial. Suas várias atividades incluem missões, bem-estar social e programas educacionais. Por meio de estudos teológicos e debates, a federação estimula a unidade e as atividades ecumênicas na confraternidade luterana.

Desde sua fundação, em 1947, a Federação Luterana Mundial promoveu assembleias mundiais, que são convocadas pelo seu presidente em intervalos variáveis entre cinco e sete anos. O presidente e outros membros do comitê executivo são eleitos pela Assembleia Mundial. O comitê executivo reúne-se anualmente e é o responsável pela eleição do secretário-geral, que é um empregado, em tempo integral, da organização. A sede é em Genebra.

Concílio Luterano Internacional

O Concílio Luterano Internacional (sigla ILC, em inglês) é uma associação mundial de corpos eclesiásticos luteranos confessionais estabelecidos que proclama o Evangelho de Cristo Jesus, baseada em compromisso incondicional das Escrituras Sagradas, como a Palavra inspirada de Deus e as Confissões Luteranas contidas no *Livro de Concórdia*, como a fiel e verdadeira exposição da Palavra de Deus.

O Concílio Luterano Internacional é uma organização de linha mais conservadora que a Federação Luterana Mundial. Prega que o texto bíblico é inspiração verbal do Espírito Santo. Sua liderança provém do Sínodo de Missouri, Estado Unidos.

A Igreja Luterana Sínodo de Missouri (ILSM, em inglês, Lutheran Church – Missouri Synod) é a segunda maior denominação luterana dos Estados Unidos. Essa igreja (informação de 2004) contava com aproximadamente 2,6 milhões de membros batizados. O trabalho missionário da ILSM está diretamente ligado à fundação da Igreja Evangélica Luterana do Brasil. Os países de sua maior abrangência são: Alemanha, Dinamarca, Suécia, Noruega, Finlândia, Estado Unidos e Canadá.

As igrejas luteranas filiadas ao Concílio Luterano Internacional, em comunhão de púlpito e altar com a Igreja Luterana Sínodo de Missouri, no continente americano, são:

Igreja Evangélica Luterana da Argentina – 30 mil membros, 265 congregações e 72 pastores.

Igreja Luterana do Canadá – 100 mil membros, 325 congregações e 236 pastores.

Igreja Evangélica Luterana do Chile – 170 membros, uma congregação e um pastor.

Igreja Luterana Sínodo de Missouri – 2.440.864 membros, 6.151 congregações e 5.323 pastores.

Igreja Evangélica Luterana do Paraguai – 3.954 membros, 62 congregações e 13 pastores.

Igreja Luterana da Venezuela – 1.607 membros, 8 congregações e 5 pastores.

Igreja Evangélica Luterana Cristã da Bolívia – 700 membros, 5 congregações e 3 pastores.

Sínodo Luterano de El Salvador – 12 mil membros, 30 congregações e 15 pastores.

Igreja Luterana da Guatemala – 5 mil membros, 40 congregações e 20 pastores.

Sínodo Luterano do México – 1.211 membros, 10 congregações e 5 pastores.

Igreja Evangélica Luterana do Haiti – 27 mil membros, 160 congregações e 70 pastores.

Igreja Cristã Luterana de Honduras – 1.200 membros, 10 congregações e 7 pastores.

Congregação Evangélica Luterana São Paulo de Montevidéu (Uruguai) – 250 membros, uma congregação e dois pastores.

Igreja Evangélica Luterana do Brasil – 228.586 membros, 1.412 congregações e 801 pastores.

O Concílio Luterano Internacional, constituído como uma organização de corpos eclesiásticos, que são os seus membros, permite, por meio de seus representantes autorizados, compartilhar informação, estudar assuntos teológicos e afins, publicar questões enfrentadas pela Igreja, discutir sobre os meios coordenados e efetivos para levar a cabo a missão e o ministério da Igreja, fomentar e fortalecer os inter-relacionamentos e trabalhar até a expressão mais próxima possível à fé e à confissão.

O Concílio Luterano Internacional realiza um foro, no qual as igrejas membros podem apresentar suas necessidades práticas, teológicas e seus desafios de mútua responsabilidade. Não é um corpo eclesiástico, nem realiza funções relacionadas com a Igreja. Não pretende prescrever ações aos membros da Igreja, mas procura ajudar e fortalecer seus irmãos confessionais e suas missões.

A composição do Concílio Luterano Internacional não implica na existência de compromisso de altar e púlpito aos corpos eclesiásticos, mas os compromete a demonstrar respeito mútuo e consideração fraternal.

O Concílio Luterano Internacional é dirigido por uma diretoria, com presidente, vice-presidente e secretário eleitos. Dispõe ainda de um comitê executivo. Realiza conferências a cada dois anos.

Há dois tipos de membros no Concílio Luterano Internacional: os votantes e os associados. Os membros votantes são os corpos eclesiásticos que aceitam as bases confessionais do concílio, assim como seus estatutos, a razão de um voto por corpo.

Os membros associados são outros corpos eclesiásticos luteranos que, aceitando as bases confessionais do concílio, embora não subscrevam seus estatutos, são acolhidos e participam de todas as atividades do concílio, mas sem direito a voto.

Os membros do Concílio Luterano Internacional estão distribuídos, para os propósitos de organização e representação, em seis regiões: o leste e sudeste da Ásia, Austrália, Estados Unidos, América Latina, Europa e África.

A Igreja Luterana no Brasil

No ano de 1532, chegou ao Brasil o primeiro luterano, Heliodoro Heoboano, filho de um amigo de Lutero, que aportou em São Vicente, São Paulo.

A primeira comunidade de luteranos no Brasil foi a de Nova Friburgo, no Rio de Janeiro, organizada em 1824.

Nova Friburgo, na região serrana da província do Rio de Janeiro, foi fundada por colonos suíços, entre 1819 e 1820, por influência de dom João VI. O município foi batizado pelos suíços, ganhando o nome de Nova Friburgo em homenagem à cidade de onde partiram a maioria das famílias suíças, Friburgo, no Cantão de Friburgo. É também a primeira localidade, no Brasil, colonizada por alemães, por influência de dom Pedro I, tendo esses imigrantes chegado em 3 e 4 de maio de 1824, dois meses antes de São Leopoldo (Rio Grande do Sul). Esses colonos alemães fundaram a primeira comunidade de luteranos no Brasil, e o primeiro pastor luterano no Brasil, que organizou essa comunidade, foi Friedrich Osvald Sauerbronn.

No Rio Grande do Sul, o primeiro pastor luterano (Georg Ehlers) chegou com a terceira leva de imigrantes a São Leopoldo, em 1824.

O Luteranismo estabeleceu-se e expandiu-se em solo brasileiro por meio da imigração alemã no Brasil, principalmente no Rio Grande do Sul e em Santa Catarina. Em 1º de julho de 1900, foi fundada uma congregação luterana no município de São Pedro, Rio Grande do Sul. Essa congregação solicitou, do Sínodo de Missouri, o envio de um pastor, o reverendo W. Mahler, que chegou em 1901.

Dessas comunidades luteranas iniciais, surgiram vários sínodos, que foram se aglutinando e hoje formam especialmente duas igrejas: Igreja Evangélica de Confissão Luterana no Brasil (IECLB) e a Igreja Evangélica Luterana do Brasil (IELB).

As duas principais igrejas luteranas do Brasil, Igreja Evangélica de Confissão Luterana no Brasil e Igreja Evangélica Luterana do Brasil, têm origens históricas diferentes no país.

No século XIX, após a ordem de unificação dos luteranos, sob o comando do Estado, na Alemanha, muitos dos que não concordaram com essa decisão, defendendo a distinção entre Igreja e Estado, emigraram para a América do Norte, fundando, em 1849, o Sínodo de Missouri, Ohio e Outros Estados, que hoje é a (Lutheran Church–Missouri Synod, LC–MS).

Assim, a maioria dos luteranos que chegaram ao Brasil em 1824 eram provenientes da linha estatal alemã que gerou os diversos sínodos que deram origem à Igreja Evangélica de Confissão Luterana no Brasil (IECLB).

A Igreja Evangélica Luterana do Brasil (IELB), todavia, é fruto de missão da igreja norte-americana (Igreja Luterana Sínodo de Missouri), a partir de 1900, que atendeu aos pedidos dos luteranos no Brasil que não concordavam com a submissão da Igreja ao Estado.

Além dessas, há outras Igrejas de menor porte, como, por exemplo, a Igreja Luterana Livre, a Igreja Luterana Finlandesa no Brasil (exclusivamente para os descendentes finlandeses). Há também igrejas luteranas de orientação pentecostal ou neopentecostal, como as filiadas à Aliança Luterana de Igrejas em Avivamento (ALIA), surgida a partir de uma cisão na IECLB.

O número total de luteranos no Brasil, atualmente, supera a casa de 1 milhão de adeptos.

Martinho Lutero

Martinho Lutero, monge alemão, fundador da Igreja Luterana, nasceu em 10 de novembro de 1483 em Eisleben, no condado de Mansfeld, para onde seus pais Hans Luther e Margaret Ziegler, camponeses, emigraram de Möhra, na Turíngia. Lutero tinha seis meses de idade quando sua família se mudou para a cidade de Mansfeld, onde seu pai encontrou emprego nas minas. Aos 7 anos, foi para a Escola Latina e, aos 14 (1497), foi estudar em Magdeburgo, onde cantava nas ruas para garantir seu sustento.

Concluído o ano escolar, Lutero mudou-se para Eisenach, onde atraiu o interesse de um burguês rico e sua mulher, que lhe deram abrigo em sua casa. Na primavera de 1501, ingressou na Universidade de Erfurt, na época a melhor universidade da Alemanha.

Aos 22 anos (no inverno de 1505), foi aprovado, em segundo lugar, no grau de mestre, entre 17 candidatos. Por vontade de seu pai, em maio de 1505, foi estudar direito, mas, dois meses depois, ingressou no Mosteiro de Eremitas Agostinianos em Erfurt.

Há divergência entre seus biógrafos acerca de sua decisão em tornar-se monge. Ele mesmo declarou que foi atingido por um raio, durante uma tempestade em 1505, em viagem a caminho de sua casa em Mansfeld, justificando, a partir daí, sua atração em tornar-se monge.

No final de 1510, visitou Roma a negócios relacionados à sua Ordem. Ficou dolorosamente impressionado pela secularização eclesiástica e o baixo padrão moral na cidade santa. Em outubro de 1512, graduou-se doutor em teologia pela Universidade de Colônia.

No inverno de 1512–1513, quando meditava sobre Romanos I, 16–17, no Mosteiro Negro, em Wittenberg, recebeu a iluminação de sua nova doutrina, a da justificação (salvação) pela fé, base de toda a Reforma Protestante.

Lutero se rebelou contra diversos preceitos na Igreja Católica, introduzindo, com sua interpretação, uma nova teologia.

Em 1517, escreveu as *95 Afirmações* contra o abuso das indulgências, que afixou na porta do Mosteiro de Wittenberg, marcando época pela Reforma.

Lutero não concordava com a permissividade das indulgências, que concedia até que delinquentes fossem perdoados em troca de contribuição financeira, e, então, passou a participar de vários debates teológicos com autoridades civis e eclesiásticas, que tentavam fazê-lo abrir mão de suas ideias e retratar-se de críticas à Igreja e ao papa.

Embora a intercessão de políticos, seus aliados, protelassem a decisão papal, os pontos de vista de Lutero eram irreconciliáveis com os da Igreja Católica Romana.

Em 1520, Lutero foi excomungado pelo papa e, no mesmo ano, queimou a bula de excomunhão em praça pública, rompendo assim com a Igreja Católica da época.

Uma das principais preocupações de Lutero era a de que todas as pessoas pudessem ler o livro no qual os ensinamentos católicos estariam escritos e assim tirar suas próprias conclusões. Traduziu, então, a Bíblia para o alemão para que todos pudessem lê-la em sua própria língua.

Em 1530, surgiu *A Confissão de Augsburgo*, que foi escrita por Lutero e Melanchthon, seu fiel companheiro. Este documento trazia um resumo dos ensinos luteranos.

Lutero recebeu o apoio de nobres e políticos influentes na Alemanha, ganhando, com isso, força para implementar sua Reforma, organizando a Igreja, expandindo-a por territórios. Enfrentou uma série de divergências teológicas, inclusive o episódio denominado A Controvérsia Zwingliana, sobre a presença de Cristo no pão e no vinho, a tese da transubstanciação.

Pouco a pouco, o ideal de reforma da Igreja Católica que Lutero possuía foi sendo sufocado, e o reformador viu-se obrigado, com seus seguidores, a formar um grupo separado de cristãos, que queriam permanecer fiéis às suas ideias. Surgia assim a Igreja Luterana.

Com a saúde abalada, Lutero ainda trabalhou durante dez anos pela consolidação de sua Reforma.

Retornando a Eisleben em 1546, terra onde nascera 63 anos antes, para arbitrar uma disputa, Lutero fez várias prédicas para a agitada congregação. A exposição ao clima inclemente durante a jornada em Eisleben e as exaustivas negociações foram demasiadas para seu corpo enfermo. Na manhã seguinte, muito cedo, em 18 de fevereiro de 1546, morreu silenciosamente, deixando sua Igreja solidamente constituída.

Calvinismo

Calvinismo é a teologia proposta por João Calvino, um reformador protestante no século XVI, e desenvolvida pelos seus seguidores. O termo também se refere a doutrinas e práticas derivadas do trabalho de Calvino e seus seguidores, que são características das Igrejas Reformadas.

A expressão Calvinismo foi, aparentemente, usada pela primeira vez em 1552, em uma carta do pastor luterano Joachim Westphal, de Hamburgo. Uma vez que tem múltiplos fundadores, o nome Calvinismo induz ligeiramente ao equívoco, ao pressupor que todas as doutrinas das Igrejas Calvinistas se revejam nos escritos de João Calvino.

A expressão aplica-se, geralmente, a doutrinas protestantes que têm uma base comum, que não são luteranas, sendo, normalmente, igrejas nacionais de países protestantes, ou movimentos minoritários da Reforma Protestante, conhecidas como Igrejas Reformadas.

O Calvinismo é também o resultado de uma evolução independente das ideias protestantes no espaço europeu de língua francesa, surgindo sob a influência do exemplo que, na Alemanha, a figura de Martinho Lutero tinha exercido.

O calvinista ficou caracterizado por ser profundo conhecedor da Bíblia, moralista, puritano, que pondera todas as suas ações pela sua relação individual com a moral cristã.

Calvino exerceu uma influência internacional no desenvolvimento da doutrina da Reforma Protestante, à qual se dedicou com a idade de 25 anos, quando começou a escrever *Institutos da Religião Cristã*, em 1534 (publicado em 1536). Essa obra, que foi revista várias vezes ao longo da sua vida, em conjunto com sua obra pastoral e uma coleção massiva de comentários sobre a Bíblia, constituem a fonte da influência permanente da vida de João Calvino no Protestantismo.

Na França, os calvinistas eram chamados de huguenotes, tendo sido perseguidos e combatidos e, muitas vezes, obrigados ao exílio. Em Portugal, na Espanha e na Itália, essas doutrinas tiveram pouca divulgação e foram ativamente combatidas pelas forças da Contrarreforma, com a ação dos jesuítas e da Inquisição.

O Calvinismo marcou a segunda fase da Reforma Protestante, quando as Igrejas Protestantes começaram a se formar, na sequência da excomunhão de Martinho Lutero da Igreja Católica Romana. Nesse sentido, o Calvinismo foi, originalmente, um movimento luterano. O próprio Calvino assinou *A Confissão Luterana de Augsburgo,* de 1540. Por outro lado, a influência de Calvino começou a se fazer sentir na Reforma Suíça, que não foi luterana, tendo seguido a orientação conferida por Ulrico Zuínglio. Tornou-se evidente que a doutrina das Igrejas Reformadas tomava uma direção independente da de Lutero, graças à influência de numerosos escritores e reformadores, entre os quais, João Calvino era o mais eminente.

Enquanto o Luteranismo estava confinado em partes da Alemanha e Escandinávia, o Calvinismo espalhou-se pela Inglaterra, Escócia, França, Holanda, pelas colônias de língua inglesa na América do Norte e partes da Alemanha e da Europa Central.

Essa expansão começou durante a vida de Calvino e foi influenciada por ele. Religiosos refugiados dirigiram-se para Genebra, especialmente vindos da França durante os anos 1550, porque o governo francês tornou-se muito intolerante e também o da Inglaterra, Escócia, Itália e outras partes da Europa, onde o Calvinismo se espalhara. Calvino acolheu-os com alegria, treinou muitos deles como ministros, devolveu-os aos seus países de origem para disseminarem os Evangelhos e manteve-os com cartas de estímulo e aconselhamento. Genebra, então, tornou-se o centro do movimento internacional e modelo para as igrejas em todas as partes.

John Knox, o líder calvinista da Escócia, descreveu Genebra como "a mais perfeita escola de Cristo na Terra, desde os tempos dos apóstolos".

O Calvinismo tornou-se, imediatamente, popular e foi incentivado além dos limites geográficos e sociais. Na França, ele foi atraído, inicialmente, pela nobreza e pelas classes superiores. Na Alemanha, encontrou aderentes entre os burgueses e os príncipes. Na Inglaterra e na Holanda, fez conversões em todos os grupos sociais. No mundo anglo-saxão, encontrou corpo no Puritanismo inglês, cujo sistema de instituição provocou enorme influência na América do Norte, no início do século XVII. Parece, igualmente, entretanto, que o encanto do Calvinismo baseou-se em sua aptidão em explanar as perturbações da época que afetavam todas as classes e em prover conforto pelo seu ativismo e doutrina.

É importante notar que a história tardia do Calvinismo foi frequentemente obscurecida, seja pela dificuldade em distinguir entre ele e as crenças do próprio Calvino, seja pelas crenças de seus seguidores, que, embora se esforçando em ser fiéis a Calvino, modificaram seus ensinamentos em face de seus próprios interesses. E, mais livremente, pelas crenças da tradição do Protestantismo Cristão Reformado, na qual o Calvinismo era uma via, embora, historicamente, a mais proeminente. Essas razões provocaram novas evoluções no Calvinismo, porque teólogos aparentemente descontentes com o enfraquecimento da eloquência dos escritos de Calvino adotaram o estilo dos teólogos escolásticos, recorrendo às autoridades escolásticas medievais.

A maior declaração teológica calvinista do século XVII foi o *Institutio Theologiae Elencticae* (1688), de François Turretin, pastor principal de Genebra. Embora o título de seu trabalho fosse um chamamento da obra-prima de Calvino, o trabalho propriamente dito exibiu pouca semelhança aos institutos da religião cristã (1536). Ele não foi publicado em vernáculo, e sua estrutura dialética seguiu o modelo da grande *Summae*, de Tomás de Aquino, e sugeria a confiança de Tomás de Aquino no valor da razão humana. O significado duradouro dessa mudança se deve ao fato de que esse trabalho de Turretin foi o livro-texto básico de teologia do Seminário Teológico de Princeton, New Jersey, o mais importante centro intelectual do Calvinismo americano até meados do século XIX.

Os historiadores do Calvinismo continuaram a debater se essas evoluções eram fiéis às crenças de Calvino ou se eram desvios delas. Em certo sentido, eram ambas. Embora tivessem abandonado o humanismo de Calvino, havia precedentes para essas modificações com aspectos contrários ao seu pensamento. Elas foram infiéis a Calvino, todavia, ao rejeitar seu interesse em equilibrar impulsos contrários. Essas modificações, sobretudo, sugerem a etapa no desenvolvimento de um movimento que Max Weber designou rotinização, a etapa que ocorre após o início criativo do movimento e, como uma espécie de reação contra a desordenada liberdade da criatividade individual, representa os diferentes valores de ordem e regularidade. É também relevante esclarecer que essas modificações no Calvinismo ocorreram durante um período de singular desordem, causada, entre outras coisas, por um século de guerras religiosas que geralmente produziram uma ânsia por certeza, segurança e paz.

O sistema teológico e as práticas da Igreja, da família ou na vida política, todas elas algo ambiguamente chamadas de Calvinismo, são o resultado de uma consciência religiosa fundamental centrada na soberania de Deus.

O Calvinismo pressupõe que o poder de Deus tem um alcance total de atividade e resulta da convicção de que Deus trabalha em todos os domínios da existência, incluindo o espiritual, o físico, o intelectual, quer seja secular ou sagrado, público ou privado, no céu ou na terra. De acordo com esse ponto de vista, qualquer ocorrência é o resultado do plano de Deus, que é o criador, preservador e governador de todas as coisas, sem exceção, e que é a causa última de tudo.

Essa atitude, de total dependência de Deus, não está associada a quaisquer atos temporários de piedade, por exemplo, à oração. Pelo contrário, ela está tão associada ao trabalho de cavar a terra como ao de ir ao culto. Para o cristão calvinista, toda a sua vida é religião.

De acordo com o princípio da predestinação, após o pecado primeiro no Éden, o homem perdeu as regalias que possuía, distanciando-se de Deus por conta própria. Naquela ocasião, o homem "morreu" para as coisas de Deus, não tendo, portanto, maneira de, por si só, reatar esse laço de comunhão. Só havia, então, uma maneira de reatar esse laço: o próprio Deus reatando. Deus, ao contrário do que se pensa, não dividiu os homens em dois grupos: o dos escolhidos de Deus e o dos não salvos. Apenas retirou, do enorme grupo de não salvos, aqueles aos quais determinou que fossem destinados à Sua glória eterna. Deus fez isso antes da criação do Universo. As razões por que Deus tomou essa decisão são desconhecidas e inquestionáveis, segundo a Bíblia. Mas é claro que não é por causa de quaisquer boas ações que eles foram escolhidos: "Porque pela graça sois salvos, mediante a fé, e isso não vem de vós; é dom de Deus; não vem de obras, para que ninguém se glorifique".

Sociólogos como Max Weber e Ernest Gellner analisaram a teoria e as consequências práticas dessa doutrina e chegaram à conclusão que os resultados são paradoxais.

Em parte, explicam o precoce desenvolvimento do capitalismo nos países onde o Calvinismo foi popular (Holanda, Escócia e Estados Unidos da América, sobretudo).

O calvinista acredita que Deus escolheu um grupo de pessoas e que as restantes vão para o inferno. Consequentemente, a pergunta que qualquer calvinista se faz é: "Estarei eu entre os escolhidos ?".

Como é que um calvinista sabe se está entre os escolhidos ou não? Teoricamente, não é ele que determina. A decisão está tomada. Foi tomada por Deus. Como é que eu sei se fui escolhido ou não?

Sendo um bom cristão, trabalhando muito, seguindo sempre os melhores princípios éticos, o calvinista prova a si mesmo que é uma boa pessoa, pelo seu sucesso como cristão. Não é a sua ação, mas a ação de Deus, mostrando-lhe que ele está no bom caminho.

Sendo assim, para o calvinista, a riqueza poderá ser um sinal de que está entre os escolhidos de Deus. Se um calvinista tiver muito dinheiro, é um sinal de que Deus o escolheu. Os holandeses, os escoceses e os americanos ganharam a fama de serem sovinas, pouco generosos, interessados apenas no dinheiro. Essas características são, na vida moderna, quase um dado adquirido em qualquer cultura, mas, nos tempos da Reforma Protestante, o Calvinismo teria instituído uma nova e revolucionária forma de relação com a riqueza.

É uma doutrina de diversas denominações evangélicas, entre elas destacamos:

Igreja Reformada Suíça – religião oficial da maioria dos cantões da Suíça.

Igreja Protestante Evangélica Holandesa – recentemente unificada, não é mais a religião oficial da Holanda.

Igreja Reformada Francesa – a igreja dos huguenotes.

Igreja Congregacional – concentrada na Nova Inglaterra, nos Estados Unidos, hoje parte da Igreja Unida de Cristo.

Igreja Reformada Húngara.

Igreja da Escócia.

Igreja Presbiteriana do Brasil.

Igreja Presbiteriana Independente do Brasil.

Igreja Presbiteriana Unida do Brasil.

Igreja Presbiteriana Conservadora do Brasil.

União das Igrejas Evangélicas Congregacionais do Brasil.

Igreja Presbiteriana Renovada.

Comunhão Batista Reformada do Brasil.

Igreja Pentecostal de Nova Vida.

João Calvino

Nasceu na Picardia, em Noyon, norte da França, em 10 de julho de 1509. Faleceu em Genebra, em 27 de maio de 1564, pouco antes de completar 55 anos. Foi batizado com o nome de Jean Cauvin. A tradução do seu nome de família, Cauvin, para o latim *Calvinus*, deu origem ao nome Calvin, como ficou conhecido.

Calvino foi, inicialmente, um humanista. Nunca foi ordenado padre, sendo considerado um teólogo cristão francês. Depois do seu afastamento da Igreja Católica, esse intelectual começou a ser visto, gradualmente, como a voz do movimento protestante, orando em igrejas e acabando por ser reconhecido por muitos como "padre".

Com a Reforma Protestante, provocada por Martinho Lutero, Calvino fundou o Calvinismo, uma forma de Protestantismo cristão. A diferença entre o Luteranismo e o Calvinismo, inicialmente, parece ter sido ocasionada por simples questão geográfica ou geopolítica. Enquanto o protesto de Lutero ressoou, fortemente, na Alemanha, o protesto de Calvino prosperou na Suíça, na Holanda, na Inglaterra, na Escócia, nos Estados Unidos e na África do Sul, entre outros.

Martinho Lutero escreveu suas 95 teses em 1517, quando Calvino tinha 8 anos de idade. Para muitos, Calvino terá sido para a língua francesa aquilo que Lutero foi para a língua alemã – uma figura quase paternal.

Lutero era dotado de uma retórica mais direta, por vezes grosseira, enquanto Calvino tinha um estilo de pensamento mais refinado e geométrico, quase de filigrana. Citando Bernard Cottret, biógrafo francês de Calvino: "Quando se observa esses dois homens, pode-se afirmar que cada um deles se insere já em um imaginário nacional: Lutero, o defensor das liberdades germânicas, o qual se dirige com palavras arrojadas aos senhores feudais da nação alemã; Calvino, o filósofo pré-cartesiano, precursor da língua francesa, de uma severidade clássica, que se identifica pela clareza do estilo".

Calvino, vítima das perseguições aos protestantes na França, fugiu para Genebra em 1536, onde faleceu em 1564. Genebra tornou-se, definitivamente, um centro do Protestantismo europeu, e João Calvino permanece até hoje uma figura central da história da cidade e da Suíça.

ANABATISTAS

Anabatistas (rebatizadores, do grego *ana* e *batizo*; em alemão: *wiedertäufer*) são cristãos da chamada ala radical da Reforma Protestante. São assim chamados porque os convertidos eram batizados em idade adulta, desconsiderando o até então batismo obrigatório da Igreja Romana. Assim, rebatizavam todos os que já tivessem sido batizados em criança, crendo que o verdadeiro batismo só tem valor quando as pessoas se convertem conscientemente a Cristo.

Os adeptos anabatistas afirmam que o movimento anabatista no século XVI é uma continuação dos movimentos anabatistas que atravessaram toda a Idade Média, com os mesmos costumes e doutrina, e os membros tinham a mesma característica diante da sociedade.

Os adeptos afirmam que o fato de haver maior divulgação sobre os anabatistas do século XVI do que os da Idade Média não se deve à incerteza sobre a existência dos últimos. Deve-se ao fato de que, na época, na Idade Média, não tinha sido inventada a imprensa, e sua divulgação ficou muito restrita.

Segundo esses adeptos, eles têm sua origem nas Igrejas Anabatistas que conseguiram escapar da perseguição católica durante o período denominado "das trevas", que vai desde século IV até o século XVI. Apesar de terem outros apelidos além de anabatistas, estas igrejas eram o verdadeiro Cristianismo, e todas, sem exceção, eram chamadas de anabatistas.

A Reforma Protestante do século XVI reacendeu e, novamente, colocou em foco os princípios bíblicos da justificação pela fé e do sacerdócio universal.

Lutero, Calvino e Zuinglio mantiveram o batismo infantil e a vinculação da Igreja ao Estado.

O Conflito dos Anabatistas com Lutero

Os historiadores anabatistas consideram Martinho Lutero inimigo dos adeptos do movimento anabatista.

Afirmam que, quando Lutero iniciou seu movimento, encontrou nos anabatistas um apoio antipapista. Muitos anabatistas migraram para a Alemanha, animados com o discurso antipapista de Lutero. A decepção não demorou a chegar.

Segundo eles, quando Lutero conseguiu o poder temporal, passou a perseguir os anabatistas. Primeiro usando discursos inflamados. Depois, a intimidação. E, por fim, usou a força. Para decepção de muitos de seus admiradores, Lutero não ficou devendo nada a nenhum papa em questão de crueldade contra os anabatistas.

Em abril de 1525, Lutero chegou a redigir um panfleto em uma linguagem violenta contra os anabatistas, pedindo que seus súditos colocassem fim na desordem anabatista que atormentava o seu país. Naquele mês, mais de 100 mil anabatistas morreram assassinados pelos soldados luteranos.

O Conflito dos Anabatistas com Calvino

Segundo os historiadores anabatistas, a relação entre Calvino e aqueles do século XVI não foi diferente da que houve com Lutero. Aconteceu primeiro com Lutero na Alemanha. Pouco depois, com Calvino na cidade de Genebra. Não se pode esconder os atos de atrocidades que Calvino cometeu contra feiticeiros, humanistas e anabatistas residentes em sua cidade.

Para garantir a eficácia de seu sistema (o sistema de uma cidade santa), os adeptos anabatistas afirmam que Calvino estabeleceu penalidades severas. Vinte oito pessoas foram executadas e 76, exiladas, em 1546.

Os adeptos dos anabatistas relatam um fato em que foram arrastadas ao cadafalso uma mulher de 80 anos com sua filha, anabatistas, esta, mãe de seis filhos, que não cometeram outro crime senão o de negar o batismo das crianças.

Alegam que, se Calvino fosse um homem de Deus, certamente agiria como a Bíblia ensina. Saberia que somente teremos uma cidade perfeita quando estivermos no céu. Concederia a liberdade religiosa a seus concidadãos. Saberia que lugar de pastor não é no comando de cidades, e sim conduzindo seu rebanho. Quem manda matar a mãe de seis crianças por não aceitar o erro do batismo infantil não pode ser um homem da dispensação da graça.

O Conflito dos Anabatistas com Zwinglio

Zwinglio foi um grande reformador da mesma época que Lutero. Zurique foi a cidade que ele escolheu para fazer notório o seu movimento reformador.

Segundo a história contada pelos adeptos anabatistas, muitos deles foram para Zurique pensando na liberdade religiosa que os reformadores pregavam. No começo, houve uma grande amizade entre os simpatizantes de Zwinglio e os anabatistas, principalmente os valdenses.

Os valdenses constituíam um ramo anabatista, cujos membros eram aderentes a uma seita chamada Pobres de Lião, fundada pelo mercador Pedro Valdo por volta de 1170, na França, inspirada na pobreza evangélica e que repudiava a riqueza da Igreja Católica.

Muitos anabatistas inclinaram-se para o zwinglianismo, principalmente em setembro de 1532. Parece que, nessa época, a maioria dos valdenses seguiram Zwinglio. Mas ficaram decepcionados, porque Zwinglio aceitou a adesão dos que queriam, mas condenou aqueles que não quiseram juntar-se a ele.

Ainda segundo os adeptos, assim que Zurique ficou em suas mãos, Zwinglio iniciou uma perseguição contra os indomáveis anabatistas.

Por sua ordem, o Senado promulgou uma lei, segundo a qual, aquele que se atrevesse a batizar alguém que tivesse sido batizado antes, na infância, fosse afogado. Suas ideias se espalharam por todas as cidades suíças de ascendência alemã, e, consequentemente, nestes lugares, os anabatistas eram afogados por batizarem seus membros.

O movimento conduzido por Zwinglio, em Zurique, foi de pequena duração, logo se fundindo ao Calvinismo.

A Origem Oficial dos Anabatistas

O Anabatismo teve origem, oficialmente em Zurique (Suíça), na época do reformador Ulrich Zwinglio. Sob Ulrich Zwinglio, discutia-se a conveniência de batizar crianças, alegando que, antes do uso da razão, não tinham condições de assumir o compromisso de vida cristã. Um grupo, chefiado pelo estudante Conrad Grebel (cerca de 1498–1526), filho de rico comerciante de Zurique, opunha-se a Zwinglio no tocante aos temas da Reforma, especialmente no concernente ao batismo de crianças, que Zwinglio defendia (embora com oscilações).

Em 1524, Conrad Grebel rompeu com Zwinglio, proclamando abertamente a necessidade do rebatismo para quantos tivessem sido batizados na infância.

A controvérsia chegou ao seu auge em janeiro de 1525, quando o conselho da cidade de Zurique, mediante dois decretos, de 18 e 21 de janeiro respectivamente, ordenou que fossem, sem demora, batizadas todas as crianças recém-nascidas sob pena de exílio para fora do cantão de Zurique. A esse desafio, C. Grebel e seus seguidores responderam, na tarde de sábado, 21 de janeiro de 1525, rebatizando-se uns aos outros.

Este feito assinala o início oficial do Anabatismo.

No dia 25 de janeiro, foi constituída a primeira Congregação Anabatista em Zollikon, perto de Zurique. A reação das autoridades de Zurique foi violenta. Em 5 de janeiro de 1527, foi executado o mais próximo colaborador de Grebel, Felix Manz, que morreu atirado nas águas do Rio Limmat.

Grebel conseguiu escapar das autoridades de Zurique, e as ideias anabatistas se propagaram por toda a Suíça, pelo sul da Alemanha e pela Áustria. Em 1527, dois sínodos, um em Schleitheim (que originou a Confissão de Schleitheim) e o outro em Augsburgo (Alemanha), fixaram as primeiras profissões de fé anabatista. A propagação do movimento se fez ainda por meio da Boêmia, da Moravia, da Alsácia, da Alemanha do Norte e da Holanda.

É difícil sistematizar as crenças anabatistas daquela época, porque qualquer grupo que não era católico ou protestante e que batizava adultos, como os unitários socinianos ou semignósticos como Thomas Münzer, era rotulado como anabatista. Esses grupos, com os anabatistas, constituem a Reforma Radical.

A Reforma Anabatista foi diferente das outras reformas contemporâneas, tais como as de Lutero, Zuinglio e Calvino, porque os anabatistas não tinham nenhum chefe espiritual, nem código de doutrina largamente aceito, nem órgão central dirigente (eram independentes). Não influenciaram os governos, não modelaram as sociedades nacionais, nem conservaram uma administração política. Nessa comunidade de crentes, a disciplina não se limitava apenas ao batismo.

A Confissão de Schleitheim, um de seus documentos mais largamente divulgados, redigida em 1527, talvez pelo mártir Miguel Satler, se reduz a sete artigos:

O batismo só será concedido aos que conheceram o arrependimento, mudaram de vida e entraram na ressurreição de Jesus Cristo.

Os que estão no erro não podem ser excomungados antes de advertidos por três vezes, antes do partir o pão, da maneira que uma Igreja pura e unida se reúne.

A ceia do Senhor destina-se somente aos batizados e é um serviço comemorativo.

Os membros devem deixar o culto papista (católico) e antipapista (protestante), não tomar parte nos negócios públicos (que eram, na sua maioria, imorais), renunciar à guerra e às diabólicas e anticristãs armas de fogo.

Os pastores devem ser sustentados pelas congregações, com o intuito de poder ler as Escrituras, assegurar a disciplina da Igreja e dirigir a oração. Se um pastor for expulso ou martirizado, deve imediatamente ser substituído, ordenado outro, para que o rebanho de Deus não seja destruído.

A espada destina-se aos magistrados temporais, a fim de poder castigar os maus, mas os cristãos não devem usá-la, mesmo em legítima defesa, como também não devem recorrer à lei ou tomar o lugar dos magistrados.

São proibidos os juramentos.

A Confissão de Schleitheim, no seu conjunto, contém muitas posições características, que eram aceitas pela maior parte dos anabatistas.

Fora dela, havia muitos preceitos religiosos ou sociais não aceitos por todos eles e sujeitos a controvérsias. Doutrinas não incluídas na confissão anabatista eram sustentadas por certas comunidades, como a cristologia melchiorita, doutrina defendida por Melchior Hoffiman, que foi acusado de ser anabatista e de fazer um levante contra o Estado de Lutero na Alemanha. Os adeptos anabatistas consideram os melchioritas como sectários e extremistas à margem do Anabatismo.

A atuação de alguns ramos anabatistas deixou claro, para os historiadores, a prática do comunismo, em pleno século XVI.

Expansão Mundial dos Anabatistas

Os anabatistas, originalmente concentrados no vale do Rio Reno, desde a Suíça até a Holanda, conquistaram adeptos de cultura germânica. Perseguidos pelo Estado e guerras, tiveram migração em massa a diferentes países da Europa, surgindo inúmeras igrejas, inicialmente, na Suíça, Prússia (atual Alemanha), Áustria e Países Baixos. Migraram também para a Rússia e América do Norte.

Nos Países Baixos, um dos grandes líderes anabatistas foi Menno Simons (1496–1561), cuja influência sobre o grupo foi tão profunda (moderada para alguns) que seus adversários passaram a chamar os anabatistas de menonitas.

No final do século XIX e começo do XX, surgiram colônias na América do Sul (Paraguai, Argentina, Brasil, Bolívia), onde mantêm suas culturas e fé.

Muitos anabatistas conservadores vivem em comunidades rurais isoladas e desconfiam do uso da tecnologia.

As principais denominações anabatistas são:

Menonitas. Amish, famosos pelo estilo de vida conservador. Hutteritas, que defendem o comunismo, rejeitando a propriedade individual.

Os anabatistas influenciaram, ainda, outras denominações religiosas, como os quakers, batistas, dunkers e outras denominações protestantes que afirmam a necessidade de uma adesão voluntária à Igreja.

Guerra dos Camponeses

A Guerra dos Camponeses, entre 1524 e 1525, na Alemanha, consistiu em um conjunto de revoltas com causas econômicas e religiosas, por camponeses, pessoas da cidade e nobres. O movimento, de origem anabatista, baseou-se em um programa dos 12 artigos, elaborado na cidade de Memmingen, em 1525, considerado a primeira manifestação escrita dos direitos humanos.

Anabatistas

O conflito, que teve lugar sobretudo em áreas no Sul, Centro e no oeste da Alemanha, mas que também afetou áreas nas vizinhas Suíça e Áustria, envolveu no seu auge, no verão de 1525, cerca de 300 mil camponeses revoltados. Estimativas de então situaram o número de mortes em 100 mil.

A Guerra dos Camponeses foi, em parte, uma expressão da revolta religiosa conhecida como a Reforma Protestante, na qual críticos dos privilégios e da alegada corrupção da Igreja Católica Romana contestaram a ordem religiosa e política estabelecida.

Também refletiu o profundo descontentamento social contra o poder dos nobres locais, que gerava tensões entre as massas e as elites urbanas, além de rivalidades dentro da nobreza. Os líderes das cidades desejavam se libertar do poder eclesiástico (Igreja) e do poder da nobreza.

O movimento camponês acabou por ser derrotado, já que as cidades e os nobres fizeram sua própria paz com os exércitos do imperador, que restauraram a velha ordem, frequentemente de forma ainda mais dura sob a soberania do sacro imperador romano Carlos V, representado, nos assuntos alemães, pelo seu irmão mais novo, Fernando.

O dissidente religioso Martinho Lutero, que fora condenado como herético pelo Édito de Worms de 1521 e acusado, na época da Guerra dos Camponeses, de fomentar a disputa, rejeitou as exigências dos insurgentes e sustentou o direito dos líderes alemães de suprimir as revoltas. Todavia, seu antigo discípulo Thomas Münzer destacou-se como um agitador radical na Turíngia.

Os antecedentes da Guerra dos Camponeses originaram-se com os denominados "profetas de Zwickau", Thomas Dreschel, Nicolas Storch e Mark Thomas Stübner, que eram influenciados por Thomas Münzer e dirigiram-se de Zwickau para Wittenberg, em 27 de dezembro de 1521.

Afirmavam os três profetas, que a Reforma de Lutero não era suficientemente radical porque, tal como a Igreja Católica Romana, Lutero praticava o batismo de crianças, que os anabatistas consideravam como não constar das Escrituras, nem satisfazer às principais condições de admissão em uma irmandade visível de santos: penitência, fé, iluminação espiritual e livre submissão do indivíduo a Cristo.

O teólogo reformador e associado de Lutero, Filipe Melanchthon, sem poderes contra os entusiastas com que o seu correformador Andreas Karlstadt simpatizava, apelou a Lutero, ainda escondido no Castelo de Wartburg. Lutero foi cauteloso por não condenar desde logo a nova doutrina, mas aconselhou Melanchthon a tratá-los bem e testar seus espíritos.

Em Wittenberg, escolas e universidades tomaram o lado dos "profetas" e foram fechadas. Surgiu, então, a acusação de que os anabatistas eram inimigos da aprendizagem, o que foi refutado pelo fato de a primeira tradução, em alemão, dos profetas hebreus ter sido feita e impressa por dois anabatistas, Hetzer e Denck, em 1527. Além desse argumento, havia o fato de que os primeiros líderes do movimento anabatista em Zurique, Conrad Grebel, Felix Manz, George Blaurock e Balthasar Hubmaier, eram pessoas que dominavam o grego, o latim e o hebreu.

Em 6 de março de 1522, Lutero entrevistou os profetas, desdenhou os seus "espíritos", proibiu-lhes a estadia na cidade e ordenou aos seus seguidores que deixassem Zwickau e Erfurt. Com o acesso negado às igrejas, estes últimos acabaram por celebrar os sacramentos a partir de casas privadas.

Expulsos de suas cidades, eles vaguearam pelo campo. Obrigado a deixar Zwickau, Thomas Münzer visitou a Boêmia, residiu dois anos em Alltstedt, na Turíngia, e, em 1524, passou algum tempo na Suíça. Durante esse período, proclamou suas doutrinas revolucionárias na religião e na política com veemência e sucesso crescentes, sobretudo nas classes baixas.

Na sua origem, a Guerra dos Camponeses, uma revolta contra a opressão feudal, tornou-se, debaixo da liderança de Münzer, uma guerra contra todas as autoridades instituídas e uma tentativa de estabelecer, pela força, seu ideal de irmandade cristã, com a igualdade absoluta e o comunismo dos bens. A derrota total dos insurgentes em Frankenhausen (15 de maio de 1525), seguida da execução de Münzer e de vários dos seus líderes, foi apenas uma derrota provisória do movimento anabatista.

Menonitas

Os primeiros organizadores da Igreja Menonita foram Conrad (Konrad) Grebel, na Suíça e Menno Simons, na Holanda, frisando a verdade e o espírito como características fundamentais da igreja baseada no Novo Testamento.

O nome menonita provém do sacerdote católico holandês chamado Menno Simons (1496–1561).

Menno Simons nasceu em Friesland, uma província ao norte da Holanda (que, na época, fazia parte do Império Germânico), filho de camponeses. Menno foi ordenado sacerdote católico em 1515 ou 1516 (há versão que afirma ter sido ordenado em 1524), em Utrecht, e exerceu o ministério paroquial como capelão em Pingium, uma vila da Holanda.

Por volta de 1526 ou 1527, a questão envolvendo a doutrina da transubstanciação levou Menno Simons a uma profunda pesquisa nas Escrituras. Nessa mesma época, Menno já era considerado como tendo uma posição humanista evangélica.

Em 1531, o anabatista holandês Seicke Snijder foi condenado à morte, porque negava a validade do batismo das criancinhas.

Menno, que pela primeira vez travava contato com o conceito de rebatismo, quis estudar a temática e persuadiu-se de que o sacramento ministrado aos pequeninos não era válido, porque não consta das Escrituras. Escreveu então a Lutero, a Bucer e a Bullinger, defensores do batismo de crianças (pedobatismo), pedindo explicações.

Enquanto aguardava as respostas a seus pedidos de explicação sobre o batismo de crianças, Menno foi transferido para Witmarsum, onde entrou em contato direto com os anabatistas, pregando e praticando o batismo de crentes.

As respostas que lhe enviaram sobre o batismo das crianças não o satisfizeram.

Em 1535, quando seu irmão Pieter foi morto com outros anabatistas, próximo a Bolsward, Menno sofreu uma crise mental e espiritual.

Menno foi balizado, provavelmente no início de 1536, pouco tempo após deixar Witmarsum. Em 1537, foi ordenado por Obbe Philips.

A Rebelião de Münster e a Revolução dos Camponeses, na Alemanha, excitaram as autoridades civis da Holanda contra os anabatistas. Menno refugiou-se, então, em Colônia (Alemanha) e pôs-se a percorrer a Alemanha Setentrional apregoando suas ideias e fundando centros menonitas.

Nessa época, escreveu opúsculos e tratados. Procurou sempre reprimir o ânimo passional dos anabatistas e coibiu seus excessos, sendo por isso considerado o segundo fundador da corrente anabatista, que tomou o nome de menonita.

Menno Simons morreu em 31 de janeiro de 1561, em Wustenfelde, na Alemanha, e seu corpo foi enterrado no jardim de sua casa.

Os menonitas extraíram, dos escritos de Menno, sua profissão de fé, que data de 1589 e consta de 40 artigos, com o nome de Confissão de Fé de Waterland.

A profissão de fé dos menonitas nega a transmissão do pecado original, afirma a morte do Senhor em favor de todos os homens, condena o juramento, a guerra, qualquer tipo de violência. Recomenda a obediência às autoridades civis desde que nada preceituem em oposição à Palavra de Deus e só reconhece o batismo de adultos.

Entre os menonitas prevaleceu o pacifismo, com a recusa do serviço militar e do juramento (mesmo quando prescrito por lei), o que lhes causou problemas em vários países. Sofreram a influência de teorias liberais, mas, atualmente, tendem a voltar às teses fundamentais de Calvino. As comunidades menonitas do Leste Europeu e da ex-URSS foram quase totalmente exterminadas pelo regime soviético.

Desde o século XVI, os menonitas e outros anabatistas foram duramente perseguidos, torturados e martirizados. Por isso muitos deles emigraram para os Estados Unidos, onde ainda hoje vive a maior parte dos menonitas. Eles estão entre os primeiros alemães a imigrarem para os Estados Unidos.

Em 1788, a convite de Catarina, a Grande, imperatriz da Rússia, agricultores menonitas da Prússia (atualmente Alemanha e Polônia) emigraram para Chortitza (em 1789) e Molotschna (em 1804), no sul da Rússia (atualmente Ucrânia). Com o passar do tempo, por escassez de terra e outros motivos, surgiram muitas outras colonizações menonitas que lutaram pelo seu bem-estar espiritual, cultural e material em diversas regiões da Rússia europeia e asiática.

Em meados do século passado, o pastor evangélico Eduardo Wuest foi, da Alemanha, trabalhar entre seus conterrâneos que moravam no sul da Rússia, próximo à colônia menonita de Molotschna. Simultaneamente, esse pastor passou a dirigir estudos bíblicos nas igrejas menonitas.

Tanto o Evangelho pregado pelo pastor Eduardo Wuest como a literatura religiosa do pietismo de Württemberg, na Alemanha (movimento de avivamento com ênfase na regeneração e na santificação) encontraram boa aceitação junto a muitos que, insatisfeitos com o estado das igrejas, almejavam uma vida renovada. O resultado foi um reavivamento espiritual na região, que resultou na Igreja Irmãos Menonitas, fundada em 6 de janeiro de 1860.

Por meio da emigração, a Igreja Irmãos Menonitas expandiu-se para as Américas do Norte e do Sul. Em cumprimento à grande comissão do Senhor Jesus: "Ide por todo o mundo e pregai o Evangelho a toda criatura" (Marcos 16:15), muitos missionários da América do Norte foram a outros países, especialmente da África e da Ásia, proclamar o Evangelho da salvação.

No mundo inteiro, há aproximadamente 700 mil menonitas, distribuídos por numerosas correntes, independentes umas das outras, visto que algumas contam apenas algumas centenas de membros.

Podem ser mencionados como principais ramos a Mennonite Church (Estados Unidos), os Irmãos Menonitas (Mennoniten Brüdergemeinde), os Irmãos em Cristo (Brethren in Christ), os Menonitas da Antiga Ordem, a Igreja de Deus em Cristo (de caráter conservador, prescrevendo o uso da barba para os homens e o do véu para as mulheres).

Menonitas no Brasil

As notícias institucionais sobre a presença de menonitas no Brasil são muito dispersas, talvez em virtude de sua característica independente. Todavia, colhemos algumas informações importantes, que passaremos a apresentar.

No dia 16 de janeiro de 1930, o Navio Monte Olívia deixou o Porto de Hamburgo, trazendo as primeiras 30 famílias menonitas ao Brasil. Até 1932, chegariam 1245 imigrantes menonitas.

O primeiro núcleo estabelecido foi no Vale do Krauel, a oeste de Ibirama, em Santa Catarina. Breve, o principal núcleo menonita na região daria nome à atual cidade de Witmarsum (SC), em uma referência à cidade onde Menno Simons travou contato com os anabatistas.

Em 1934, grande parte desses imigrantes viriam para Curitiba, capital do Paraná, em busca de novas terras. Estabelecidos inicialmente nos bairros Pilarzinho, Bacacheri e na Vila Guaíra, em pequenas propriedades, com o dinheiro da venda de suas próprias terras, adquiriram 100 alqueires na região dos bairros Boqueirão e Xaxim, formando um núcleo de pequenas chácaras.

A atividade leiteira desse núcleo menonita logo estaria suprindo mais da metade do leite consumido pela população da capital paranaense, pouco mais de 90 mil habitantes, no início da década de 1930. Mais tarde, a produção leiteira e de derivados seria comercializada pela Cooperativa do Boqueirão, fundada pelos imigrantes menonitas em 1945.

Mais uma vez, religião, trabalho e educação fazem brotar o progresso na comunidade constituída, ainda que recomeçando a vida incansavelmente. Hoje, os menonitas são parte importante da comunidade curitibana e participam de diversos setores da sociedade.

O trabalho de pregação do Evangelho no Brasil foi iniciado com o auxílio dos irmãos da América do Norte. Há uma colônia menonita significativa também no Paraguai.

A Igreja Evangélica Menonita no Brasil teve início em 1957 pelo pastor Glenn e sua esposa, Luiza Musselman.

Nessa época, em Sertãozinho, São Paulo, não havia nenhum templo evangélico, e algumas famílias evangélicas, que existiam na cidade, assistiam aos cultos em Ribeirão Preto.

No início, houve um pouco de dificuldade por causa do idioma e pelas raízes católicas. A ideia era realizar, em Sertãozinho, cultos nas casas, mas, em virtude das condições desfavoráveis, foi alugado um salão.

Depois de seguir as exigências da legislação, foi organizada uma conferência de inauguração, e quem levou a palavra foi o jovem seminarista Lemuel Nascimento.

O primeiro culto da Igreja Evangélica Menonita foi realizado no dia 4 de julho de 1957, que, além da cristalização da Igreja Menonita, foi um marco histórico para a fé na cidade.

A primeira cerimônia de batismo realizou-se no dia 16 de fevereiro de 1958, quando quatro pessoas aceitaram Jesus e se tornaram membros.

Em 1959, o pastor Glenn fazia trabalhos de evangelismo na Usina São Geraldo, Fazenda Boa Fé, em Palmital.

Em junho de 1962, foi produzido um programa de 15 minutos, às sextas-feiras, na rádio local, chamado *Momentos de Inspiração*.

No dia 17 de junho de 1962, realizou-se um culto de dedicação e consagração do novo templo, edificado com recursos próprios da Igreja.

Na semana de 24 a 30 de setembro de 1967, a Igreja Católica promoveu uma semana da Bíblia, liderada pelas irmãs paulinas de São Paulo. Fizeram um convite ao pastor Glenn para ministrar uma das mensagens na Igreja Católica, na praça central. O pastor aceitou o convite e pregou no dia 28 de setembro de 1967. O povo católico expressou apreciação pela mensagem, e a rádio reproduziu no dia seguinte.

Em 4 de agosto de 1974, foi fundada, em Curitiba, Paraná, a Fundação Educacional Menonita, que passou a ser entidade mantenedora do Colégio Erasto Gaertner.

São instituidores da Fundação Educacional Menonita, na qualidade de fundadores, todos os membros da:
Primeira Igreja Irmãos Menonitas do Boqueirão;
Igreja Evangélica Menonita de Curitiba;
Igreja Irmãos Menonitas do Xaxim;
Igreja Menonita de Vila Guaíra;
Igreja Evangélica Irmãos Menonitas da Vila Guaíra.

Os bens do Colégio Erasto Gaertner constituem o patrimônio da Fundação Educacional Menonita. O Conselho Diretor (composto por oito membros eleitos e com direito à reeleição nas cinco igrejas citadas acima) é o órgão consultivo e deliberativo em assuntos administrativos e pedagógicos.

Rebelião de Münster

Entre 1532 e 1535, ocorreu na cidade de Münster, no norte da Alemanha, um movimento anabatista que estabeleceu uma teocracia na orientação anabatista.

Esse movimento, que ficou conhecido na história como a Rebelião de Münster, foi rotulado pelos historiadores como um movimento comunista.

A Rebelião de Münster foi iniciada pelo ex-cônego da Catedral de Münster e ministro luterano Bernard Rothmann, em 1532. Foi autorizado naquele ano o uso dos púlpitos por ministros luteranos, mas o imperador ordenou que se expulsasse Rothmann e seguidores, por serem demasiado radicais. A cidade já era um centro de atividade anabatista.

Em 1534, Jan Matthys, autoproclamado Enoch, declarou que seria Münster a Nova Jerusalém e, com seus seguidores João de Leiden e Gert Tom Kloster, tomou a cidade.

Matthys iniciou um regime de terror. O povo tinha de escolher entre batismo ou morte. Os bens da cidade foram saqueados e repartidos em uma espécie de comunismo. Luteranos e católicos foram perseguidos.

Seguindo uma "revelação", Jan Matthys e mais 20 homens atacaram uma guarnição do exército do bispo, e Jan Matthys foi morto. Sucedeu-o João de Leiden, que foi coroado rei da Nova Jerusalém, em um governo teocrático. João de Leiden introduziu a poligamia, apesar dos protestos de 200 anabatistas e sobre os cadáveres de 50 deles. O próprio Leiden tinha 16 esposas.

Após um ano de caos e desordem, o bispo da região, auxiliado por uma grande tropa e por alguns dos anabatistas que se recusaram a apoiar o governo teocrático, retomou a cidade e executou seus líderes (embora alguns acreditem que João de Leiden tenha escapado e assumido a identidade de David Joris). A Rebelião de Münster terminou em 1535.

Lutero, que já tivera problemas com a Guerra dos Camponeses, decidiu condenar todos os anabatistas, em face do ocorrido em Münster, embora o grande líder anabatista Menno Simons e muitos outros tenham condenado a rebelião.

Hutteritas

Durante os quatro anos após a queda de Münster, cresceu muito a perseguição aos anabatistas. Protestantes, católicos e quase todos os Estados da Europa Central uniram-se para exterminá-los. E isso era uma tarefa árdua, porque havia um número significativo de anabatistas na Suíça, onde o movimento nascera apenas dez anos atrás, no Tirol austríaco, no lado italiano dos Alpes, na Moravia, Silésia, Dantzig, Polônia, sudoeste da Alemanha e na Baixa Renolândia, no Vale do Rhone (Ródano), Picardia na França, na Bélgica e nos Países Baixos, onde, até a chegada do Calvinismo e a luta pela libertação do império, o Anabatismo era adotado como a principal vertente da Reforma.

A despeito do grande número de pessoas vindas dos Países Baixos (atual Holanda), tentando chegar até Münster, a militância chialista (quiliasta) nunca caracterizou o Anabatismo alemão. O termo chialista – em português, quiliasta, deriva do grego *kilos*, que significa mil – é um outro termo para indicar os milenaristas, isto é, os cristãos que acreditavam em um reino literal de mil anos de Cristo com a Igreja, durante os quais seria restaurado o paraíso terrestre.

A maioria dos anabatistas era composta por pacifistas, que, mesmo supondo serem milenaristas, já haviam iniciado um processo de eterealizar esse item de sua fé. A maioria deles foi profundamente influenciada pelo movimento paralelo dos espiritualizadores, que colocaram pouca ênfase no batismo e na sagrada comunhão, ou tinham abandonado completamente os sacramentos. Nos anos em que chegaram os espiritualizadores Sebastian Franck, Caspar Schwenckfeld, Hans Denck, Valentin Weigel e outros, inclusive Jacob Boehme,* eles se tornaram leitura favorita dos anabatistas reorganizados e reformados, que passaram a ser chamados de menonitas. Sob a égide de uma implacável e inexorável perseguição, o movimento dividiu-se em três partes: os pacifistas, que recusavam juramentos, serviço militar, cargo público e rejeitavam o comunismo; os pacifistas e comunistas; os militantes chialistas (quiliastas) remanescentes, que, literalmente, desapareceriam sob perseguição.

O termo hutterita provém do criador do movimento, Jacob Hutter.

Em 1526, Jacob Hutter chegou à colônia de Nicolsburg, que estava sob o patrocínio do "duas vezes batizado" lorde de Liechtenstein. Jacob Hutter era um milenarista e comunista violento, que provocou grandes divisões na comunidade anabatista.

Um dos seus mais típicos seguidores, Balthasar Hübmaier, no transcorrer dessas disputas, foi capturado e condenado à morte, em Viena, em 1528.

---

*N.E.: Sugerimos a leitura de *Jacob Boehme,* de Robin Waterfield, Madras Editora.

O próprio Hutter testemunhou o martírio do seu seguidor. Na mesma ocasião, seu grupo pacifista, comunista, sob a liderança de Jacob Wiedemann e Filipe Yaeger, montou sua própria comunidade.

Após uma longa e pacífica discussão, lorde Liechtenstein pediu-lhes que partissem. Eles decidiram se mudar para Austerlitz, na Moravia, e, nas palavras das crônicas hutteritas, buscaram vender suas posses. Alguns venderam, mas outros permaneceram com o que tinham e dividiram entre si o que possuíam. O que sobrou de suas posses, o lorde de Liechtenstein enviou-lhes, posteriormente.

Assim, Nicolsburg e Bergen juntaram aproximadamente 200 pessoas, sem contar as crianças, diante da cidade de Nicolsburg. Eles saíram e ocuparam uma aldeia desolada durante um dia e uma noite, formando um conselho para negociar com o lorde com relação à sua presente necessidade. Ordenaram ministros para suas necessidades temporais. Então os homens estenderam uma manta diante das pessoas. Os homens deram sua contribuição, com o coração aberto e sem constrangimento, para o sustento dos necessitados, de acordo com a doutrina dos profetas e dos apóstolos [Isaías 23:18; Atos 5:4-5].

Naquela manta, estendida diante das pessoas, na primavera de 1528, foram colocadas as bases da sociedade comunista de mais longa vida que o mundo já viu.

Leonhardt von Liechtenstein escoltou-os até a fronteira do seu principado e lhes implorou que ficassem. Ele prometera defender seu refúgio anabatista com seus punhos, contra Viena, ao que os líderes responderam: "Mesmo que você prometa recorrer à espada para nos proteger, não podemos permanecer". Enviaram mensageiros para os irmãos Von Kaunitz e para os lordes de Austerlitz, que responderam que os hutteritas seriam bem-vindos, mesmo que fossem aos milhares.

Depois de três meses de estrada, eles foram entusiasticamente recebidos em Austerlitz. Já havia lá uma colônia de membros radicais dos irmãos boêmios.

Em pouco tempo, eles construíram casas e começaram a trabalhar em seus ofícios e a cultivar a terra.

Trouxeram um programa de 12 pontos para um comunismo religioso prático que havia sido desenvolvido por um grupo de anabatistas em Rattenburg. Esse documento sobrevive nas crônicas hutteritas e em sua primeira constituição.

Logo, os refugiados começaram a chegar da Suíça, dos Países Baixos e especialmente do Tirol. A maioria veio mais tarde, tanto que hoje o cerimonial é feito em um velho dialeto tirolês, o familiar "pequeno idioma", embora os hutteritas tivessem sido forçados a vagar ao longo dos dois hemisférios.

Durante os próximos cinco anos, em toda parte, os comunistas anabatistas se envolveram em divisões sectárias e expulsões.

Em 1533, Jacob Hutter, que tinha sido convidado por vários grupos, inclusive de Austerlitz, como mediador, trouxe seus próprios seguidores do Tirol, e inauguraram um movimento de reunião e federação, que, durante os próximos dois anos, congregou todos, ou a maior parte dos anabatistas.

No início das perseguições que se abateram sobre a comuna de Münster, Jacob Hutter e sua esposa foram capturados e repetidamente torturados. Hutter não sucumbiu, mesmo diante das mais fantásticas crueldades, à tentação de todos os revolucionários de negociar suas doutrinas com seus captores, muito menos de revelar os nomes de seus camaradas, ou qualquer segredo do movimento. Ele permaneceu calado diante daqueles que julgava serem agentes do Diabo.*

As autoridades desejaram decapitá-lo em segredo, mas Ferdinando, que era o arquiduque da Áustria, rei da Boêmia e santo imperador romano, recusou.

Hutter foi capturado na cidade de Klausen, no Tirol, e queimado publicamente em 25 de fevereiro de 1536.

Imediatamente após a queda de Münster, não foi fácil aos anabatistas praticarem o comunismo ao mesmo tempo em que eram perseguidos. Os militantes, sob a liderança de João de Battenberg, um dos líderes que tinham escapado de Münster, atuavam secretamente. Eles não praticavam nenhuma cerimônia pública de batismo, comunhão, ou o ágape, mas, escrupulosamente, compareciam à Igreja Católica. Praticavam a poligamia da melhor maneira que podiam, compartilhavam seus bens e aumentavam seu fundo comum, pilhando igrejas e monastérios.

Battenberg foi capturado e executado em 1538, mas o movimento sobreviveu nos Países Baixos durante outros cinco anos. Aqueles que rejeitavam poligamia, violência, roubo e nudismo foram mais ou menos unidos por David Joris, um artista, poeta e compositor de hinos.

Há uma vertente histórica que afirma, acerca de David Joris, ser o mesmo personagem João de Leiden, que fora coroado rei da Nova Jerusalém por ocasião da Rebelião de Münster. Segundo essa vertente histórica, João de Leiden teria escapado da execução daqueles insurgentes, adotando a identidade de David Joris.

David Joris, o mais estudioso da maioria dos sobreviventes münsteritas, foi profundamente influenciado pelas profecias apocalípticas dos "três reinos" de Joachim de Fiore, pelo misticismo de Meister Eckhart e pelos espiritualistas contemporâneos.

Os seguidores de Joris desencadearam uma ativa propaganda no sudeste da Inglaterra. Suas ideias tiveram muito a ver com a determinação do caráter da Reforma Radical Inglesa dali em diante. Porém, a principal influência foi exercida pelo movimento puramente espiritualista fundado por Henry Nicholas, denominado A Família do Amor.

---

*N.E.: Sugerimos a leitura de *Lúcifer – O Diabo na Idade Média,* de Jeffrey Burton Russel, Madras Editora.

David Joris refugiou-se em Basileia e conduziu seu movimento por meio de cartas e missionários. Ele foi um dos poucos anabatistas a morrer pacificamente, em 1556.

Depois de sua morte alguns dos seus seguidores, que o acusaram de manter um harém e praticar as mais completas imoralidades, desenterraram e queimaram seu corpo.

Os anabatistas que ocupavam territórios subordinados ao trono austríaco, após a Rebelião de Münster, foram expulsos por ordem do imperador Ferdinando. Muitos fugiram para as montanhas e florestas até que a tempestade da perseguição passasse. Parece que os nobres moravianos lhes deram proteção, e, tão logo Ferdinando se distraiu, eles restabeleceram suas antigas colônias.

Na época, sob a liderança de João Ammon, os hutteritas iniciaram uma atividade missionária na Europa Central. Eles enviaram apóstolos para Dantzig, para a Lituânia, para Veneza e para a Bélgica. A grande maioria daqueles apóstolos foi martirizada.

Um dos mais ativos missionários foi Peter Riedemann, que, tanto dentro como fora da prisão, iniciou o desenvolvimento de uma teologia sistemática e uma ordem social para os hutteritas.

Com a morte de Ammon, em 1542, Peter Riedemann foi eleito líder, embora preso por Filipe de Hesse.

Leonard Lanzenstiel tinha sido designado por Ammon como seu sucessor, e tanto Riedemann como Lanzenstiel compartilharam a liderança até o ano de 1556, quando Riedemann morreu em uma nova colônia em Protzko, na Eslováquia. Seu lugar foi ocupado por Peter Waldpot, um dos maiores líderes hutteritas, que morreu em 1578.

Pequenos grupos comunistas sobreviveram às perseguições em alguns países como Suíça e Países Baixos durante mais uma geração, mas a maioria migrou por questões de segurança.

Em 1577, à medida que o Protestantismo dos Países Baixos ficava mais calvinista e o país lutava por se libertar do império, William de Orange conseguiu, sob sua liderança, imprimir nos Estados Gerais uma garantia de liberdade religiosa ao longo dos Países Baixos, eliminando a perseguição.

Uma geração inteira havia passado, e o comunismo anabatista tornara-se uma política bem-sucedida, próspera, com raras turbulências, exceto por uma ou outra contingência sectária, expandindo colônias periféricas na Eslováquia e Boêmia. O núcleo do movimento, diretamente administrado por Peter Waldpot, contava com algo em torno de 30 mil adultos.

Desde o princípio, em Austerlitz, eles tinham percebido que um comunismo de consumo não era bastante e dedicaram-se a organizar seminários, pequenas fábricas de artesãos, brigadas e fazendas comunais, com orientações detalhadas para os diferentes ramos. Eles estabeleceram suas próprias escolas (as primeiras escolas maternais e jardins da infância) com graduações além da adolescência. O ensino superior foi rejeitado, como é até hoje, como desnecessário ao bem-estar da comunidade, por distrair do amor de Deus e do amor ao próximo. Mas suas escolas elementares foram as melhores na Europa de seu tempo. O cuidado das crianças foi socializado. Elas normalmente moravam nas próprias escolas e eram visitadas pelos seus pais. Cada colônia hutterita tinha um programa ativo e cuidadoso de saúde pública. As aldeias não apenas estavam constantemente limpas como sua higiene e serviço de saúde pública eram inigualáveis. Os matrimônios aparentemente eram organizados com a colaboração dos anciãos, da comunidade e dos indivíduos em geral e geralmente tinham muito êxito.

De todos os grupos anabatistas, não importa se fossem comunistas ou pacifistas, a história dos hutteritas é singularmente livre de escândalos sexuais.

As colônias hutteritas cresceram e enriqueceram, por causa do sistema de produção e distribuição organizado na época.

Embora acreditassem individualmente em viver uma "pobreza decente", eles logo acumularam consideráveis excessos na produção, particularmente depois que as colônias permitiram vender seus produtos aos gentios. Esses excessos foram investidos em importantes melhorias e para subsidiar novas colônias, uma necessidade na época, como ainda é hoje, por causa da alta taxa de natalidade e baixa taxa de mortalidade, em virtude de sua exemplar saúde pública.

Os hutteritas haviam criado uma dinâmica econômica contínua e expansiva, do tipo que Marx, mais tarde, diagnosticaria como a essência do capitalismo. Era, realmente, uma economia capitalista, mas estava baseada em um nível muito alto de prosperidade para o camponês, a fonte de sua acumulação de capital. Em outras palavras, os hutteritas em sua pequena sociedade fechada resolviam a contradição na acumulação e na circulação do capital, que, de formas diferentes, maltratam os russos e os americanos hoje.

A idade de ouro dos hutteritas durou até 1622, quando os nobres da Moravia, que haviam sido seus protetores, foram forçados pela Igreja e pelo império a expulsá-los de suas propriedades. Eles se espalharam, encontrando refúgio na Eslováquia, Transilvânia e Hungria. A perseguição aumentou durante a Guerra dos 30 Anos (1618–1648) entre católicos e protestantes.

No século XVIII, o comunismo de produção tinha sido abandonado, e a comunidade de bens coletivos só foi praticada na forma de um fundo de bem-estar comum, mas os hutteritas preservaram seus costumes tradicionais.

Em 1767, foi emitido um decreto, sob a influência dos jesuítas, que implicava a captura de todas as crianças hutteritas na Hungria e na Transilvânia. As crianças seriam tomadas de seus pais e internadas em orfanatos. Os hutteritas fugiram para a Romênia.

Em 1770, a imperatriz Catarina convidou os pietistas alemães e anabatistas a se instalarem na Ucrânia e lá ficarem o tempo que quisessem.

Eles se desenvolveram, degradaram, reavivaram, até que emigraram para os Estados Unidos e finalmente Canadá, onde floresceram como nunca.

Amish

Amish é um grupo religioso cristão anabatista baseado nos Estados Unidos e no Canadá. São conhecidos por seus costumes conservadores, como o uso restrito de equipamentos eletrônicos, até telefones e automóveis.

Como os menonitas, os amish são descendentes dos grupos suíços de anabatistas chamados de Reforma Radical.

O movimento amish começou com Jacob Amman (1656-1730), um líder suíço dos menonitas que acreditava que estes estavam se afastando dos ensinos de Simons e da Confissão de Fé de Dordrecht, particularmente a prática de excomungar os membros excluídos que não seguiam as regras da Igreja.

Essa postura estrita trouxe uma divisão ao movimento menonita em 1693 e levou ao estabelecimento dos amish. Os primeiros amish começaram a migrar aos Estados Unidos no século XVIII, para evitar perseguições e o serviço militar compulsório. Os primeiros imigrantes foram ao condado de Berks, Pensilvânia.

Estimativas atuais apontam a existência de 198 mil membros da comunidade amish no mundo, sendo 47 mil apenas na Pensilvânia. Esses grupos são compostos por descendentes de algumas centenas de alemães e suíços que migraram para os Estados Unidos e Canadá.

Os amish preferem viver afastados do restante da sociedade. Eles não prestam serviços militares, não pagam a seguridade social e não aceitam nenhuma forma de assistência do governo. Muitos evitam até mesmo fazer seguro de vida.

Nos Estados Unidos, o maior assentamento da comunidade amish está no Estado de Ohio. O Estado da Pensilvânia ocupa o segundo lugar, seguido pelo Estado de Indiana. A maioria dos amish é trilíngue, falando um dialeto alemão conhecido como "Pennsylvania Dutch" ou "Pennsylvania German" (alemão da Pensilvânia), o alemão pleno nos seus cultos e aprende inglês na escola.

Eles se dividem em irmandades, que por sua vez se dividem em distritos e congregações. Cada distrito é independente e tem suas próprias regras de convivência.

Os amish não gostam de ser fotografados. Interpretam que, de acordo com a Bíblia, um cristão não deve manter sua própria imagem gravada.

Os princípios enfatizados pelos amish são:

A Bíblia, principalmente a ética do Novo Testamento, devem ser obedecidas como a vontade de Deus, embora não sistematizando sua teologia, mas as aplicando no dia-a-dia. A interpretação da Bíblia é realizada nos cultos e reuniões da Igreja.

A posição da comunidade amish, ao não se imiscuir em querelas teológicas, evitou divisões de caráter doutrinário nas denominações anabatistas. Credos e confissões são somente documentos para demonstrar aquilo que se crê, mas requerem a adesão ou a crença a eles. Aceitam, portanto, em essência os credos históricos do Cristianismo, mas não o professam.

A Igreja é uma comunidade voluntária formada de pessoas renascidas. A Igreja não é subordinada a nenhuma autoridade humana, seja ela o Estado, ou hierarquia religiosa. Assim evitam participar das atividades governamentais, jurar lealdade à nação, participar de guerras.

A Igreja não é uma instituição espiritual e invisível, mas uma coletividade humana e real, marcada pela separação do mundo e do pecado, e uma posição afirmativa em seguir os mandamentos de Cristo.

A Igreja celebra o batismo adulto, por infusão como símbolo de reconhecimento e obediência a Cristo e à Santa Ceia, em memória da missão de Jesus Cristo.

A Igreja tem autoridade de disciplinar seus membros e até mesmo sua expulsão, a fim de manter a pureza do indivíduo e da Igreja.

Quanto à salvação, os amish creem no livre-arbítrio. O ser humano tem a capacidade de se arrepender de seus pecados, e Deus regenera e o ajuda a andar em uma vida de regeneração.

Os amish não creem que a conversão para Cristo seja uma experiência emocional de um momento, mas um processo que leva a vida inteira.

Da mesma forma que a teologia anabatista, principalmente depois de Menno Simons, a visão dos amish sobre a natureza de Cristo adota a doutrina seminestoriana, crendo que Jesus Cristo foi concebido miraculosamente pelo Espírito Santo no ventre de Maria, mas não herdou nenhuma parte física dela. Maria seria, portanto, um instrumento usado por Deus, para cumprir o Seu plano.

A essência do Cristianismo consiste em uma adesão prática aos ensinamentos de Cristo. A ética do amor rege todas as relações humanas. A prática do pacifismo baseia-se em que Cristianismo e a violência são incompatíveis.

O culto amish é praticado da mesma maneira desde o início do Anabatismo na época da Reforma. O culto é voltado a Deus e não tem o caráter evangelizador, portanto, práticas como "chamada ao altar" ou "aceitar Jesus" não existem. Não constroem igreja, assim se reúnem em casas privadas ou em salas de escolas. As mulheres sentam separadas dos homens e cobrem a cabeça com um véu. O culto inicia com uma invocação de algum dos anciãos. Seguem-se hinos, cantados do hinário Ausbund, que é o mesmo texto desde o século XVI e não contém notação musical. Então, há uma oração, em que todos se ajoelham silenciosamente até que algum membro masculino ore pela Igreja. A leitura e a pregação da Bíblia é feita extemporaneamente, sem sermões preparados, e muitos anciãos abrem as

Escrituras aleatoriamente. Segue-se uma oração do ministro e uma bênção final. A congregação se despede com um beijo.

Os amish são, muitas vezes, confundidos com comunidades igualmente reservadas, mas de tradições e raízes completamente distintas. Algumas vezes, são confundidos com os mórmons, com os quais mantêm poucas semelhanças.

Igreja Anglicana – Igreja da Inglaterra

A Igreja Anglicana é denominada, na Inglaterra, Anglican Communion, nome usado para designar esse ramo da Igreja Cristã, e consiste de vários corpos eclesiásticos pelo mundo, em comunhão com a Igreja da Inglaterra. O termo Anglicanismo é o termo geral para o sistema eclesiástico, organização e doutrina da Igreja da Inglaterra e das igrejas existentes ao redor do mundo e em comunhão com ela.

No século XVI, uma grande revolução eclesiástica na Europa, motivada por razões políticas e religiosas, conduziu mudanças consideráveis na filosofia religiosa que estivera sob o domínio da Igreja Católica. Diversos monarcas estavam insatisfeitos com o enorme poder do papa no mundo, ao mesmo tempo em que muitos teólogos criticavam o dogma, as práticas da Igreja, sua atitude para com a fé e seu modelo organizacional. Esse movimento de rebeldia deu origem a novas comunidades eclesiais.

Na Inglaterra, por volta de 1530, o rei Henrique VIII rompeu com o papa, sob a alegação de que este se negou a lhe dar permissão para que se divorciasse de Catarina de Aragão. O rei tornou-se, então, com a ajuda do Parlamento, chefe da Igreja na Inglaterra (Igreja Anglicana), quebrando os laços com Roma.

Henrique VIII estabeleceu que o papa seria considerado, daí para a frente, somente o bispo de Roma, sem autoridade, portanto, na Inglaterra.

O rei exerceu a chefia da Igreja, na Inglaterra, despoticamente, saqueando relicários e tesouros monásticos. Durante o reinado de Henrique VIII e de seu filho e sucessor, Eduardo VI, muitas reformas foram realizadas na Igreja Anglicana, sendo muitos bispos destituídos e outros até presos. Houve várias rebeliões em setores ingleses da Igreja Anglicana.

A rainha Mary, fervorosa católica, sucedeu a Eduardo VI, seu irmão, após sua morte em 1553, e passou a restabelecer, no reino, a posição existente anteriormente à demanda de seu pai com Roma.

Seu primeiro Parlamento repeliu a legislação eclesiástica de Eduardo VI, tendo sido formalmente aceita a transubstanciação (cerimônia da missa em que o pão e o vinho são transformados no corpo e no sangue de Cristo), uma das mais importantes reformas impostas à Igreja Anglicana.

A legalidade papal foi restabelecida, e a lei das heresias, reativada, tendo sido perseguidos e condenados à morte na fogueira centenas de heréticos. Esses horrores foram praticados sob a responsabilidade da rainha, que morreu em 1558, deixando, na Inglaterra, a impossibilidade de se continuar aceitando a supremacia de Roma.

A sucessora da rainha Mary foi sua irmã, a rainha Elizabeth I, cuja ascensão foi saudada com prazer.

Elizabeth restabeleceu a autoridade da coroa sobre a Igreja, conforme determinara Henrique VIII, sendo essa autoridade exercida por comissários da Corte da Alta Comissão, nomeados pela coroa. Autorizou o uso do Livro de Orações, que fora criado desde Eduardo VI e modificado pela rainha Mary, sempre sob influência dos reformadores vindos de Genebra. Sua atitude causou revolta no norte do país, provocada pelo papa Pio V, em 1569, com o apoio da Espanha.

A rainha foi excomungada pelo papa em bula de 1570, que também determinava sua deposição. Criou-se uma disputa entre leais ao papa, os católicos ingleses, e leais à rainha. Muitas ações foram realizadas, incluindo a vinda de padres seminaristas e missionários jesuítas para a Inglaterra, no sentido de fortalecer a presença do Catolicismo Romano.

Houve também esforços de não-conformistas para introduzir o Presbiterianismo.

Em 1578, os discípulos de Robert Browne iniciaram a separação ou independência, repudiando a autoridade eclesiástica da rainha e criando o Congregacionalismo. Mas a posição da rainha foi se fortificando, e a Igreja Anglicana ganhou regularidade e vigor. A rainha Elizabeth morreu em 1603.

Com a ascensão de seu sucessor, o rei Jaime I, ocorreu a Revolta dos Puritanos que desejavam modificações eclesiásticas, caracterizadas pela Petição Milionária, suportada por mil clérigos. O rei Jaime decidiu, acanhadamente, contra os puritanos, em 1604. Algumas pequenas alterações foram feitas no Livro de Orações, ocasionando a "versão autorizada" da Bíblia, em 1611, também conhecida como a Bíblia do rei Jaime.

O Puritanismo continuou crescendo pela influência da pequena nobreza na Câmara dos Comuns e pelos erros políticos do rei, que prometera tolerância com os católicos ingleses, em uma negociação secreta com a França, sob a influência de uma irmã de Luís XIII, em 1624.

Com a morte do rei Jaime I, em março de 1625, ascendeu seu filho Carlos I, devoto católico inglês e que desejou extirpar o Puritanismo, reforçando a prática do Catolicismo por meio de William Laud, bispo de St. David, que depois foi bispo de Londres (1628) e de Cantuária (1633).

No ano de 1640, o Parlamento restringiu o poder do rei Carlos I. As emigrações para a Nova Inglaterra estacionaram consideravelmente.

O Parlamento cortou o crescimento preparado por Laud, que foi preso em 1642 e decapitado em 1645.

Assembleia de Westminster

A Assembleia de Westminster, assim chamada por se reunir na Abadia de Westminster, templo anglicano de Londres, foi convocada pelo Parlamento da Inglaterra em 1643 para deliberar a respeito do estabelecimento do governo e liturgia da Igreja e "para defender a pureza da doutrina da Igreja Anglicana contra todas as falsas calúnias e difamações".

É considerada a mais notável assembleia protestante de todos os tempos, tanto pela distinção dos elementos que a constituíram, como pela obra que realizou e ainda pelas corporações eclesiásticas que receberam dela os padrões de fé e as influências salutares durante esses 300 anos.

A Assembleia de Westminster caracterizou-se não somente pela erudição teológica, mas por uma profunda espiritualidade. Gastava-se muito tempo em oração, e tudo era feito em um espírito de reverência. Cada documento produzido era encaminhado ao Parlamento para a aprovação, o que só acontecia após muita discussão e estudo.

Os chamados padrões presbiterianos elaborados pela Assembleia de Westminster foram os seguintes:

1. Diretório do culto público: concluído em dezembro de 1644 e aprovado pelo Parlamento no mês seguinte. Tomou o lugar do Livro de Oração Comum. Também foi preparado o Saltério: uma versão métrica dos Salmos para uso no culto (novembro de 1645).

2. Forma de governo eclesiástico: concluída em 1644 e aprovada pelo Parlamento em 1648. Instituiu a forma de governo presbiteriana em lugar da episcopal, com seus bispos e arcebispos.

3. Confissão de fé: concluída em dezembro de 1646 e sancionada pelo Parlamento em março de 1648.

4. Catecismo Maior e Breve Catecismo: concluídos no final de 1647 e aprovados pelo Parlamento em março de 1648.

Como consequência do auxílio dos escoceses, as forças parlamentares derrotaram o rei Carlos I, que foi decapitado em 1649, e o Presbiterianismo foi derrubado pelo exército. Nesse período, entre 1649 e 1660, foi abolida a monarquia, fechada a Câmara dos Lordes e criada a Comunidade das Nações Britânicas (Commonwealth), sob o domínio despótico de Cromwell e, depois, de seu filho.

O filho de Carlos I foi proclamado rei, na Escócia, sendo designado Carlos II, que investiu para retomar a Inglaterra, mas foi derrotado pelo exército de Cromwell e refugiou-se na França, em 1651.

A monarquia foi retomada em 29 de maio de 1660, com Carlos II, sob a ajuda do Presbiterianismo. Carlos II era católico e restabeleceu certa tolerância entre os católicos e o Puritanismo, mas o Parlamento unicameral, recentemente criado, criou um Ato de Uniformidade, restabelecendo a santa comunhão, rejeitando a transubstanciação, excluindo os sacerdotes puritanos que não concordaram com as medidas tomadas e os católicos romanos.

Observa-se que, passados mais de cem anos de sua adoção em 1530, a Igreja Anglicana ainda se expandia ou se reduzia, ao sabor da política inglesa.

Com a morte de Carlos II em fevereiro de 1685, sucedeu-lhe Jaime II, católico fervoroso.

O fato é que a Igreja Anglicana caminhou ao sabor da política e dos diferentes credos religiosos, ainda por muito tempo. Sofreu ataques do Presbiterianismo; posteriormente, ataques do movimento do despertar religioso ou reavivamento, conhecido na história como "Evangelical Revival", já em 1739, com John Wesley. Sofreu também ataques do Metodismo, do Protestantismo, do Catolicismo Romano, chegando em 1927, sob o reinado de George V, a uma nova revisão do Livro das Orações, que não sofrera alterações desde 1662. Nesse mesmo período, apareceu a influência dos chamados evangélicos moderados e novas modificações foram introduzidas no Livro das Orações.

A fase seguinte da Igreja Anglicana, segundo parece, foi a das relações de amizade com outras igrejas cristãs, em especial as denominadas "ortodoxas". Todas essas tendências e influências, desde as ideias da Reforma, foram modificando o conteúdo e a forma da Igreja Anglicana.

Desta forma, mesmo se considerando não ter havido propriamente cismas, hoje o Anglicanismo é uma Igreja que acolhe diferentes tendências e seitas, algumas com uma noção quase Católica e outras que se baseiam no Puritanismo e nos novos movimentos e surtos de reavivamento.

A Igreja Anglicana caracteriza-se, atualmente, por uma forma de culto litúrgico mais semelhante à da Igreja Católica Romana do que a das Igrejas Protestantes. Tradicionalmente, a organização foi dividida em facções da Igreja Alta (High Church) e Igreja Baixa (Low Church), que refletem a controvérsia histórica sobre as formas de culto e de expressão.

A Igreja tem uma organização hierárquica, com bispos, daí o seu outro nome: Igreja Episcopal.

Aceitam o Tríplice Ministério por meio das sagradas ordens de bispos, presbíteros e diáconos, de acordo com o ensino da tradição da Bíblia e da Igreja. Obedientes ao mandato de Jesus Cristo, os cristãos são chamados à missão e ao evangelismo no poder do Espírito Santo.

O atual arcebispo de Cantuária (o líder espiritual da Comunhão Anglicana) é o dr. Rowan Douglas Williams. Os demais ramos do Anglicanismo têm o seu líder espiritual próprio, com jurisdição própria, e por isso não têm vínculos oficiais com o arcebispo de Cantuária, mas o consideram como um símbolo de unidade entre os cristãos anglicanos.

Como consequência das relações de amizade com outras igrejas cristãs, acolhendo diferentes tendências e seitas, a Igreja Anglicana é, atualmente, a Igreja cristã estabelecida oficialmente na Inglaterra e é o tronco principal da Comunhão Anglicana Mundial, bem como um membro fundador da Comunhão de Porvoo.

Comunhão Anglicana

A criação da Comunhão Anglicana se desenvolveu em duas etapas. A primeira, começou no século XVII, na Inglaterra, onde o Anglicanismo nasceu, chegando com os colonizadores à Austrália, Canadá, Nova Zelândia, África do Sul e Estados Unidos.

A segunda etapa da criação da Comunhão Anglicana começou no século XVIII, quando as Igrejas Anglicanas foram estabelecidas em todo o mundo como resultado do trabalho missionário da Igreja da Inglaterra, Irlanda, Escócia e País de Gales, que foram organizadas para essa tarefa pelas igrejas que haviam surgido nos dois séculos anteriores.

As Igrejas Anglicanas da Comunhão Anglicana defendem e proclamam a fé católica e apostólica nas Escrituras e interpretadas à luz da tradição, do estudo e da razão.

Em obediência aos ensinos de Jesus, as igrejas são comissionadas para proclamar as boas novas do Evangelho para toda a criação.

A fé, a ordem e a prática estão expressos no Livro de Oração Comum, nos Ordinais dos séculos XVI e XVII e, mais resumidamente, no Quadrilátero de Lambeth, de 1888. O termo Lambeth se refere ao bairro Lambeth de Londres, onde está situada a Sé de Cantuária.

O Quadrilátero de Lambeth, também denominado Quadrilátero de Chicago-Lambeth, 1888, foi elaborado em uma Conferência de Lambeth, realizada na Casa dos Bispos da Igreja Episcopal Americana, nos Estados Unidos, em Chicago, entre os anos de 1886 e 1888, tornando-se a base fundamental anglicana para o diálogo ecumênico:

1. As Santas Escrituras do Antigo e Novo Testamentos, como "contendo todas as coisas necessárias para a salvação" e como sendo a regra e o padrão final de fé.

2. O Credo dos Apóstolos, como o símbolo batismal e o Credo Niceno, como suficiente declaração da fé cristã.

3. Os dois sacramentos ordenados pelo próprio Cristo – o batismo e a ceia do Senhor – administrados pelo uso regular das palavras de Cristo que os instituiu e dos elementos por Ele ordenados.

4. O episcopado histórico, adaptado localmente nos métodos de sua administração para as variadas necessidades das nações e povos chamados por Deus na unidade de Sua Igreja.

Esses quatro pontos formam o denominado Quadrilátero de Lambeth.

O ponto central da adoração, para os anglicanos da Comunhão Anglicana, é a celebração da santa eucaristia, que é chamada também de santa comunhão, santa ceia, ceia do Senhor ou santa missa. No oferecimento da oração e do louvor são relembrados a vida, a morte e a ressurreição de Cristo por meio da proclamação da Palavra e da celebração do sacramento.

A adoração está no centro do Anglicanismo. Os estilos variam do simples para o elaborado, do evangélico para o católico e do carismático para o tradicional.

O Livro de Oração Comum, que já recebeu várias revisões em toda a Comunhão Anglicana, expressa a compreensividade que caracteriza as Igrejas Anglicanas, cujos princípios refletem, desde os tempos de Elisabete I, a via média em relação a outras tradições cristãs.

O batismo, ministrado com água e em nome da Santíssima Trindade, une a pessoa batizada com Cristo e com sua Igreja.

Os outros, incluem a confirmação, as sagradas ordens, a penitência, o casamento e a unção dos enfermos.

As Igrejas da Comunhão Anglicana estão interligadas por laços de afeição e lealdade comum e permanecem em plena comunhão com a Sé de Cantuária.

Por isso o arcebispo de Cantuária é o símbolo da unidade anglicana. Ele convoca a Conferência de Lambeth, que se realiza a cada dez anos, preside a reunião dos bispos primazes e o Conselho Consultivo Anglicano.

O primeiro arcebispo de Cantuária, em 597, foi o monge Agostinho, depois santificado pela Igreja Anglicana como Santo Agostinho. Ele, que era o monge prior do Mosteiro de Santo André, em Roma, foi enviado para a Inglaterra, em 595, pelo papa Gregório I, ou Gregório Magno, chefiando uma comissão de monges, com o objetivo de converter a Inglaterra à Igreja Católica Romana. Atualmente, o centésimo quarto arcebispo de Cantuária é o dr Rowan Douglas Williams.

A Comunhão Anglicana é coordenada e assessorada pela Conferência de Lambeth, pela Reunião dos Primazes e pelo Conselho Consultivo Anglicano.

As igrejas (províncias) pertencentes à Comunhão Anglicana em todo o mundo são:
The Anglican Church in Aotearoa, New Zealand & Polynesia;
The Anglican Church of Australia;
The Church of Bangladesh;
Igreja Episcopal Anglicana do Brasil;
The Episcopal Church of Burundi;
The Anglican Church of Canada;
The Church of the Province of Central Africa;
Iglesia Anglicana de la Region Central de America;
Province de L'Eglise Anglicane Du Congo;
The Church of England;
Hong Kong Sheng Kung Hui;
The Church of the Province of the Indian Ocean;
The Church of Ireland;
The Nippon Sei Ko Kai (The Anglican Communion in Japan);
The Episcopal Church in Jerusalem & The Middle East;
The Anglican Church of Kenya;
The Anglican Church of Korea;
The Church of the Province of Melanesia;
La Iglesia Anglicana de Mexico;
The Church of the Province of Myanmar (Burma);
The Church of Nigeria (Anglican Communion);
The Church of North India (United), The Church of Pakistan (United);
The Anglican Church of Papua New Guinea;
The Episcopal Church in the Philippines;
L'Eglise Episcopal au Rwanda;
The Scottish Episcopal Church;
Church of the Province of South East Asia;
The Church of South India (United);
The Church of the Province of Southern Africa;
Iglesia Anglicana del Cono Sur de America;
The Episcopal Church of the Sudan;
The Anglican Church of Tanzania;
The Church of the Province of Uganda;
The Episcopal Church in the USA;
The Church in Wales;
The Church of the Province of West Africa;
The Church in the Province of the West Indies;
The Church of Ceylon (E-P to the Archbishop of Canterbury);
Iglesia Episcopal de Cuba;
Bermuda (Extra-Provincial to Canterbury);
Igreja Lusitana Católica Apostólica Evangélica (Extra-Provincial to the Archbishop of Canterbury);

Iglesia Episcopal Reformada de España (E-P to the Archbishop of Canterbury);

Falkland Islands (Extra-Provincial to Canterbury).

A Comunhão Anglicana celebrou acordos de reconhecimento recíproco com a Igreja Evangélica da Alemanha (Meissen, 1988), com as Igrejas Luteranas Escandinavas e Bálticas (Porvoo, 1992) e com as Igrejas Evangélicas da França (Reuilly, 1999).

Há aproximadamente 84 milhões de membros na Comunhão Anglicana, espalhados nas 43 províncias autônomas e 450 dioceses em 165 diferentes países.

Atualmente, a Comunhão Anglicana passa por uma grave crise que opõe liberais e conservadores do ponto de vista teológico. Essa situação que vem em um crescente nos últimos anos chegou ao clímax com a indicação de uma mulher como primaz da Igreja Episcopal dos Estados Unidos. Existe um forte movimento entre vários dos primazes anglicanos contra a sua nomeação.

O conflito entre conservadores e liberais está em uma espiral de crescimento.

Em virtude de várias decisões de algumas igrejas (províncias) de forte postura liberal que são consideradas heresias pelos conservadores, a crise tem se agravado.

Questões como a ordenação e a sagração de mulheres, um assunto que pode ser considerado antigo, mas que permanece controverso até hoje, assomaram à ordenação e sagração de homossexuais assumidos e a aceitação do casamento de pessoas do mesmo sexo.

O conjunto dessas questões gerou um conflito entre os membros da Comunhão Anglicana, que parece ser irreconciliável.

Comunhão de Porvoo

A Igreja Anglicana é membro fundador da Comunhão de Porvoo.

A Comunhão de Porvoo, ou Igrejas de Porvoo, é o resultado do acordo celebrado entre 12 Igrejas Protestantes da Europa, em 1992, no encerramento de conversações teológicas mantidas por representantes oficiais de quatro Igrejas Anglicanas e oito Igrejas Luteranas nórdicas, bálticas e ibéricas. Essas conversações realizaram-se no período de 1989 a 1992 e estabelecem plena comunhão entre as igrejas signatárias do acordo.

O acordo tomou o nome de Porvoo por ter sido na Catedral de Porvoo, na Finlândia, que se celebrou a eucaristia no último domingo das conversações.

Trata-se de um marco importante no diálogo ecumênico realizado entre a Igreja Anglicana e a Igreja Luterana na Europa do Norte.

Um dos resultados desse acordo é que os bispos, presbíteros e diáconos de todas as igrejas participantes podem exercer seu ministério em todas as demais. Todas as igrejas participantes são igrejas episcopais, porém, não têm doutrina única sobre o episcopado. Apesar disso, decidiram reunir-se para um futuro comum. Participam das ordenações das demais Igrejas da Comunhão de Porvoo, na busca da criação de um episcopado comum.

Igrejas participantes da Comunhão de Porvoo

Igrejas Anglicanas:

Igreja da Inglaterra;
Igreja da Irlanda;
Igreja Episcopal da Escócia;
Igreja do País de Gales;
Igreja Lusitana Católica Apostólica Evangélica;
Igreja Episcopal Reformada da Espanha.

Igrejas Luteranas:

Igreja Evangélica Luterana da Finlândia;
Igreja da Islândia;
Igreja da Noruega;
Igreja da Suécia;
Igreja Evangélica Luterana da Estônia;
Igreja Evangélica Luterana da Lituânia.

O Acordo de Porvoo faz parte de um conjunto de iniciativas de caráter ecumênico que as diversas igrejas protestantes vêm realizando.

A Igreja Anglicana no Mundo

O Anglicanismo espalhou-se pelo mundo. Divergências teológicas e administrativas fizeram surgir várias denominações anglicanas independentes, principalmente na América do Norte, na Austrália e no Terceiro Mundo. Também houve movimentos de convergência, em que outros protestantes ou católicos aproximaram-se do Anglicanismo e buscaram estabelecer igrejas de doutrina e práticas anglicanas, ainda que não necessariamente fossem dissidências da Igreja Anglicana.

Na Inglaterra, a Igreja Anglicana é a Igreja oficial e estabelecida, e, por lei, os monarcas devem pertencer a essa denominação. Possui atualmente cerca de 30 milhões de membros na Grã-Bretanha, embora somente cerca de 2 milhões sejam ativos nas vidas das paróquias.

A Igreja da Inglaterra, a primeira da Comunhão Anglicana, é liderada espiritualmente pelo arcebispo da Cantuária, que é o primaz e metropolita de toda a Inglaterra.

O monarca britânico, no presente, a rainha Elisabete II, tem o título de defensor da fé e governador da Igreja da Inglaterra, tendo autoridade formal sobre a Igreja da Inglaterra, mas não sobre outras igrejas da Comunhão Anglicana no exterior.

O braço legislativo da Igreja Anglicana na Inglaterra é o Sínodo Geral, cujas resoluções devem ser aprovadas pelo Parlamento, mas esse não pode fazer nenhuma emenda.

Adicionalmente à Inglaterra, essa Igreja tem jurisdição na Ilha de Man, Ilhas do Canal e na diocese na Europa, composta por ingleses vivendo no continente.

A Igreja da Irlanda é uma divisão autônoma da Comunhão Anglicana, operando por meio da fronteira entre a República da Irlanda e a Irlanda do Norte.

Como outras Igrejas Anglicanas, ela considera-se tanto católica quanto reformada.

Quando a Igreja da Inglaterra rompeu com a Igreja Católica Apostólica Romana, a Igreja da Irlanda procedeu da mesma forma, aderindo às novas regras, tornando-se a Igreja estatal e mantendo a posse das propriedades da Igreja Católica Romana, apesar da mudança da doutrina. A maioria da população, todavia, permaneceu fiel à Igreja de Roma e assim continua até hoje.

Apesar de sua inferioridade numérica, a Igreja da Irlanda foi a Igreja oficial do Estado, até perder esse *status* em 1º de janeiro de 1871.

Os adeptos da Igreja da Irlanda sofreram rápido decréscimo durante o século XX, particularmente na República da Irlanda, após a independência.

Atualmente, a Igreja da Irlanda é, depois da Igreja Católica Romana, a segunda maior Igreja em todo o país. É a maior igreja protestante na República da Irlanda e a segunda maior da Irlanda do Norte (atrás apenas da Igreja Presbiteriana da Irlanda). Ela é governada por um Sínodo Geral de clérigos e leigos. Está organizada em 12 dioceses e é liderada pelo arcebispo de Armagh (nomeado primaz de toda a Irlanda), cargo ocupado no presente por Alan Harper; o outro arcebispo da Igreja é o de Dublin, John Neill.

Em Portugal, a Igreja Lusitana Católica Apostólica Evangélica é a igreja provincial para as terras portuguesas. Originalmente fundada de um movimento religioso nacionalizador no século XIX, afiliou-se à Comunhão Anglicana Mundial, de quem recebeu apoio.

Na África, continente onde o Anglicanismo mais cresce na atualidade, a Igreja Anglicana chegou com a expansão do Império Britânico, por meio de ações missionárias. Igrejas como as de Uganda, Nigéria e África do Sul possuem número expressivo de membros e um grande impacto social.

A Igreja Anglicana em Moçambique faz parte da província do sul da África (ou província da África Austral), uma das cerca de 40 em que se divide a Comunhão Anglicana em nível mundial.

Está dividida em duas dioceses:
Diocese dos Libombos – cobre o sul do país, definido como todo o território a sul do Rio Zambeze;
Diocese do Niassa – cobre o norte, ou seja, todo o território a norte do Rio Zambeze.

A Igreja Anglicana no Brasil

O primeiro templo cristão construído por protestantes no Brasil foi o da Igreja Anglicana, sendo também o primeiro na América do Sul, no Rio de Janeiro. Isso foi possível, em 1810, em virtude de um acordo de comércio entre Portugal e Inglaterra, no qual estava prevista a liberdade de anglicanos construírem suas capelas em território brasileiro.

No início, os anglicanos residentes no Brasil reuniam-se em residências e navios ingleses para realizar seus cultos, antes da liberdade de construir capelas.

As capelas, ao ser autorizada sua construção no Brasil, não poderiam ter aspecto de templo e deveriam parecer uma casa comum, sendo proibido construir torres e ter sinos. Essas primeiras capelas ficaram subordinadas à Igreja da Inglaterra e eram destinadas a somente atender ingleses. Foram construídas capelas em São Paulo, Santos, Rio de Janeiro, Belém e Recife.

Aproximadamente nos anos 1860, houve a tentativa de implantar a Igreja Anglicana voltada para o povo brasileiro. Para isso, o missionário estadunidense, reverendo Richard Holden, tentou abrir a primeira missão em Belém do Pará e depois em Salvador da Bahia, mas essas tentativas foram frustradas.

Em 1890, missionários estadunidenses, egressos do Seminário de Virgínia, chegaram ao Rio Grande do Sul, onde estabeleceram as primeiras comunidades brasileiras.

Em 1º de junho de 1890, James Watson Morrir e Lucien Lee Kinsolving realizaram, na cidade de Porto Alegre, o primeiro ofício religioso do que se chamou, na época, Igreja Protestante Episcopal no Sul dos Estados Unidos do Brasil, que foi o primeiro nome da Igreja Anglicana em terras brasileiras.

Depois, essa Igreja passou a denominar-se Igreja Episcopal Brasileira, Igreja Episcopal do Brasil e, ultimamente, Igreja Episcopal Anglicana do Brasil.

Igreja Episcopal Anglicana do Brasil

A Igreja Episcopal Anglicana do Brasil (IEAB) é uma província eclesiástica da Comunhão Anglicana que abrange todo o território do Brasil. A província é formada por nove dioceses, cada uma delas dirigida por um bispo, entre os quais, um é eleito como bispo primaz.

A Igreja Episcopal Anglicana do Brasil tornou-se uma província eclesiástica autônoma em 1965. Até então, estava sob a supervisão metropolitana do arcebispo de Cantuária.

Seus cultos seguem a liturgia anglicana, semelhante à missa católica. Sua doutrina é eclética e abrange evangélicos, anglo-católicos e liberais, sendo forte apoiadora do movimento ecumênico. É administrada por um governo episcopal. Atualmente, é uma igreja de alinhamento teológico moderado para liberal e litúrgico voltado ao anglo-catolicismo.

Possui 90 paróquias e 150 missões em nove dioceses e com cerca de 20 mil membros, com as seguintes dioceses e distrito missionário (dados de 2006):

Diocese Anglicana de Brasília;
Diocese Anglicana de Curitiba;
Diocese Anglicana de Pelotas;
Diocese Anglicana do Rio de Janeiro;
Diocese Anglicana de São Paulo;
Diocese Anglicana do Recife;
Diocese Anglicana Meridional;
Diocese Anglicana Sul-Ocidental;
Diocese Anglicana da Amazônia;
Distrito Missionário do Oeste.

A partir da década de 1990, a Igreja Episcopal Anglicana do Brasil começou a ter problemas internos, por razões semelhantes às ocorridas na Comunhão Anglicana nos Estados Unidos (confronto entre liberalismo e ortodoxia). Foi, a essa altura, que as Igrejas Anglicanas Independentes começaram a chegar ao Brasil. Assim, as divisões no Anglicanismo aconteceram como em todas as outras denominações cristãs.

Como consequência do liberalismo ocorrido na Comunhão Anglicana, em especial nas Igrejas da Comunhão nos Estados Unidos, no Brasil, existem diversas igrejas que se apresentam como de denominação anglicana. Algumas delas têm seu reivindicado Anglicanismo fortemente contestado por outras igrejas.

Igreja Anglicana do Brasil

A Igreja Anglicana do Brasil não faz parte da Comunhão Anglicana. Por isso não tem vínculos oficiais com o arcebispo de Cantuária, mas o considera como um símbolo de unidade entre os cristãos anglicanos; é uma igreja independente e está vinculada à The Communion of Evangelical Episcopal Churches.

Faz parte do Movimento de Convergência, que deseja viver um Cristianismo de unidade, por meio do "ethos" anglicano.

A Igreja Anglicana do Brasil faz parte do Movimento Anglicano por uma Causa Comum, como Igreja fundadora.

Na estrutura mundial da The Communion of Evangelical Episcopal Churches, a Igreja Anglicana do Brasil é a Arquidiocese Thomas Cranmer.

Busca ser uma igreja anglicana autêntica, respeitando todas as correntes legítimas do Anglicanismo histórico. Tem como lema: amor católico aos pais da Igreja e lealdade bíblica à Reforma.

Não se considera uma Igreja nova, mas continuante, pois se propõe a continuar no mesmo "ethos" da Igreja da Inglaterra. Portanto, considera-se uma igreja anglicana tradicional, que defende uma fé católica e apostólica, visto que suas doutrinas se encontram na Bíblia Sagrada, que é aceita como a palavra inspirada de Deus, fonte primordial da fé cristã, interpretadas à luz da tradição, da razão e da experiência nos credos apostólico, niceno-constantinopolitano e atanasiano, que foram escritos no tempo da Igreja indivisa e constituem a confissão normativa da fé católica ainda hoje. A fé, a ordem e as práticas anglicanas estão expressas no Livro de Oração Comum, nos Ordinais dos séculos XVI e XVII, nos 39 Artigos de Religião da Igreja da Inglaterra, que contêm o sumário da fé anglicana, e, mais resumidamente, no Quadrilátero de Lambeth-Chicago, de 1886–1888, como sendo um documento no qual se resumem os pontos de unidade fundamental do Anglicanismo histórico, evidenciados pela indivisível Igreja Católica, em relação às demais denominações cristãs, com o cunho de se estabelecer os princípios pelos quais o Anglicanismo busca a unidade da Igreja Cristã.

A Igreja Anglicana do Brasil possui o arcebispo primaz metropolitano, um arcebispo coadjutor metropolitano e um arcebispo emérito na Europa.

Iniciou suas atividades em Serrana, SP, em 1º de março de 2002. Foi fundada, oficialmente, em Ribeirão Preto, SP, onde fica a Sé Primacial do Brasil, no dia 27 de março de 2005, domingo de Páscoa. A igreja possui membros e trabalhos no Brasil, na Itália, na Inglaterra e na Argentina.

Igreja Episcopal Reformada

A Igreja Episcopal Reformada foi estabelecida no Brasil em 31 de outubro de 1998, Dia da Reforma, em São Paulo, pelo reverendo Sebastião Mendes de Freitas, um antigo membro e candidato ao ministério na Igreja Episcopal Anglicana do Brasil (IEAB), que, por motivos de convicções reformadas e conservadoras, fundou uma igreja independente, chamada inicialmente de Igreja Episcopal Reformada no Brasil.

O reverendo Sebastião Mendes de Freitas inicialmente buscou afiliação com a Igreja Episcopal Reformada dos Estados Unidos, mas optou por seguir independente, porém, mantendo as mesmas posições originais defendidas pelos reformadores tanto ingleses como americanos.

Os 35 Artigos de Religião, a Declaração de Princípios e o histórico Livro de Oração Comum de 1874, edição brasileira de 2005, são normas para qualquer diálogo com a Igreja Episcopal Reformada.

Doutrinariamente, os princípios da Igreja Episcopal Reformada dos Estados Unidos são mantidos na sua integridade e pureza sem nenhuma adição ou subtração.

O III Concílio Geral do Brasil, realizado no dia 15 de novembro de 2005, aprovou a formação da Diocese Protestante Episcopal Reformada e a eleição do reverendo dr. Sebastião Mendes de Freitas como bispo primaz e o reverendo Francisco Buzzo Rodrigues como bispo auxiliar.

Possui teologia protestante de linha reformada, ou seja, de tradição anglicana-calvinista, sendo totalmente anglo-evangélica e não liberal.

A Igreja Episcopal Reformada é considerada como a Igreja Baixa do Anglicanismo, mas, apesar de suas posições conservadoras tanto na teologia quanto na liturgia, é uma comunidade cristã inclusiva e participativa. Mantém laços fraternais com igrejas de tradições protestantes e evangélicas. A eucaristia é celebrada dominicalmente.

Em sua igreja, o púlpito é oferecido a pastores e ministros de quaisquer denominações cristãs comprometidos com a Bíblia e sua ortodoxia.

Dá grande ênfase à santidade bíblica, protagonizada pelos protestantes ingleses e pelo movimento de santidade dos séculos XVIII e XIX. Tem como grandes expoentes o bispo de Liverpool John Charles Ryle (1816–1900), Samuel Chardwick (1860–1932) e Samuel Logan Brengle (1860–1936).

Sua liturgia segue o Livro de Oração Comum, edição de 1552, proposto pelo bispo William White, em 1785, e revisado, em 1874, pelo bispo George David Cummins e seus colaboradores, tradução brasileira, edição de 2005.

Mantém paróquia na capital de São Paulo e na cidade de Bragança Paulista (Paróquia Anglicana Reformada de Bragança Paulista), pastoreada pelo reverendo Francisco Buzzo, bispo auxiliar da Diocese Protestante Episcopal Reformada.

A Igreja Episcopal Reformada tem sua própria comunhão, Comunhão Anglicana Reformada Universal, que é totalmente nacional e independente, não tendo nenhum vínculo de submissão a autoridades eclesiásticas estrangeiras. É uma denominação totalmente anglo-evangélica e conservadora, que não mantém comunhão com ramos anglicanos de tendências liberais. A Igreja Episcopal Reformada mantém laços de intercomunhão nos Estados Unidos da América com a Igreja Protestante Episcopal Tradicional (TPEC – Traditional Protestant Episcopal Church), cujo bispo presidente é o rt. rev. dr. Charles E. Morley.

Província Anglicana Ortodoxa

A Igreja Anglicana Ortodoxa deixou de existir no Brasil, em virtude de seus membros (igrejas e clérigos) terem se transferido para a Diocese do Recife – Cone Sul, em 28 de dezembro de 2007, por decisão de seu então bispo Hermany Soares, que, no mesmo ato, renunciou ao episcopado.

Igreja Episcopal do Evangelho Pleno

A Igreja Episcopal do Evangelho Pleno é uma igreja fundada em 1997, tem sua sede em Taboão da Serra, município de São Paulo.

É uma igreja episcopal, anglicana, evangélica e de linha pentecostal. É uma comunidade cristã participativa e mantém laços fraternais com igrejas de tradições protestantes e evangélicas. A eucaristia/santa ceia é de forma universal e é celebrada dominicalmente.

Seu púlpito é oferecido a pastores e ministros de quaisquer denominações cristãs comprometidas com a Bíblia. Está presente também em São Paulo/SP, Embu/SP e Januária /MG. É presidida pelo bispo primaz revmo. Josué S. Torres. Além dos trabalhos evangelizadores e missionários, desenvolve atividades na área da ação social cristã.

Igreja Episcopal Anglicana Livre

Fundada em 1999, em Belo Horizonte, pelo bispo José Moreno, que havia sido pastor da Igreja Pentecostal de Nova Vida (bispo Roberto McAlister), a Igreja Episcopal Anglicana Livre (IEAL) está em comunhão plena com o arcebispo Michael B. Simmons, da Igreja Anglicana das Américas, com sede nos Estados Unidos, e participa do Movimento de Renovação Carismática Anglicana, iniciado em 1960 pelo reverendo Dennis Bennet em uma paróquia da Igreja Episcopal Anglicana de Van Nuys, Califórnia, Estados Unidos.

A Igreja Episcopal Anglicana Livre define-se como evangélica na doutrina e na teologia, católica na liturgia e nos sacramentos e carismática na espiritualidade. Não mantém relações oficiais com a Igreja Episcopal Anglicana do Brasil nem com as demais igrejas denominadas anglicanas no Brasil.

Desde 2002, a IEAL é membro pleno do CONIC/MG – Conselho Nacional das Igrejas Cristãs do Brasil, Seção Minas Gerais.

Igreja Episcopal Evangélica

Composta de uma paróquia e cinco missões em Pernambuco, a Igreja Episcopal Evangélica foi fundada em 2002 e filiou-se à Comunhão das Igrejas Episcopais Evangélicas dos Estados Unidos da América, com sede em Oklahoma.

Trata-se de um movimento de convergência, que mescla o tradicionalismo litúrgico com a renovação carismática. Realiza trabalho de ação social em zonas carentes do Recife e outras localidades pernambucanas.

Igreja Episcopal Carismática

A Igreja Episcopal Carismática do Brasil é a província brasileira da Comunhão Internacional da Igreja Carismática, comunhão que congrega mais de 700 mil membros pelo mundo. Seu bispo primaz é dom Paulo Garcia, e sua sede, a Catedral Episcopal da Santíssima Trindade, em Recife, uma igreja histórica do Anglicanismo brasileiro. Trata-se de um movimento de convergência, que mescla o tradicionalismo litúrgico com a renovação carismática.

A Igreja Episcopal Carismática é também protestante ou evangélica, tendo sido organizada formalmente em janeiro de 2000 pelo arcebispo Dale Franklin Howard.

Está também radicada em Portugal, sob a alçada do território da Ásia, presidido pelo arcebispo Loren Thomas Hines e sob o cuidado pastoral do bispo José Elmer Belmonte. Tem duas congregações: uma em Lisboa e outra em Santo António dos Cavaleiros. Ambas são dirigidas pelo reverendo padre Carlos Araya, coadjuvado pelo reverendo padre Marco Lopes.

O reverendo Carlos Araya tem a particularidade de ser o primeiro sacerdote cego ordenado em uma Igreja Católica. Primeiramente foi ordenado diácono na Igreja Lusitana (Comunhão Anglicana) em 1997. Posteriormente, após ser confrontado com a falta de apoio à comunidade que criou em 1998 de matriz carismática, encetou contatos com a Igreja Episcopal Carismática que culminaram com a recepção da comunidade de Santo Estêvão, como seu membro de pleno direito, no dia 14 de maio de 2000. No dia anterior, o reverendo Carlos cumpriu um sonho de juventude ao ser ordenado presbítero aos 65 anos de idade, e cumpriu-se a profecia que lhe tinha sido dada que seria ordenado na Igreja Católica de Cristo. Foi o fim de anos de luta contra o preconceito e a exclusão.

Diocese Anglicana do Recife

A Diocese Anglicana do Recife é uma Igreja Anglicana independente.

Não tem relação com a Igreja Episcopal Anglicana do Brasil (IEAB), porque é originária do cisma que ocorreu na IEAB, em 2005, por causa da deposição do bispo dom Robinson Cavalcanti.

Em 2004, dom Robinson Cavalcanti, bispo da Diocese Anglicana do Recife da IEAB, opôs-se abertamente à ordenação do bispo Gene Robinson, para a Diocese de New Hampshire, Estados Unidos, em virtude de sua assumida homossexualidade, e participou de confirmações na Diocese de Ohio, nos Estados Unidos, com outros bispos daquele país que são considerados conservadores. Por causa de suas opiniões e atos, dom Robinson Cavalcanti entrou em conflito com a IEAB, acabando por ser deposto pelo Tribunal Superior Eclesiástico da Igreja Episcopal Anglicana do Brasil.

Na justificativa apresentada pelo bispo primaz da Igreja Episcopal Anglicana do Brasil, dom Orlando Santos de Oliveira, consta que Dom Robinson Cavalcanti, acusado pelo procurador eclesiástico e julgado pelo Tribunal Superior Eclesiástico, foi considerado culpado por fazer declarações unilaterais de suspensão do relacionamento da Diocese Anglicana do Recife com a direção da igreja no Brasil, proclamando, em 25 de janeiro de 2005, sem mais vínculos com a IEAB.

Com tal situação, deu-se um cisma na diocese. Dom Robinson Cavalcanti se recusou a aceitar a decisão da IEAB e decidiu contestá-la junto a instâncias da Comunhão Anglicana, recebendo o apoio de cerca de 32 clérigos, que, por se recusarem a aceitar a autoridade do novo bispo indicado para a Diocese Anglicana do Recife, foram excomungados.

O bispo dom Gregory J. Venables, primaz da Igreja Anglicana do Cone Sul (integrante da Comunhão Anglicana), em decisão sem precedentes, concedeu a dom Robinson e ao clero que o apoia *status* especial de reconhecimento extraprovincial até que se tenha uma decisão final no âmbito da Comunhão Anglicana sobre a deposição de dom Robinson e excomunhão dos clérigos que se mantiveram fiéis a ele. Esta situação permite que exerçam o ministério sacerdotal com o reconhecimento de seus atos pela Comunhão Anglicana.

Igreja Anglicana Independente

A Igreja Anglicana Independente deixou de existir, em virtude de seus membros terem retornado para a sua igreja de origem, a Igreja Anglicana do Brasil, por decisão de seus dirigentes, no início de 2008.

Igreja Presbiteriana

O Presbiterianismo é um dos três principais sistemas de Igreja estruturada da Igreja Cristã Protestante, ocupando uma posição intermediária entre o episcopado (Igreja Católica) (episcopado – bispado; conjunto de bispos. *Dicionário Aurélio*) e o Congregacionalismo.

A maioria dos estudantes do Presbiterianismo localiza sua origem na fase tardia do Judaísmo.* Segundo essa visão, o Presbiterianismo, na sua forma atual, iniciou simultaneamente com a formação da Igreja Cristã.

A origem é atribuída à sinagoga, a instituição local que proporcionava a edificação espiritual pela leitura e estudo da Escritura. Os primeiros cristãos eram considerados, até mesmo por eles próprios, como uma seita judaica, e suas comunidades eram administradas do mesmo modo que a organização judaica e também sob a supervisão dos anciãos.

No segundo século, o Presbiterianismo era associado a uma espécie de episcopado, e os presbiterianos, para provar que sua organização religiosa é apostólica, apelavam para o Novo Testamento e para a época em que os apóstolos ainda viviam. Admite-se que traços distintos da estrutura do Presbiterianismo são encontrados na história da Igreja desde os primeiros séculos da Era Cristã, durante a Idade Média e até o advento da Reforma, no século XVI.

Os líderes da Reforma procuravam, no Novo Testamento, não somente a verdade doutrinária, mas também averiguar a organização da Igreja primitiva. Os reformadores eram unânimes em rejeitar o episcopado da Igreja de Roma, a santidade do celibato, o caráter sacerdotal dos ministros, o confessionário e a natureza propiciatória (que aplaca a ira divina) das massas. Eram unânimes em adotar a ideia de uma Igreja em que todos os membros são sacerdotes sob o Senhor Jesus, o único Alto Sacerdote e legislador. Os oficiais não são mediadores entre o homem e Deus, mas

---

* N.A.: Fase tardia do Judaísmo é assim designada porque passou a ser celebrado nas sinagogas, após a destruição do Templo de Salomão, no ano 70, pelo exército romano.

pregadores do mediador, Jesus Cristo. Eram unânimes em observar o serviço ministerial como predominantemente pastoral de pregação, administração dos sacramentos e visitação de porta em porta.

Essas conclusões, formadas por diferentes investigadores independentes, foram reduzidas a um só sistema por João Calvino (1536), em Genebra, Suíça, o Presbiterianismo, em contraposição à posição dos reformadores luteranos.*

Os reformadores Calvino e Zuínglio defendiam um rompimento mais radical com o Catolicismo do que o proposto por Lutero. Davam menos valor ao batismo e à eucaristia do que os católicos e os luteranos, mas julgavam vital mexer na organização da Igreja. Queriam seguir aquilo que consideravam os preceitos do Novo Testamento.

O Calvinismo originou ou influenciou a criação de diversas denominações como o Congregacionalismo, o Puritanismo e o Presbiterianismo. Recomenda-se a leitura do capítulo Calvinismo, nesta obra.

A primeira Igreja Presbiteriana foi a de Wandsworth (Inglaterra), fundada em 1572.

A Igreja Presbiteriana tornou-se a principal denominação protestante em países cujos soberanos não instituíram o Cristianismo como religião do Estado, por exemplo, Holanda, Suíça e Escócia, país este que experimentou a principal expansão do Presbiterianismo, tornando-se a Igreja da Escócia. Mas o sistema presbiteriano conquistou sucessos em diversos outros países europeus além da Inglaterra e os demais citados. Expandiu-se também no Canadá, nos Estados Unidos, na Austrália, na África e na Ásia.

Organização do Presbiterianismo

A Igreja é dirigida por representantes eleitos, que, com os ministros, constituem a Assembleia-Geral. Esta é conhecida como presbitério (da palavra grega que significa "conselho de anciãos"), e por isso a Igreja Reformada é chamada presbiteriana.

O sistema presbiteriano, se comparado com a Igreja da Inglaterra (Episcopal), em que há três ordens de clérigos – bispos, padres e diáconos–, reconhece somente uma ordem espiritual, os presbíteros. Estes ocupam o mesmo nível eclesiástico, embora diferenciados de acordo com seus deveres, com os ministros, que pregam e administram sacramentos, e os anciãos, que são associados aos ministros na supervisão do povo.

Há diáconos, em nível inferior aos presbíteros, com deveres limitados a não espirituais.

---

*N.A.: A história (a despeito das interpretações histórico-religiosas, como a apresentada acima) mostra que a ação de João Calvino e seus seguidores, em contraposição às teses de Martinho Lutero (ao instituir a Igreja Luterana), resultou na criação do Calvinismo.

A comunidade de uma Igreja Presbiteriana consiste em todos os registrados como comunicantes e seus filhos. Somente os comunicantes exercem os direitos na sociedade, elegendo o ministro e outros colaboradores. Outros, que veneram regularmente, sem ser comunicantes, são denominados aderentes.

A eleição do ministro tem de ser sustentada pelo presbitério, que julga a adequação para o caso particular, a unanimidade da congregação e a adequação do suporte financeiro. Se aprovado o ministro, sua ordenação e indução são atos exclusivos do presbitério.

A sessão é o primeiro de uma série de concílios ou cortes da Igreja, que são aspectos essenciais do Presbiterianismo. Ela consiste em ministros e anciãos legisladores.

A segunda corte da Igreja Presbiteriana é o presbitério, que consiste em todos os ministros e um grupo selecionado de anciãos legisladores pertencentes a congregações de uma área determinada. O trabalho do presbitério é episcopal. Supervisiona todas as congregações dentro de sua área de atuação, sanciona a formação de novas congregações, superintende a educação dos estudantes ao ministério, estimula e guia o trabalho pastoral e evangélico e exerce a disciplina dentro de sua área de atuação, até mesmo sobre os ministros.

A terceira corte da Igreja Presbiteriana é o sínodo, que consiste em um conselho provincial reunindo os ministros e anciãos representativos de todas as congregações dentro de um número específico de presbitérios, da mesma forma que o presbitério é representativo de um número específico de congregações.

A quarta corte da Igreja é a Assembleia-Geral, representativa da Igreja como um todo, sendo constituída por ministros e anciãos enviados por todas as congregações (caso da Assembleia-Geral Irlandesa), ou por ministros e anciãos, por delegação proporcional, por todos os presbitérios (caso da Assembleia-Geral Escocesa). A Assembleia-Geral faz a revisão de todo o trabalho da Igreja, determina as controvérsias, elabora as leis administrativas, dirige e estimula os trabalhos espirituais e missionários, determina professores de teologia, admite ao ministério candidatos de outras Igrejas, ouve e decide sobre reclamações, referências e apelos provenientes das cortes inferiores e toma conhecimento de todas as matérias referentes aos interesses das Igrejas ou ao bem-estar do povo. É a corte final de apelação.

O Presbiterianismo no Brasil

O surgimento do Presbiterianismo no Brasil resultou do trabalho missionário do americano Ashbel Green Simonton (1833–1867), que chegou ao Rio de Janeiro em 12 de agosto de 1859, aos 26 anos de idade.

Em abril de 1860, Simonton dirigiu seu primeiro culto em português. Em janeiro de 1862, foi fundada a Igreja Presbiteriana do Rio de Janeiro.

No breve período em que viveu no Brasil, Simonton, auxiliado por alguns colegas, fundou o primeiro jornal evangélico do país (*Imprensa Evangélica,* 1864), criou o primeiro presbitério (1865) e organizou um seminário (1867). O reverendo Simonton morreu vitimado pela febre amarela aos 34 anos, em 1867 (sua esposa, Helen Murdoch, havia falecido três anos antes).

O ex-padre José Manoel da Conceição (1822–1873) foi o primeiro brasileiro a ser pastor (1865). Visitou incansavelmente dezenas de vilas e cidades no interior de São Paulo, Vale do Paraíba e sul de Minas, pregando e fundando comunidades.

O ano de 1869 marca uma nova etapa na história da Igreja Presbiteriana do Brasil (IPB) por ser o ano da chegada dos missionários da Igreja Presbiteriana do sul dos Estados Unidos. Na época, em virtude dos problemas políticos enfrentados nos Estados Unidos, havia, naquele país, duas Igrejas Presbiterianas: uma do norte do país (a PCUSA) – que enviou os primeiros missionários ao Brasil – e outra no Sul (a PCUS).

Os primeiros missionários da Igreja do Sul dos Estados Unidos a chegar ao Brasil foram George Nash Morton e Edward Lane. Seu trabalho concentrou-se no interior de São Paulo, tendo fundado, em 1870, a Igreja Presbiteriana de Campinas. As regiões da Mogiana, o oeste de Minas, o Triângulo Mineiro e o sul de Goiás foram atingidos por outros missionários que os seguiram, entre eles o reverendo John Boyle.

A expansão da IPB no Norte e no Nordeste do país deve-se ao trabalho pioneiro dos missionários da PCUS (Igreja Presbiteriana do sul dos Estados Unidos). Entre os muitos nomes desse período destacam-se os do missionário John Rockwell Smith, que fundou o Igreja Presbiteriana do Recife em 1878, e do reverendo Belmiro de Araújo César, um dos primeiros e mais conhecidos pastores brasileiros do Nordeste.

Durante esse período (1869-1888), a missão da Igreja Presbiteriana do norte dos Estados Unidos (PCUSA) se consolidava no restante do Brasil.

Um dos grandes eventos desse período foi a fundação, em São Paulo, da Escola Americana, em 1870, por George Chamberlain e sua esposa, Mary Chamberlain. A Escola Americana, mais tarde, passaria a se chamar Mackenzie College, chegando a ser o conhecido Instituto Presbiteriano Mackenzie (que abriga, entre outras instituições, a Universidade Mackenzie).

Alguns novos pastores brasileiros foram ordenados naquele período, como Manuel Antônio de Menezes, Delfino dos Anjos Teixeira, José Zacarias de Miranda e Caetano Nogueira Júnior. O grande nome, no entanto, viria a ser o do reverendo Eduardo Carlos Pereira.

Em setembro de 1888, foi organizado o Sínodo da Igreja Presbiteriana do Brasil, que, assim, se tornou autônoma, desligando-se das igrejas norte-americanas.

Depois da Proclamação da República, nasceu um movimento nacionalista no seio da IPB, em que pastores brasileiros se manifestaram contrários aos missionários americanos por ser maçons, gerando um cisma que levou à fundação da Igreja Presbiteriana Independente do Brasil (IPIB).

Um grande líder do começo do século XX foi o pastor Erasmo Braga. O presidente da república Café Filho era presbiteriano e frequentava a Primeira Igreja Presbiteriana de Natal.

Ao longo do século XX, o Presbiterianismo passou por conflitos entre teólogos fundamentalistas e liberais, o que gerou diversos cismas.

O Presbiterianismo no Brasil possui hoje 820 igrejas, 5.215 congregações, 2.600 pastores.

Atualmente, o Presbiterianismo no Brasil, nos seus diversos ramos, apresenta as seguintes organizações:

Editora Cultural Cristã.
Rede Presbiteriana de Comunicação.
Instituto Presbiteriano Mackenzie.
Instituto Bíblico Eduardo Lane.
Instituto Bíblico do Norte.
Instituto Bíblico de Rondônia.
Seminário Presbiteriano de Brasília.
Seminário Presbiteriano do Sul – Campinas.
Seminário Teológico Presbiteriano Reverendo José Manoel da Conceição – São Paulo.
Seminário Teológico Presbiteriano do Rio de Janeiro.
Seminário Presbiteriano do Norte – Recife.
Seminário Teológico do Nordeste – Teresina.
Seminário Presbiteriano do Brasil Central – Goiânia.
Seminário Teológico Presbiteriano Reverendo Denoel Nicodemos Eller – Belo Horizonte.
JMN – Junta de Missões Nacionais.
APMT – Agência Presbiteriana de Missões Transculturais.
Missão Evangélica Caiuá.

Mais de 60 sínodos estão espalhados por todo o território nacional. As denominações Presbiterianas, no Brasil, são:

Igreja Presbiteriana do Brasil – IPB.
Igreja Presbiteriana Independente do Brasil – IPIB.
Igreja Presbiteriana Unida do Brasil – IPUB.
Igreja Presbiteriana Conservadora do Brasil – IPCB.
Igreja Presbiteriana Renovada – IPR.
Igreja Presbiteriana Evangélica – IPE.
Igreja Evangélica Cristã Presbiteriana – IECP.
Igreja Presbiteriana da Graça – IPG.
Igreja Presbiteriana Fundamentalista do Brasil – IPFB.

Congregacionalismo

Congregacionalismo é o nome dado a um tipo de organização religiosa em que é fundamental a autonomia da igreja local, ou de um corpo de pessoas habituadas a se reunirem em uma sociedade cristã. O Congregacionalismo teve início no tempo da Reforma e, com o episcopado (Igreja Católica) e o Presbiterianismo, constitui os três ramos mais importantes de organizações religiosas cristãs.

Sua base de credo é, como o Presbiterianismo, a aceitação de Deus e seu acesso a Ele pela mediação única de Cristo. O desenvolvimento das igrejas congregacionalistas foi gradual e resultante do estudo constante do mundo de Deus à luz da experiência.

A diferença entre o Congregacionalismo e o Presbiterianismo está no fato de que o primeiro adota a crença da autonomia total das igrejas locais; não aceita credos e confissões como regras de fé, mas como sínteses do pensamento comum de uma Igreja. Os congregacionalistas celebram o culto com espontaneidade, em uma ordem estabelecida, mas sem fixar liturgias.

A Igreja Evangélica Congregacional tem suas origens nas causas que levaram à Reforma da Igreja, e estas origens remontam ao século XIII, nas ideias de Pedro Valdes (Lyon, França, 1217), John Wyclif (Inglaterra, 1321 a 1384), Jan Huss (Praga, 1370 a 1414) e Jerônimo Savonarola (Florença, Itália, 1452 a 1498). Todos tinham o desejo de que a Igreja se voltasse aos princípios bíblicos então abandonados.

O Congregacionalismo na Europa

O Congregacionalismo nasceu na Inglaterra, por meio das ideias de John Wyclif. O rei Henrique VIII separou a Igreja do papado e de Roma e tornou-se o chefe da Igreja. Os adeptos das teorias de Wyclif lastimaram essa situação e, não estando de acordo, fundaram, em Londres, em 1567 e 1568, novas paróquias, tendo sido perseguidos e presos.

Foram chamados de puritanos porque exigiam uma vida pura, davam mais ênfase à vivência ou à praticidade da fé e adoravam somente Jesus como cabeça da Igreja.

Em 1580, Robert Browne, um clérigo anglicano, e o leigo Robert Harrison organizaram em Norwich uma congregação cujo sistema era congregacionalista.

Com a doutrina de Robert Browne, que desejava uma vida piedosa de fé e não apenas uma religiosidade cultural, associada ao sacerdócio universal dos crentes, à justificação pela fé e ao livre acesso a Deus por meio da intermediação exclusiva de Cristo, o Congregacionalismo adquiriu consistência. Esses dissidentes da Igreja Anglicana, com o tempo, foram agrupados em congregações autônomas e, mais tarde, em convenções.

O movimento recebeu reforço em 1582, na Holanda, pela liderança de Robert Browne, que publicou, em 1581, um manifesto separatista defendendo os princípios congregacionalistas. Esse manifesto tornou-se o primeiro clássico da teoria congregacionalista. Considera, em resumo, que, desde que ouvir a palavra de Deus é uma dádiva do Seu Espírito aos Seus filhos, cada membro da Igreja é um ser espiritual com a medida do espírito e o ofício de rei, padre e profeta exercido diretamente sob a suprema liderança de Cristo. Então, a autoridade e o ofício dos governadores da Igreja não são derivados do povo, porém, de Deus, com o consentimento e a concordância da Igreja.

As Igrejas Congregacionalistas, conquanto sejam independentes, não vivem isoladas, já que há uma conferência entre Igrejas irmãs, para a formação de um conselho. O governo, todavia, nessa religião, não tinha ação sobre a Igreja, senão sobre as ações civis do Reino Unido.

Em 1593, os principais seguidores do Congregacionalismo na Inglaterra, organizados em uma Igreja elegendo um pastor, um professor, dois diáconos e dois anciãos, foram perseguidos, e alguns, executados, inclusive os líderes Greenwood e Barrow.

Dessa perseguição, que pareceu ter extinguido o movimento, o Congregacionalismo ressurgiu e houve o exílio para a Holanda, por volta de 1607, em Amsterdã, onde ficou radicado, vindo a surgir, em 1609, a facção batista do Congregacionalismo, com John Smyth e Thomas Helwys.

Depois da Reforma, na Alemanha, se desenvolveram ideias semelhantes, lançando as bases do Pietismo (movimento de intensificação da fé, nascido na Igreja Luterana alemã no século XVII – *Dicionário Aurélio*). Como os puritanos, por serem desprezados e perseguidos, também os pietistas emigraram para as regiões da Rússia e da Polônia e, mais tarde, com o surgimento do socialismo ou comunismo, daqueles países para os Estados Unidos ou América do Sul (Argentina e Brasil).

Como traziam em sua bagagem larga experiência na fé puritana e pietista, chegando à nova pátria, procuraram os de convicção religiosa mais próxima à sua e filiaram-se à Igreja Congregacional. Os imigrantes alemães da Argentina solicitaram apoio missionário da Igreja Congregacional dos Estados Unidos, o que ocorreu em 1922, dando-se então o início da Igreja Congregacional da Argentina.

O Congregacionalismo foi se difundindo, ao longo do tempo, por diversos países europeus e por suas colônias, notadamente as inglesas, sempre em confronto com o Presbiterianismo, os batistas, o Puritanismo e a Igreja Católica Romana. Na Nova Inglaterra (colônia inglesa na América), o Congregacionalismo se distinguiu sob formato próprio e por influência do movimento de independência contra a repressão civil e de organização religiosa (os independentes), produzindo uma forte impressão positiva até no Parlamento inglês.

Cromwell* era simpatizante do Congregacionalismo, como várias outras personalidades importantes da Inglaterra.

O movimento congregacionalista, ao longo dos anos, foi crescendo e, em alguns países, se aproximando do Metodismo e dos movimentos de reavivamento cristão, incluindo os ramos evangélicos.

Sua ação persiste em vários países, notadamente nos domínios britânicos (Austrália, Canadá, África do Sul, Nova Zelândia, Guiana, Nova Escócia e Tasmânia) e nos Estados Unidos.

Histórica e teologicamente, as Igrejas Congregacionais fazem parte da família calvinista, e muitas das denominações são afiliadas à Aliança Reformada Mundial.

Esta é uma entidade, fundada em 1970, que mantém a comunhão das denominações reformadas, congregacionais e presbiterianas. Conta com 214 igrejas membros em 107 países, que, somadas, representam 75 milhões de cristãos reformados. Na América Latina, a Aliança conta com 23 igrejas membros em 13 países do continente.

O Congregacionalismo nos Estados Unidos

Em 1620, partiu a Caravela Mayflower de Amsterdã, Holanda, para os Estados Unidos levando 102 puritanos e, com eles, a semente do Congregacionalismo.

Ali, na Nova Inglaterra, se radicaram no Estado de Massachusetts. Os "pais peregrinos", como se chamaram, fundaram cidades como Plymouth, Nova York, Boston, etc. e colégios que, mais tarde, se tornaram universidades, como Harvard, Yale, Oberlin, etc. A Igreja cresceu de baixo para cima, baseada na fé puramente bíblica.

Nos Estados Unidos, a primeira Igreja Evangélica baseada nos princípios congregacionais se chamou Igreja Congregacional em Plymouth. Por

---

*N.A.: Oliver Cromwell, lorde protetor da Inglaterra [1599–1658], que governou despoticamente após a morte do rei Carlos, criou a Comunidade de Nações – Commonwealth –, denominação que passou a designar o conjunto de países do Império Britânico.

causa do próprio regime congregacionalista permitir a diversidade, a Igreja Congregacional Americana ficou sob influência de pensamentos humanistas, que geraram cismas como aquele que fez nascer a Igreja Unitária. No século X, as Igrejas Congregacionais passaram por várias fusões, e hoje a maioria é constituinte da Igreja Unida de Cristo.

O Congregacionalismo no Brasil

O Congregacionalismo chegou ao Brasil em 1855, com a vinda do médico escocês Robert Reid Kalley e sua esposa, Sarah P. Kalley. Eles começaram um trabalho de evangelização e, mais tarde, fundaram, no Rio de Janeiro, em 11 de julho de 1858, a Igreja Evangélica Fluminense, que, posteriormente, seria agrupada na União das Igrejas Evangélicas Congregacionais do Brasil (UIECB). Esta e a Aliança das Igrejas Evangélicas Congregacionais do Brasil constituem as duas principais fraternidades do Congregacionalismo brasileiro, existindo, porém, outras. Possui doutrina calvinista e liturgia reformada conservadora. Batizam adultos por aspersão.

Outros grupos congregacionalistas brasileiros são:

Igreja Cristã Evangélica do Brasil, que por algum tempo esteve associada com a UIECB.

Igreja Evangélica Congregacional do Brasil, de origem alemã pietista (movimento de intensificação da fé, nascido na Igreja Luterana alemã, no século XVII – *Dicionário Aurélio)*.

Aliança das Igrejas Evangélicas Congregacionais Brasileiras.

Igreja Congregacional Bíblica.

Igrejas Congregacionais Conservadoras.

Puritanismo

O Puritanismo foi um movimento religioso da Reforma iniciado no final do século XVI e consolidado no século XVII, que procurou "purificar" a Igreja da Inglaterra dos remanescentes do papado católico romano, que os puritanos reclamavam terem sido retidos após a acomodação religiosa realizada no início do reino da rainha Elisabete I.

O termo puritano passou a ser pejorativo, usado pelos detratores dos puritanos. A palavra puritano é aplicada de forma leviana e pouco precisa para designar várias Igrejas Protestantes que se desenvolveram entre os finais do século XVI e princípios do século XVIII na Grã-Bretanha.

Os próprios puritanos não usam geralmente esse termo para se autodesignar.

Os puritanos tornaram-se notados por um espírito de moral e seriedade religiosa, que mostravam seu completo modo de viver, e eles procuravam, por meio da Reforma da Igreja, fazer de seu estilo de vida o modelo para toda a nação. Seus esforços para transformar a nação conduziram a uma guerra civil na Inglaterra e a fundação de colônias na América, como modelos de trabalho do modo de vida puritano.

O Puritanismo deve ser primariamente definido pela intensidade da experiência religiosa que promoveu. Os puritanos acreditavam que:

• O homem, para redimir-se de sua condição pecaminosa, necessita de um acordo solene de relacionamento com Deus.

• Deus escolheu revelar a salvação por meio da pregação.

• O Espírito Santo, em vez da razão, era o instrumento energizador da salvação.

Essa conceituação, naturalmente, levou à rejeição de muito do que era característico da pregação e do ritual anglicano na época, que eram vistos como idolatria papal.

Em sua colocação, os puritanos enfatizavam a clara pregação que aproximava imagens da Escritura e da experiência diária. Também, por causa da importância da pregação, os puritanos estabeleceram um prêmio ao ministro culto.

A seriedade moral e religiosa que foi característica dos puritanos combinou com a doutrina da predestinação herdada do Calvinismo para produzir um "pacto teológico", um sentido deles mesmos como os espíritos eleitos escolhidos por Deus para revolucionar a história.

O Desenvolvimento do Puritanismo na Inglaterra

O surgimento do Puritanismo está ligado às confusões amorosas do rei Henrique VIII (1509-1547) e à chegada do Protestantismo continental à Inglaterra. O movimento puritano, em seus primórdios, foi claramente apoiado e influenciado por João Calvino (1509-1564).

O rei Henrique VIII, que teve o seu divórcio com Catarina de Aragão, sobrinha de Carlos V, negado pelo papa, rebelou-se contra o Catolicismo Romano, declarando que o papa era, tão simplesmente, o bispo de Roma. Henrique VIII, então, tornou a Igreja da Inglaterra independente de Roma.

Em 1534, foi promulgado o Ato de Supremacia, tornando o rei o chefe supremo da Igreja da Inglaterra (Igreja Anglicana). Com a anulação do seu casamento com Catarina de Aragão, o rei Henrique VIII e o Parlamento inglês separam a Igreja da Inglaterra de Roma, em 1536, adotando a doutrina calvinista apenas por comodismo.

A Reforma, então, teve início na Inglaterra pela autoridade do rei e do Parlamento.

No ano de 1547, Eduardo VI, um menino muito enfermo, tornou-se rei.

A Reforma Protestante avançou rapidamente na Inglaterra, pois o duque de Somerset, o regente do trono de Eduardo VI, simpatizava com a fé reformada.

Thomas Cranmer, o grande líder da Reforma na Inglaterra, publicou o *Livro de Oração Comum*, dando ao povo sua primeira liturgia em inglês.

Maria Tudor, católica romana, irmã de Eduardo VI, tornou-se rainha em 1553. Assessorada pelo cardeal Reginald Pole, restaurou, em 1554, a sua religião.

Em 1555, Maria Tudor intensificou a perseguição aos protestantes. Trezentos deles foram martirizados, entre eles, o arcebispo de Cantuária Thomas Cranmer (canonizado pela Igreja Anglicana) e os bispos Latimer e Ridley. Oitocentos protestantes fugiram para o continente, para cidades como Genebra e Frankfurt, onde absorveram os princípios doutrinários dos reformadores continentais.

Elisabete I, irmã da rainha Maria, ascendeu ao trono aos 25 anos, em 1558.

Estabeleceu o "Acordo Elisabetano", que era insuficientemente reformado para satisfazer àqueles que logo seriam conhecidos como puritanos.

Em seguida, promulgou o Ato de Uniformidade (1559), que autorizou o *Livro de Oração Comum* e restaurou o Ato de Supremacia.

Em 1562, foram redigidos os 39 Artigos da Religião, que são o padrão histórico da Igreja da Inglaterra, e, a partir de janeiro de 1563, foram estabelecidos pelo Parlamento como a posição doutrinária da Igreja Anglicana.

A maioria dos puritanos procurou apoio parlamentar, no esforço de instituir uma forma presbiteriana de política para a Igreja da Inglaterra. Outros puritanos, preocupados com o longo retardo na Reforma, decidiram sobre uma "Reforma imediata". Esses separatistas repudiaram a Igreja-Estado e formaram congregações voluntárias baseadas em um pacto com Deus e entre eles mesmos. Os dois grupos, mais especialmente os separatistas, foram reprimidos pelo grupo sóciopolítico dominante.

Rejeitada a oportunidade de reformar a Igreja estabelecida, o Puritanismo inglês voltou-se para a pregação, panfletos e uma variedade de experimentos na expressão religiosa e no comportamento social e organização. Seu bem-sucedido crescimento também foi, em grande parte, em virtudes dos protetores entre a nobreza e no Parlamento e de seu controle das universidades e do ensino em Oxford e Cambridge.

Em torno de 1567-1568, uma antiga controvérsia sobre vestimentas atingiu seu auge na Igreja da Inglaterra. A questão imediata era se os pregadores tinham de usar os trajes clericais prescritos. A controvérsia marcou uma crescente impaciência entre os puritanos com relação à situação de uma igreja "reformada pela metade".

Thomas Cartwright, professor da Universidade de Cambridge, perdeu sua posição por causa de suas pregações sobre os primeiros capítulos de Atos, nas quais argumentou a favor de um Cristianismo simplificado e uma forma presbiteriana de governo eclesiástico.

Em 1570, um pouco antes desse evento, Elisabete foi excomungada pelo papa Pio V.

A morte de Elisabete ocorreu em 1603, não deixando herdeiro. Apenas indicara, como seu sucessor Jaime I, filho de sua irmã Maria, que já governava a Escócia.

Quando o rei foi coroado, os puritanos inicialmente tiveram esperança de que sua situação melhorasse, em virtude da suposta formação presbiteriana do rei.

Para enfatizar sua esperança, eles lhe apresentaram, quando de sua chegada em 1603, a Petição Milenar, assinada por cerca de mil ministros puritanos, em que pediam que a Igreja Anglicana fosse completamente puritana na liturgia e na administração.

Em 1604, os puritanos encontraram-se com o novo rei na conferência da corte de Hampton para apresentar seus pedidos. O rei ameaçou "expulsá-los da terra, ou fazer pior", tendo dito que o Presbiterianismo "se harmonizava tanto com a monarquia como Deus com o Diabo", acrescentando que, "sem bispos, sem rei". Os puritanos permaneceram sob pressão. Alguns foram destituídos de suas posições; outros conseguiram passar com mínima concordância; ainda outros, que não puderam aceitar compromissos, fugiram da Inglaterra.

Carlos I, opositor dos puritanos, foi coroado rei em 1625. Já em 1628, William Laud tornou-se bispo de Londres (em 1633, foi nomeado arcebispo de Cantuária) e empreendeu medidas severas para eliminar a dissidência da Igreja Anglicana. Ele buscou instituir práticas cerimoniais consideradas papistas, além de ignorar a justificação pela fé, por causa de suas ênfases arminianas.*

A opressão violenta de Carlos I aos puritanos, obrigou-os a emigrarem para a América.

Laud tentou impor o Anglicanismo na Escócia, o que degenerou em um motim que serviu para aliar puritanos e escoceses calvinistas. Em 1638, os líderes escoceses reuniram-se em uma Solene Liga e Aliança, e seus exércitos marcharam contra as tropas do rei, que fugiram.

No ano de 1640, o Parlamento restringiu o poder do rei Carlos I. As emigrações para a Nova Inglaterra estacionaram consideravelmente. A Assembleia de Westminster (abordada nesta obra, no capítulo Igreja Anglicana), assim chamada por reunir-se na Abadia de Westminster, templo anglicano de Londres, foi convocada pelo Parlamento da Inglaterra em 1643, para deliberar a respeito do estabelecimento do governo e liturgia da Igreja e "para defender a pureza da doutrina da Igreja Anglicana contra todas as falsas calúnias e difamações".

Não obstante, o espírito puritano continuou a se espalhar e, quando eclodiu a guerra civil entre o Parlamento e o rei Carlos I, nos anos 1640, os puritanos aproveitaram a oportunidade para exortar o Parlamento e a nação a renovar seu pacto com Deus.

O Parlamento reuniu um corpo de clérigos para aconselhá-lo sobre o governo da Igreja, mas esse corpo, a Assembleia de Westminster, estava tão gravemente dividido que fracassou em levar a cabo a reforma do governo, da Igreja e a disciplina.

Nesse meio tempo, o novo exército-modelo, que tinha derrotado as forças reais, receou que a assembleia e o Parlamento celebrassem um compromisso com o rei Carlos, o que poderia destruir suas conquistas em benefício do Puritanismo. Tomaram, então, o poder e o entregaram ao seu herói, Oliver Cromwell.

A determinação religiosa na Comunidade das Nações Inglesas de 1649 (Commonwealth) admitiu um pluralismo limitado, o que favoreceu os puritanos.

Nesse mesmo ano, o rei Carlos I foi decapitado.

Vários grupos de radicais puritanos apareceram, incluindo os niveladores (levelers), os cavadores (diggers), os homens da quinta monarquia (fifth monarchy men) e os quakers (o único de duradoura significância).

---

*N.A.: O termo arminiano provém de Armínio, um calvinista extremado do início do século XVI, na Holanda. Defendia que Deus elegeu toda a humanidade para a salvação, cabendo ao indivíduo converter-se, reconhecendo Jesus como Salvador. Defendia que Cristo não morreu somente para os eleitos, mas para toda a humanidade, e que o homem possui livre-arbítrio para escolher entre o bem e o mal. Esse movimento religioso ficou conhecido como Arminianismo.

Após a morte de Cromwell, em 1658, os puritanos conservadores apoiaram a reintegração do rei Carlos II e uma política episcopal modificada. Entretanto, eles foram vítimas de uma manobra pelos que reinstituíram o padrão episcopal rigoroso de Laud.

O Puritanismo inglês ingressou, então, em um período conhecido como a Grande Perseguição.

A solução religiosa da Inglaterra, porém, foi definida em 1689 pelo Ato de Tolerância (Toleration Act), que persistiu na Igreja estabelecida como episcopal, mas também tolerou grupos dissidentes.

O Puritanismo não conseguiu substituir as estruturas de plausibilidade que o Anglicanismo ofereceu à nação inglesa. As estruturas sociais anglicanas permaneceram.

Apenas para uma pequena e influente minoria, essa situação não era satisfatória, e esse grupo era o dos puritanos, que travaram vigorosas e infrutíferas batalhas com o governo político-religioso da Inglaterra. Em todos esses eventos, o apoio de Calvino foi influente pela tentativa de levar sua doutrina a uma nação cujos laços com Roma haviam sido cortados pela vaidade de um rei. A doutrina calvinista é hoje largamente professada entre os fiéis anglicanos, e, do Catolicismo, sobraram apenas traços de uma liturgia anterior à Reforma.

Muitos dos puritanos fugiram para países como os Estados Unidos, onde perpetraram o Presbiterianismo, oriundo da Reforma Calvinista da Igreja da Escócia.

O Puritanismo nos Estados Unidos

Em 1620, a Caravela Mayflower (Flor de Maio, em português) transportou os chamados peregrinos (pilgrims) da Inglaterra até a costa do que agora são os Estados Unidos. Após duas tentativas frustradas, a caravela partiu de Plymouth, em 6 de setembro, e, finalmente, aportou no Novo Mundo, em 11 de novembro.

O navio transportou 102 puritanos, e ali, na Nova Inglaterra, se radicaram no atual Estado de Massachusetts, fundando a colônia de Plymouth.

O padrão original de organização da Igreja na colônia da Baía de Massachusetts era um "meio caminho" entre o Presbiterianismo e o separatismo.

Os "pais peregrinos", como se chamaram, fundaram cidades como Plymouth, Nova York, Boston, etc., mas também colégios que, mais tarde, se tornaram universidades, como Harvard, Yale, Oberlin, etc.

Em 1648, quatro colônias puritanas da Nova Inglaterra adotaram, conjuntamente, a Plataforma de Cambridge, estabelecendo um modelo congregacional de governo da Igreja.

Os puritanos da Nova Inglaterra modelaram a comunidade civil de acordo com a estrutura da Igreja. Somente os eleitos poderiam votar e legislar. Quando esse modelo criou problemas para a segunda geração de residentes, eles adotaram o Pacto Equidistante (Half-Way Covenant), que permitiu o batizado, a moralidade e o compartilhamento dos privilégios com o quadro de associados da Igreja.

Outras variações do experimento puritano foram estabelecidas em Rhode Island por Roger Williams, que fora banido da colônia da Baía de Massachusetts e da Pensilvânia pelo quaker William Penn.

O Puritanismo no Brasil

O início da década de 1990, no Brasil, apresentou um quadro curioso, no que diz respeito ao cenário religioso, especificamente de alguns setores do Protestantismo: o fortalecimento de correntes carismáticas no interior de denominações assumidamente não pentecostais; o despertar do desejo de busca do que seria a verdadeira identidade denominacional; um certo clima de incerteza por causa do contexto mundial, provocado pelo fim da guerra fria e pela proximidade do fim do milênio.

Observa-se, no seio de algumas denominações como a Igreja Presbiteriana do Brasil (IPB) e a Convenção Batista Brasileira, um fenômeno que pretende ressuscitar o Puritanismo.

Esse movimento supradenominacional se autodenomina os puritanos e conta com página na internet, uma editora com cerca de 40 títulos publicados, realiza eventos anualmente em Campinas (SP) e Recife (PE), com professores brasileiros e estrangeiros, estes provenientes do mundo anglófono.

Recentemente, um periódico evangélico brasileiro de circulação nacional noticiou a organização da Primeira Igreja Puritana em João Pessoa (PB).

Igreja Batista

John Smyth (1570 –28 de agosto de 1612) é considerado por muitos historiadores o fundador da Igreja Batista, com Thomas Helwys, no ano de 1609. Foi ordenado ministro da Igreja Anglicana em 1594. Após um certo período, uniu-se aos congregacionalistas, tornando-se um dissidente inglês.

Movido pelo espírito reacionário que agitava não poucos cristãos de sua pátria, John Smyth queria uma reforma ainda mais radical do que a anglicana. Em particular, não se conformava com a organização hierárquica episcopal e a liturgia dos anglicanos, que ele julgava supérfluas. Por isso formou, em Gainsborough, uma pequena comunidade dissidente do Anglicanismo, no ano de 1604. Foi perseguido com os seus companheiros.

Em 1608, Smyth, Helwys e vários membros da congregação inglesa, em Gainsborough, emigraram para Amsterdã, na Holanda, onde o Calvinismo predominava, em busca de tolerância religiosa.

Lá, John Smyth encontrou um padeiro menonita (os menonitas são assim chamados em virtude de seu fundador Menno Simons; eram pacíficos e reconheciam a autoridade civil, desde que não lhes impusesse obrigações em oposição à Palavra de Deus; como os anabatistas, somente aceitavam o batismo de adultos) que o convenceu da não-validade do batismo ministrado às crianças. Ele mesmo se batizou novamente e, em seguida, batizou os demais fundadores da Igreja, constituindo-se assim, em 1609, a primeira Igreja Batista organizada. Até então, o batismo não era por imersão, mas por aspersão.

Os batistas particulares, em 1641, adotaram oficialmente a prática da imersão, tornando-se comum depois a todos os batistas. A primeira confissão dos particulares, a Confissão de Londres de 1644, também foi a primeira a defender a imersão no batismo.

Outros fatos marcantes de teologia de John Smyth foram o Arminianismo,* disciplina espiritual rígida e o reconhecimento de duas lideranças na Igreja: pastor e diácono.

---

*N.A.: O Arminianismo está sucintamente apresentado nesta obra no capítulo Puritanismo.

Consta que John Smyth passou a duvidar do segundo batismo, e, em consequência, seus companheiros, que por ele haviam sido convencidos da tese anabatista, o expulsaram da comunidade; Smyth não conseguiu ser admitido nem mesmo entre os menonitas, aos quais pedira acolhimento.

Todavia, a história cita que John Smyth, antes de sua morte, que ocorreu em 28 de agosto de 1612, aderiu à Igreja Menonita com parte de seus seguidores.

O fato é que o trabalho de continuação da Igreja Batista foi tomado por Thomas Helwys, e, depois da morte de John Smyth e da decisão daquele e de seus seguidores de regressar para a Inglaterra, a Igreja organizada na Holanda se desfez. Thomas Helwys organizou, após o retorno à Inglaterra, a Igreja Batista em Spitalfields, nos arredores de Londres, em 1612. Essa Igreja foi também chamada dos Batistas Gerais porque, contrariamente à doutrina calvinista, ensinava que Cristo, pela cruz, salvou todos os fiéis.

Outros grupos se formaram pouco depois, ditos batistas regulares ou particulares. Isso porque, em 1641, outra pequena comunidade de dissidentes do Anglicanismo, em Londres, se convenceu da tese anabatista e enviou um de seus membros, Ricardo Blount, a Rijunsburg, na Holanda, a fim de pedir o batismo de adulto à seita dos dompelaers (ramo menonita) e levar à Inglaterra o "verdadeiro batismo". Blount se desincumbiu de sua missão e, voltando em 1641, rebatizou por imersão (única forma de batismo reconhecida por esses grupos) 55 membros da comunidade de Londres; aceitou, do Calvinismo holandês, a doutrina de que Cristo salva somente os predestinados, daí o nome de batistas particulares lhes coube.

Existem ainda outras teorias sobre a origem dos batistas, mas que são rejeitadas pela historiografia oficial. São elas, a teoria de sucessão apostólica, ou JJJ (João – Jordão – Jerusalém) e a teoria anabatista.

A teoria da sucessão apostólica postula que os batistas atuais descendem de João Batista e que a Igreja continuou por meio de uma sucessão de Igrejas (ou grupos) que batizavam apenas adultos, como os montanistas, novacianos, donatistas, paulicianos, bogomilos, albigenses, cátaros, valdenses e anabatistas. Os batistas landmarkistas utilizam esse ponto de vista para se autoproclamar única igreja verdadeira.

Os batistas landmarkistas (old landmarkers) surgiram nos Estados Unidos por volta de 1850, da pregação e escritos de James Robinson Graves. É um ramo de batistas fundamentalistas.

Essa teoria apresenta alguns problemas, como o fato de que grupos como bogomilos e cátaros seguiam doutrinas gnósticas e de que o Gnosticismo é contrário às doutrinas batistas de hoje. Também alguns desses grupos que sobrevivem até o presente, igrejas como a dos valdenses (que, desde a Reforma, é uma denominação calvinista) ou dos paulicianos, não se identificam com os batistas.

A teoria anabatista é aquela que afirma que os batistas descendem dos anabatistas, que pregaram sua mensagem no período da Reforma

Protestante. O evento mais citado para apoiar essa teoria foi o contato de John Smyth e Thomas Helwys com os menonitas na Holanda.

Todavia, além de em 1624 as cinco igrejas batistas existentes em Londres terem publicado um anátema contra as doutrinas anabatistas, também os anabatistas modernos rejeitam ser denominados batistas, e há pouca relação entre os dois grupos.

Batistas e anabatistas possuem algumas similaridades:
Crença no batismo adulto e voluntário.
Visão do batismo e da santa ceia como símbolos.
Separação da Igreja e Estado.

Há algumas diferenças entre os batistas e os anabatistas modernos (em especial os menonitas):

Os anabatistas normalmente praticam o batismo adulto por infusão, e não por imersão, como os batistas.

Os anabatistas são pacifistas extremos e recusam-se a jurar.

Os anabatistas creem em uma doutrina seminestoriana sobre a natureza de Cristo, que não recebeu nenhuma parte humana de Maria.

Os anabatistas enfatizam a vida comunal, enquanto os batistas, a liberdade individual.

Os anabatistas recusam a participar do Estado, enquanto os batistas podem ser funcionários públicos, prestar serviço militar, possuir cargos políticos.

Os anabatistas creem em um estado de sono da alma entre a morte e a ressurreição.

Doutrina e Organização dos Batistas

Doutrinariamente, os batistas possuem algumas particularidades:

Crença no batismo adulto por imersão – assim como os anabatistas, eles creem que o batismo seja uma ordenança (regulamento) para as pessoas adultas, que deve ser respeitada, a menos que o indivíduo não tenha oportunidade de ser batizado. A diferença em relação aos anabatistas, é que os batistas praticam o batismo por imersão.

Celebração das ordenanças do batismo e também da ceia memorial (não sacramental), repetindo o gesto de Cristo e dos apóstolos ("fazei isso em memória de Mim"), partilhando-se o pão e o vinho entre todos os membros da congregação.

Separação entre Igreja e Estado – antes mesmo do Iluminismo,* já havia a consciência da separação de Igreja e Estado entre os batistas.

Liberdade de consciência do indivíduo – o crente deve escolher, por sua própria consciência, servir a Deus, e não por pressão estatal ou de Igreja estabelecida.

---

*N.E.: Sugerimos a leitura de *Iluminismo Radical*, de Jonathan I. Israel, Madras Editora.

Autonomia das igrejas locais – como os batistas se originaram do Congregacionalismo, enfatizam a autonomia total das comunidades locais, que podem se agrupar em convenções. A exceção são os batistas reformados, que se originaram do Calvinismo e do Presbiterianismo, e dos batistas episcopais, que surgiram de missões anglicanas no Zaire.

Organizacionalmente, a maior parte das Igrejas Batistas operam no sistema de governo congregacional, isto é, cada Igreja Batista local possui autonomia administrativa, regida sob o regime de assembleias de caráter democrático. Entretanto, a grande maioria das Igrejas Batistas são associadas a convenções que são, na verdade, associações de Igrejas Batistas que procuram auxiliar umas às outras em diversos aspectos, como o jurídico, o financeiro, e na formação de novas igrejas.

Essas associações não possuem nenhum poder interventor nas igrejas, pois uma das características da maioria dos batistas é a autonomia de cada igreja local.

Os batistas tradicionalmente evitaram o sistema hierárquico episcopal da forma que é encontrado na Igreja Católica Romana, Igreja Anglicana e outras, como a Igreja Metodista.

Há, todavia, variações entre alguns grupos batistas, como a Igreja Episcopal Batista (de governo obviamente episcopal), presente em vários países da África, e a Igreja Batista Reformada, de governo presbiteriano.

As Igrejas Batistas estão presentes em quase todos os países do globo. Estima-se que tenha mais de 70 milhões de membros espalhados pelo mundo, sendo mais de 45 milhões nos Estados Unidos e Canadá e cerca de 2 milhões no Brasil. Há também grupos consideráveis na Europa Oriental, Federação Russa, Reino Unido e Austrália.

A Igreja Batista nos Estados Unidos

Nos Estados Unidos, a primeira Igreja Batista nasceu por intermédio de Roger Williams, que organizou a Primeira Igreja Batista de Providence, em 1639, na colônia que fundou com o nome de Rhode Island, e John Clark, que organizou a Igreja Batista de Newport, também em Rhode Island, em 1648. Em terras americanas, os batistas cresceram principalmente no Sul, onde hoje sua principal denominação, a Convenção Batista do Sul, conta com quase 15 milhões de membros.

Em 1791, um jovem pastor inglês chamado William Carey criou a Sociedade de Missões no Estrangeiro, para dar suporte no envio de missionários, sendo a Índia o primeiro campo missionário.

As Igrejas Congregacionalistas Americanas enviaram Adoniram e Ana Judson, em 1812, para evangelizar a Índia, com destino a Calcutá. O casal encontrou com o missionário batista William Carey e seu grupo de pastores, aceitou a doutrina de imersão dos batistas e foi batizado pelo pastor William Ward.

Outro missionário congregacionalista, Luther Rice, também enviado à Índia, tornou-se batista.

Os Judsons permaneceram na Birmânia, atual Myanmar, e Luther Rice voltou aos Estados Unidos para mobilizar os batistas para a obra missionária.

Consequentemente, em maio de 1814, foi fundada uma convenção na Filadélfia com o nome de Convenção-Geral da Denominação Batista nos Estados Unidos para Missões no Estrangeiro. Desde então, missionários batistas foram enviados para América Latina, África, Ásia e Europa.

A Igreja Batista no Brasil

Em 1860, Thomas Jefferson Bowen, missionário enviado ao Brasil pela Junta de Richmond, associação de Igrejas Batistas do sul dos Estados Unidos, aportou na cidade do Rio de Janeiro. Bowen havia sido missionário na África e pregava para os escravos, já que conhecia a língua iorubá.

Jefferson Bowen foi impedido pelas autoridades de propagar as doutrinas batistas no Brasil e ficou no Brasil por apenas nove meses.

A guerra civil americana (1859–1865) entre os Estados do norte e do sul dos Estados Unidos fez que milhares de emigrantes sulistas americanos viessem para o Brasil e se estabelecessem, principalmente, em Santa Bárbara d'Oeste e Americana, no interior paulista.

Em 1871, o primeiro grupo batista se estabeleceu em Santa Bárbara, onde fundaram, em 10 de setembro de 1871, a primeira Igreja Batista em solo brasileiro. Os fundadores foram os pastores Richard Ratcliff e Robert Porter Thomas. O pastor Thomas foi interino em diversas oportunidades, tanto na primeira igreja quanto na Igreja da Estação, a segunda Igreja Batista do Brasil, fundada em 2 de novembro de 1879, também no município de Santa Bárbara d'Oeste (porém, em terras que, atualmente, pertencem ao município de Americana), pelo pastor Elias Hoton Quillin. O pastorado interino do pastor Thomas nas duas igrejas somou cerca de 25 anos.

As duas igrejas organizadas em Santa Bárbara e Americana contribuíram com cinco de seus membros para a organização da primeira Igreja Batista na Bahia, fundada em Salvador, em 1882 (ou seja, a terceira Igreja Batista Brasileira), por William Buck Bagby, esposa Anna Luther Bagby; Zachary Clay Taylor; esposa Kate Stevens Crawford; e o ex-padre Antônio Teixeira de Albuquerque.

Salomão L. Ginsburg foi a primeira pessoa a pensar na organização de uma convenção nacional dos batistas brasileiros. Mas, somente em 1907, a ideia foi concretizada. A. B. Deter, Zacharias Taylor e Salomão Ginsburg concordaram em dar prosseguimento ao plano. Eles conseguiram a adesão de outros missionários e de líderes brasileiros. A comissão organizadora optou pela data de 22 de junho de 1907 para organizar a convenção, na cidade de Salvador, quando transcorreriam os primeiros 25 anos do início do trabalho batista brasileiro na Bahia.

No dia aprazado, no prédio do aljube (aljube – cárcere de foro eclesiástico, que ficava, em geral, junto a um mosteiro; prisão de padres – *Dicionário Aurélio*), onde funcionava a Primeira Igreja Batista de Salvador, em sessão solene, foi realizada a primeira assembleia da Convenção Batista Brasileira (CBB), composta por 43 mensageiros enviados por igrejas e organizações.

Criada a convenção, foi eleita sua primeira diretoria: presidente – Francisco Fulgêncio Soren; 1º vice-presidente – Joaquim Fernandes Lessa; 2º vice-presidente – João Borges da Rocha; 1º secretário – Teodoro Rodrigues Teixeira; 2º secretário – Manuel I. Sampaio; tesoureiro – Zacharias Taylor. Naquela convenção, foi tratado o assunto do trabalho missionário, discutindo-se o envio de missionários para Portugal, Chile e África. A unidade foi rompida na década de 1950, com o surgimento de grupos batistas de aspectos pentecostais e de grupos conservadores.

Em 2006, segundo o IBGE, a Convenção Batista Brasileira possuía 6 mil igrejas organizadas, 1.200 congregações ou missões espalhadas em todo o território nacional e mais de 1.100 mil membros. A convenção também possui vários colégios, seminários, orfanatos, faculdades, hospitais, centros de recuperação para drogados, todos mantidos em convênios com as Convenções Estaduais e igrejas locais.

Na área da educação teológico-ministerial, quatro são os seminários oficiais batistas: o Seminário Teológico Batista do Norte do Brasil (Recife, PE), o primeiro a ser organizado (é o mais antigo seminário teológico batista da América Latina); o Seminário Teológico Batista do Sul do Brasil (Rio de Janeiro, RJ); o Seminário Teológico Batista Equatorial (Belém, PA) e a Faculdade Teológica Batista do Estado de São Paulo (São Paulo, SP) – Teológica, como é chamada –, que fez 50 anos recentemente. Todos oferecem cursos de graduação (bacharelado) e pós-graduação (mestrado). Os dois primeiros e a Teológica oferecem doutorado em teologia.

A Convenção Batista Nacional (CBN) nasceu em 1958, quando foi aceito o batismo pentecostal por alguns batistas em Belo Horizonte. Em 1967, o pastor Enéas Tognini organizou a CBN reunindo 60 igrejas. Grande parte dessas igrejas denominam-se Batistas Renovadas. Hoje, a CBN, segundo o IBGE, conta com 1.500 igrejas organizadas, 1208 congregações ou missões e 390 mil membros espalhados pelo Brasil (dados de 2006).

As maiores convenções do país, a CBB e a CBN, são filiadas à Aliança Batista Mundial.

As Igrejas Batistas Independentes no Brasil têm sua origem no trabalho da Missão de Örebro, um movimento pentecostal batista na Suécia. O missionário Erik Jansson veio em 1912 para atender os colonos suecos residentes no município de Guarani, Rio Grande do Sul, e, mais tarde, se espalhou por outros Estados. Conta com pelo menos 70 mil membros filiados à Convenção das Igrejas Batistas Independentes (CIBI), com grande presença nos Estados do Rio Grande do Sul, Paraná e São Paulo.

A partir da década de 1930, surgiram grupos de cunho mais conservador e fundamentalista, como a Igreja Batista Conservadora fundada em Bagé (RS), a Igreja Batista Bíblica, que organizou a Comunhão Batista Bíblica Nacional (CBBN) desde 1973, com cerca de uma centena de igrejas e congregações, a Igreja Batista Fundamentalista e a Igreja Batista Regular.

Existem também dezenas de Igrejas Batistas sem filiação, tais como a Igreja Batista da Floresta (MG), Filadélfia (RJ), Calvário, em Niterói (RJ), todas de orientação pentecostal.

Há Igrejas Batistas que se proclamam também calvinistas e são filiadas às diversas convenções ou simplesmente, independentes.

No Brasil, há uma comunhão cujo objetivo é estreitar laços entre os seus membros, em geral, filiados a Igrejas Batistas Reformadas (provenientes do Calvinismo e do Presbiterianismo). Trata-se da Comunhão Reformada Batista no Brasil.

Os batistas regulares são pouco numerosos, correspondendo-se aos de sua denominação norte-americana e canadense.

Existe ainda a Igreja Batista do Sétimo Dia, cuja diferença em relação aos outros batistas está na guarda do sábado.

Batistas em Portugal e em Outros Países de Língua Portuguesa

Em Portugal, os batistas estão presentes desde o século XIX, quando missionários e expatriados britânicos fundaram a Igreja no país.

Estão agrupados na Associação das Igrejas Batistas Portuguesas (19 igrejas); Convenção Batista Portuguesa (90 igrejas); Igrejas Batistas do Carreiro (13 igrejas); Igrejas Batistas Independentes (grupo pentecostal batista de origem do Brasil, sete igrejas) e outras congregações independentes.

Em outros países de língua portuguesa, com base em informações de 2004, os batistas estão agrupados em:

Igreja Evangélica Batista de Angola - 300 congregações, com 90 mil membros.

Convenção Batista de Angola – 315 congregações, com 31 mil membros.

Igreja Batista Livre em Angola – 45 congregações, com 17.123 membros.

Associação Batista de Macau – 6 congregações, com 750 membros.

Convenção Batista de Moçambique – 78 congregações, com 25 mil membros.

QUAKERS

Quaker era o nome dado a um membro do grupo religioso de tradição protestante chamado Sociedade dos Amigos, ou Sociedade Religiosa dos Amigos.

A Sociedade dos Amigos, criada em 1652, pelo inglês George Fox, reagiu contra os abusos da Igreja Anglicana, colocando-se sob a inspiração direta do Espírito Santo.

Os membros dessa sociedade rejeitam qualquer organização clerical, para viver, no recolhimento, a pureza moral e a prática ativa do pacifismo, da solidariedade e da filantropia.

George Fox e seus seguidores chamavam a si mesmos de Sociedade dos Amigos, mas receberam o nome de quakers (os que tremem), como uma forma de ridicularizá-los porque, durante uma audiência, Fox exortou o juiz a "tremer diante da Palavra do Senhor".

Perseguidos na Inglaterra por Carlos II, os quakers emigraram em massa para a América, onde, em 1681, criaram, sob a égide de William Penn, a colônia da Pensilvânia (que, mais tarde, se tornou o Estado da Pensilvânia, nos Estados Unidos).

Desde seu início na Inglaterra, o Quakerismo difundiu-se também em outros países, notadamente Bolívia, Guatemala, Quênia e Peru.

O número de quakers é relativamente pequeno (aproximadamente 350 mil em todo o mundo), embora haja localidades nos Estados Unidos, tais como a Pensilvânia (Filadélfia, em particular), Newberg, Oregon, Greenleaf, Idaho, Greensboro (Carolina do Norte), e Birmingham, na Inglaterra, onde a influência quaker é concentrada.

Em 1947, os comitês ingleses e americanos do Auxílio Quaker Internacional receberam o Prêmio Nobel da Paz.

Muitos quakers sentem que sua fé não se enquadra nas categorias cristãs de católicos, ortodoxos ou protestantes, sendo a expressão de uma outra via de experimentar Deus.

Embora os quakers, na maior parte de sua história e na maior parte do mundo, considerem o Quakerismo como um movimento cristão, alguns Amigos (em especial nas reuniões seletas nos Estados Unidos e no Reino Unido) consideram-se, atualmente, universalistas, agnósticos, ateístas, pagãos, ou ateus, ou não aceitam nenhum rótulo religioso. Esse fenômeno ficou crescentemente evidente durante a segunda metade do século XX e no início do século XXI, mas ainda é controverso entre os Amigos.

Crenças dos Quakers

A Sociedade dos Amigos, ao contrário dos outros grupos que emergiram dentro do Cristianismo, tende no sentido de pequena estrutura hierárquica e nenhum credo.

Apesar de rejeitarem um credo formal, os quakers creem em:

Sentir Deus – todo indivíduo é capaz de sentir Deus diretamente, sem nenhum intermediário. Todos têm uma luz interior, o Espírito Santo, que guia o indivíduo quando esse se converte e o aceita. As várias ramificações têm crenças e práticas largamente divergentes, mas o conceito central, para muitos Amigos, deve ser a luz interna ou o do Deus interno de cada um. Dessa maneira, cada quaker deve desenvolver crenças religiosas individuais, a partir da consciência individual e da revelação proveniente do Deus interno. A partir daí, os quakers são obrigados a viver por tais crenças religiosas individuais e revelações internas.

Bíblia – tradicionalmente, os quakers aceitaram Cristo como a Palavra (Logos) divina, e a Bíblia seria o testemunho dessa Palavra. Alguns quakers têm-na como autoritária.

Simplicidade – os quakers adotam modos de vida simples: sem valorizar roupas caras, distinção de classe social, títulos honoríficos ou gastos desnecessários.

Igualdade – existe um forte senso de igualitarismo, evitando discriminações baseadas em sexo ou raça. Os quakers foram notáveis abolicionistas e feministas. As mulheres tiveram direitos iguais e participação nos cultos quakers desde o século XVIII.

Honestidade – recusam jurar, conduzir negócios obscuros, atividades antiéticas.

Ação social – organizações como o Greenpeace e a Anistia Internacional foram fundados pelos quakers e são influenciados pela ideologia da Sociedade dos Amigos;

Pacifismo – os quakers recusam-se a utilizar armas e a cometer violência, mesmo em autodefesa.

Formas de Culto dos Quakers

Há duas formas de cultos nas reuniões da Sociedade dos Amigos:

O Culto programado, conduzido por um ministro, semelhante a qualquer outro culto protestante tradicional, com hinos, orações e leituras da Bíblia.

A outra forma é o tradicional culto silencioso ou não programado, em que os quakers se reúnem e esperam que alguém se sinta guiado pelo Espírito Santo, para exortar, ler a Bíblia, dar um testemunho, orar, cantar. Às vezes, um culto não programado pode passar sem ter nenhuma manifestação, sendo uma hora de silêncio e meditação.

Rejeitando qualquer forma exterior de religião, os quakers não praticam o batismo com água ou a Santa Ceia como a maioria das denominações cristãs. Creem que o indivíduo seja batizado "com fogo" pelo Espírito Santo falando na consciência, e relembram a obra de Cristo dando graças em toda refeição.

Igreja Metodista

Metodismo é o termo usado para o movimento de fé cristã protestante na Igreja da Inglaterra, que teve origem nas atividades evangélicas de George Whitefield, John Wesley e seu irmão Charles Wesley.

O nome metodista surgiu como um menosprezo a um pequeno grupo de estudantes de Oxford que, a partir de 1729, costumava se encontrar para o estudo metódico das atividades espirituais.

O pastor inglês John Wesley (1703–1791) teve uma revelação espiritual e, dessa revelação, começou o movimento de reavivamento cristão.

O Metodismo é, portanto, herdeiro da Reforma Protestante, originário da Igreja da Inglaterra, cujos 39 artigos formam a base dos Artigos de Religião do Metodismo e cuja liturgia (*O Livro de Oração Comum*) exerceu grande influência na liturgia metodista.

O Metodismo aceitou as três colunas principais da Reforma: a autoridade das Escrituras, a justificação pela fé e o sacerdócio universal dos crentes.

Suas características espirituais marcantes são: estudo metódico da Bíblia (daí o nome de metodista); horas fixas reservadas diariamente à oração; participação cotidiana na Santa Ceia e prática de obras de caridade.

A base do Metodismo é fundamentada na afirmativa de que Cristo morreu por todos os homens e que Deus oferece a salvação a qualquer um que a aceitar.

Quando a Igreja Anglicana proibiu John Wesley de pregar em seus templos, ele começou sua pregação itinerante ao ar livre, dirigindo-se principalmente às massas proletárias provenientes da incipiente Revolução Industrial. Do ponto de vista espiritual, o movimento metodista exigia conversão e mudança radical de estilo de vida. No aspecto social, organizava "cruzadas" contra a escravidão, o alcoolismo, a prostituição e promovia obras assistenciais em favor das vítimas de calamidades sociais. O movimento não chegou a formar uma Igreja separada da Igreja Anglicana, embora conservasse, de forma simplificada, a mesma riqueza litúrgica. Mais do que doutrina, o Metodismo acentua a vida prática e a experiência religiosa.

Wesley morreu como presbítero, em plena comunhão com a Igreja Anglicana. Somente após sua morte é que seus seguidores romperam com a Igreja da Inglaterra. Hoje, porém, existe um forte movimento trabalhando para a união de metodistas e anglicanos.

Há uma organização permanente, com a manutenção da hierarquia, com bispos e padres, porém, fundamentada em princípios democráticos. As conferências, eleitas pelas congregações, criam os bispos, e estes nomeiam os padres.

Além da Bíblia e de *O Livro de Oração Comum* usado pela Igreja da Inglaterra (Anglicana), os metodistas adotam o credo apostólico e os 25 artigos sobre religião de John Wesley, datados de 1784, uma versão revisada dos 39 artigos anglicanos.

John Wesley afirmou que não havia nenhuma forma de organização de Igreja nas Escrituras, o que levou os metodistas a adotar diferentes formas de direção nas igrejas ao redor do mundo. O fato de que o Metodismo nunca exerceu uma posição doutrinária rígida levou naturalmente à ampliação da tolerância sobre outros pontos de vista e outros conceitos religiosos. Por isso o Metodismo tomou parte ativa em todos os movimentos interigrejas, tais como o Conselho Federal das Igrejas de Cristo, nos Estados Unidos, e o Conselho Mundial de Igrejas.

As ideias de John Wesley, na Inglaterra, que conduziram ao Metodismo, são contemporâneas às de Tiago Armínio e seus seguidores, na Holanda.

Segundo Armínio, um calvinista extremado do início do século XVII, na Holanda, Deus elegeu toda a humanidade para a salvação, cabendo ao indivíduo se converter, reconhecendo Jesus como Salvador. Armínio entendia que Cristo não morreu somente para os eleitos, mas para toda a humanidade e que o homem possui livre-arbítrio para escolher entre o bem e o mal. Esse movimento religioso ficou conhecido como Arminianismo.

John Wesley, mais moderado, pendeu para o Pelagianismo (doutrina considerada herege, do inglês Pelágio, no século V, que negava o pecado original e a corrupção da natureza humana).

Em vez da ideia calvinista de aceitar somente as Escrituras, o Metodismo segue o princípio denominado pelos metodistas como o Quadrilátero Wesleyano:

Deve-se imaginar um quadrilátero com as Escrituras no centro, por serem as principais fontes de revelação sobre Deus. As Escrituras devem ser interpretadas pela fé, razão, tradição e experiência pessoal com Deus. Cada um desses itens deve ser colocado em uma das extremidades do quadrilátero. As Escrituras, ao centro do quadrilátero, são a suprema autoridade.

O Metodismo é especialmente forte na Grã-Bretanha e nas ex-colônias britânicas, como Estados Unidos, Canadá e Austrália.

A primeira Sociedade Metodista surgiu em Londres, em fins de 1739. Vinte anos depois, já se implantava no Novo Mundo. Os metodistas evitavam, nessa época, investir-se de uma nova denominação. Prefeririam se autodenominar em sociedades.

Após a década de 1760, outros movimentos e denominações emergiram do Metodismo:

A Igreja Metodista Unida dos Estados Unidos (United Methodist Church), segunda maior denominação protestante dos Estados Unidos, organizada pela união de vários grupos evangélicos pietistas e metodistas. A Igreja Metodista do Brasil possui comunhão com ela.

Igreja Metodista Episcopal Africana – ramo do Metodismo americano voltado à comunidade negra.

Igreja Metodista Livre – ramo evangélico.

Movimento de Santidade (Holiness Churches) - como a Igreja do Nazareno.

Exército de Salvação – organização que enfatiza a prática das doutrinas sociais e a crença na conversão pessoal ao Metodismo.

A concepção ecumênica do Metodismo levou várias denominações a unir-se, como a Igreja Unida do Canadá, a Igreja Valdense-Metodista na Itália, a Igreja Unida da Austrália e a Igreja Unida do sul da Índia.

Há cerca de 51 milhões de metodistas no mundo, dos quais, 13 milhões vivem nos Estados Unidos. O Metodismo está, atualmente, espalhado por todo o mundo ocidental, assim como na Ásia e na África.

O Metodismo nos Estados Unidos

Em 1760, Natanael Gilbert, convertido por John Wesley na Inglaterra, ao voltar para Antígua, no Caribe, começou a compartilhar as boas-novas com a população escrava. O mesmo impulso de missão espontânea fez o Metodismo em Virgínia e Maryland, construiu rudes capelas de pau roliço, percorreu diversas das "Três Colônias" e até despertou vocações entre jovens norte-americanos.

Pouco depois, em outra família de metodistas imigrantes da Irlanda, a sra. Barbara Heck estaria pressionando seu primo e pregador metodista, Filipe Embury, a iniciar uma missão de proclamação em Nova York. Bem mais para o norte, se encontrava um jovem imigrante, Guilherme Black, engajado na pregação leiga na Terra Nova, hoje parte do Canadá. Só alguns anos depois é que, a pedido dos metodistas do Novo Mundo, Wesley e os metodistas ingleses enviaram obreiros à guisa de missionários.

Igreja Metodista no Brasil

O pioneiro da obra metodista permanente no Brasil foi o pastor metodista Junius Estaham Newman, que foi recomendado pela Junta de Missões para trabalhar na América Central ou no Brasil. Recebeu essa nomeação em 1866, na Conferência Anual.

Após ter servido durante a guerra civil americana como capelão das tropas do Sul, observou que muitos metodistas do Sul emigravam para as Américas do Sul e Central e os acompanhou.

A guerra civil americana deixou endividada a Junta de Missões, que ficou sem possibilidade de enviar obreiros para qualquer local.

Newman financiou sua própria vinda ao Brasil, com suas modestas economias. Chegou ao Rio de Janeiro em agosto de 1867, mas fixou residência em Saltinho, cidade próxima a Santa Bárbara d'Oeste, na província de São Paulo. Desde 1869, pregou aos colonos e, dois anos mais tarde, no terceiro domingo de agosto, organizou o "Circuito de Santa Bárbara".

O primeiro salão de culto foi uma pequena casa, coberta de sapé e de chão batido. Newman trabalhava com os colonos norte-americanos e pregava em inglês. Um dos motivos da demora de Newman em organizar uma paróquia metodista é que ele pregava para metodistas, batistas, presbiterianos e a todos os que desejassem ouvir sua mensagem, pensando ser mais sábio unir os ouvintes em uma única Igreja sem placa denominacional. Depois todas as denominações organizaram-se em Igrejas, de acordo com sua origem eclesiástica nos Estados Unidos. Newman insistiu, por meio de suas cartas, para que os metodistas norte-americanos abrissem uma missão em nosso país.

Em 1876, a Junta de Missões da Igreja Metodista Episcopal Sul, alertada pela publicação de cartas nos jornais metodistas dos Estados Unidos, enviou ao Brasil seu primeiro obreiro oficial, John James Ranson, que se dedicou ao aprendizado do português para proclamar as boas-novas aos brasileiros.

J. E. Newman e sua família se mudaram para Piracicaba, província de São Paulo, onde permaneceram entre 1879 e 1880, quando as filhas de Newman, Annie e Mary, organizaram um internato e externato, o Colégio Newman, considerado precursor do Colégio Piracicabano, hoje Unimep (Universidade Metodista de Piracicaba).

A Igreja Metodista do Brasil tornou-se independente dos Estados Unidos em 2 de setembro de 1930, em São Paulo. Elegeu-se o primeiro bispo da Igreja, chamado William Tarboux, que era americano. O primeiro bispo brasileiro metodista foi César Dacorso Filho, eleito em 1934.

No Brasil, as igrejas estão organizados em regiões eclesiásticas:

1ª Região: Rio de Janeiro.

2ª Região: Rio Grande do Sul.

3ª Região: São Paulo capital (e região leste do Estado).

4ª Região: Minas Gerais e Espírito Santo.

5ª Região: interior de São Paulo, Goiás, Tocantins, Mato Grosso, Mato Grosso do Sul, Triângulo Mineiro, sul de Minas e Brasília.

6ª Região: Paraná e Santa Catarina.

Região Missionária do Nordeste (REMNE): Alagoas, Bahia, Ceará, Paraíba, Pernambuco, Piauí, Sergipe e Rio Grande do Norte.

Região Missionária da Amazônia (REMA): Acre, Amazonas, Pará, Rondônia e Roraima.

Há outras denominações que se intitulam metodistas no país, a saber:

Igreja Metodista Wesleyana (Pentecostal), criada na década de 1960 pelo bispo fluminense Gessé Teixeira de Carvalho, egresso da Igreja Metodista Brasileira (IMB), que tem laços com outras Igrejas Metodistas Pentecostais, como a do Chile, possuindo hoje cerca de 50 mil membros no país.

Igreja Metodista Ortodoxa e outras, independentes, que não chegam a 20 mil membros.

Atualmente, no Brasil, há mais de 156 mil membros, 630 igrejas, 393 congregações e 508 pontos missionários.

Igreja de Jesus Cristo dos Santos dos Últimos Dias

A Igreja de Jesus Cristo dos Santos dos Últimos Dias foi organizada em 6 de abril de 1830, em Fayette, Nova York. Entre os seis primeiros membros, estava Joseph Smith Jr., primeiro profeta e presidente da Igreja Restaurada.

Smith nasceu no dia 23 de dezembro de 1805, em Sharon, Vermont, nos Estados Unidos. Em 1820, sua família estava vivendo na zona rural da comunidade de Palmyra, Nova York, quando um despertar religioso varreu a área. Confuso pelos conflitantes apelos das várias crenças, o jovem, de 14 anos, se retirou para um bosque, perto da fazenda da família, e orou por orientação.

Foi ali que teve a visão de dois personagens que se identificaram como Deus, o Pai, e seu Filho, Jesus Cristo. A Joseph foi dito que não se filiasse a nenhuma das Igrejas existentes e que, caso se provasse digno, seria um instrumento na restauração da Igreja originariamente organizada por Jesus Cristo, Igreja esta que havia desaparecido da terra por causa da apostasia. Essa restauração deveria cumprir uma profecia bíblica.

Em 1823, o anjo Moroni lhe apareceu, falou de certas placas douradas enterradas no chão. O anjo Moroni levou Joseph a um monte perto de Palmyra e lhe mostrou as placas de ouro que continham a história secular e religiosa de uma antiga civilização americana.

Quatro anos depois, Smith teve permissão para desenterrar essas placas. O anjo Moroni deu-lhe duas pedras especiais, um certo tipo de lente chamadas de Urim e Tumim, com as quais Joseph Smith poderia decifrar e traduzir os dizeres das placas.

Com a ajuda das pedras, após algum tempo, Smith conseguiu decifrar as placas, que então foram levadas de volta pelo anjo Moroni, traduzindo-as para o inglês.

Smith permitiu que sua tradução fosse publicada em livro em 1830, com o título de *O Livro de Mórmon*. No prefácio, há o testemunho de 11 indivíduos que dizem ter visto as placas. O apelido da Igreja, "Mórmon" vem do título desse livro sagrado.

O Livro de Mórmon

O Livro de Mórmon, outro Testamento de Jesus Cristo, é uma das quatro obras-padrão da Igreja de Jesus Cristo dos Santos dos Últimos Dias. As demais obras são a Bíblia, a *Doutrina e Convênios* e a *Pérola de Grande Valor*.

A exemplo da Bíblia, *O Livro de Mórmon* é uma coleção de pequenos livros, ou uma biblioteca. Note-se que, entre esses pequenos livros, há um homônimo *Livro de Mórmon* escrito pelo mesmo Mórmon a quem se credita a compilação da biblioteca que leva seu nome.

Os adeptos da Igreja de Jesus Cristo dos Santos dos Últimos Dias são comumente chamados mórmons devido a esse livro.

Segundo o que ensina a Igreja de Jesus Cristo dos Santos dos Últimos Dias, *O Livro de Mórmon* é um volume de escrituras sagradas comparável à Bíblia. É um registro da comunicação de Deus com os antigos habitantes das Américas e contém a plenitude do Evangelho eterno (*O Livro de Mórmon*, Pref. Introdução: 3).

De acordo com o relato do próprio livro, ele foi escrito por muitos profetas antigos, pelo espírito de profecia e revelação. Suas palavras, escritas em placas de ouro, foram citadas e resumidas por um profeta historiador chamado Mórmon (por este motivo o livro tem este nome).

O registro contém um relato de duas grandes civilizações. Uma veio de Jerusalém no ano 600 a.C. e posteriormente se dividiu em duas nações, conhecidas como nefita e lamanita. A outra veio muito antes, quando o Senhor confundiu as línguas na Torre de Babel. Esse grupo é conhecido como jaredita.

Milhares de anos depois (segundo a obra), foram todos destruídos, exceto os lamanitas, que são os principais antepassados dos índios americanos (*O Livro de Mórmon*, Pref. Introdução: 3).

Estes registros teriam sido mantidos por profetas que viveram entre esses povos, até que Mórmon, um desses profetas, fez uma compilação desses anais em um único volume, gravado em placas de metal. Moroni, filho de Mórmon, recebeu essas placas, acrescentou o seu próprio registro e ocultou-as segundo uma orientação que acreditava ser divina.

Na narrativa de Joseph Smith Jr, o fundador da Igreja Mórmon, Moroni visitou-o em 21 de setembro de 1823, instruindo-o a respeito do antigo registro e da tradução que seria feita para o inglês. Smith também conta que, quatro anos mais tarde, as placas finalmente lhe foram entregues, traduzindo-as em seguida, acreditando ter auxílio divino.

Joseph Smith Jr. publicou sua obra pela primeira vez em inglês, em 1830, como *The Book of Mormon*, ou seja, *O Livro de Mórmon*, em referência ao personagem do livro responsável pela compilação dos registros.

Como resultado do trabalho missionário intenso de membros da Igreja Mórmon, o livro está publicado integralmente em 72 línguas, com excertos em mais 32, tendo sido já impressas mais de 120 milhões de cópias.

Para os membros da Igreja de Jesus Cristo dos Santos dos Últimos Dias, esse é um livro sagrado, lado a lado com a Bíblia.

Joseph Smith escolheu três testemunhas para atestar a veracidade de *O Livro de Mórmon*: Oliver Cowdery, David Whitmer e Martin Harris.

Todavia, a credibilidade das três testemunhas, segundo registros existentes, foi contestada pelo próprio Joseph Smith e outros oficiais mórmons. No livro *História da Igreja*, Joseph Smith disse: "Tais personagens, como... David Whitmer, Oliver Cowdery e Martin Harris, são demasiadamente maus até para ser mencionados, e gostaríamos de tê-los esquecido".

Também, na página que contém os nomes das três testemunhas, está o depoimento de mais oito testemunhas: Christian Whitmer, Jacob Whitmer, Peter Whitmer Filho, John Whitmer, Hiram Page, Joseph Smith (o pai), Hyrum Smith e Samuel H. Smith.

Fora da tradição mórmon, não existe verificação histórica dessa parte da narrativa de Smith.

Para os mórmons, *O Livro de Mórmon* é uma escritura que complementa a Bíblia, sendo um "outro Testamento de Jesus Cristo", e "se destina a mostrar aos remanescentes da casa de Israel as grandes coisas que o Senhor fez por seus antepassados; para que possam conhecer os convênios do Senhor e saibam que não foram rejeitados para sempre. E também para convencer os judeus e os gentios de que Jesus é o Cristo, o Deus eterno, que se manifesta a todas as nações" (*O Livro de Mórmon*, Pref. Folha de rosto: 2).

O livro expõe as doutrinas do Evangelho, delineia o plano de salvação e explica aos homens o que devem fazer para ganhar paz nessa vida e salvação eterna no mundo vindouro (*O Livro de Mórmon*, Pref. Introdução: 3).

Os nomes e a ordem dos livros de *O Livro de Mórmon:*
Primeiro Livro de Néfi;
Segundo Livro de Néfi;
Livro de Jacó;
Livro de Enos;
Livro de Jarom;
Livro de Ômni;
As Palavras de Mórmon;
Livro de Mosias;
Livro de Alma;
Livro de Helamã;

Terceiro Néfi;
Quarto Néfi;
Livro de Mórmon;
Livro de Éter;
Livro de Moroni.

O Livro de Mórmon apresenta os seguintes ensinamentos aos adeptos:

Adão caiu para que os homens existissem; e os homens existem para que tenham alegria (2 Néfi 2:25).

Os homens são livres segundo a carne; e todas as coisas de que necessitam lhes são dadas. E são livres para escolher a liberdade e a vida eterna por meio do Grande Mediador de todos os homens, ou para escolher o cativeiro e a morte, de acordo com o cativeiro e o poder do Diabo, pois ele procura tornar todos os homens tão miseráveis como ele próprio (2 Néfi 2:27).

O amor de Deus, que se derrama no coração dos filhos dos homens, é, portanto, a mais desejável de todas as coisas (1 Néfi 11:22).

Deveis, pois, prosseguir com firmeza em Cristo, tendo um perfeito esplendor de esperança e amor a Deus e a todos os homens (2 Néfi 31:20).

E, pelo poder do Espírito Santo, podeis saber a verdade de todas as coisas (Moroni 10:5).

E o Senhor Deus dir-vos-á: "Não vos anunciei minhas palavras, que foram escritas por esse homem como alguém que clamasse entre os mortos, sim, como alguém que falasse do pó?" (Moroni 10:27).

E, novamente, se pela graça de Deus fordes perfeitos em Cristo e não negardes o seu poder, então sereis santificados em Cristo pela graça de Deus, por meio do derramamento do sangue de Cristo, que está no convênio do Pai para a remissão de vossos pecados, a fim de que vos torneis santos, sem mácula. (Moroni 10:33).

Pesquisas de DNA têm apresentado sérios desafios à reivindicação mórmon de que os nativos americanos tenham sido descendentes de colonizadores hebreus que teriam vindo para a América por volta da época em que Jerusalém fora capturada pela Babilônia, centenas de anos antes de Cristo.

Há contestações sobre a autenticidade do escrito de Joseph Smith, mesmo entre os pesquisadores adeptos da doutrina mórmon.

Quando foi organizada, a Igreja tinha seis membros batizados, incluindo os líderes, e mais uns 20 amigos. A primeira reunião oficial foi feita em um barraco de madeira no quintal da casa de uma família amiga, na localidade de Finger Lakes, na região Norte do Estado de Nova York, nos Estados Unidos.

Apenas alguns meses após sua organização, a perseguição forçou a Igreja a se mudar de Nova York. A sede foi estabelecida em Kirtland, Ohio, onde o primeiro templo da Igreja foi construído, em 1836.

Antes que se passasse muito tempo, a crescente perseguição levou os membros a se dirigirem ainda mais para o Oeste.

De Ohio, o corpo principal da Igreja se mudou para o Missouri e, mais tarde, para Illinois, onde, em 1839, a Igreja estabeleceu a comunidade de Nauvoo, que, com cerca de 11 mil habitantes, era a maior cidade de Illinois na época.

Sob a liderança de Joseph Smith, belas residências, prósperas fazendas e negócios floresceram quase como por encanto naquela área anteriormente não desejada e que havia sido apenas terra pantanosa. Os "santos", como eram chamados, iniciaram a construção de um magnífico templo e, por um curto período, viveram em paz.

Em Nauvoo, Smith alcançou o ponto mais alto de sua carreira. O povo de Illinois recebeu os mórmons perseguidos, e Smith iniciou a construção de um templo e de um hotel. O Estado de Illinois deu para a nova cidade um alvará que permitiu uma milícia, chamada Legião de Nauvoo, com Smith como o comandante-geral. Mais tarde, ele também foi o prefeito de Nauvoo e, em 1844, anunciou sua candidatura para a presidência dos Estados Unidos.

Em 1843, Smith, secretamente, instituiu a prática do casamento poligâmico entre um selecionado grupo. Por causa dos rumores de poligamia (ele foi apontado como tendo cerca de 50 esposas) e do ciúme sobre a prosperidade dos mórmons em Nauvoo, a perseguição aumentou. A desconfiança em relação ao profeta foi-se ampliando, principalmente quando John C. Bennett, um de seus antigos assessores, revelou a prática da poligamia em Nauvoo.

Quando o profeta, ou "general", como Smith gostava de ser chamado nessa fase, não suportou mais essa crescente onda de críticas, ordenou a destruição do jornal *The Nauvoo Expositor*, porta-voz dos seus antagonistas. Então, as autoridades de Illinois resolveram intervir. O profeta e seu irmão Hyrum foram presos e levados para uma cadeia em Carthage, Illinois, para aguardar julgamento pelo empastelamento do jornal, onde vários outros se juntaram a eles, voluntariamente.

Embora o governador de Illinois tivesse prometido protegê-los, uma turba forçou a entrada da cadeia três dias depois e assassinou Joseph e seu irmão Hyrum, no dia 27 de junho de 1844.

Dessa forma, sem querer, o profeta recebeu a coroa de mártir da seita e conquistou para si, entre os mórmons, a perpétua aura de "verdadeiro profeta".

No devido tempo, Brigham Young, que presidia o Quorum dos Doze Apóstolos, sucedeu a Joseph Smith como presidente da Igreja. Turbas continuaram a atacar, colheitas foram queimadas, lares destruídos, o novo templo profanado e o povo, ameaçado de extermínio.

Em 1846, os membros da Igreja foram forçados a atravessar o gelado Rio Mississippi em busca de segurança. Brigham Young tirou seu povo de Nauvoo no inverno de 1846, atravessando as vastas planícies rumo às Montanhas Rochosas, 2.200 quilômetros adiante.

O primeiro comboio de pioneiros, com 148 homens, mulheres e crianças, chegou ao Vale do Grande Lago Salgado cerca de um ano e meio depois, em 24 de julho de 1847. Quando Brigham Young viu o vale pela primeira vez, disse: "Este é o lugar".

Nos anos seguintes, milhares de pessoas se juntaram a eles em seu novo refúgio.

Enquanto os pioneiros estavam ainda em marcha para o Oeste, um ano antes que se completasse a migração do primeiro grupo, as Forças Armadas dos Estados Unidos solicitaram aos mórmons 500 voluntários para ajudar na guerra com o México. O batalhão mórmon foi prontamente organizado, e seus membros marcharam 3.200 quilômetros seguindo a trilha de Santa Fé, atravessando o Sudoeste, em direção ao que hoje é San Diego, Califórnia. O batalhão enfrentou sérias dificuldades.

Os pioneiros mórmons, ao chegar ao Grande Vale do Lago Salgado, encontraram um deserto estéril. Eram mais de 1.600 quilômetros de distância do povoado mais próximo no Leste, e 1.200 quilômetros do Oceano Pacífico.

Quando o corpo principal dos pioneiros chegou a seu destino, Montanhas Rochosas, o verão já estava na metade, e as sementes tinham de ser plantadas, para que tivessem alimentos no próximo inverno. Passado o primeiro inverno, a promessa inicial de colheita deu renovada esperança com a aproximação da primavera.

No entanto, dezenas de milhares de gafanhotos subiram ao vale e começaram a devorar as colheitas. Os pioneiros lutaram com todos os meios de que dispunham, mas a batalha contra os gafanhotos parecia sem esperança. As plantações pareciam condenadas. Em resposta às suas orações, porém, gaivotas em grande número afluíram das margens do Grande Vale do Lago Salgado e devoraram os gafanhotos, salvando a maior parte das colheitas.

Hoje, a gaivota é honrada como o pássaro do Estado de Utah, e o Monumento à Gaivota, na Praça do Templo, comemora a ajuda milagrosa.

Dentro de poucos anos, aquela vastidão desértica se tornou um vale verde e viçoso, com árvores, casas e fazendas, cumprindo, para eles, a promessa de um antigo profeta de que "o ermo exultará e florescerá como a rosa" (Isaías 35:1).

O Estado de Utah e sua história são marcados pela grande presença dos mórmons. Cerca de 60% da população de Utah é membro dessa associação religiosa, que está sediada em Salt Lake City, tendo chamado a região de Deseret – que significa "mel de abelha", na linguagem mórmon. O Congresso americano criou o Território de Utah em 1850. Seu nome foi devido à existência da tribo Ute, que vivia na região.

Em 4 de janeiro de 1896, o Utah tornou-se o 45º Estado americano.

Expansão Mundial dos Mórmons

A partir dos seis membros originais, a Igreja de Jesus Cristo dos Santos dos Últimos Dias tornou-se uma organização religiosa mundial.

Logo depois que a Igreja foi organizada e também mais tarde, após a migração para Utah, missionários foram enviados por todos os Estados Unidos. Alguns foram mandados para lugares distantes como Austrália, Índia, ilhas do Pacífico e norte da Europa. Esses missionários alcançaram considerável sucesso na Grã-Bretanha e outros países da Europa, além de converter pessoas em outros países.

Na década de 1850, quando os conversos emigrados da Europa se tornaram tão numerosos que não havia carroções em número suficiente para levá-los para o Oeste, muitos pioneiros se equiparam com carrinhos de mão. Das cinco principais companhias de carrinhos de mão, três fizeram a jornada para o Vale do Lago Salgado em segurança.

Essas companhias eram compostas principalmente de emigrantes pobres, oriundos das cidadezinhas e comunidades mineiras do País de Gales e da Inglaterra.

As duas últimas companhias de carrinhos de mão, que começaram muito tarde naquela estação, foram atingidas por muitos problemas. Seus carrinhos mais frágeis quebraram-se; os búfalos destruíram seus acampamentos e sobrevieram nevascas. As tempestades de inverno chegaram antes que os membros da Igreja, na Cidade do Lago Salgado, soubessem da situação das companhias. Socorro e carroças foram-lhes enviados, de 500 quilômetros de distância. Por causa das dificuldades que enfrentaram, mais de 200 pessoas morreram nessas duas companhias de carrinhos de mão.

Quatro anos após a chegada no Vale do Lago Salgado, os membros da Igreja já estavam construindo povoações em todo o Oeste. Estabeleceram vilas e cidades onde agora é o Arizona, sul do Canadá, Califórnia, Idaho, Novo México, norte do México e Wyoming.

Por volta de 1857, já haviam fundado 135 comunidades, com uma população total de 75.335 pessoas.

Em 1887, as colônias abrangiam uma área de 2.200 quilômetros, do Canadá ao México. Os pioneiros estabeleceram, ao todo, mais de 600 comunidades.

Após o crescimento nos Estados Unidos, a Igreja de Jesus Cristo dos Santos dos Últimos Dias se expandiu e se projetou por quase todo o mundo.

Além dos Estados Unidos, onde, durante décadas, estava a maior concentração de membros dessa Igreja, há grandes concentrações de adeptos na Europa, Canadá, África, Caribe e Escandinávia. Há cerca de cem anos, a Inglaterra tinha a maior concentração, mas, com o crescimento da imigração da Europa para os Estados Unidos, no começo do século XX, se iniciou o processo de maior concentração dentro dos Estados Unidos até 1996.

Em 1976, a Igreja tinha cerca de 7 mil membros na África. Atualmente, na África, são mais de 120 mil espalhados por 26 nações.

Desde 1980, porém, o crescimento da Igreja em território americano estacionou em 28%, enquanto, fora dos Estados Unidos, o crescimento foi acima de 50%.

Um milhão e duzentos mil novos membros são acrescentados a cada três anos.

Atualmente, seu maior crescimento é na América Latina, com mais de 3 milhões de membros. O Brasil e o México são os países que têm o maior número de membros fora dos Estados Unidos. Chile, Peru, Argentina, Guatemala e Equador também têm crescimento destacado no continente sul-americano.

A Igreja Mórmon está presente em mais de 200 países e territórios. Das 188 nações associadas à Organização das Nações Unidas (ONU), a Igreja está presente em 135, representando mais de 70% dos países filiados à ONU.

Aproximadamente 60 mil missionários de tempo integral estão ensinando o Evangelho Restaurado de Cristo ao mundo. A Igreja tem mais de 11 milhões de membros e continua crescendo.

Atualmente, o noticiário da imprensa denuncia, nos Estados Unidos, a existência de seitas que se intitulam mórmons e adotam o regime de larga poligamia, com aparentes características de escravização de mulheres, inclusive menores de idade. Essas denúncias têm causado repúdio na sociedade americana, resultando em grandes operações policiais de desmantelamento, prisões e libertação de mulheres pertencentes a essas seitas.

Crenças Básicas dos Mórmons

Algumas das crenças básicas da Igreja de Jesus Cristo dos Santos dos Últimos Dias são:

Deus é nosso Pai Celestial. Ele nos ama e deseja que voltemos a Ele.

Jesus Cristo é o Filho de Deus. Ele é nosso Salvador. Ele nos redime da morte proporcionando a ressurreição. Ele nos salva do pecado quando nos arrependemos.

Por meio da expiação de Jesus Cristo, podemos voltar a viver com Deus se guardarmos Seus mandamentos.

O Espírito Santo nos ajuda a reconhecer a verdade.

Os primeiros princípios e ordenanças do Evangelho são fé em Jesus Cristo, arrependimento, batismo e recebimento do dom do Espírito Santo.

A Igreja de Jesus Cristo restaurada à Terra.

A autoridade do sacerdócio de Deus existe hoje em Sua Igreja, da mesma forma que na Igreja original.

A Bíblia e *O Livro de Mórmon* são a Palavra de Deus.

Deus revela Sua vontade aos profetas hoje em dia, da mesma forma que o fazia antigamente.

Nossa vida tem um propósito sagrado.

As famílias podem ficar juntas para sempre.

Por meio do serviço aos outros, podemos experimentar a alegria e ficar mais perto de Deus.

A Igreja de Jesus Cristo dos Santos dos Últimos Dias no Brasil

Os primeiros missionários americanos chegaram ao Brasil há pouco mais de 70 anos. O trabalho de proselitismo começou em Santa Catarina, em uma colônia agrícola alemã situada em Opimo. Lá estava a família Lippelt, que havia aceitado a Igreja na Alemanha antes de emigrar para o Brasil, em 1923. Ao chegar aqui, essa família escreveu para a sede da Igreja em Salt Lake City solicitando literatura e contando sobre as condições favoráveis para início da obra missionária no Brasil.

Em 1926, Reynold Stoof, então presidente da Missão Sul-Americana, visitou a família Lippelt em Santa Catarina e prometeu enviar missionários para a região, o que ocorreu pouco mais de um ano depois. Como eles não falavam português, o trabalho de proselitismo junto às famílias de imigrantes era feito na língua alemã. Era um trabalho lento e difícil, que exigia paciência e muito amor ao próximo.

Em 1935, foi criada a Missão São Paulo Brasil. Com o advento da Segunda Guerra Mundial, o trabalho foi interrompido, e os missionários voltaram para os Estados Unidos.

Somente em 1948, depois do fim da guerra, a Igreja retomou suas atividades no Brasil e a obra missionária cresceu muito.

Atualmente, a Igreja tem mais de 650 capelas em funcionamento em todos os Estados do país; outras cem em construção ou em processo inicial de construção; um templo em funcionamento em São Paulo e outros dois em fase de construção em Recife-PE e em Campinas-SP.

A Igreja tem cerca de 350 imóveis alocados, nos quais funcionam capelas e departamentos da Igreja. São mais de 600 mil membros em todo o país.

O clero da Igreja não é profissional nem pago. As atividades eclesiásticas são feitas por membros que doam parte de seu tempo para servir à Igreja. Empresários, profissionais liberais e operários dos mais variados campos de atividade participam da liderança da Igreja sem receber remuneração.

Igreja Adventista do Sétimo Dia

O termo adventista decorre de uma doutrina fundamentada sobre a espera da volta de Cristo à Terra para proclamar o fim dos tempos. O termo sétimo dia é uma referência à crença do sétimo dia da semana como sendo o dia da semana que Deus estabeleceu para o descanso físico e espiritual do homem. Seus adeptos são também conhecidos como sabatistas.

A Igreja Adventista do Sétimo Dia (IASD) é originária do Movimento Millerita, que foi parte do Segundo Grande Despertar ocorrido na década de 1840 no Oeste dos Estados Unidos.

William Miller (1782–1849), o originador do Movimento Millerita, um agricultor, converteu-se à Igreja Batista e começou a estudar intensamente a Bíblia. Utilizando uma Bíblia e um material de estudo de textos bíblicos conhecido como Concordância de Cruden, concluiu que o santuário, descrito na profecia de Daniel 8:14, se referia à Terra e a purificação do santuário significava o retorno de Jesus. Fazendo uso de um método de interpretação de profecias bíblicas conhecido como princípio dia-ano (Números 14:34; Ezequiel 4:6), concluiu que as "2.300 tardes e manhãs" referidas se iniciavam em 457 a.C e se cumpririam entre março de 1843 e março de 1844. Como o fato não ocorreu (a volta de Jesus), o retorno aos estudos sobre o assunto gerou uma compreensão mais acurada. Samuel S. Snow, ministro protestante millerita, concluiu que a purificação do santuário descrita na profecia ocorreria, de acordo com o calendário judaico dos caraítas, em 22 de outubro de 1844.

Miller começou a pregar a volta iminente de Cristo e ajuntou um bom número de adeptos, mas, na data, nada ocorreu, gerando O Grande Desapontamento. Enquanto a maioria dos milleritas acabaram por desanimar, vários grupos continuaram estudando a Bíblia e constataram que a profecia não tratava da volta de Cristo, e sim de eventos celestiais relatados no livro de Hebreus.

Um desses grupos foi liderado pelo capitão aposentado Joseph Bates e pelo casal James White e Ellen G. Harmon (depois White).

Joseph Bates foi convencido sobre a guarda do sábado como o sétimo dia sagrado, pelo contato com os batistas do sétimo dia, por meio de Rachel Oakes. Bates organizou conferenciais sabatistas em New Hampshire, a partir de 1846.

Em 1844, Ellen G. White teve sua primeira visão. Durante seu ministério (1844–1915), ela escreveu cerca de 100 mil páginas e teve 2 mil sonhos e visões.

Embora o nome adventista do sétimo dia tenha sido escolhido em 1860, a denominação oficialmente foi organizada em 21 de maio de 1863, quando o movimento já se compunha de cerca de 125 igrejas e 3.500 membros.

Uma das obras básicas de divulgação da Igreja Adventista do Sétimo Dia é o livro de Ellen G. White, intitulado *O Grande Conflito*. Como Escritura, tem a Bíblia. O livro de Ellen G. White, *Passos até Cristo*, é importante, mas visto apenas como uma obra de orientação.

Expansão Mundial

A Igreja Adventista do Sétimo Dia (IASD) se concentrou na América do Norte até 1874, quando John N. Andrews foi enviado à Suíça como primeiro missionário oficial além-mar.

A África teve seu primeiro contato com o Adventismo em 1879, quando o dr. H. P. Ribton, um recém-convertido na Itália, mudou-se para o Egito e abriu uma escola, mas o projeto foi encerrado quando houve uma revolução nas redondezas da escola.

O primeiro país não protestante a ser atingido foi a Rússia, em 1889, com a chegada de um ministro.

Em 20 de outubro de 1890, a escuna Pitcairn aportou em São Francisco, Califórnia, e logo se ocupou em levar missionários para as ilhas do Pacífico.

Os adventistas do sétimo dia entraram em países não cristãos pela primeira vez em 1894 – Costa Dourada (Gana), África Ocidental e Matabeleland, África do Sul.

Nesse mesmo ano, missionários foram enviados à América do Sul, e, em 1896, havia também representantes no Japão.

A IASD tem apresentando um crescimento notável na América do Sul e África, com atuação reconhecida na área de saúde.

Nos Estados Unidos, a denominação apresentou crescimento líquido de 11% no período de 1990 a 2001, segundo estudo da City University of New York, indo de 668 mil a 724 mil. Atualmente apresenta, naquele país, mais de 900 mil membros.

Em um século e meio, a Igreja Adventista do Sétimo Dia cresceu de um grupo de pessoas de várias denominações que estudavam a Bíblia para uma comunidade mundial, totalizando, em 2006, mais de 15 milhões de membros e outros 6 milhões de simpatizantes espalhados em 208 países do globo.

Evolução das Crenças Adventistas

Um grupo de várias denominações no início do século XIX acreditava que Jesus Cristo retornaria à Terra no dia 22 de outubro de 1844, que ficou conhecido como o Dia do Grande Desapontamento. Após revisarem os livros proféticos (especialmente Daniel e Apocalipse), alguns dos que posteriormente formariam a Igreja Adventista do Sétimo Dia constataram que Jesus estaria, desde aquela data, purificando o Santuário Celestial, que aqueles que aceitassem a mensagem da salvação não sofreriam a segunda morte (a morte eterna do ser humano, um completo estado de inexistência) e que Jesus voltará novamente à Terra, em breve, de forma visível e gloriosa, aniquilando os ímpios e resgatando os justos.

O desenvolvimento de crenças da Igreja Adventista do Sétimo Dia ocorreu de forma paulatina e contínua. A Igreja não possuía, inicialmente, um corpo doutrinário definido, embora houvesse estabelecido o princípio da "Bíblia como única regra de fé e prática" (*sola scriptura*). Como consequência desse princípio, dois anos após o Dia do Grande Desapontamento, a guarda do sábado iniciou entre os seus primeiros líderes e, somente quatro anos após, aconteceu a primeira grande reunião dos adventistas guardadores do sábado, em 20 e 21 de abril de 1848, em Rocky Hill, Connecticut.

Em 1859, foi estabelecido o sistema de dízimos e ofertas. Em 1863 (19 anos depois do Dia do Grande Desapontamento), começou a haver um entendimento sobre reforma de saúde, abstinência do álcool e fumo e distinção entre animais limpos e imundos, de acordo com Levítico 11.

Após 1888, surgiu, claramente, a crença na justificação pela fé como forma de salvação e a definição do papel da lei e da graça de Deus na vida cristã.

Em 1889, ocorreu a primeira publicação dos *Princípios Fundamentais dos Adventistas do Sétimo Dia* no anuário da organização, em 28 artigos, que eram uma revisão e expansão das declarações de Uriah Smith, em 1872.

Em 1931, a declaração de crenças fundamentais foi reeditada por duas razões principais: 1) a ausência de novas declarações após 1914 dava a falsa impressão, para as outras denominações, que a IASD não tinha doutrinas especificadas ou definidas; 2) a Divisão Africana solicitou uma declaração formal que especificasse melhor a governos quais são as crenças da IASD.

Essa declaração permaneceu até 1980 porque, em 1946, a Associação Geral votou que nenhuma revisão das declarações de crenças fundamentais deveria ser feita, a não ser em uma reunião da Associação Geral.

Em 1980, foi a primeira vez em que foram votadas, em uma reunião da Associação Geral, as crenças fundamentais da IASD.

A doutrina da Trindade só apareceu nos anuários a partir de 1931 e foi votada oficialmente em 1980, a despeito da posição contrária dos principais líderes pioneiros da Igreja, que afirmavam ser uma doutrina falsa, trazida pela Igreja Católica, além de outros argumentos.

As 28 crenças fundamentais dos adventistas do sétimo dia podem ser resumidas da seguinte forma: crença na Bíblia; na Trindade; pecado; conflito entre Cristo e Satanás; vida humana, morte e ressurreição de Cristo; justificação pela fé; a Igreja é a comunidade una e visível dos crentes; Deus escolheu um povo remanescente para testificar o Evangelho; reforma de saúde; práticas do batismo por imersão e da Santa Ceia; continuidade dos dons espirituais, sobretudo o da profecia; validade da lei de Deus (Dez Mandamentos, que inclui a guarda do sábado); vinda iminente de Cristo; a ressurreição dos mortos no juízo final e uma nova Terra.

A 28ª crença, com 2/3 dos votos a favor, foi definida na última conferência mundial, finalizada no dia 10 de julho de 2005, afirmando que o crente, ao aceitar Jesus Cristo como o seu Salvador pessoal, se torna vitorioso em Cristo sobre as forças do mal (incluindo aqui espíritos malignos), não importando o seu passado. Assim, o crente pode crescer espiritualmente sob a influência do Espírito Santo.

As crenças dos adventistas têm gerado, ao longo do tempo, discordâncias por parte de grupos minoritários, ocasionando crises e dissidências de relevância para a sua história. As principais foram:

1906 – Crise Panteísta: vários líderes foram expulsos da denominação por acreditarem em Deus como uma essência impessoal que permearia todo o Universo.

1914 – Cisma Reformista: por divergências locais da liderança adventista na Alemanha, foram rejeitados os princípios do não-porte de armas e da atividade no sábado, para os membros daquela Igreja. Os membros que não concordaram com essa conduta da igreja local, expondo abertamente suas opiniões, foram expulsos de suas congregações. Após o término da Primeira Grande Guerra, a Conferência Geral tentou estabelecer um consenso entre partes, porém o segmento que havia sido expulso formou um movimento dissidente que se tornaria a Igreja Adventista da Reforma. Esta sofreu uma dissidência interna em 1951. Compartilha a maioria absoluta das doutrinas da Igreja Adventista do Sétimo Dia, até mesmo a Trindade.

1929 – Ramo Davidiano: o búlgaro-americano Victor Houteff publicou *O Cajado do Pastor* (*The Shepherd's Rod*), contendo novas profecias e interpretações que foram rejeitadas pela IASD. Seus seguidores, que nunca foram muitos, se mantiveram, na maior parte, como membros da IASD. Todavia, alguns grupos mais radicais constituíram denominações independentes, como a Igreja Adventista do Ramo Davidiano, que, liderada por David Koresh, foi palco do massacre em Waco, Texas, em 1993, depois de 51 dias de cerco pela polícia.

1932 – Movimento Pentecostal no Brasil: a Igreja Adventista do Sétimo Dia já havia rejeitado, na virada do século XIX, a corrente carismática que deu origem às Igrejas Pentecostais. Entretanto, o pastor adventista brasileiro João Augusto da Silveira, no dia 24 de janeiro de 1932, em Paulista, Pernambuco, referiu ter apresentado o dom de línguas na forma como creem as Igrejas Pentecostais. Foi o fundador da Igreja Adventista da Promessa, que, em linhas gerais tem como discordância da IASD o dom profético (não acreditam em Ellen G. White) e o entendimento sobre o batismo do Espírito Santo.

Década de 1970 – Crise Liberal: o surgimento de fórum de discussões universitárias fez brotar publicações independentes dentro da Igreja, como as revistas *Adventist Today e Spectrum*. Esta última abrigou (e abriga até hoje) uma corrente progressista, que questiona o método histórico-crítico de interpretação das profecias bíblicas, bem como o papel de Ellen G. White dentro da Igreja Adventista do Sétimo Dia.

Alguns eminentes teólogos da Igreja, como Desmond Ford (professor do Seminário Teológico Adventista na Austrália), criticaram a doutrina do santuário da forma como ela é estabelecida pela Igreja. Ele continua como membro da Igreja, embora suas credenciais de professor e pastor tenham sido retiradas. Outro pastor, Walter T. Rea, foi cortado da Igreja por não acreditar no dom profético como aceito pela IASD, por meio da pessoa de Ellen G. White, questionando seu método de produção literária, que, segundo pesquisa elaborada com rigor técnico, estava todo fundamentado em plágio das obras de outros autores.

Década de 1990 – dias atuais – Crise Fundamentalista: alguns membros, como reação aos liberais da revista *Spectrum*, adotaram uma visão radicalmente oposta a estes, revendo pontos doutrinários modificados por líderes ecumênicos ao longo das décadas posteriores à morte dos pioneiros, inclusive Ellen G. White. Entre eles, destacam-se a crença na Trindade e a natureza divina de Cristo.

Como reflexo direto do movimento fundamentalista iniciado nos Estados Unidos, têm surgido atualmente, no Brasil, vários grupos de pessoas divergentes da crença consensual adventista atual. Em termos gerais, há algumas características comuns, entre outros pontos de divergência:

1) Forte apelo crítico à organização da IASD.

2) Crença antitrinitariana, embora não haja consenso pleno de quem ou o que seria o Espírito Santo (se o espírito de Deus, ou se o próprio Jesus Cristo).

3) Ênfase sobre a natureza de Cristo.

4) Proselitismo ativo nas Igrejas Adventistas estabelecidas.

5) Estímulo a um sistema congregacionalista de administração eclesiástica.

Características Peculiares aos Adventistas do Sétimo Dia

Os adventistas do sétimo dia apoiam, enfaticamente, a separação entre a Igreja e o Estado. Promovem em todo o mundo simpósios sobre esse assunto. Nos Estados Unidos, publicam uma revista especializada em liberdade religiosa, chamada *Liberty*.

Por definição, os adventistas rejeitam o porte de armas e atividades em que tenham de portá-las. No entanto, aceitam e se voluntariam para atividades assistenciais em caso de guerra e de saúde (enfermagem, motoristas de ambulância, etc.). Durante a Segunda Guerra Mundial, vários adventistas alemães foram executados em campos de concentração ou mandados para manicômios por se recusarem a portar armas.

A questão da ordenação de mulheres é ativamente debatida dentro da IASD. O papel especial de Ellen G. White dentro da denominação é prova da importância e da contribuição da mulher para o desenvolvimento da Igreja, segundo a visão geral. No entanto, embora elas tenham sido aprovadas para ser ordenadas ao ancionato por muitos anos, nenhuma é oficialmente elegível como pastora. Essa decisão é grandemente baseada no texto de I Coríntios 14:34-37, quando São Paulo teria apresentado, como ordenança de Deus, que as mulheres deveriam permanecer quietas na igreja e serem submissas, bem como o texto de I Timóteo 2:12, no qual é dito que nenhuma mulher pode ensinar ou ter autoridade sobre homem, devendo permanecer calada.

A Divisão Norte-Americana da IASD propôs, na Assembleia da Conferência-Geral de 1995, em Utrecht, Holanda, que cada divisão deveria decidir independentemente se as mulheres poderiam ou não serem ordenadas ao pastorado. A proposta foi rejeitada. Apesar disso, algumas congregações e mesmo associações ordenam pastoras em seus quadros.

Localmente a participação da mulher na IASD é intensa em vários segmentos e aprovada pela Associação Geral. Uma das vice-presidentes escolhidas na última Conferência Geral (2005) é uma mulher. No entanto, o cargo de presidente da Associação Geral é exclusivo a um pastor ordenado, o que, no momento, exclui as mulheres adventistas da possibilidade desse cargo.

Assim como a musicoterapia define terapias por meio da música, entendem os adventistas que há música para cada situação. Na adoração, no templo, a música deve ser solene e inspiradora, elevando nossos sentidos à presença sublime do Criador. Um dos pontos expressivos dos adventistas é o trabalho desenvolvido com a música sacra, reconhecido pelas várias denominações cristãs. Em seus colégios internos, são desenvolvidos vários projetos musicais.

Há coros, conjuntos de cantores compostos por membros que realizam trabalhos não só evangélicos e que são divulgados pela rede de rádios FM e AM.

Estrutura e Administração

A IASD é administrada de forma democrática, misturando elementos hierárquicos (ou episcopais) e presbiterianos. Todos os oficiais da Igreja são eleitos a partir dos níveis mais básicos, em nível sucessivo, e nenhum cargo é permanente, embora possa haver reeleição.

A igreja local é o nível fundamental da estrutura organizacional e constitui a face pública da Igreja. Todo adventista batizado é membro de uma igreja local e tem poder de voto naquela igreja.

Na igreja local, há cargos que são exercidos em geral (com exceção do pastor local) de forma voluntária. Os cargos que necessitam de ordenação (consagração por meio da imposição das mãos) incluem o pastor, o ancião (equivalente ao presbítero) e o diácono.

Existem também cargos como o de tesoureiro e secretário da igreja, além de outros departamentos associados (chamados de ministérios), atendendo às necessidades distintas da Igreja: diaconisas, jovens, música, Escola Sabatina, mulheres, crianças e adolescentes, ADRA (Agência Adventista de Desenvolvimento e Recursos Assistenciais) local, desbravadores, comunicação, etc. Todos esses cargos, exceto o de pastor, são apontados por voto de uma Comissão de Nomeação, eleita plenariamente pela Igreja ou por meio da Comissão Administrativa da Igreja, que também tem sua composição a partir dos membros locais.

Logo acima da igreja local, na estrutura administrativa, está a Associação, Missão ou Campo local. A Associação é uma organização de igrejas em um Estado, ou parte dele, que administra e é proprietária dos bens e imóveis da Igreja naquela região, além de organizar a arrecadação de dízimos e ofertas, tanto para o pagamento dos pastores e demais funcionários do campo como também para enviar parte desses recursos para ajudar no custeio de projetos de evangelização.

A Associação também é a responsável por nomear e ordenar os pastores. Sua eleição se dá por assembleia de representantes nomeados nas igrejas de sua jurisdição.

Acima da Associação ou Missão, está a União, que congrega várias associações de uma área geográfica. O conjunto das diversas Uniões é chamado de Divisão.

O nível mais alto de administração da estrutura eclesiástica na IASD é a Associação Geral dos Adventistas do Sétimo Dia, que consiste de 13 divisões. A Associação Geral é a autoridade final da Igreja no delineamento de prioridades e metas, administração de projetos missionários e de instituições. A Associação Geral é chefiada por um presidente e por sete vice-presidentes. Atualmente, o presidente é Jan Paulsen.

Cargos mais elevados não implicam em preeminência teológica ou espiritual, e os mesmos encargos teológicos pertencem a qualquer pastor, em qualquer lugar do mundo.

A Associação Geral tem seu escritório em Silver Spring, Maryland, Estados Unidos.

Cada organização, desse modo, é governada por uma reunião de Conferência Geral, que ocorre em intervalos preestabelecidos. São nelas que decisões gerais, incluindo a escolha de cargos, são tomadas. O presidente da Associação Geral é eleito a cada cinco anos. Delegados dessa Conferência Geral são eleitos por organizações dos níveis mais básicos.

Na Conferência Geral também é votado e atualizado o manual da Igreja, que contém diretrizes para cada nível de administração da Igreja, bem como procedimentos específicos para lidar com situações, desde a admissão de novo membro, batismo, ritos e casos em que há o desligamento de membros. A Conferência Geral estabelece também parâmetros de funcionamento das organizações da Igreja dentro do contexto da pregação do Evangelho. As relações entre os funcionários da Igreja (chamados de obreiros) são contempladas pelas rotinas administrativas da organização, em nível geral, porém, com adaptações por cada divisão.

Publicações e Organismos Sociais

A publicação e distribuição de literatura foram os fatores mais importantes no crescimento do Movimento Adventista. O *Adventist Review and Sabbath Herald* (atual *Adventist Review*), o principal periódico da Igreja, foi fundado em Paris (Maine – EUA), em 1850. A *Youth Instructor*, em Rochester, Nova York, em 1852. A *Signs of the Times*, em Oakland, Califórnia, em 1874.

A primeira Casa Publicadora Denominacional em Battle Creek, Michigan, começou a funcionar em 1855 e foi legalmente incorporada em 1861, com o nome de Associação de Publicações dos Adventistas do Sétimo Dia.

No Brasil, a Casa Publicadora Brasileira é a editora oficial da Igreja Adventista.

Atualmente, o principal meio de divulgação das publicações adventistas é a venda de porta em porta.

O Instituto de Reforma de Saúde, mais tarde conhecido como Sanatório de Battle Creek (Estados Unidos), abriu suas portas em 1866, e a Sociedade de Trabalho Missionário foi organizada por Estados em 1870. A primeira escola da rede mundial de ensino da Igreja foi estabelecida em 1872, e, em 1877, se deu início à Associação de Escolas Sabatinas.

Em 1903, o escritório central da denominação mudou-se de Battle Creek, Michigan, para Washington, DC, e, em 1989, para Silver Spring, Maryland.

A Agência Adventista de Desenvolvimento e Recursos Assistenciais (ADRA) é uma organização não governamental de âmbito mundial, presente em mais de 120 países, entre os quais o Brasil. A ADRA é uma agência internacional de desenvolvimento e ajuda humanitária. Ela focaliza primariamente a sustentação, com projetos de desenvolvimento a médio prazo.

A Igreja Adventista do Sétimo Dia enfatiza, na reforma de saúde, a abstinência do álcool e do fumo. A Igreja organiza periodicamente cursos intitulados "Como Deixar de Fumar em 5 Dias", de abordagem comportamental ao vício tabagista por meio de palestras de profissionais de saúde, sem caráter proselitista.

Atualmente, existem no mundo 532 instituições de saúde adventistas. Um dos hospitais brasileiros, o Hospital Adventista Silvestre, no Rio de Janeiro, é referido ser o primeiro hospital a ter realizado transplante de pâncreas no mundo.

A Igreja Adventista do Sétimo Dia no Brasil

No Brasil, o movimento adventista chegou em 1884, por meio de publicações que vieram pelo porto de Itajaí, com destino à cidade de Brusque, no interior de Santa Catarina.

Em maio de 1893, chegou o primeiro missionário adventista, Albert B. Stauffer, que introduziu formalmente pela colportagem (colportagem – venda de livros, especialmente religiosos, de porta em porta; trabalho de colportor – *Dicionário Houaiss*) os primeiros contatos com a população.

Em abril de 1895, foi realizado o primeiro batismo em Piracicaba, SP, sendo Guilherme Stein Jr. o primeiro converso. Inicialmente, os Estados brasileiros com maior presença germânica foram atingidos pela literatura adventista.

A primeira Igreja Adventista do Sétimo Dia em solo brasileiro foi estabelecida na região de Gaspar, em Santa Catarina, em 1895, seguida por congregações no Rio de Janeiro e em Santa Maria do Jetibá, no Espírito Santo, todas no mesmo ano.

Com a fundação da gráfica adventista em 1905, em Taquari, RS (atual Casa Publicadora Brasileira, localizada em Tatuí-SP), o trabalho se estabeleceu entre os brasileiros e se expandiu em todos os Estados.

A primeira Escola Adventista no Brasil surgiu em 1896, na cidade de Curitiba.

Em 2005, havia 393 escolas de ensino fundamental e 118 do ensino médio, com o total de 111.453 alunos e seis instituições de ensino superior, com mais de cinco mil alunos, que têm, no Centro Universitário Adventista de São Paulo, sua matriz educacional. O UNASP, como é conhecido esse instituto de ensino superior, surgiu em 1915, no Capão Redondo, SP, e hoje conta com três *campi*, na cidade de São Paulo, em Engenheiro Coelho e Hortolândia. A instituição de educação adventista é citada, atualmente, como uma das melhores no Brasil.

Em 1960, surgiu o primeiro Clube de Desbravadores (departamento juvenil da IASD) na cidade de Ribeirão Preto.

No Brasil, havia, em 2005, 1.350 mil membros da IASD sob a coordenação de seis Uniões que administram as Associações e as Missões.

As instituições da IASD do Brasil e de sete países latino-americanos formam a Divisão Sul-Americana, com sede em Brasília, DF.

A Igreja Adventista do Sétimo Dia em Portugal

O primeiro contato da Igreja Adventista em Portugal foi por intermédio de Clarence Rentfro, que, em 26 de setembro de 1904, chegou a Portugal como pioneiro da Igreja Adventista. Na residência da senhora Lucy Portugal, Clarence Rentfro realizou a primeira Escola Sabatina (trata-se de um programa de estudo semanal continuado em que os membros têm a oportunidade de estudar um mesmo tema durante a semana e discuti-lo, posteriormente, no sábado).

A partir de 13 de agosto de 1906, alugou-se uma sala de culto, e, em 21 de setembro de 1906, tiveram lugar os primeiros batismos na Praia de Carcavelos, feitos pelo pastor Ernesto Schwantes, que chegara recentemente, vindo do Brasil, e, em 8 de dezembro do mesmo ano, mais duas pessoas foram batizadas no mesmo local.

A Igreja iniciara sua expansão em Portugal. Em 1906, Ernesto Schwantes iniciou sua atividade no Porto.

No ano de 1907, publicava-se o primeiro livro adventista: *O Preceptor da Bíblia no Lar*.

Em 1910, chegava a Portugal o pastor Paul Meyer. Clarence Rentfro substituíra, um ano antes, Ernesto Schwantes (que regressara ao Brasil) na região do Porto. A mensagem adventista se espalhou pelas cidades de Portalegre, Tomar e Coimbra.

Atualmente, há cerca de 9 mil membros batizados, além dos jovens e das crianças (a Igreja Adventista do Sétimo Dia defende o batismo somente após tomada de consciência e maturidade sobre a decisão, que é individual). O total de crentes inscritos na Escola Sabatina chega a 15 mil.

Associação Cristã de Moços

A Associação Cristã de Moços (ACM) é uma instituição educacional, assistencial e filantrópica, sem fins lucrativos, que congrega pessoas sem distinção de raça, posição social, crença religiosa, política ou de qualquer natureza. É ecumênica, e suas práticas seguem a orientação cristã, firmando-se especialmente no Evangelho de Jesus Cristo segundo João, em 17:21: "Para que todos sejam um".

A ACM nasceu em um período muito agitado da história da humanidade. Na verdade, a ACM surge como uma resposta, uma consequência dos impactos sociais da Revolução Industrial.

Iniciada na Inglaterra, no final do século XVIII, a Revolução Industrial foi responsável pela introdução da máquina no cotidiano do trabalho. Tarefas que antes só eram possíveis de ser realizadas por meio do trato manual, agora, contavam com o considerável auxílio de um equipamento que agilizava o processo, aumentava a produção e potencializava o lucro.

Nessa atmosfera de produção crescente, de desenvolvimento do capitalismo industrial e de grande concentração humana em Londres, as condições de vida e de trabalho deixavam muito a desejar. A cidade de Londres não se preparara adequadamente para o assustador salto demográfico que enfrentou com a Revolução Industrial.

A Associação Cristã de Moços foi fundada em Londres, na Inglaterra, em uma reunião promovida por George Williams, em 6 de junho de 1844, com o título Young Men Christian Association.

A associação trazia como objetivos primordiais "buscar a cooperação dos jovens cristãos para difundir o reino de Deus entre os outros jovens" e "promover reuniões espirituais entre os demais estabelecimentos de Londres".

George Williams

Entendemos ser importante conhecer um pouco da biografia do fundador da ACM, porque sua história é a própria história da ACM enquanto viveu.

George Williams nasceu em 11 de outubro de 1821, em uma granja, no condado de Somerset (Inglaterra). Até os 15 anos, viveu no campo com sua família, dedicado aos trabalhos rurais como seus irmãos.

Desde cedo, George Williams não se mostrou apto para as atividades no campo, mesmo assim, demorou muito tempo para se dar conta de que estava bastante desorientado frente à vida. Durante essa época, o jovem de 15 anos enfrentou sérios problemas de ordem moral e espiritual a respeito do seu destino. Toda essa efervescência pessoal culminou na sua conversão à Igreja Congregacionalista, na qual se tornou um ativo participante da escola dominical e iniciou um movimento de evangelização de companheiros de trabalho, celebrando em sua casa reuniões de estudos bíblicos.

Em 1841, George Williams decidiu ir para Londres e conseguiu um emprego na loja de tecidos Hitchcock & Rogers, com um salário de cerca de US$ 200,00 por ano, ou seja, somente US$ 0,55 por dia. Nessa loja, George Williams, encontrou outros 140 funcionários que tinham uma história de vida muito parecida com a sua: jovens, pobres, vindos do campo para a cidade em busca de emprego e sem opções de diversão, educação, etc.

Essa situação levou George Williams a refletir sobre o desenvolvimento sadio de pessoas que viviam expostas a tais condições. Ainda que fosse comum a degeneração dos princípios, George Williams continuou firme em seus propósitos de estender a Palavra de Deus entre as pessoas. Continuava a trabalhar na escola dominical e, aos poucos, um a um, conseguiu reunir em seu quarto um pequeno grupo de empregados para meditação e oração. Esse grupo foi crescendo e agregando funcionários de outras lojas e fábricas de Londres, o que forçou a busca por um lugar mais amplo.

Aproveitando a crescente importância que o grupo obtinha junto às casas comerciais londrinas, George Williams lutou pelo melhoramento das condições de trabalho, conseguindo uma razoável diminuição do horário de expediente.

O crescente número de espectadores despertou em George Williams o interesse em criar um grupo especial que visitaria as casas comerciais de Londres, nas quais desenvolveria suas atividades.

Assim, em maio de 1844, foi marcada uma reunião para definir as características, as metas e as diretrizes desse grupo. Então, foi realizada, em 6 de junho de 1844, a reunião que fundou a Young Men Christian Association (Associação Cristã de Moços), que trazia como objetivos primordiais "buscar a cooperação dos jovens cristãos para difundir o reino de Deus entre os outros jovens" e "promover reuniões espirituais entre os demais estabelecimentos de Londres".

Desde então, a vida de George Williams esteve intimamente ligada à ACM. Ele participou de sua criação, de sua expansão, de seus tempos difíceis, etc.

Em 1905, celebrou-se, em Paris, os 50 anos da Aliança Mundial da ACM. Nessa comemoração, George Williams, já debilitado, foi recebido com grande emoção e, com a ajuda de seu filho, Howard Williams, proferiu seu último discurso, que pode ser acompanhado no texto abaixo:

"Jovens da França, eu quero dizer que se vocês quiserem levar uma vida feliz, útil e proveitosa, deem seus corações a Deus, enquanto são jovens.

Meu último legado muito precioso é a Associação Cristã de Moços. Eu a deixo em suas mãos, queridos jovens de todos os países, para que vocês a conservem e a divulguem. Espero que vocês sejam tão felizes como eu tenho sido e tenham mais êxito, pois isso significará bênçãos para suas próprias almas e para as almas de muitos outros".

Sir George Williams faleceu na noite de 14 de novembro desse mesmo ano de 1905, com 84 anos. Seus restos mortais estão na cripta da Catedral de Saint Paul, em Londres.

Fundação e Desenvolvimento da ACM

Da fundação, em 6 de junho de 1844, o movimento se expandiu pela Europa. Em 1845, a ACM já possuía sede própria em Londres, com local atraente e um secretário profissional, T. H. Tarlton, para organizar a sede e promover uma série de programas que iam dos estudos bíblicos e aulas de línguas estrangeiras até sala de banhos e início de atividades de educação física.

Em 1849, foi necessário conseguir um local mais amplo, onde se organizou uma biblioteca, sala de leitura e salas de aulas, nas quais se ministravam cursos para os empregados associados.

Quando, em 1850, houve em Londres a Grande Exposição Mundial da Indústria, da qual participaram pessoas de todo o mundo, a ACM organizou um plano de atividades espirituais e culturais para os visitantes. Foram organizados 550 reuniões públicas para jovens e um grande número de conferências sobre tópicos religiosos, no Exeter Hall. Foram também distribuídos aos participantes 362 mil folhetos explicativos sobre o trabalho da instituição.

Nesse mesmo ano de 1850, George Williams mudou-se temporariamente para Paris, onde veio o interesse de se fundar uma Associação Cristã de Moços.

Como resultado, veio a inevitável expansão da ACM, e, em 1851, fundaram-se as ACMs de Montreal e Boston. Mais tarde, a partir dessa data, havia ACM na Holanda, na Índia, na Austrália, nos Estados Unidos e na Alemanha.

Em agosto de 1855, resolveu-se realizar a Primeira Conferência Mundial, dela participando as ACM da Inglaterra, Holanda, Estados Unidos, França, Canadá, Bélgica e Alemanha. Durante o encontro, precisamente no dia 22 de agosto, foi aprovada a Base de Paris, linha filosófica das ACMs em todo o mundo:

"As Associações Cristãs de Moços procuram unir os jovens que, considerando Jesus Cristo como seu Deus e Salvador, segundo as Sagradas Escrituras, desejam em sua fé e em sua vida ser Seus discípulos e juntos trabalhar para estender entre os jovens o reino de seu Mestre".

Em 1856, a ACM cumpriu um importante papel no auxílio aos soldados durante a guerra civil nos Estados Unidos.

Após conferência com o presidente Abraham Lincoln, a ACM organizou seus voluntários para distribuição de medicamentos e alimentos para os beligerantes. Entre outras ações, a ACM de Chicago organizou um livro de hinos para os soldados.

No ano de 1864, na Convenção de Genebra, Henri Dunant, um dos fundadores da ACM, propôs a criação da Cruz Vermelha Internacional. Dunant foi dirigente da ACM de Genebra e teve grande participação na elaboração da Base de Paris. A ACM é pioneira nos acampamentos com finalidades educativas.

No ano de 1866, foi organizado por Peter Haerem, dirigente da ACM da Noruega, o primeiro acampamento com instalações definitivas para finalidades educativas. Na IX Conferência Mundial, em 1881, em Londres, foi aprovado o emblema da ACM. O círculo lembra a ação da ACM nos cinco continentes. Ao centro, o monograma de Cristo, com as letras XI e RO do alfabeto grego, simbolizando a base da ACM: a vida, a personalidade, o ensino e a obra de Cristo. No centro, a Bíblia aberta no Evangelho segundo João, capítulo 17, versículo 21: "Para que todos sejam um".

Em 1885, J. Gardner Smith, da Browery Branch, YMCA de Nova York, iniciou o Corpo de Líderes para jovens do Departamento de Educação Física. Também nesse ano, criou-se o primeiro acampamento com instalações definitivas para finalidades educativas nos Estados Unidos.

Em 1891, o professor James Naismith, instrutor da YMCA Springfield College, Estados Unidos, inventou o basquetebol para ser praticado como esporte de inverno. No ano de 1892, Naismith publicou, pela primeira vez, as regras oficiais do esporte, que passou, no ano de 1936, a ser modalidade olímpica.

Em 1893, Myron Clark, no dia 4 de julho, fundou a primeira ACM da América Latina, no Brasil, na cidade do Rio de Janeiro.

Em 1894, celebrou-se o primeiro cinquentenário da ACM. O número de associações existentes era de 5.109, e o número de associados, de 456.142.

Em 1895, William Morgan, diretor do Departamento de Educação Física da YMCA Holyoke, Massachusetts, Estados Unidos, criou o voleibol, que teve o objetivo inicial de servir de exercício recreativo para desportistas. O voleibol se tornou esporte olímpico no ano de 1964.

Em 1901, Henri Dunant, um dos fundadores da ACM, recebeu o primeiro Prêmio Nobel da Paz, pela fundamental importância na criação da Cruz Vermelha Internacional, na Convenção de Genebra, em 1864.

No dia 23 de dezembro de 1902, fundou-se a ACM de São Paulo.

Na América Latina, o primeiro acampamento com instalações definitivas, para finalidades educativas, foi organizado pela ACM de Buenos Aires, em 1903.

Em 1905, celebrou-se em Paris o jubileu de ouro da Aliança Mundial e da Base de Paris. Em 1906, havia 7.773 associações, com 722 mil associados.

Na Filadélfia (Estados Unidos), vivia a senhorita Ana M. Jarvis. No ano 1911, faleceu sua mãe querida. No primeiro aniversário de sua morte, as amigas de Ana Jarvis expressaram o desejo de prestar uma homenagem à falecida.

A órfã concordou, estabelecendo, porém, uma condição: essa homenagem deveria ser extensiva a todas as mães falecidas e dela participariam as pessoas que, assim como ela, haviam passado pelo indesejável golpe de perder sua mãe.

Partiu de Ana Jarvis a ideia de que as pessoas se apresentassem nessa solenidade trazendo no peito uma flor branca, para as que não mais tivessem mãe, e vermelha, para quem tivesse a ventura gostosa de possuí-la ainda.

E assim foi feito. Na residência de Ana, no segundo domingo de maio de 1912, foi prestada a primeira homenagem coletiva ao amor materno.

Foi estabelecido que, anualmente, nesse dia, houvesse tal comemoração, ao qual elas denominariam Dia das Mães. A repercussão causada por essa solenidade foi de tal grandeza que, no ano seguinte, o Congresso norte-americano recomendou a oficialização do Dia das Mães.

A primeira comemoração oficial realizou-se no dia 1º de maio de 1913.

No ano imediato, o presidente Wilson decretou a celebração do Dia das Mães no segundo domingo de maio, anualmente, em todo o território dos Estados Unidos.

Coube à Associação Cristã de Moços o privilégio de realizar essa comemoração pela primeira vez no Brasil. Foi assim que Frank Long, executivo fraternal americano na ACM de Porto Alegre, Rio Grande do Sul, tomou essa iniciativa no dia 12 de maio de 1918.

A ACM também teve participação importante na Primeira Guerra Mundial (1914–1918). Logo após a deflagração dos combates, a ACM mobilizou seus voluntários em todo o mundo. As ações incluíram arrecadação de fundos de guerra, distribuição de alimentos para populações atingidas e trabalhos de recreação e lazer com prisioneiros. Só nas ACM dos Estados

Unidos, foram arrecadados mais de 5 milhões de dólares em fundo de guerra. Estima-se que o trabalho da ACM tenha atingido mais de 6 milhões de pessoas na Europa, Ásia e África. Durante o período das duas grandes guerras mundiais, cerca de mil veículos Carros de Chá circularam pela Europa auxiliando populações atingidas pelas guerras.

Em 1930, o diretor da Seção de Educação Física Infantil da ACM de Montevidéu Juan Carlos Ceriani criou o futebol de salão, motivado pela Copa do Mundo de Futebol ganha pelo Uruguai, sendo concebido para ser praticado em ambiente fechado durante o ano todo.

Em 1933, por solicitação do Instituto Técnico da Confederação Latino-Americana da ACM, foram publicadas as primeiras regras do novo esporte.

Em 1944, lamentavelmente, em razão da Segunda Guerra Mundial, as comemorações do primeiro centenário da ACM foram suspensas. Todavia, a ACM já contava com 10 mil associações e cerca de 2 milhões de associados.

Em 1946, em homenagem ao trabalho desenvolvido pela ACM no período de guerras, John R. Mott, líder acemista, recebeu o Prêmio Nobel da Paz.

Hoje, aos 160 anos de atividades em todo o mundo, o ideal e a missão da instituição não mudaram. As grandes transformações do mundo moderno não modificaram as bases fundamentais do trabalho da ACM.

Os dados mais recentes da Aliança Mundial contabilizam um total de 14 mil associações locais em 120 países, com 45 milhões de membros.

Desafio 21

O Desafio 21 foi estabelecido na Alemanha, em 1998. Consta das seguintes afirmações:

Compartilhar as boas-novas de Jesus Cristo e lutar pelo bem-estar espiritual, intelectual e físico das pessoas e integridade das comunidades como um todo.

Propiciar condições para que todos, especialmente jovens e mulheres, assumam mais responsabilidades e liderança em todos os níveis e trabalhar em prol de uma sociedade mais justa. Defender e promover os direitos das mulheres e crianças.

Estimular o diálogo e parceria entre pessoas de diferentes credos e ideologias e reconhecer as peculiaridades culturais das pessoas, promovendo a ampliação dos seus horizontes culturais. Comprometer-se a trabalhar em solidariedade com os pobres, os despojados, os desarraigados e as minorias raciais, religiosas e étnicas oprimidas.

Buscar ser mediadora e reconciliadora em situações de conflito e trabalhar em prol de uma significativa participação e progresso das pessoas para sua própria autodeterminação.

Defender a criação de Deus de tudo que possa destruí-la e preservar e proteger os recursos da Terra para as futuras gerações.

Exército de Salvação

O Exército de Salvação foi fundado dentro da Igreja Metodista, em 1865, por William Booth e Catherine Booth, nas favelas de Londres, para ajudar os mais pobres da sociedade com "sopa, sabão e salvação".

William Booth

William Booth foi um pregador metodista britânico que fundou o Exército de Salvação e se tornou o primeiro dos generais dessa instituição (1878–1912). Com fundamentos cristãos e uma estrutura quase militar de governo – exceto pelas armas físicas –, o Exército de Salvação se espalhou a partir de Londres, Inglaterra, para várias partes do mundo e é conhecido por ser um dos maiores distribuidores de ajuda humanitária.

William Booth nasceu na cidade de Nottingham, na Inglaterra, no dia 10 de abril de 1827. Seu pai era um construtor que acabou perdendo tudo.

Com 13 anos de idade, William começou a trabalhar na loja de um penhorista. Seu pai morreu logo depois, e William ajudou a sustentar a sua mãe e irmãs com o pouco que ganhava.

Aos 15 anos de idade, William, que não tinha sido criado em lar cristão, começou a frequentar a Capela da Igreja Metodista de Nottingham, na qual teve uma forte experiência de conversão:

"Como um jovem irresponsável de 15 anos, eu fui levado a frequentar a Capela Wesley de Nottingham. Eu não me lembro de ninguém ter me orientado sobre a necessidade de uma rendição pessoal para Deus. Fui convencido, independentemente de esforço humano, pelo Espírito Santo, que criou dentro de mim uma grande sede por uma vida nova".

Imediatamente depois da sua conversão, Booth começou a pregar nas áreas pobres da sua cidade com outros adolescentes. Mas, quando ele levou um grupo de jovens pobres para a igreja, a congregação de classe média alta ficou escandalizada.

"Então, minha conversão me tornou, em um momento, um pregador do Evangelho. Eu nunca pensei na ideia de diferenciar entre aquele que não teve nada a fazer, a não ser pregar o Evangelho, e um menino aprendiz convertido que apenas quis 'proclamar ao redor do mundo', como costumávamos cantar, a fama de nosso Salvador. Tenho vivido, graças a Deus, para ver a separação entre leigo e clérigo se obscurecer mais e mais e para ver, mais perto da realização, a ideia de Jesus Cristo de transformar, em um momento, pescadores ignorantes em pescadores de homens".

Depois de se mudar para a grande cidade de Londres em busca de emprego, William continuou sua associação com a Igreja Metodista e teve oportunidades de pregar.

Em 1850, ele foi aceito como pregador leigo em um grupo de metodistas dissidentes, e assim começou seu ministério de evangelista e avivalista.

Booth foi usado poderosamente nas Igrejas Metodistas e, em 1852, foi ordenado como pregador. Ele se casou com Catherine Mumford em 16 de junho de 1855. Inicialmente ligado a uma igreja em Londres, nesse mesmo ano, Booth foi liberado para exercer o ministério de evangelista itinerante.

Em 1858, foi consagrado como ministro, mas também obrigado a assumir o pastoreado de uma igreja local.

Ele sentiu que seu chamado era mais evangélico que pastoral e, em 1861, saiu da Igreja Metodista para seguir o ministério evangélico.

Com filhos pequenos e sem sustento financeiro, os anos que se seguiram foram difíceis para a família Booth. Mas William foi usado poderosamente em avivamento, como Harold Begbie relata no livro *Life of William Booth*:

Os aldeãos andaram pelos morros, e os pescadores remaram oito ou dez milhas de mar escuro para as cidades onde William Booth estava pregando. Jornais locais registraram que, em alguns lugares, o comércio foi paralisado. Ao longo daquele canto do ducado, de Camborne para Penzance, a chama se queimou com força crescente. Centenas de conversões foram feitas. Cenas "além da descrição" aconteceram. Os gritos e os gemidos "foram bastante para derreter um coração de pedra"; na cidade de St. Just, "mil pessoas se associaram às igrejas diferentes".

Em 1865, a família Booth se mudou para a cidade de Londres. Andando um dia pelo lado oeste da cidade, William ficou chocado ao ver a pobreza e a miséria dos seus moradores.

"Quando eu vi as multidões de pessoas pobres, tantas delas evidentemente sem Deus nem esperança nesse mundo, e descobri que elas me ouviram tão prontamente e avidamente, me seguindo da reunião ao ar livre até a tenda e aceitando, em tantas instâncias, o meu convite para se ajoelharem aos pés do Salvador, naquele mesmo momento, todo o meu coração se estendeu a elas. Eu voltei para casa e falei à minha esposa: 'Ó Kate, eu achei o meu destino! Essas são as pessoas por quem eu tenho ansiado todos esses anos".

"Naquela noite", disse o general, "o Exército de Salvação nasceu". Booth fundou um ministério, a Missão Cristã, para servir a essas pessoas. Desde o início, seus métodos e os resultados foram nada convencionais. Sediada inicialmente em uma tenda, que foi destruída por uma gangue de baderneiros, mais tarde, a missão se mudou para um salão de dança. Reuniões ao ar livre também sempre foram uma estratégia importante para a missão.

Mais tarde, bandas marchando nas ruas foram utilizadas para atrair as multidões para ouvir a pregação do Evangelho.

Um forte mover do Espírito Santo impulsionou o crescimento do avivamento.

Respondendo sobre o segredo de todas as bênçãos que recebeu ao longo dos seus 70 anos de ministério, William Booth, poucos meses antes de sua morte, declarou: "Bem, se eu pudesse pôr isso em uma frase, diria que eu resolvi que o Deus Todo-Poderoso deveria ter tudo de William Booth".

William Booth faleceu em 1912.

Os membros do Exército de Salvação ofereciam aos pobres comida, banho e a Palavra de Deus, com o objetivo de combater o vício e o pecado. Segundo a própria instituição, o exército está a serviço de Deus, isso porque é uma instituição evangélica.

O Exército de Salvação estruturou-se, rigidamente, dentro da orientação militar, com oficiais e soldados. A obediência aos superiores é uma regra essencial.

As pessoas destinadas a conduzir o trabalho são chamadas de oficiais. O Exército de Salvação tem a seguinte hierarquia:

Jovem soldado, recruta, soldado, sargento, capitão, major, coronel, comissário, general.

Os oficiais têm emprego permanente e podem se casar, com a condição de que a esposa também seja oficial. Os soldados são pessoas que possuem outros empregos e trabalham para o Exército de Salvação nas horas vagas. Não competem com outros organismos religiosos, permitindo que seus membros continuem em suas respectivas igrejas.

Atualmente, o Exército de Salvação atua em 108 países, em 175 idiomas.

Seu ensinamento é alicerçado em base doutrinária claramente definida: "Cremos que o Senhor Jesus Cristo tem, por Seu sofrimento e Sua morte, feito expiação pelo mundo inteiro, para que todo aquele que quiser possa ser salvo". É um dos pontos fundamentais da declaração de fé.

Seus lemas são:

Enquanto mulheres chorarem, como o fazem agora, crianças pequenas tiverem fome, homens forem para a prisão, entrarem e saírem, como o fazem agora, eu lutarei.

Enquanto houver um bêbado remanescente, uma pobre menina perdida nas ruas, uma alma em trevas sem a luz de Deus, lutarei, até o final.

O Exército de Salvação no Brasil

No Brasil, o Exército de Salvação chegou em 1922 e, desde então, tem atuado junto às comunidades por meio de suas sedes locais (sociais e eclesiásticas), regionais e a sede administrativa nacional em São Paulo.

Em suas diversas atividades, que se destinam a ensinar a proclamar e a celebrar o Evangelho, de visitação a presídios e hospitais, ensino bíblico para crianças, entre outros, ou mesmo por suas publicações na revista mensal *Rumo*, o Exército de Salvação tem alistado seus pastores (chamados de oficiais) e membros (chamados de soldados ou sargentos) para anunciar ao povo brasileiro essa mensagem de transformação e amor.

Aproses é o nome da entidade de assistência e promoção social do Exército de Salvação no Brasil, tendo como objetivo:

Identificar os problemas sociais, promover e assistir, sem distinção, o ser humano, em nome de Jesus.

Como Declaração Nacional de Missão, o Exército de Salvação existe para salvar almas, edificar os santos e servir à humanidade sofredora, motivado pelo amor a Deus, em nome de Jesus, sem discriminação.

Testemunhas de Jeová

O movimento religioso conhecido por Testemunhas de Jeová se assume como uma religião cristã não trinitária, criado em 1872, nos Estados Unidos.

Trata-se, portanto, de uma religião unitária, que não aceita a Trindade (Pai, Filho e Espírito Santo), adotada por várias denominações cristãs. Adoram exclusivamente Jeová e consideram-se seguidores de Jesus Cristo.

Seus adeptos estão espalhados em 236 países e territórios autônomos, ascendendo a mais de 6,9 milhões de praticantes, apesar de reunir um número muito superior de simpatizantes. Creem que a sua religião seja a restauração do verdadeiro Cristianismo, mas rejeitam a classificação de serem fundamentalistas no sentido em que o termo é comumente usado. Afirmam basear todas as suas práticas e doutrinas no conteúdo da Bíblia.

As Testemunhas de Jeová são bem conhecidas pela sua regularidade e grande persistência na obra de evangelização de casa em casa e nas ruas.

Possuem o maior parque gráfico do mundo, visando à impressão e à distribuição de centenas de milhões de exemplares da Bíblia e de publicações baseadas nela. Como parte da sua adoração a Deus, assistem semanalmente a reuniões congregacionais e a grandes eventos anuais, em que o estudo da Bíblia constitui a principal temática.

São ainda conhecidas por recusar muitas das doutrinas centrais das religiões ditas cristãs, pelo apego a fortes valores que afirmam ser baseados na Bíblia, nomeadamente quanto à neutralidade política, à moralidade sexual, à honestidade e à recusa em aceitar transfusões de sangue.

As estatísticas recolhidas durante o que as Testemunhas designam por Ano de Serviço, ou seja, em um período de 12 meses, de setembro a agosto, foram publicadas no *Anuário das Testemunhas de Jeová* de 2008. Esse relatório, com dados atuais e dos anos anteriores, de cada um dos países onde estão ativas, também está disponível *on-line*, em inglês, no seu *website* para a comunicação social.

Segundo o Relatório Mundial do Ano de Serviço de 2007 (de setembro de 2006 a agosto de 2007), as Testemunhas de Jeová tiveram um apogeu de 6.957.854 publicadores ao redor do globo, em 236 países ou regiões autônomas. Esse número representa um aumento de 3,1% sobre o total de publicadores indicados no ano de serviço de 2006.

Registra-se também o número de 6.561.426 estudantes que, durante o ano de serviço de 2007, realizaram um curso bíblico semanal. Destes, 298.304 tornaram-se novos membros batizados.

A mesma fonte acima referida informa que 17.672.443 pessoas estiveram presentes na Comemoração da Morte de Cristo, o que também constitui o maior número até o presente. Esses membros ativos das Testemunhas e novos estudantes encontram-se distribuídos por 101.376 congregações.

Ainda segundo o Relatório Mundial, dos países onde existe pelo menos um milhar de Testemunhas, apenas na Eslováquia se registrou diminuição de 1% no número de publicadores. Foi ainda relatado um crescimento de 15,1% em relação a 2006 em 30 países não identificados por causa da proscrição oficial das suas atividades religiosas. São também apresentadas estatísticas sobre o número dos desassociados em algumas das suas publicações.

Resumo Histórico da Criação e Atividades das Testemunhas de Jeová

O movimento foi iniciado por Charles Taze Russell, a partir de 1872.

Russell e alguns amigos formaram um pequeno grupo de estudo não sectário da Bíblia, em Allegheny (hoje integrada na cidade de Pittsburgo, Pensilvânia), nos Estados Unidos da América. Com o fim de publicar suas ideias sobre o que considerava ser a verdade bíblica em contraste com erros doutrinais, que atribuía a outras denominações religiosas, Russell começou a publicar *A Sentinela*, que veio a tornar-se a mais distribuída revista religiosa do mundo, bem como a mais traduzida de qualquer gênero.

As pessoas que recebiam a revista começaram a reunir-se em grupos para estudo da Bíblia. Assim, acabaram por tornar-se conhecidos por Estudantes da Bíblia ou, quando *A Sentinela* começou a ser traduzida em outras línguas, Estudantes Internacionais da Bíblia.

Originalmente, a impressão de *A Sentinela* e tratados religiosos era feita quase que inteiramente por firmas comerciais. Mas, visando a uma maior divulgação pela página impressa, Russell fundou a Sociedade de Tratados da Torre de Vigia de Sião, sendo que essa associação religiosa é hoje conhecida como Sociedade Torre de Vigia de Bíblias e Tratados da Pensilvânia. Estava, desse modo, formado o principal instrumento legal do grupo religioso que posteriormente viria a ficar conhecido por Testemunhas de Jeová, visando à realização da sua obra mundial de evangelização.

Usualmente, ao se empregar a expressão Sociedade Torre de Vigia, pretende-se mencionar esta primeira sociedade, ainda em funcionamento, cuja diretoria veio a constituir o que se convencionou chamar Corpo Governante, ou seja, o grupo de homens responsáveis pelas atividades mundiais das Testemunhas de Jeová.

Durante muitos anos, a expressão "a sociedade", usada pelas Testemunhas, era uma referência direta a esse corpo governante.

Finalmente, a partir da década de 1970, passou a existir uma clara distinção entre o Corpo Governante e as várias sociedades jurídicas que as Testemunhas usam simplesmente como instrumentos legais para as suas atividades.

Hoje, as Testemunhas de Jeová constituem um grupo mundial de milhões de membros, agrupados em células locais designadas por congregações, unidas sob uma estrutura mundial que coordena todas as suas atividades. Apesar de possuírem o que chamam de organização e nela existirem homens que assumem responsabilidades locais ou mais abrangentes, as Testemunhas não formam distinção entre clero e leigos, tal como acontece com muitas denominações religiosas. Seus responsáveis não possuem títulos honoríficos, nem usam vestimenta ou símbolos distintivos, não se lhes impõe o celibato, não são assalariados e se espera que sejam os primeiros a dar o exemplo de boa conduta e moral aos restantes membros da congregação.

As Testemunhas de Jeová, segundo seus seguidores, têm sido duramente perseguidas e proscritas em muitos países, sendo alvo de críticas e várias controvérsias por causa de sua singular interpretação da Bíblia e do apego intransigente às suas doutrinas, que, na sua maioria, diferem da teologia dita cristã, rejeitando assim qualquer envolvimento ecumênico, mantendo uma estrita neutralidade política e militar e defendendo uma conduta moral bastante rígida.

Segundo alguns observadores, as Testemunhas de Jeová foram um dos grupos religiosos mais perseguidos em todo o mundo ao longo do século XX. Sobre isso, o editor da *United Church Observer*, que se assume como uma das mais antigas e respeitadas revistas religiosas do Canadá, escreveu:

"Não é sempre que os representantes da religião organizada se erguem a favor das Testemunhas de Jeová. No entanto, são um grupo corajoso e, provavelmente, aguentaram mais perseguição por menos ofensas do que qualquer outro grupo religioso do mundo".

A oposição a esse grupo religioso, espalhado pelos vários continentes, ainda permanece viva em quase três dezenas de países, onde suas atividades estão banidas oficialmente e vários dos seus membros estão encarcerados. Segundo as Testemunhas, a perseguição movida contra elas, mesmo em países considerados democráticos, tem tomado muitas formas distintas, desde a intolerância na família, na escola, no emprego e na sociedade em geral.

Apesar das perseguições a esse grupo religioso, as Testemunhas de Jeová têm experimentado uma grande expansão mundial. Segundo seus adeptos, a razão maior dessa expansão é devida a um zelo notável, que alguns consideram proselitismo agressivo, no que chamam "obra de pregação das boas-novas do reino". Esse serviço, realizado voluntariamente, distingue-as e torna-as conhecidas mundialmente, sendo habitual observá-las nas suas regulares visitas às casas dos seus vizinhos e no contato direto com o público onde quer que haja pessoas. Preocupam-se também em divulgar seus ensinos, publicando milhares de páginas de informação em centenas de línguas, sem esquecer os que têm necessidades especiais, tais como surdos ou cegos. Aos interessados, oferecem estudos domiciliares e gratuitos da Bíblia, tentando depois trazê-los até seus centros de reunião, conhecidos por Salões do Reino.

Suas reuniões e congressos, bem como a realização de cerimônias como casamentos e funerais, são sempre realizados gratuitamente, e nunca fazem coletas, nem se cobram dízimos. Aceitam contribuições voluntárias e anônimas para o financiamento da sua obra e dos seus locais de reunião.

Mantêm ainda extensos programas de educação e de serviço voluntário em várias frentes.

Nos Estados Unidos, muitos casos judiciais nos anos 1930 e 1940 envolvendo Testemunhas de Jeová, ajudaram a dar forma à Lei da Primeira Emenda, abrindo precedentes na interpretação dessa lei fundamental americana. O mesmo está sucedendo na União Europeia e em outros países.

Alguns casos levaram à afirmação de direitos importantes da cidadania, tanto com benefícios para elas como para a população em geral. Entre eles, estão:

• Direito a não jurar lealdade absoluta ao Estado (apenas relativa) e a não apoiar ideais nacionalistas.

• Não ser obrigatório saudar a bandeira nacional ou cantar o hino em cerimônias patrióticas (mas respeitando os símbolos nacionais).

• Direito à objeção de consciência por razões religiosas.

• Direito à recusa de prestar serviço militar, combatente ou não combatente, por razões religiosas.

• Direito à pregação em público e de distribuir publicações religiosas, sem necessitar de uma autorização ou licença como precondição.

• Direito à isenção fiscal sobre seu patrimônio imóvel, em virtude de a Sociedade Torre de Vigia de Bíblias e Tratados e suas congêneres serem sociedades inteiramente sem fins lucrativos.

As Testemunhas de Jeová encaram sua religião como um modo de vida, já que todos os outros interesses, incluindo o emprego e a família, giram em torno da adoração exclusiva que prestam a Jeová, o seu Deus.

A Bíblia é considerada como um verdadeiro manual de aplicação prática e obrigatória em todos os campos da vida. Assim, não importa o que façam, incluindo a seleção de diversão ou de vestuário, de carreira na escola ou na profissão, ou mesmo a escolha de cônjuge, o comportamento e a interação com a comunidade, nos negócios ou em lazer, tudo isso é influenciado pela decisão que tomaram de dedicar sua vida incondicionalmente a Jeová.

As Testemunhas de Jeová são incentivadas a ser diligentes estudantes da Bíblia e das publicações que afirmam basear-se nela, bem como a apresentar um elevado grau de compromisso com sua religião. Creem que todas elas, sejam homens ou mulheres, são ministros de Deus, ordenados no dia do seu batismo pessoal por imersão completa em água. Esse passo não é permitido a crianças incapazes de tomar decisões, nem é imposto a adultos.

Usualmente, alguém que se reúna com as Testemunhas necessita de vários meses, ou mesmo anos, para ser aprovado para o batismo e só depois de expressar convictamente seu desejo de se tornar uma Testemunha de Jeová.

Além do seu estudo pessoal da Bíblia, espera-se que assistam a reuniões congregacionais, geralmente, três vezes por semana, em locais conhecidos por Salões do Reino ou em casas particulares, para instrução coletiva e encorajamento mútuo. Outras reuniões de maiores dimensões ocorrem, usualmente, três vezes por ano, em Salões de Assembleias mantidos por elas ou em instalações públicas alugadas, como estádios desportivos ou auditórios municipais.

Todas as Testemunhas, alistadas nos seus relatórios anuais, são também proclamadoras ativas da mensagem que consideram urgente transmitir. Participam regularmente de atividades formais organizadas localmente para contatar os vizinhos, mas também aproveitam ocasiões informais para falar com conhecidos ou simplesmente com aqueles com quem se cruzam ao longo do dia.

As Testemunhas de Jeová encontram-se entre as organizações que usam amplamente o serviço voluntário e, pertencendo a uma religião que se afirma cristã, encaram o amor ao próximo como um sinal identificador do Cristianismo genuíno. Todos os seus membros são voluntários, usando suas habilidades, tempo, esforço e recursos financeiros em projetos específicos promovidos pela organização a que pertencem.

Baseando-se na sua singular interpretação da Bíblia sobre o uso do sangue, entendem que as transfusões de sangue lhes são proibidas por Deus. Isso originou conflitos com a classe médica, e autoridades judiciais, colocando diversos desafios éticos, cirúrgicos e jurídicos. No entanto, um esforço concertado de esclarecimento da classe médica, bem como da opinião pública, conduziu a uma melhor compreensão da sua posição, visto que algumas entidades chegam mesmo a defender a posição que elas adotam.

A Origem do Título Testemunhas de Jeová

Esta comunidade religiosa era conhecida inicialmente como Estudantes da Bíblia. Em 1931, entenderam que deveriam fazer uma distinção entre a maioria dos membros, que eram leais à Diretoria da Sociedade Torre de Vigia de Bíblias e Tratados, e certos grupos dissidentes que também se intitulavam Estudantes da Bíblia.

Além disso, consideraram que o termo Estudantes da Bíblia era demasiado vago para servir como designação distintiva.

Assim, no domingo, 26 de julho de 1931, no congresso realizado em Columbus, Ohio, nos Estados Unidos, os presentes adotaram unanimemente uma resolução intitulada Um Novo Nome, apresentada por Joseph Rutherford, o segundo presidente da Sociedade Torre de Vigia de Bíblias e Tratados. Na resolução, foi proposto o nome descritivo e distintivo de Testemunhas de Jeová. Para legitimar a escolha do nome usaram o texto bíblico de Isaías 43:10, que, conforme a tradução do Novo Mundo (NM) das Escrituras Sagradas, publicada pelas Testemunhas de Jeová cerca de 20 anos mais tarde, diz:

"Vós sois as Minhas testemunhas", é a pronunciação de Jeová, "sim, meu servo a quem escolhi, para que saibais e tenhais fé em Mim e para que entendais que Eu sou o mesmo. Antes de Mim, não foi formado nenhum Deus, e, depois de Mim continuou a não haver nenhum".

Algumas vezes, suas publicações usam a expressão Testemunhas Cristãs de Jeová, como forma de reforçar sua crença em Jesus Cristo como o Filho de Deus e Salvador da humanidade e não apenas em Jeová Deus, seu Pai. Também afirmam que fazem parte de uma "grande nuvem de testemunhas" pré-cristãs de Jeová. (Hebreus 11 a 12:1). Argumentam que o próprio Jesus Cristo é chamado de "testemunha fiel e verdadeira" (Revelação ou Apocalipse 3:14).

Apesar de algumas pessoas e até mesmo a imprensa ou determinadas obras literárias designarem as Testemunhas de Jeová por "jeovistas" ou "jeovás", as Testemunhas de Jeová rejeitam esses termos considerando-os pejorativos e mesmo ofensivos contra o Deus que adoram, visto que consideram que o Nome Sagrado deve ser tratado com respeito e reverência.

Doutrinas das Testemunhas de Jeová e Sua Divulgação

A única autoridade reconhecida pelas Testemunhas de Jeová em termos teológicos é a Bíblia. Usam, frequentemente a tradução do Novo Mundo das Escrituras Sagradas, publicada pela Sociedade Torre de Vigia, embora usem diversas outras traduções da Bíblia, conforme pode ser visto por uma análise das suas publicações. Além disso, muitas Testemunhas ainda não possuem a versão NM no seu idioma, recorrendo assim às versões mais populares disponíveis no país onde vivem.

A interpretação do texto bíblico é feita segundo o entendimento aprovado pelo Corpo Governante das Testemunhas de Jeová e publicado pela Sociedade Torre de Vigia de Bíblias e Tratados. Confiam plenamente no seu Corpo Governante como porta-voz de Jeová Deus, para fornecer ensino e entendimento bíblico no tempo apropriado.

No entanto, nem os que compõem o Corpo Governante nem qualquer outra Testemunha de Jeová afirmam ser inspirados por Deus, ao contrário do que creem ter acontecido com os escritores bíblicos, cuja escrita teria sido guiada pelo Espírito Santo. Assim, suas publicações podem e são sujeitas a alterações de nível doutrinal, talvez quando um estudo mais detalhado de determinado assunto conduz a um ajuste de pensamento.

Em sua doutrina, as Testemunhas de Jeová creem que praticam a religião verdadeira (ou seja, o primitivo Cristianismo) e que, por fazer isso, serão salvas como grupo, o que não significa que toda Testemunha individual seja salva. Ensinam que, para alguém ser salvo, tem de obter conhecimento sobre a vontade de Deus (João 17:3), conforme expressa na Bíblia, e pôr em prática aquilo que aprende, mantendo sua integridade até o fim (Mateus 24:13).

Afirmam que, desde o início, existiu apenas uma religião verdadeira, constituída por aqueles que a Bíblia menciona como fazendo a vontade de Jeová, e que todas as outras formas de adoração podem ser englobadas em um império mundial de religião falsa.

Uma das características principais que fazem que qualquer grupo religioso, cristão ou não, seja incluído no conjunto da religião falsa, segundo as Testemunhas de Jeová, é o desprezar ou simplesmente não reconhecer e divulgar o nome de Deus, conforme apresentado na Bíblia pelo tetragrama YHVH, e pronunciado conforme a forma mais popular na língua de cada país.

As Testemunhas de Jeová têm orgulho em divulgar o nome de Deus, preferindo, em português, a forma Jeová. Apesar de não considerarem incorreto o uso de Javé, Jahvé ou Iavé, preferem a forma Jeová (em português) por ser o uso mais comum em grande número das traduções bíblicas modernas, bem como em outras obras seculares e na conversação diária.

Por muitos anos, suas publicações têm expressado a opinião que todas as outras religiões são falsas, particularmente as religiões da cristandade, ou seja, aquelas que professam ser cristãs. Acusam todas as religiões de permissividade moral, envolvimento na política e nos conflitos mundiais, divulgação de ensinos que consideram pagãos e antibíblicos, ostentação material, conduta imprópria ou destaque pessoal aos seus líderes e afirmam que, por essas razões, todas serão destruídas.

Creem que isso acontecerá nas mãos dos governos políticos do mundo, que abolirão a religião e que, sem se aperceberem, apenas estarão executando o julgamento de Deus.

Embora sejam criticadas por serem intolerantes com as outras religiões, elas respeitam as diferenças de opinião e não procuram impor suas crenças. Criticam as organizações religiosas nas suas doutrinas e práticas que consideram biblicamente erradas, mas nunca a fé individual e a sinceridade dos seus crentes.

As Testemunhas de Jeová procuram se empenhar na divulgação mundial das suas crenças por vários meios e, em especial, pela página impressa. Nas suas convenções anuais, são apresentados à comunidade novos livros, brochuras e outros artigos para divulgação doutrinária. Apesar de estarem presentes na internet, atualmente não possuem quaisquer emissões de TV ou rádio. No entanto, foram pioneiras no uso do cinema sincronizado com som e fizeram vasto uso de emissoras de rádio no passado, principalmente na década de 1930 e 1940, quando chegaram a montar as maiores redes radiofônicas da época.

Sua mensagem é apresentada ao público, principalmente por duas revistas: *A Sentinela – Anunciando o Reino de Jeová* e *Despertai*!

Atualmente, possuem o maior parque gráfico do mundo, com capacidade para imprimir milhões de exemplares de publicações a cada ano, visto que algumas das suas edições estão entre as mais distribuídas mundialmente. Apenas nos últimos 30 anos do século XX, imprimiram-se mais de 20 bilhões de livros, folhetos, brochuras e revistas.

Os títulos publicados são traduzidos individualmente em dezenas ou mesmo centenas de idiomas e apresentados em versões diferentes, tais como edições com caracteres de grandes dimensões ou em braile, para os que possuem deficiências visuais, DVD's com língua de sinais, gravações áudio, entre outros. Lançam ainda documentários e filmes sobre diversos temas, discos com temas apenas musicais ou cantados, CD-ROM's com a Bíblia e o conteúdo eletrônico da maioria das suas publicações dos últimos 35 anos e mantêm um *website* oficial com informações em 314 idiomas. Até setembro de 2007, o número total de línguas em que as publicações das Testemunhas de Jeová eram editadas alcançava 437 idiomas.

Igrejas Pentecostais

As Igrejas Pentecostais são constituídas por grupos religiosos cristãos, originários no seio do Protestantismo, baseados na crença da presença do Espírito Santo na vida do crente por meio de sinais denominados por estes como dons do Espírito Santo, tais como falar em línguas estranhas (glossolalia), curas, milagres, visões, etc.

Tradicionalmente, reconhece-se o começo do movimento pentecostal como tendo início no ano 1906, em Los Angeles, Estados Unidos, na Rua Azusa, nº 312, liderado por William Joseph Seymour (1870–1922), onde houve um grande avivamento caracterizado principalmente pelo "batismo com o Espírito Santo", evidenciado pelos dons do Espírito (glossolalia, curas milagrosas, profecias, interpretação de línguas e discernimento de espíritos).

A raiz do movimento, no entanto, está relacionada à figura de Charles Fox Parham, que iniciou um trabalho de busca pelo poder do Espírito Santo em Topeka – (Kansas), a partir de 1900. Parham fundou uma escola de treinamento espiritual baseada no modelo desenvolvido por Franck Sandford, do Maine, que instalou uma comunidade escola chamada Shiloh, com o propósito de buscar a plenitude do Espírito.

Um dos mais destacados alunos da escola de Parham foi William J. Seymour, um pregador batista negro simples em sua homilética (homilética – arte de pregar sermões religiosos – *Dicionário Aurélio*), mas muito comprometido com o movimento de busca pelas experiências de avivamento espiritual, como aquela ocorrida no dia de Pentecostes, narrada no Novo Testamento (Atos dos Apóstolos 2:1-13).

Daí o termo Pentecostalismo para denominar o movimento que nasceu a partir daqueles dias de muito fogo espiritual.

William J. Seymour foi levado para Los Angeles e ali ele passou a exercer o pastorado em uma igreja da metrópole nascente. Ao começar a pregar a mensagem de avivamento e batismo no Espírito Santo nas igrejas tradicionais, William não foi bem-aceito e passou a se reunir em casas de irmãos. Mas o ajuntamento de multidões para ouvir o pregador e experimentar o poder pentecostal tornou inviável a reunião em lares.

A solução foi passar a se reunir em um prédio maior. O novo endereço do avivamento passou a ser Rua Azusa, nº312.

Para lá, fluíram multidões que provaram o sabor agradável da presença viva do Espírito Santo, foram batizados, curados, renovados e, principalmente, santificados pelo fogo do céu.

A Missão Evangélica da Fé Apostólica, como passou a se chamar a comunidade, tornou-se o epicentro do avivamento que se espalhou de Los Angeles pelo mundo.

No entanto, o batismo com dons do Espírito Santo não era totalmente novo no cenário protestante. Existem inúmeros relatos de pessoas que clamam ter manifestado dons do Espírito em muitos lugares, desde Martinho Lutero (apesar de controversos quanto à veracidade) no século XVI, até de alguns protestantes na Rússia, no século XIX.

Por causa da projeção que ganhou na mídia, o avivamento na Rua Azusa rapidamente cresceu, e, subitamente, pessoas de todos os lugares do mundo estavam indo conhecer o movimento. No início, as reuniões na Rua Azusa aconteciam informalmente, com alguns fiéis que se reuniam em um velho galpão para orar e compartilhar suas experiências, liderados por William Seymour.

Alguns fiéis não concordaram com a denominação (Missão Evangélica da Fé Apostólica) adotada pelo grupo, ocasionando o surgimento de grupos independentes que adotaram outras denominações.

Algumas denominações já estabelecidas também adotaram doutrinas e práticas pentecostais, como é o caso da Igreja de Deus em Cristo.

Mais tarde, alguns grupos ligados ao movimento pentecostal começaram a crer no Unitarismo em vez da doutrina da Trindade. Com o crescimento da rivalidade entre os unitários e os trinitários, ocorreu um outro cisma e novas denominações nasceram, como a Igreja Pentecostal Unida (unitária) e as Assembleias de Deus (trinitárias).

Apresentaremos, a seguir, uma abordagem sobre essas duas denominações.

ASSEMBLEIA DE DEUS

O movimento religioso cristão de característica pentecostal trinitário, atualmente denominado Assembleia de Deus, parece ter sido originado nos Estados Unidos, em Los Angeles, no início do século XIX, em uma Igreja Batista em que havia a prática (pentecostal) do batismo pelo Espírito Santo e a glossolalia (falar em línguas estrangeiras), em reuniões sob a direção do pastor Charles Fox Parham. Esse movimento inicial teve o apogeu em 1906, sob a direção do pastor William Joseph Seymour (um dos principais discípulos de Charles Fox Parham), em um templo, em Los Angeles.

Nos Estados Unidos, surgiram várias congregações pentecostais independentes, desde o avivamento de Azusa (que deu origem, em 1906, à criação das Igrejas Pentecostais), em Los Angeles, em 1906.

Buscando unidade, comunhão entre si, trabalho missionário e organização legal, alguns líderes convocaram uma convenção em Hot Springs, Arkansas, em 1914. Como resultado, houve a adesão de quase 500 ministros e a criação do General Council of the Assemblies of God (Concílio Geral das Assembleias de Deus), mais tarde, sediado em Springfield, Missouri.

Essa Igreja possui, hoje, cerca de 2 milhões de membros e envia missionários a vários países do mundo.

As Assemblies of God (Assembleias de Deus) apresentam algumas diferenças de sua coirmã brasileira: no tocante à administração, não existe o sistema de ministérios; cada igreja local é autônoma e não é subordinada a nenhuma outra entidade, mas voluntariamente se agrupam em presbitérios regionais, em que há igualdade entre todos e contam com a participação de representantes leigos.

A congregação local entrevista e contrata o pastor, que é examinado e ordenado pelo concílio geral. As Assembleias de Deus são integradas aos costumes da sociedade americana, permitindo, por exemplo, que mulheres cortem o cabelo e usem calças compridas.

A Assembleia de Deus na Inglaterra e na Irlanda

Organizadas em 1924, as *Assemblies of God in Great Britain and Ireland – AGGBI* (Assembleias de Deus na Grã-Bretanha e na Irlanda) cresceram sob a influência do pastor Donald Gee.

Reúnem, atualmente, cerca de 600 igrejas locais e possuem uma rede de missionários atuando em vários continentes. Uma característica da AGGBI é a prática da Santa Ceia semanalmente.

Existem ainda, na Inglaterra, Assembleias de Deus compostas por imigrantes caribenhos e brasileiros, cujas igrejas não possuem relações com a AGGBI.

A Assembleia de Deus em Portugal e na África

Em Portugal, a história dessa denominação pentecostal teve início a partir do ano de 1913. Foram os missionários portugueses emigrados do Brasil, José Plácido da Costa (1913) e José de Matos Caravela (1921) que deram início às ações que resultaram na fundação das Assembleias de Deus em Portugal.

A primeira Igreja Assembleia de Deus em Portugal foi fundada na cidade de Portimão, em 1924, pelo missionário José de Matos Caravela, também responsável pela fundação das igrejas do Algarve, de Santarém e de Alcanhões.

A partir desse ano, com a ajuda de missionários suecos e o esforço de obreiros portugueses, foram estabelecidas diversas outras igrejas em várias cidades, como: Porto, em 1930, com a intervenção do missionário sueco Daniel Berg; Évora, em 1932, pela ação da evangelista Isabel Guerreiro; e Lisboa, em 1934, com a ajuda do missionário Jack Hardstedt.

Em Portugal, o ramo principal é a Convenção das Assembleias de Deus em Portugal – CADP —, com quase 400 igrejas, a maior denominação protestante no país.

Além da CADP, existem outras denominações organizadas em Portugal, originárias de imigrantes brasileiros ou cismas da CADP, que adotam o mesmo nome, como a Assembleia de Deus Missionária; a Assembleia de Deus Universal; a Convenção Nacional das Assembleias de Deus (60 igrejas); a Igreja de Nova Vida – Assembleia de Deus da Amadora.

Da ação missionária das Assembleias de Deus em Portugal, deu-se a expansão da Igreja aos territórios ultramarinos, a exemplo de: Angola, Guiné, São Tomé e Príncipe, Moçambique e Timor-Leste.

Esses territórios ultramarinos, posteriormente, tornaram-se nações independentes, mas mantiveram suas Igrejas Assembleias de Deus nacionais em fraterna relação com as coirmãs portuguesas.

As Crenças da Assembleia de Deus

Entre as verdades fundamentais da denominação, estão as crenças:

Um só Deus eterno subsistente em três pessoas: o Pai, o Filho e o Espírito Santo.

Na inspiração verbal da Bíblia Sagrada, considerada a única regra infalível de fé normativa para a vida e o caráter cristão.

Na concepção virginal de Jesus Cristo, na sua morte vicária e expiatória, ressurreição e ascensão para o céu.

No pecado que distancia o homem de Deus, condição que só pode ser restaurada mediante o arrependimento e a fé em Jesus Cristo.

Arrebatamento dos membros da Igreja para o céu em breve.

Na necessidade de um novo nascimento, pela fé em Jesus Cristo e pelo poder atuante do Espírito Santo e da Palavra de Deus, para que o homem se torne digno do reino dos céus.

A denominação pratica o batismo em águas por imersão do corpo inteiro, uma só vez, em adultos, em nome da Trindade; a celebração, sistemática e continuada, da Santa Ceia e o recebimento do batismo no Espírito Santo com a evidência inicial do falar em outras línguas, seguido dos dons do Espírito Santo.

A exemplo da maioria dos cristãos, os seguidores da Assembleia de Deus aguardam a segunda vinda de Cristo em duas fases distintas: a primeira, invisível ao mundo, para arrebatar a Igreja fiel da Terra, antes da Grande Tribulação; e a segunda, visível e corporal com a Igreja glorificada, para reinar sobre o mundo por mil anos.

Ainda nesse corolário de fé, os adeptos esperam comparecer perante o tribunal de Cristo, para receber a recompensa dos seus feitos em favor da causa do Cristianismo, seguindo-se uma vida eterna de gozo e felicidade para os fiéis e de tormento para os infiéis.

Culto na Assembleia de Deus

Os cultos nas Assembleias de Deus se caracterizam por orações, cânticos, testemunhos e pregações, nos quais, muitas vezes, ocorrem manifestações dos dons espirituais, como profecias e o culto em línguas.

Possuem dias e horários específicos, sendo o principal deles no domingo, por volta das 19 horas; há também ensinamento bíblico, com divisão de classes por idade aos domingos, por volta das 9 horas.

Os cultos e os trabalhos têm duração média de 1h30, sendo divididos em:

Oração inicial – Normalmente um obreiro ou pastor faz uma oração pedindo a bênção de Deus.

Cânticos iniciais – Utilizando-se da harpa e de um livreto de hinos; canta-se, em média, três hinos.

Leitura de trecho bíblico – A leitura do trecho bíblico é inspirada pelo Espírito Santo, e o culto será direcionado, como um todo, com base nesse trecho.

Oportunidades de cânticos por grupos de jovens, crianças, senhoras e adolescentes.

Oportunidades de testemunhos por membros – Os membros contam o que Deus mudou em suas vidas e vem fazendo atualmente por eles.

Leitura bíblica e pregação, nas quais o pastor ou um pastor convidado fará a pregação (sermão) explicando a passagem bíblica para toda a igreja.

Convite aos que não são evangélicos a aceitar Jesus como seu único e suficiente salvador.

Cântico de encerramento.

Oração final.

A Assembleia de Deus, a exemplo de toda entidade que cresce e conquista espaço no emaranhado da organização social, sofre críticas, tanto por parte de outras denominações religiosas quanto por setores não religiosos da sociedade civil.

O rápido crescimento da Igreja tem estimulado diversas produções intelectuais de pesquisadores dos fenômenos sociológicos e antropológicos contemporâneos, ao mesmo tempo que já gerou apaixonadas controvérsias e discussões no campo puramente ideológico.

Algumas das principais críticas são:

Comportamentos considerados antiquados – algumas igrejas Assembleias de Deus impõem a seus seguidores costumes considerados ortodoxos, como o uso de vestido longo para as mulheres e a proibição do uso de cabelo longo para homens. Tais práticas são criticadas como repressivas e autoritárias. Em algumas dessas igrejas, as normas são opcionais para seus membros e baseadas na Bíblia, para que eles se vistam e se portem como pessoas de um padrão moral mais elevado.

Centralização e autoritarismo – observadores externos frequentemente criticam a forma de governo da maioria das Assembleias de Deus, considerada centralizadora e isolacionista. Diz-se também que alguns de seus pastores são autoritários e que têm sua liderança religiosa incontestada (algo semelhante ao que ocorre com a autoridade papal na Igreja Católica Romana).

Apesar de não haver obrigatoriedade legal de publicação externa dos atos internos das entidades associativas de natureza religiosa, algumas igrejas são censuradas pela falta de transparência na discriminação de seus ativos e passivos. Para uma maior transparência de suas finanças, a maioria das igrejas realiza mensalmente, os chamados cultos de membros, nos quais são apresentadas as movimentações financeiras ocorridas no período, tais como: entradas, saídas, salário do pastor, gastos com beneficência e construções.

Esses dados são contabilizados pelos tesoureiros, que, em geral, são escolhidos anualmente por eleição, entre os crentes batizados membros; o tesoureiro lê o balancete no culto, submetendo-o à aprovação dos membros presentes.

Os líderes e os pastores, por serem maioria idosos, tendem a ter dificuldades em visualizar o progresso e, dependendo da proposta, costumam atribuí-la a "coisas do Demônio" ou rebeldia por parte de quem a apresenta, discordando de sua implantação.

Algumas Assembleias de Deus vêm experimentando, mais recentemente, sensíveis mudanças comportamentais concernente a usos e costumes.

Em particular, algumas dessas igrejas já não mais censuram determinadas peças do vestuário feminino, consentindo que as mulheres usem calças compridas, decotes mais alongados ou mangas mais curtas, desde que mantido um razoável padrão de pudor.

Quanto aos homens, diminuem as restrições ao uso de bigode, barba crescida ou cabelos mais alongados, substituindo-se o rigor da proibição pela recomendação de uma boa imagem pessoal ante a sociedade, nos padrões exigidos por algumas organizações corporativas.

De igual modo, tendem a desaparecer do cenário da Assembleia de Deus as folclóricas proibições ao uso da televisão e do rádio. Enquanto algumas igrejas passam a orientar seus adeptos a ler bons livros e a fazer uso adequado da internet, em clara demonstração de que as posições radicais do passado estão sendo substituídas pelo respeito à liberdade de seus membros usufruírem os benefícios que a tecnologia põe à disposição da sociedade contemporânea.

A presença da Assembleia de Deus no Brasil será apresentada adiante, em tópico próprio.

IGREJA PENTECOSTAL UNIDA

A Igreja Pentecostal Unida, atualmente Igreja Pentecostal Unida Internacional — IPUI (United Pentecostal Church International [UPCI] em inglês)- é uma organização religiosa multicultural, com sede no bairro de Hazelwood, na cidade de St. Louis, Missouri, Estados Unidos.

O título Unida, que caracteriza essa Igreja no mundo, decorre de sua criação, em 1945, pela fusão da Igreja Pentecostal (Pentecostal Church, Inc) com as Assembleias Pentecostais de Jesus Cristo (Pentecostal Assemblies of Jesus Christ).

A IPUI afirma que, desde sua fundação, em 1945, é uma das denominações que mais crescem na América do Norte, expandindo de 617 igrejas em 1946 para 4.358 igrejas em 2007, com 9.085 ministros. Sua Escola Dominical tem o comparecimento de cerca de 650 mil adeptos.

A IPUI está presente em outros 175 países, com 22.281 ministros, 28.351 igrejas e locais de reunião, 652 missionários e a participação superior a 3 milhões de adeptos.

O total de membros no mundo, incluindo a América do Norte, é superior a 4 milhões.

Doutrina da Igreja Pentecostal Unida Internacional

A visão doutrinária da IPUI deriva de sua teologia central da salvação, conforme Atos 2:38. Creem que, para satisfazer o plano bíblico da salvação, a pessoa deve ser espiritualmente "nascida outra vez", morrendo para o pecado pelo arrependimento, sendo sepultada com Cristo no batismo e ressuscitando quando do recebimento da dádiva do Espírito Santo, como é evidenciado pelo falar em outras línguas, porque o Espírito de Deus concede a expressão vocal.

A Igreja Pentecostal Unida Internacional crê que o arrependimento é essencial à salvação, como encontrado em Lucas 13:5. O arrependimento é definido como o afastamento do pecado e a aproximação a Deus. De acordo com a doutrina da IPUI, o verdadeiro arrependimento requer perdão e absolvição, conforme está em João 1:9. Os membros da IPUI creem que esse arrependimento deve estar associado à contrição religiosa. É também pré-requisito para o recebimento do Espírito Santo. Finalmente, a capacidade de arrepender-se é transitória e deve ser aperfeiçoada durante toda a vida.

O batismo é o segundo componente essencial da doutrina da IPUI. Seus membros afirmam a necessidade do batismo como mostrado em Mateus 28:19 e indicado em Mateus 3:13-16, como evidência de que mesmo Jesus foi batizado. O modo de batizar é pela completa imersão em água, completado em nome de Jesus Cristo, para a remissão dos pecados.

Esse método de batismo na água é um ponto de debate entre os pentecostais trinitários e unitários. Os dois lados incluem Mateus 28:19 para justificar suas reivindicações, com os crentes unitários apoiando Jesus Cristo e os trinitários, "em nome do Pai, do Filho, e do Espírito Santo", como aparece em Mateus 28:19.

A IPUI de crença pentecostal unitária, crê que o nome do Pai, Filho e Espírito Santo é "Jesus", fazendo a distinção de que a palavra que nomeia, na Escritura, é singular, então todos os três títulos se referem a Jesus. Além disso, a IPUI crê que a salvação não pode ser completa sem o batismo, especificamente sem o pronunciamento do nome de Jesus Cristo durante o procedimento. Essa interpretação é originada de Atos 2:38 e substanciada por Atos 8:16, Atos 10:48 e Atos 19:5, porque, com relação ao batismo, essas são as únicas Escrituras mostrando o que foi feito na Igreja primitiva.

A IPUI adota a visão que falar em línguas é a imediata, material, observável e audível evidência inicial da atuação do Espírito Santo. Sustenta que falar em línguas (isto é, falar em línguas que nunca se aprendeu antes) pode ser dado a todos, a despeito de raça, cultura ou idioma. Isso é interpretado de Atos 2:4, 10:46, 19:6 e de I Coríntios 12:13.

A língua se torna o veículo de expressão do Espírito Santo (James 3), e, para um membro da IPUI, um pentecostal diz que isso simboliza o completo controle de Deus sobre o crente. De acordo com a Igreja, o "fruto do Espírito", como mencionado em Gálatas 5:22-23, não deve ser confundido como o sinal inicial do recebimento do Espírito Santo, porém, o sinal da sua tolerância. O fruto do Espírito demora a ser desenvolvido ou cultivado e, portanto, não deveria qualificar como um sinal identificável imediato, material do seu recebimento. Por outro lado, o falar em outras línguas serve como um imediato, material e identificável ou discernível sinal do recebimento do Espírito Santo.

Em Atos, línguas, embora o mesmo em essência, é diferente na operação e no propósito de línguas em I Coríntios 12-14. Eles não são o mesmo e a mesma experiência. Línguas, em Atos, serve como o sinal evidente de receber o Espírito Santo, enquanto o dom de diversas espécies de línguas em I Coríntios 12-14, é um dom subsequente do Espírito que é dado a crentes selecionados por decisão do Espírito (Deus). A IPUI não reconhece "todos que creem em Mim receberão a vida eterna" como a única parte de receber Cristo. Os fiéis recebem Cristo quando, inicialmente, recebem a Alma Sagrada. Essa visão lógica e altamente exclusiva foi atacada, em anos recentes, pelo trabalho erudito de Thomas A. Fudge, intitulado *Cristianismo sem a Cruz - Uma História de Salvação no Pentecostalismo Unitário (Christianity without The Cross - A History of Salvation in Oneness Pentecostalism)*.

A IPUI ensina que o Ser Supremo, único Deus que se revelou no Antigo Testamento, é o que se revelou em Seu Filho Jesus Cristo. O nome de Jesus em hebreu é Yeshua, significando Deus (YHVH – Senhor) salva, e é o próprio nome para descrever Deus na matéria. Então, Jesus Cristo foi e é Deus. Jesus é o único Deus manifestado na matéria, porque n'Ele habita a plenitude do Ser Supremo material (São João 1:1-14, I Timóteo 3:16, Colossenses 2:9).

O Pai, Filho e Espírito Santo são um Deus e uma pessoa, em vez de um Deus em três pessoas como na doutrina da Trindade. A IPUI crê que sua concepção sobre o Ser Supremo é verdadeira, no estrito monoteísmo, desde o início da cristandade, e vê o conceito dos trinitários como incorreção nas Escrituras, comprometendo o ensinamento bíblico do Deus único.

O entendimento de Deus, na IPUI, corresponde ao Modalismo (Modalismo – heresia cristã de Fótino [300–376], herético grego, bispo de Esmirna, que reduzia as pessoas divinas a simples modos de uma única pessoa em Deus – *Dicionário Aurélio*), embora não possa ser exatamente caracterizada como tal. Essa é a mais séria diferença entre a IPUI e outras denominações pentecostais e evangélicas, tais como as Assembleias de Deus.

A IPUI sustenta que a salvação é consumada pela graça, por meio da fé em Jesus Cristo, e não por trabalhos (Tito 3:5). A Igreja ensina um código de conduta baseado no que ela crê ser ensinamento das Escrituras, embora seus detratores aleguem que muitas dessas crenças são mandatos dos oficiais da Igreja. A santidade interior, tal como a demonstração dos frutos do Espírito na vida do cristão, é acompanhada por sinais externos de santidade.

Nesses sinais externos, incluem-se crenças de que as mulheres não podem cortar seus cabelos e devem usar vestidos ou saias, não vestir calças, de acordo com o mandato das Escrituras: "Não vestir aquilo que pertence ao homem" (Deuteronômio 2:8-10) e "adornar-se com trajes modestos, com pudor e sobriedade" (I Timóteo 2:8-10). Homens e mulheres são igualmente desencorajados a usar joias, conforme as Escrituras, "ouro, ou pérolas, ou vestimentas caras" (I Timóteo 2:8-10).

A doutrina da IPUI enfrenta conflitos com a sociedade moderna. Um ponto de vista contestado na doutrina da IPUI diz respeito à propriedade de televisão. Entretanto, em uma ação para acelerar a causa do evangelismo, a Conferência Geral da IPUI de 2007 constatou que a maioria dos votos dos ministros pedia uma nova resolução que permita o uso da televisão para fins de publicidade.

Essa resolução foi aprovada com a diferença de somente 84 votos e agora permite o uso da televisão para aqueles fins. A resolução foi passada em revista durante um ano, por um comitê especial, antes da votação, e foi aprovada com grande inquietação.

Como resultado da aprovação da Resolução 4, ocorreu que muitos ministros ameaçaram deixar a organização. Pelo menos uma nova organização, a Worldwide Pentecostal Fellowship (Associação Pentecostal Mundial), foi formada em Tulsa, Oklahoma.

Igrejas notáveis pertencentes à IPUI nos Estados Unidos e no Canadá (em ordem alfabética):
Calvary Tabernacle in Indianapolis, Indiana;
Capital Community Church in Fredericton, New Brunswick;
Christian Life Center East in Gaithersburg, Maryland;
Christian Life Center in Stockton, California;
Dallas First Church in Dallas, TX;
East Valley Pentecostal Church in San Jose, California;
Eastwood Pentecostal Church in Lake Charles, Louisiana;
Faith Sanctuary in Toronto, Ontario;
First Church of Pearland in Pearland, Texas;
First Church San Jose in San Jose, California;
First Pentecostal Church of Denham Springs in Denham Springs, Louisiana;
Landmark Tabernacle in Denver, Colorado;
Life Tabernacle in Houston, Texas;
New Life Tabernacle in New York, New York;
Revival Center in Modesto, California;
The Apostolic Church in Auburn Hills, Michigan;
The Pentecostals of Alexandria in Alexandria, Louisiana;
Woodlawn Church in Columbia, Mississippi.
A Igreja Pentecostal Unida Internacional apoia, em nível nacional, sete instituições educacionais:
Apostolic Bible Institute in St. Paul, Minnesota;
Christian Life College in Stockton, California;
Gateway College of Evangelism in Florissant, Missouri;
Indiana Bible College in Indianapolis, Indiana;
Northeast Christian College in Fredericton, New Brunswick, Canada;
Texas Bible College in Lufkin, Texas;
Urshan Graduate School of Theology in Hazelwood, Missouri.
Muitos distritos e igrejas apoiam também instituições educacionais em suas cidades e Estados. Esses esforços são, usualmente, administrados pelas igrejas locais.

Igreja Unida no Brasil

A Igreja Unida foi fundada no Brasil de modo peculiar. Enquanto muitas denominações surgem em função de divisões originadas por questões doutrinárias ou interesses pessoais, a denominação surgiu de uma união, ou seja, da fusão de três outras denominações: Igreja Cristã Pentecostal de Evangelização e Cura Divina "Maravilha de Jesus" (fundada em 1957, com sede na Avenida Conceição, em Vila Munhoz, na cidade de São Paulo), na época, presidida pelo pastor Samuel Spazzapan. Igreja Evangélica do Povo (fundada em 1961, com sede na Rua João Pereira, nº 115, bairro da Lapa,

SP), presidida, na época, pelo pastor José Spazzapan. Igreja Cristã Evangélica Unida (fundada em 1960, com sede na Rua Doraliza, Vila Carrão, SP), cujo pastor presidente era Francisco Cardoso.

No início da década de 1960, começou a haver um maior entrosamento entre essas três denominações, quando se constataram objetivos comuns e semelhança doutrinária. Começou então a surgir a ideia de uma unificação.

Logicamente, foram necessárias muitas reuniões, principalmente entre as lideranças, pois havia necessidade de verificar os pontos em comum existentes que seriam importantes preservar, superar alguns eventuais pontos de divergência que viessem a surgir durante o processo de unificação e até se abrir mão de nomes para chegar a um denominador comum, escolhendo-se um nome que fosse de consenso.

Assim, no dia 12 de julho de 1963, às 20h30, no salão das Classes Laboriosas, situado na Rua Roberto Simonsen, n. 22, centro de São Paulo, sob a presidência do pastor Luiz Schiliró, com a presença de obreiros e representantes das três igrejas, houve a fundação da Igreja Evangélica Pentecostal Unida, formando-se por eleição, naquela mesma noite, a diretoria executiva, constituída dos seguintes irmãos: presidente – pastor Luiz Schiliró; vice- presidente – pastor Samuel Spazzapan; 1º secretário presbítero – Paulo Máximo Tostes; 2º secretário – pastor Francisco Cardoso; 1º tesoureiro – pastor Luiz Reinaldo Ferreira; 2º tesoureiro – Duarte Soares de Vasconcelos; diretor de patrimônio – pastor José Maria Ayres. E, para conselheiros: pastor Eurico de Almeida Vieira e pastor José Spazzapan. A diretoria tomou posse também naquela mesma noite.

Sua primeira sede, a partir dessa data, foi na Rua Treze de Maio, 830 – Bela Vista – São Paulo – SP.

O título inicial, Igreja Evangélica Pentecostal Unida, foi alterado, posteriormente, para Igreja Unida, por problemas de ordem legal.

As Igrejas Unidas são regidas por sua convenção, sediada atualmente no município de São Paulo (SP) e denominada Convenção Unida Brasileira. Nesta, por período e formas estatutariamente definidas, existe uma diretoria executiva, conselhos e departamentos diversos. O seu presidente atual é o pastor Leonardo Meyer.

A entidade tem como única regra de fé e prática, declaradamente, as Escrituras Sagradas, a Bíblia. Seus membros aceitam e praticam o batismo nas águas por imersão e em nome da Trindade divina.

CONGREGAÇÃO CRISTÃ

No final do século XIX, nos Estados Unidos, o italiano Louis Francescon recebeu, segundo seu relato, uma revelação acerca do batismo por imersão, que lhe advertia por não ter cumprido esse sacramento deixado por Jesus Cristo. Tal doutrina o separou e alguns mais do grupo presbiteriano valdense, ao qual pertenciam, que não a aceitou.

Tempos depois, em 1907, na cidade de Chicago, na 943 W. North Ave (semelhantemente à Rua Azusa, em Los Angeles), havia uma missão que anunciava a promessa do Espírito Santo com evidência de se falar novas línguas.

Francescon visitou aquele serviço a convite e teria recebido, conforme suas palavras, uma confirmação divina de que aquela era obra de Deus. O grupo que o acompanhava se uniu àquela irmandade, a maioria recebendo o dom de falar línguas diferentes. Estavam reunidas as doutrinas dos batismos da água e do Espírito.

Em algum momento daquela época (início do século XX), os adeptos do Pentecostalismo adotaram o título distintivo de Congregação Cristã.

Nossa pesquisa sobre a literatura existente não conseguiu identificar a origem desse título, a não ser sua criação no Brasil, como Congregação Cristã no Brasil.

Parece-nos que o italiano Louis Francescon, o introdutor do Pentecostalismo no Brasil, na primeira de suas muitas viagens ao país, adotou, com o auxílio de outros seguidores, o título Congregação Cristã no Brasil. Este título, em uma de suas viagens de volta aos Estados Unidos, poderia ter sido introduzido no grupo de seus seguidores naquele país, como Congregação Cristã. Fica a dúvida, que poderá ser esclarecida por outros estudiosos do tema Pentecostalismo, em geral, e da Congregação Cristã, em particular.

As Crenças na Congregação Cristã

O fato é que, em 1927, já estava adotado o novo título, e, na cidade de Niagara Falls, NY, houve Assembleia Geral da Congregação Cristã, na qual foram definidos seus 12 artigos de fé:

Crença na Bíblia, como sendo a infalível Palavra de Deus, inspirada pelo Espírito Santo (II Pedro 1:21; II Timóteo 3:16-17; Romanos 1:16);

Crença na existência de um só Deus, com três pessoas distintas (Efésios 4:6; Mateus 28:19; I João 5:7);

Crença na natureza divina e humana de Jesus Cristo e na sua morte por culpa de todos os homens (Lucas 1:27-35; João 1:14; I Pedro 3:18);

Crença na existência pessoal do Diabo e seus anjos, que estão condenados ao fogo eterno (Mateus 25:41);

Crença no novo nascimento pela fé em Jesus Cristo e na sua ressurreição para tornar justos os crentes, assim a salvação da alma por meio da fé (Romanos 3:24-25; I Coríntios 1:30; II Coríntios 5:17);

Prática do batismo nas águas, com uma só imersão, para perdão dos pecados (Mateus 28:18-19);

Crença no batismo do Espírito Santo, com a evidência inicial de falar em novas línguas (Atos 2);

Prática da Santa Ceia anualmente, com um só pão partido com a mão e um só cálice, para relembrar a morte de Jesus Cristo (Lucas 22:19-20; I Coríntos 11:25);

Crença de se abster da idolatria, da fornicação, do sangue e da carne de animais sufocados (Atos 15:28-29; 16-4; 21-25);

Prática da unção com óleo para apresentar o enfermo ao Senhor (Mateus 8:17; Tiago 5:14-15);

Crença no retorno de Jesus Cristo e no arrebatamento dos fiéis (I Tessalonicenses 4:16-17; Apocalipse 20-6);

Crença na ressurreição dos mortos em novos corpos; no juízo final e no tormento eterno para injustos e vida eterna para os justos (Atos 24:15; Mateus 25:46).

Segundo estatísticas de 2007, há quase 18 mil igrejas espalhadas em todo o mundo.

A Congregação Cristã possui igrejas nos seguintes países, segundo seu Relatório Anual de 2007: África do Sul, Alemanha, Andorra, Angola, Argentina, Bélgica, Bolívia, Cabo Verde, Canadá, Chile, Colômbia, Costa Rica, El Salvador, Equador, Espanha, Estados Unidos, França, Gana, Grécia, Guatemala, Guiana, Guiana Francesa, Guiné-Bissau, Holanda, Honduras, Índia, Inglaterra, Irlanda, Israel, Itália, Japão, México, Moçambique, Nicarágua, Nigéria, Nova Zelândia, Panamá, Paraguai, Peru, Portugal, República Democrática do Congo, República do Congo, República Dominicana, São Tomé e Príncipe, Síria, Suíça, Suriname, Uruguai, Venezuela e Zimbábue.

A Congregação Cristã está também presente no Brasil e será abordada em tópico adiante.

IGREJA DO EVANGELHO QUADRANGULAR

A Igreja do Evangelho Quadrangular (IEQ) foi fundada em Los Angeles, Estados Unidos, pela canadense Aimee Semple McPherson.

Aimee nasceu em Ingersoll, Ontário, Canadá, em 9 de outubro de 1890.

Converteu-se em 1907, aos 17 anos, em uma reunião de avivamento dirigida por um jovem evangelista pentecostal chamado Robert Semple, com quem, mais tarde, se casaria.

Logo depois de sua conversão, Aimee foi batizada no Espírito Santo e falou línguas estranhas.

Foi missionária na China com seu marido, Robert Semple, mas voltou aos Estados Unidos depois da morte dele.

Após seu retorno, em 1917, trabalhou com a mãe no Exército de Salvação. Depois do fracasso do segundo casamento, ela ainda passou pela Igreja Metodista Episcopal, pela Igreja Batista e, por último, pela Assembleia de Deus.

Em 1922, durante um culto na cidade de Oakland, ela recebeu a visão do Evangelho Quadrangular, termo que daria nome à Igreja do Evangelho Quadrangular por ela fundada em janeiro de 1923, com a inauguração do Angelus Temple, em Los Angeles, Califórnia.

O termo Quadrangular tem uma razão: pregando com base no texto de Ezequiel 1:4-28, que descreve uma criatura com quatro faces, Aimee viu naquela passagem quatro doutrinas principais. Elas eram simbolizadas no homem, no leão, no boi e na águia e se tornaram os centros de seu ministério.

Aimee disse que todos os quatro símbolos representavam Jesus: a face do homem era Jesus como Salvador; o leão era Jesus como Salvador no Espírito Santo; o boi era Jesus, Aquele que cura; e a águia era Jesus como Rei que virá.

Durante seu ministério, Aimee não apenas fundou a Igreja do Evangelho Quadrangular, posteriormente denominada International Church of The Foursquare Gospel (Igreja Internacional do Evangelho Quadrangular), e o Angelus Temple. Foi também responsável:

Pela criação do Life Bible College e da Torre de Oração, na qual diversas pessoas se revezavam em turnos de duas horas para que houvesse um clamor a Deus 24 horas por dia.

Pela inauguração da terceira estação de rádio de Los Angeles, a KFSG (Call FourSquare Gospel).

Pela fundação da Cruzada Internacional do Evangelho Quadrangular.

Pela organização do Departamento de Assistência Social do Angelus Temple, que alimentou e vestiu cerca de meio milhão de pessoas durante a Depressão e a Segunda Grande Guerra.

Pela publicação de diversas revistas e periódicos, além da elaboração de livros, peças, óperas sacras, músicas (incluindo o Hino Oficial da Igreja do Evangelho Quadrangular) e sermões.

Aimee faleceu em setembro de 1944. Seu filho Rolf McPherson assumiu a presidência da Igreja, depois exercida pelo reverendo Paul Risser.

A Igreja Internacional do Evangelho Quadrangular, baseada na Bíblia, tem um enfoque profundamente centrado em Cristo e é uma das Igrejas Pentecostais pioneiras do avivamento carismático do início do século XX.

Mantendo firme sua dedicação pela evangelização do mundo, nasceu da vontade do Espírito Santo e não de uma divisão ou cisma de igrejas e se conserva unida.

A Igreja Internacional do Evangelho Quadrangular, uma das principais denominações pentecostais, está presente, atualmente, em 123 países do mundo.

Os resultados oficiais de uma estatística feita em 2001 pela IEQ internacional mostram que o comparecimento estimado na Igreja do Evangelho Quadrangular de todo o mundo está agora em 3.587.835 pessoas, com 29.973 igrejas e lugares de reunião. Há 48.271 ministros e trabalhadores quadrangulares em torno do mundo.

A presença da Igreja do Evangelho Quadrangular no Brasil será apresentada adiante, em tópico próprio.

O Pentecostalismo no Brasil

O Pentecostalismo chegou ao Brasil em 1910–1911, com a vinda de missionários originários da América do Norte.

Louis Francescon, que chegou ao Brasil, vindo de Buenos Aires, na Argentina, em 20 de abril de 1910, dedicou seu trabalho entre as colônias italianas no sul e no sudeste do Brasil, originando a futura Congregação Cristã no Brasil.

Daniel Berg e Gunnar Vingren iniciaram suas missões na Amazônia e no Nordeste, dando origem às Assembleias de Deus no Brasil.

O movimento pentecostal no Brasil pode ser dividido em três fases, também mencionadas na literatura como "as três ondas".

A primeira fase, chamada Pentecostalismo clássico, abrangeu o período de 1910 a 1950 e iniciou-se com sua implantação no país, decorrente da fundação da Congregação Cristã no Brasil e da Assembleia de Deus até sua difusão pelo território nacional.

Desde o início, as duas Igrejas caracterizaram-se pelo anticatolicismo, pela ênfase na crença no Espírito Santo, por um sectarismo radical e por um ascetismo que rejeita os valores do mundo e defende a plenitude da vida moral.

Os pentecostais possuem uma forma muito sobrenaturalista de encarar sua vida religiosa, com ênfase na busca de revelações diretas da parte de Deus, de curas milagrosas para doenças e uma intensa batalha espiritual entre forças espirituais do bem e do mal, que afirmam ter consequências diretas em sua vida cotidiana.

São mais flexíveis em questões de costumes, pois dão bastante ênfase aos dons espirituais, como profecia, visão, revelação e glossolalia (falar línguas estranhas).

A Congregação Cristã no Brasil

Louis Francescon realizou o primeiro batismo em Santo Antônio da Platina, Paraná, batizando o italiano Felício Mascaro e mais dez pessoas. Dirigiu-se depois para a cidade de São Paulo, onde foram batizadas mais 20 pessoas.

Durante muitos anos, os fiéis de Louis Francescon se reuniram sem nenhuma denominação, e, somente após adquirir seu primeiro prédio na cidade de São Paulo, escolheu-se o nome Congregação Cristã no Brasil. A maioria de seus membros era italiana até a década de 1930. Desde então, passaram a preponderar as demais etnias, e, desde 1950, a Congregação Cristã no Brasil está presente em todo o território brasileiro e em diversos países do mundo.

Das quase 18 mil igrejas da Congregação Cristã espalhadas em todo o mundo, segundo estatísticas de 2007, há 16.926 no Brasil, com cerca de 2,6 milhões de fiéis. Atualmente são batizadas cerca de 100 mil pessoas por ano.

A igreja central está estabelecida em São Paulo, no bairro do Brás, no qual o ministério reúne-se, anualmente, em Assembleia-Geral, e são estabelecidas convenções aplicadas a todas as congregações.

O Culto na Congregação Cristã no Brasil

O culto da Congregação Cristã no Brasil segue uma ordem pre-estabelecida, mas sem uma liturgia fixa. Assim, os pedidos de hinos, orações, testemunhos e a pregação da Bíblia são feitos de forma espontânea, crendo serem baseados na inspiração do Espírito Santo.

Os serviços são solenes, com uma atmosfera formal, evitando-se manifestações individualizantes, mas prezando a participação coletiva. Há uma série de práticas no culto, como o uso do véu pelas mulheres, o uso do ósculo entre irmãos e irmãs de per si, assento separado, no salão de culto, entre homens e mulheres.

A Organização da Congregação Cristã no Brasil

A Congregação Cristã no Brasil possui um ministério organizado, servindo sem expectativas de receber salários, e distribuído segundo as necessidades de cada localidade, a saber:

Ancião – responsável pelo atendimento da obra, realização de batismos, Santas Ceias, ordenação de novos obreiros (anciãos e diáconos), eleição de cooperadores do Ofício Ministerial, encarregado de conferir ensinamentos da igreja, cuidar dos interesses espirituais e do bem-estar da igreja, entre outras funções.

Diácono – responsável pelo atendimento assistencial e material à igreja. É auxiliado por irmãs obreiras chamadas de Irmãs da Obra da Piedade. O diácono, assim como o ancião, atende a diversas congregações de sua região.

Cooperador do Ofício Ministerial – responsável pela cooperação e presidência de cultos em uma determinada localidade, não podendo realizar batismos.

Cooperador de jovens e menores – responsável de atender às reuniões de jovens e menores de sua congregação.

Músico – membro habilitado que, depois de passar por testes musicais, é oficializado para tocar nos cultos e nas demais reuniões.

A Congregação Cristã no Brasil adota os seguintes cargos:

Encarregado de orquestras – músico oficializado, designado para organizar ensaios musicais da orquestra da congregação e ensinar a música. As examinadoras são organistas oficializadas, designadas para avaliar organistas aprendizes no processo de oficialização, além dos instrutores e das instrutoras musicais.

Auxiliar de jovens e menores – responsável por fazer os recitativos para os moços, sendo auxiliado pelas moças no recitativo das moças. Quando não houver ninguém para atender à reunião, o auxiliar deve atender; é também de sua responsabilidade auxiliar seu cooperador de jovens e menores e seu cooperador do Oficio Ministerial.

Administração – ministério material, constituído por presidente, tesoureiro, secretário, auxiliares da administração, Conselho Fiscal e Conselho Fiscal Suplente, sendo que os administradores são empossados ou reempossados de três em três anos e o Conselho Fiscal, anualmente, na época da Assembleia-Geral Ordinária (AGO) ou, em casos específicos, na Assembleia-Geral Extraordinária (AGE).

Na construção de templos, utilizam-se de voluntariado mobilizado em esquema de mutirão. Os cargos para outros serviços burocráticos das igrejas, como portaria, limpeza, som, etc., também são escolhidos entre os membros voluntários, que não possuem expectativa de receber salário.

Nota-se que, na organização do ministério, assim como na dos cargos da Congregação Cristã no Brasil, não existe a figura do pastor, presente em outras denominações protestantes.

Em sua organização, segundo seus estatutos, a Congregação Cristã no Brasil não possui registro de membros, considerando que estes devem responder somente a Deus. Não prega o dízimo e mantém-se pelo espírito voluntário dos seus membros, que contribuem com coletas secretas e exercem seus ministérios sem a expectativa de receber dinheiro ou bens materiais.

As mudanças de caráter doutrinário na Congregação Cristã no Brasil são discutidas em assembleia anual e pelo Conselho de Anciãos, que é formado pelos anciãos mais antigos no ministério, e não necessariamente na idade. Nessas assembleias são considerados tópicos de ensinamentos que, tomados em reuniões e por oração, tratam de assuntos relacionados à doutrina, aos costumes e ao comportamento na atualidade.

A Congregação Cristã no Brasil possui uma orquestra de música sacra muito valorizada. Ela provê aos fiéis escolas musicais gratuitas em suas dependências.

O hinário da Congregação Cristã no Brasil, na quarta edição datada de 1965, intitula-se Hinos de Louvores e Súplicas a Deus. Possui 450 hinos, tendo, entre eles, especiais para batismos, Santas Ceias, funerais, 50 para as reuniões de jovens e menores e sete coros.

A Congregação Cristã no Brasil não produz gravações em disco de seus hinos, nem mesmo as autoriza.

Em sua política, crê na separação total entre Estado e religião, sendo uma organização religiosa totalmente apolítica, sem ligação nem manifestação de apoio ou repúdio a causas ou partidos políticos, candidatos a cargos públicos e nem mesmo ONGs, ou qualquer outra instituição governamental ou não. Se algum membro de seu corpo ministerial aceitar cargos políticos, deverá renunciar ao seu cargo congregacional. Seus fiéis são livres para exercer suas obrigações de cidadão conforme sua consciência, todavia, é aconselhado aos próprios refutar quaisquer tendências políticas que corroborem com uma doutrina de natureza anticristã. Por fim, a Congregação Cristã no Brasil considera permissão divina o estar no poder.

Não possui propaganda em meios de comunicação como rádio, televisão, internet, imprensa escrita, ou qualquer outro tipo de propagação da sua doutrina que não seja o frequentar a igreja pelos interessados em conhecê-la.

A Assembleia de Deus no Brasil

A nova doutrina chegou ao Brasil por intermédio dos missionários suecos Gunnar Vingren e Daniel Berg, que aportaram em Belém, capital do Estado do Pará, em 19 de novembro de 1910, vindos dos Estados Unidos. Frequentaram, inicialmente, a Igreja Batista, denominação à que ambos pertenciam nos Estados Unidos, trazendo as práticas adotadas em Los Angeles.

A nova doutrina gerou muitas divergências, com adoção e rejeição. Assim, em duas assembleias distintas, os adeptos do Pentecostalismo foram desligados e, em 18 de junho de 1911, com os missionários estrangeiros, fundaram uma nova Igreja e adotaram o nome de Missão Apostólica da Fé, que já era empregado pelo movimento de Los Angeles, mas sem nenhum vínculo administrativo com William Joseph Seymour.

Mais tarde, em 18 de janeiro de 1918, a nova Igreja, por sugestão de Gunnar Vingren, passou a se chamar Assembleia de Deus, em virtude da fundação das Assembleias de Deus nos Estados Unidos, em 1914, em Hot Springs, Arkansas, mas, outra vez, sem nenhuma ligação institucional entre elas.

A Assembleia de Deus no Brasil se expandiu pelo Estado do Pará, alcançou o Amazonas, propagou-se para o Nordeste, principalmente entre as camadas mais pobres da população. Chegou ao Sudeste por volta de 1922, por meio de famílias de retirantes do Pará, que se conduziam como instrumentos voluntários para estabelecer a nova denominação onde quer que chegassem.

Nesse mesmo ano de 1922, a Igreja teve início no Rio de Janeiro, no bairro de São Cristóvão, e ganhou impulso com a transferência de Gunnar Vingren, de Belém, PA, em 1924, para a então capital da República. Um fato que marcou a Igreja naquele período foi a conversão de Paulo Leivas Macalão, filho de um general, por intermédio de um folheto evangélico. Ele foi o precursor do assim conhecido Ministério de Madureira, abordado adiante.

A influência sueca teve forte peso na formação da Assembleia de Deus brasileira, em razão da nacionalidade de seus fundadores e graças à Igreja Pentecostal Escandinava, principalmente a Igreja Filadélfia de Estocolmo, que, além de ter assumido nos anos seguintes o sustento de Gunnar Vingren e Daniel Berg, enviou outros missionários para dar suporte aos novos membros em seu papel de fazer crescer a nova Igreja.

Desde 1930, quando se realizou um concílio da Igreja na cidade de Natal, RN, a Assembleia de Deus no Brasil passou a ter autonomia interna, sendo administrada exclusivamente pelos pastores residentes no Brasil, sem, contudo, perder os vínculos fraternais com a Igreja na Suécia.

A partir de 1936, a Igreja passou a ter maior colaboração das Assembleias de Deus dos Estados Unidos, pelos missionários enviados ao país que se envolveram de forma mais direta com a estruturação teológica da denominação.

As Assembleias de Deus no Brasil são organizadas em forma de árvore, cada ministério é constituído pela Igreja-Sede, com suas respectivas filiadas, congregações e pontos de pregação.

Organização da Assembleia de Deus no Brasil

Seu sistema de administração é um misto entre os sistemas episcopal e congregacional, em que os assuntos são previamente tratados pelo ministério, com forte influência da liderança pastoral, e, depois, são levados à Assembleia para ser votados.

Os pastores das Assembleias de Deus podem estar ligados a convenções estaduais que, por sua vez, se vinculam à uma Convenção Geral.

A Convenção Geral das Assembleias de Deus no Brasil (CGADB), com sede no Rio de Janeiro, é considerada o tronco da denominação por ser a entidade que, desde o princípio, deu corpo organizacional à Igreja, sendo a proprietária da patente do nome no país.

A CGADB conta, atualmente, com cerca de 3,5 milhões de membros em todo o Brasil (dados do ISER) e centenas de missionários espalhados pelo mundo.

A CGADB é proprietária da Casa Publicadora das Assembleias de Deus, com sede no Rio de Janeiro, que atende parcela significativa da comunidade evangélica brasileira.

A Faculdade Evangélica de Tecnologia, Ciências e Biotecnologia sediada no Rio de Janeiro, pertence à CGADB e oferece os seguintes cursos em nível superior: administração, comércio exterior, marketing, teologia e direito.

Na área política, 21 deputados federais são membros das Assembleias de Deus e a representam institucionalmente junto aos poderes públicos nos assuntos de interesse da denominação, supervisionados pelo Conselho Político Nacional das Assembleias de Deus no Brasil, com sede em Brasília, DF, que coordena todo o processo político da CGADB. Além disso, são cerca de 27 deputados estaduais, mais de cem prefeitos e cerca de mil vereadores, todos sob a chancela de igrejas ligadas à CGADB.

Desde a década de 1980, por razões administrativas, a Assembleia de Deus brasileira tem passado por várias cisões, que deram origem a diversas convenções e ministérios, com administração autônoma, em várias regiões do país.

Ministério de Madureira

O mais expressivo dos ministérios independentes originários da CGADB é o Ministério de Madureira, cuja igreja já existia desde os idos da década de 1930, fundada pelo pastor Paulo Leivas Macalão e que, em 1958, serviu de base para a estruturação nacional do ministério por ele presidido até a sua morte, no final de 1982. Ela deu origem à Convenção Nacional das Assembleias de Deus no Brasil – Ministério de Madureira.

À medida que os anos se passavam, os pastores do Ministério de Madureira (assim conhecido por ter sua sede no bairro de mesmo nome, no Rio de Janeiro) se distanciavam das normas eclesiásticas da CGADB, segundo a liderança da época, e, por isso mesmo, realizou uma Assembleia-Geral Extraordinária em Salvador, BA, em setembro de 1987, onde esses pastores foram suspensos até que aceitassem as decisões aprovadas.

Por não concordarem com as exigências que lhes eram feitas, se organizaram em uma nova entidade, hoje com cerca de 2 milhões de membros, no Brasil e no exterior.

Surgiu, então, em 1988, a Convenção Nacional das Assembleias de Deus no Brasil – Ministério de Madureira – CONAMAD.

Há ainda vários ministérios e um grande número de igrejas independentes que usam a nomenclatura Assembleia de Deus, em diversas regiões do país, atuando sem vinculação com a CGADB ou com a CONAMAD, entre os quais:

Assembleia de Deus Betesda, iniciada no bairro de Aldeota, Fortaleza (CE), com acentuado crescimento na classe média, especialmente em São Paulo.

Assembleia de Deus do Bom Retiro, sediada no distrito do Bom Retiro, em São Paulo (SP), com penetração em várias regiões do país.

Assembleia de Deus Ministério da Plenitude, sediada em Sanvalle, Natal (RN), com ação no Nordeste brasileiro.

Ministério Canaã da Assembleia de Deus no Brasil, sediada em Fortaleza (CE), com ação no Nordeste brasileiro.

Ministério Internacional Bethel – Bethel Ministry —, com sede em Bridgeport, Connecticut, com igrejas na Geórgia e Marietta, nos Estados Unidos, e no Espírito Santo, Minas Gerais, Distrito Federal e Ceará, no Brasil.

Assembleia de Deus Ministério Restauração, fundada em 14 de abril de 2004, tem sua sede-geral na cidade de Porto Alegre, Brasil.

Assembleia de Deus Ministério New Life, ministério que tem origem na Flórida, Estados Unidos, com sede em Campinas e com igrejas em São Paulo e no Rio. O ministério mantém um instituto de teologia denominado Instituto Teológico de Ensino Nova Vida.

Assembleia de Deus Renovada do Brasil, fundada no dia 7 de novembro de 2005, tem sua sede na cidade de Araraquara, São Paulo.

Assembleia de Deus Vida com Cristo, tem sede em Diadema, São Paulo.

Assembleia de Deus Ministério Deus Cuida de Mim, fundada em 2004, tem sua sede geral na cidade de Marília, interior de São Paulo, Brasil.

Assembleia de Deus A Fortaleza da Fé, fundada em 2000, tem sua sede em Anchieta, Rio de Janeiro – RJ.

Assembleia de Deus Ministério Renovado Internacional, fundada em 14 de abril de 2005, tem sua sede em Ouro Verde – Goiás.

Assembleia de Deus Ministério Monte dos Mistérios, fundada em 17 de agosto de 1997, tem sua sede na cidade de Planura – MG.

※※—※※

A segunda fase do Pentecostalismo no Brasil começou a surgir na década de 1950, quando chegaram a São Paulo dois missionários norte-americanos da International Church of the Foursquare Gospel (Igreja Internacional do Evangelho Quadrangular).

Apresentamos, a seguir, as características básicas de algumas das denominações que consideramos as mais representativas dessa segunda fase, ou segunda onda da expansão do Pentecostalismo no Brasil.

Cruzada Nacional de Evangelização – Igreja do Evangelho Quadrangular

A Cruzada Nacional de Evangelização foi fundada em São João da Boa Vista, São Paulo, em 15 de novembro de 1951, pelo missionário da Foursquare Church Gospel (Igreja Evangélica Quadrangular), pastor Harold Edwin Williams (natural de Los Angeles, Estados Unidos), auxiliado pelo pastor peruano Jesus Hermirio Vasquez Ramos. Harold Williams, que fora missionário na Bolívia, viajou para o Brasil, aportando em Santos, São Paulo.

Em seguida, dirigiu-se para Poços de Caldas, Minas Gerais, onde iniciou a obra de evangelização, em uma casa, na cidade de Poços de Caldas, com uma escola de inglês.

Posteriormente, em 1951, viajou para São João da Boa Vista, São Paulo, onde foi construído pelos fundadores um pequeno templo. Estava fundada a Cruzada Nacional de Evangelização.

Com a fundação da Cruzada Nacional de Evangelização, também em 1951, foi criado o Conselho Nacional de Diretores, que, na época (entre 1951 e 1954), contava com apenas três pessoas: Syr Evangelista Martins, Harold Edwin Williams e Maria Elizabeth Williams.

Em 1952, os missionários vieram para a capital de São Paulo realizar campanhas evangélicas, a convite de um pastor da Igreja Presbiteriana do Cambuci.

Pouco tempo depois, foram para uma tenda de lona no mesmo bairro. De lá, foram para o bairro da Água Branca e então para o salão da Rua Brigadeiro Galvão, 713.

A tenda passou, então, a viajar pelo Estado de São Paulo como a tenda número um. No salão da Rua Brigadeiro Galvão, as senhoras da igreja começaram a ajudar um irmão que havia trabalhado muito tempo com um circo e que as ensinou a costurar tendas.

As tendas compradas ou fabricadas na própria igreja saíram peregrinando por lugares como Casa Verde, Americana, Limeira, Vitória, Curitiba e vários outros. O movimento crescia, e cada tenda dava origem a um novo núcleo que se constituía em uma nova igreja.

Centrada na cura divina, a Cruzada Nacional de Evangelização iniciou a evangelização das massas, principalmente pelo rádio, contribuindo bastante para a expansão do Pentecostalismo no Brasil.

Em 2 de julho de 1955, na Convenção Nacional, o nome da Igreja foi mudado para Igreja do Evangelho Quadrangular. O Conselho Nacional de Diretores era formado por:

Presidente – Syr Evangelista Martins;
Vice-presidente – Geraldino Santos;
Secretário executivo – Harold Williams;
Tesoureiro – Jacob Miscolty;
Diretora de Educação – Maria Elizabeth Williams;
Secretário de Atas – Antônio Alves Cordeiro.

Na década de 1960, já sob a liderança do pastor George Russell Faulkner, estabeleceu-se a meta de levar a mensagem a cada capital de Estado, sendo depois espalhada nos outros municípios. As tendas passavam e deixavam uma nova comunidade formada. As décadas de 1970 e 1980 foram marcadas pelo evangelismo dinâmico e pela construção de grandes e belos templos.

Em 1997, a Igreja do Evangelho Quadrangular já contava com 5.530 igrejas e obras novas (que estão funcionando em 2.026 templos, 1.778 salões e 1.726 tabernáculos de madeira), além de 4 mil congregações e pontos de pregação, que funcionam sob a responsabilidade das igrejas locais.

No seu rastro, surgiram a Igreja O Brasil para Cristo, a Igreja Pentecostal Deus É Amor, a Casa da Bênção, a Igreja Unida e diversas outras menores.

IGREJA EVANGÉLICA PENTECOSTAL O BRASIL PARA CRISTO

Depois da Igreja do Evangelho Quadrangular, na segunda fase de expansão do movimento pentecostal, surgiu no Brasil a Igreja Evangélica Pentecostal O Brasil para Cristo (IEPBC), a primeira Igreja Pentecostal genuinamente brasileira, fundada em São Paulo, em 1955, por Manoel de

Mello e Silva. Até o final da década de 1980, foi uma das maiores expressões do Pentecostalismo no Brasil.

Manoel de Mello e Silva (1929–1990), o iniciador da Igreja, era um trabalhador da construção civil que veio do sertão de Pernambuco para São Paulo, onde se converteu, na Assembleia de Deus. Logo após, aderiu à Cruzada Nacional de Evangelização, um movimento de cura divina, hoje a Igreja do Evangelho Quadrangular. Foi ordenado ministro pela Corporação Evangélica Four Square, com sede nos Estados Unidos.

Em 1955, segundo seu próprio relato, Manoel de Mello e Silva teve uma visão de Deus na qual o Senhor Jesus lhe apareceu e deu ordens para começar, no Brasil, um movimento de reavivamento espiritual, evangelização e cura divina.

Segundo Manoel de Mello, o próprio Senhor Jesus deu-lhe o nome do movimento: O Brasil para Cristo.

Sem dúvida alguma, começava no Brasil o movimento de evangelização e reavivamento espiritual de maior expressão em toda a América Latina. A Igreja não escapou de perseguição. Seus galpões foram depredados, incendiados, houve até abertura de processo por charlatanismo e curandeirismo, movido contra Manoel de Mello, que, no entanto, foi absolvido.

Manoel de Mello era um pregador eloquente, apesar de sua pequena instrução formal. Usava o rádio para espalhar sua mensagem, e o seu programa, A Voz do Brasil para Cristo, ficou no ar por duas décadas.

Conduziu reuniões de cura em praças públicas e estádios de futebol. A IEPBC cresceu na região mais pobre, vizinhanças operárias e na zona leste de São Paulo, povoada principalmente por pessoas que vieram do Nordeste.

A IEPBC alcançou uma presença nacional, embora esteja timidamente representada no exterior. Alguns movimentos pentecostais regionais uniriam-se à IEPBC, mas também muitos a deixaram para começar sua própria denominação, como a Igreja Pentecostal Deus É Amor e a Casa da Bênção. Por um período de tempo, a IEPBC foi membro do Conselho Mundial das Igrejas.

Manoel de Mello, que sempre viveu modestamente, deixou a direção da Igreja em 1986 e morreu em 5 de maio de 1990.

Após a morte de seu fundador, a IEPBC perdeu sua expressão, cedendo espaço aos movimentos neopentecostais. Passou por problemas internos, o que reduziu significativamente o número de adeptos (teria chegado a mobilizar, na década de 1970, 1 milhão de pessoas).

Possui atualmente, 4 mil congregações, com 400 mil membros no Brasil e presença no Paraguai, na Bolívia, no Peru, no Chile, no Uruguai, na Argentina, em Portugal e nos Estados Unidos.

A Igreja Evangélica Pentecostal O Brasil para Cristo tem sede no Grande Templo, no bairro da Pompeia, zona oeste de São Paulo, na Rua Carlos Vicari, 124. O Grande Templo, inaugurado em 1980, começou a ser construído nos anos de 1960 e foi considerado, por décadas, segundo os adeptos da Igreja, o maior templo evangélico do mundo, com capacidade de aproximadamente 9 mil pessoas.

IGREJA DE NOVA VIDA

A Igreja de Nova Vida foi fundada pelo bispo Walter Robert McAlister, no dia 14 de maio de 1961, no 9º andar do edifício da Associação Brasileira de Imprensa (ABI), no Rio de Janeiro, com o título inicial de Cruzada de Nova Vida.

Walter Robert McAlister nasceu em 13 de agosto de 1931, em Ontário, Canadá, em uma família evangélica e com tradição no reavivamento pentecostal.

Apesar de ter sido criado sob o Protestantismo, Robert, na juventude, tentava omitir-se a Deus.

Seu pai, Walter E. McAlister, era pastor da Igreja da Pedra (pela característica arquitetônica), em Toronto, Ontário, e superintendente-geral das Assembleias Pentecostais do Canadá. Era um homem extremamente humilde. Sua mãe, Ruth, sempre foi dona de casa.

Robert converteu-se aos 17 anos, no dia 18 de setembro de 1948. Deixou o seu trabalho para estudar, durante três anos, em uma escola bíblica, a Eastern Pentecostal Bible College, em Peterborough, Ontário, próximo a Toronto.

Como missionário, o primeiro lugar em que pregou foi nas Filipinas. Seu primeiro ministério foi em Formosa, em 1953, onde permaneceu dois anos.

No regresso aos Estados Unidos, em 1955, consta que Robert, na passagem por Hong Kong, fundou as duas primeiras Igrejas de Nova Vida. Afirma-se que essas duas igrejas existem até hoje com os mesmos pastores, mas não são vinculadas ao ministério no Brasil.

Essa afirmação coloca o local de fundação da Igreja de Nova Vida em 1955, em Hong Kong, contrariando o que a literatura sobre a Igreja afirma ter sido sua fundação no Rio de Janeiro, em 1961.

Em 10 de junho de 1955, nos Estados Unidos, casou-se com uma moça chamada Glória, na cidade de Charlotte, na Carolina do Norte.

Sua nova missão após o casamento seria na Índia, mas, na época, aquele país não permitia a entrada de americanos (nacionalidade de sua mulher).

Em 1956, foi missionário em Paris, na França.

Em 1958, o já bispo Robert foi convidado por Lester Summeral para participar de uma campanha de evangelização no Estádio Maracanãzinho, Rio de Janeiro. Quando a campanha terminasse, ele continuaria a correr o mundo pregando a Palavra de Deus, como era de seu costume.

Os adeptos da Igreja afirmam que, nesse dia em que pregou no Rio de Janeiro, Robert ouviu a voz de Deus: "Este é o lugar para o qual Eu o chamei para pregar a Minha Palavra".

Ao final da campanha, Robert teve de voltar ao Canadá, pois sua filha tinha acabado de nascer.

Em 1959, Robert McAlister retornou ao Brasil acompanhado da esposa Glória e de seus filhos, Walter, com dois anos e meio, e Heather Ann, de apenas seis meses.

Dirigiu-se, inicialmente, a São Paulo, mas não obteve sucesso porque, segundo os adeptos, a mão de Deus estava chamando Robert para o Rio de Janeiro. Ao irem para lá, foram morar em Santa Teresa.

A primeira atuação do bispo Robert no Rio foi por meio de um programa de rádio, na rádio Copacabana, com a duração de 15 minutos, no dia 1º de agosto de 1960.

Nesse programa de rádio, que ele intitulou *A Voz da Nova Vida*, o bispo Robert fundou a pioneira de muitas Igrejas Evangélicas renovadas no Brasil, a Cruzada de Nova Vida.

O grande impacto causado pelas mensagens de salvação do bispo levou-o a fazer dois programas diários, um às 6h30 e outro às 18h30.

Milhares de pessoas falavam sobre as pregações e sua vida transformada pela Palavra de Deus nos programas de rádio. Muitas procuravam a rádio para buscar orientação espiritual, até que alugou um escritório no Edifício Central, na Avenida Rio Branco, centro do Rio. Mas o fluxo de pessoas era tão grande que não dava mais para ficar só na rádio e em escritórios. Um desejo começou a invadir o coração do missionário canadense: reunir todos os ouvintes em um lugar para falar de Jesus.

Houve, então, a necessidade de providenciar um local para reuniões. No dia 13 de maio de 1961 (Dia das Mães), às 14h30, no 9º andar do edifício da ABI, na Rua Araújo Porto Alegre, nº 71, Rio de Janeiro, iniciou-se o primeiro culto da Cruzada de Nova Vida em local fixo, com o auditório lotado.

Segundo os adeptos, centenas de pessoas reconheceram Jesus como Senhor e Salvador de sua vida, domingo após domingo. Os novos convertidos eram aconselhados a congregar em uma igreja próxima de suas casas, porém, o número de membros foi crescendo tanto que houve a necessidade de se criar mais um culto.

Uma grande inovação foi trazida pela Nova Vida para o meio evangélico. Os escritórios em que os estúdios de gravação funcionavam, na Avenida Graça Aranha, 174, salas 920 e 921, começaram a ser utilizados também como gabinete pastoral. Os ouvintes recebiam orações e conselhos, além de ganharem livros do bispo.

A procura pelo gabinete foi tão grande que mais três salas foram alugadas, em agosto de 1962, no 10º andar do edifício Avenida Central, na Avenida Rio Branco. As salas só foram fechadas quando houve a transferência para o Templo de Nova Vida de Botafogo, em abril de 1971.

Em 1963, ele sentiu a necessidade de alcançar todo o Brasil com as boas-novas e transferiu o programa para a rádio Mayrink Veiga, às 8h10. A rádio Guanabara também veiculou o programa até que fosse transferido para a rádio Relógio, comprada pela igreja em 1967. A partir daí, a Cruzada de Nova Vida começou a produzir mais programas, como o *Café Espiritual*. Frases que lhe caracterizavam começaram a ser repetidas pelo povo, como "que Deus o abençoe rica e abundantemente" e "é chegada a hora da oração".

A abertura de igrejas foi uma consequência natural e espontânea. A presença no prédio da ABI foi um passo importante no progresso da igreja.

Em 1964, antes mesmo das primeiras igrejas nascerem, a *Palavra de Nova Vida* já estava circulando. Com 16 páginas e uma edição um tanto irregular, ela circulou até 1966, chegando a ter uma tiragem de 20 mil exemplares. Mais tarde, surgia uma nova publicação, *A Voz da Nova Vida*. Esta revista marcou um período importante na história da igreja. Pastores e líderes foram atingidos do Amazonas ao Rio Grande do Sul. Paralelamente, o pastor McAlister acompanhava o crescimento do trabalho com uma produção muito abençoada de livros. *As Dimensões da Fé Cristã, Os Alicerces da Fé, As Alianças da Fé, A Experiência Pentecostal, Medo, Crentes Endemoninhados*: a *Nova Heresia* foram livros básicos na formação doutrinária do trabalho.

Em 7 de março de 1964, foi inaugurada a primeira Igreja de Nova Vida, em Bonsucesso, Rio de Janeiro. A Cruzada se transformara primeiramente em Igreja Pentecostal de Nova Vida e, posteriormente, em Igreja de Nova Vida, nome mantido até os dias atuais.

Uma grande marca foi a construção do templo da Rua General Polidoro, em Botafogo, antiga sede da denominação, em 1971.

Em 1978, a Igreja de Nova Vida iniciou o programa de televisão *Coisas da Vida*, sendo uma das pioneiras na utilização da televisão como meio de evangelização. Logo depois, foi criada a Escola Ministerial, na qual vários pastores foram preparados e ordenados, pois a Igreja de Nova Vida crescia rapidamente. Além desses trabalhos, a Igreja de Nova Vida sempre atuou com firmeza na produção de livros e revistas.

Em 1988, o bispo Robert redefiniu a administração da denominação, e as congregações passaram a agir com maior autonomia. Dessa forma, a partir de então, as congregações passariam a registrar-se como Igreja de Nova Vida, todas, porém, ligadas fraternalmente à igreja-sede (Botafogo), ou seja, Igreja Pentecostal de Nova Vida, que foi o registro original em cartório.

Essa igreja merece especial destaque por fornecer um estilo de Pentecostalismo diverso das tradicionais:

Pioneira na utilização de rádio e televisão para evangelização.

Liturgia informal (expressão de adoração e louvor com mãos levantadas, palmas, etc.).

Pioneira em adotar, no Pentecostalismo brasileiro, forma de governo episcopal.

Pioneira em adotar, no Pentecostalismo brasileiro, usos e costumes liberais.

O bispo Robert McAlister faleceu em 12 de dezembro de 1993. O pastor foi embora, mas seus ensinamentos ficaram marcados em suas ovelhas. A base de seu ministério era "Jesus salva, cura, liberta e batiza com o Espírito Santo". A maior mensagem que ele passava é que "com fé, tudo é possível" e "nada é impossível ao que crê".

O que mais marcava o ministério do bispo eram as curas. Para ninguém esquecer, em todo lugar em que pregava, o bispo fixava no púlpito um cartaz que dizia: "Ele perdoa todas as tuas iniquidades e sara todas as tuas enfermidades" (Salmo 103:3).

Com o falecimento do bispo Robert McAlister, o seu filho bispo Walter McAlister Júnior, eleito pelo Colégio de Bispos, assumiu a liderança como primaz da denominação. Porém, três anos depois, em virtude da discussão de ordem administrativa, a Igreja dividiu-se em dois grupos.

O grupo principal denominou-se Igreja de Nova Vida, antigo nome da designação. Seus adeptos formaram o Conselho de Ministros das Igrejas de Nova Vida do Brasil.

O outro grupo passou a denominar-se Igreja Pentecostal de Nova Vida, e seus adeptos formaram a Aliança de Nova Vida.

Contudo, são Igrejas de Nova Vida praticantes da visão implantada pelo bispo Robert McAlister.

A Igreja de Nova Vida é considerada o agente catalisador da terceira fase do Pentecostalismo no Brasil, o Neopentecostalismo. Dela saíram os principais líderes do Neopentecostalismo brasileiro, como Edir Macedo (fundador da Igreja Universal do Reino de Deus), R. R. Soares (fundador da Igreja Internacional da Graça de Deus) e Miguel Ângelo (fundador e líder do Ministério Cristo Vive).

Crenças na Igreja de Nova Vida

O Conselho de Ministros da Igreja de Nova Vida do Brasil emitiu, em julho de 2000, a seguinte Declaração de Fé:

Deus Pai – Cremos em um só Deus, pessoal, eterno, onipotente, onisciente, onipresente, criador e sustentador de todo o Universo. Cremos que Deus existe eternamente em três pessoas distintas: Pai, Filho e Espírito Santo, cada qual manifestando todos os atributos divinos.

O Senhor Jesus Cristo – Cremos na divindade de Jesus Cristo, Filho Unigênito de Deus Pai, concebido pelo Espírito Santo, nascido da Virgem Maria, que, pela Sua vida perfeita, Sua morte e ressurreição, é o único mediador entre o Deus Santo e o homem pecador.

O Espírito Santo – Cremos no Espírito Santo, enviado por Deus Pai para ser o consolador, guia e presença constante na Igreja. Cremos que Ele se manifesta na Igreja, que é o corpo de Cristo, por meio do seu fruto e dos seus dons. Cremos no batismo do Espírito Santo, experiência subsequente à salvação, capacitando o cristão para viver e ministrar no Espírito.

A Bíblia – Cremos na Bíblia como sendo a Palavra de Deus, Sagrada Escritura divinamente inspirada, conforme foi dada originalmente por Deus, infalível, totalmente digna de confiança e autoridade suprema em todos os assuntos de conduta de fé. Cremos que a pregação da Palavra de Deus é acompanhada por sinais e prodígios, tais como: cura divina, expulsão de demônios, operação de milagres e outras manifestações do Espírito Santo.

A Igreja – Cremos que a Igreja, edificada pelo Senhor Jesus Cristo, é a manifestação visível do corpo de Cristo e que seus membros são todos os que depositam sua fé em Jesus como o único Senhor e Salvador, independentemente de sua filiação denominacional. Cremos nos ministérios de apóstolo, profeta, evangelista, pastor e mestre atuando na Igreja nos tempos atuais, preparando o povo de Deus para o seu serviço. Cremos que a própria existência e crescimento da Igreja são realizados e sustentados pelo poder sobrenatural de Deus. Cremos que a missão da Igreja é a de proclamar as boas-novas da salvação a todos os povos e tornar discípulos os convertidos.

O reino de Deus – Cremos no reino de Deus como uma realidade espiritual passada, presente e futura e que a fase neotestamentária do reino foi inaugurada na chegada de Jesus. Cremos que a identidade fundamental do crente em Cristo é a de cidadão do reino de Deus, cujas leis, obrigações e privilégios regem sua fé e conduta. Cremos que o reino de Deus crescerá até sua consumação na segunda vinda de Jesus Cristo.

As ordenanças – Cremos nas ordenanças da Ceia do Senhor e do batismo nas águas por imersão.

A segunda vinda de Jesus – Cremos que vivemos nos últimos dias, num tempo marcado por grandes manifestações do Espírito Santo. Cremos na segunda vinda de Jesus, quando todos os mortos e vivos serão julgados segundo o Evangelho, indo os ímpios para a perdição eterna e os justos para a vida eterna.

A Igreja de Nova Vida possui atualmente, em todo o Brasil, 180 igrejas.

IGREJA PENTECOSTAL DEUS É AMOR

A Igreja Pentecostal Deus É Amor (IPDA) é uma denominação brasileira originária da segunda onda (ou segunda fase) do Pentecostalismo. Foi fundada em 1962 pelo missionário David Martins de Miranda.

David Martins de Miranda construiu um ministério com posturas bastante radicais, embora, em seus programas de rádio, se dirija aos irmãos católicos, espíritas e evangélicos, mas sempre rejeitando a interação com qualquer grupo religioso.

O radicalismo da denominação pode ser observado em seu rigoroso código de usos e costumes. O regulamento interno da Igreja demonstra seu antagonismo às demais denominações cristãs. Enfatiza-se a cura divina, o exorcismo e as manifestações pentecostais. Não é recomendado assistir à televisão, ao futebol, o uso de maquiagem e adornos, idas a praias e a festas. Seus membros, tanto homens como mulheres, são doutrinados a renunciar os desejos errados (chamados de vaidades carnais e pecaminosas) e a se consagrar a Deus em santificação não só da alma e do espírito, mas também do corpo.

A IPDA tem uma grande penetração entre as comunidades mais carentes do Brasil, ainda que seus programas de rádio, pertencentes à cadeia intitulada *A Voz da Libertação*, atinjam diversos países do mundo (principalmente pelo uso de programas de rádio via satélite e internet).

Esse programa de rádio, *A Voz da Libertação*, foi criado desde o início da fundação da Igreja. Constava, inicialmente, com poucos minutos no ar. Atualmente possui uma imensa rede de emissoras no Brasil e em mais de 160 países. Muitas dessas emissoras transmitem o programa 24 horas por dia.

O programa *A Voz da Libertação* é o principal vetor de divulgação da Igreja. Inclui testemunhos, hinos, anúncios sobre cultos e transmissões ao vivo das pregações.

Além da rede de rádio, o programa é ouvido também via internet, assim como outros programas da Igreja, como o programa *Mensagens Cantadas* (*MC*), que é apresentado pelo pastor Lourival de Almeida e sua esposa, Débora Miranda de Almeida. De segunda a sexta-feira, das 12h30 às 14h, o programa *MC* conta com meditações, oração, dicas de saúde, dicas práticas, notícias e muitas páginas musicais.

A Igreja é também responsável pela administração de uma gravadora, cujo antigo nome era A Voz da Libertação, título mudado para MC Music, com muitos CDs gravados.

A IPDA apoiou a iniciativa da sra. Ereni Oliveira de Miranda na criação, em 9 de agosto de 1994, da Fundação Reviver, com um abrigo para idosos em Mairiporã, São Paulo. Antes disso, já havia a distribuição do sopão, feita por voluntárias, sob a coordenação da sra. Ereni, para os moradores de rua da área central da cidade.

Posteriormente, em Sarutaiá, cidade do interior de São Paulo, em terreno doado pela prefeitura daquele município, a Fundação Reviver construiu um asilo, a Unidade Sarutaiá da Fundação Reviver. A Unidade Sarutaiá tem a finalidade de abrigar idosos abandonados pela família ou sem família, dando-lhes todo o sustento, com o apoio efetivo, emocional e espiritual, além de lhes fornecer assistência médica e odontológica integral.

Em seguida, junto à sede da Fundação Reviver, no bairro do Cambuci, surgiu a Creche Arco-Íris – Assistência Infantil Reviver, cuja principal finalidade é abrigar gratuitamente "crianças de risco", amparando-as na idade de 1 a 5 anos; além de favorecer as mães que trabalham fora de casa, ajuda na manutenção da estrutura familiar.

No inverno de 1999, teve início o Projeto Anjos da Madrugada, que atende moradores de rua fornecendo-lhes cobertores, agasalhos, alimentação e conforto espiritual durante a madrugada.

No ano 2000, teve início o Projeto Aldeia Reviver. Este projeto consiste em abrigar crianças desamparadas em um sistema familiar, em que um número pequeno de crianças são criadas por uma mãe social dentro de uma casa lar, visto que a mãe social reproduz a figura da mãe biológica, dando às crianças apoio, segurança, cuidados, orientação e afeto.

O Projeto Aldeia Reviver consiste na construção de 27 casas lares na Serra da Cantareira, São Paulo, com a construção de uma creche, uma escola, um salão comunitário, um *playground*, uma escola de ofícios e uma igreja, sendo tal conjunto intitulado de Aldeia Reviver. Como solução provisória, aguardando a construção das casas na Serra da Cantareira, foi criada, em abril de 2000, a Unidade Backer da Fundação Reviver, por meio da compra de um imóvel no Cambuci, com a finalidade de abrigar algumas crianças desamparadas, em situação de risco iminente. Com a chegada de mais crianças, foi alugada outra casa, na mesma rua. Esse conjunto, que abriga ao todo 15 crianças, foi intitulado de Unidade Provisória da Aldeia Reviver.

Atualmente, o projeto da unidade definitiva Aldeia Reviver na Serra da Cantareira está em fase de conclusão. Terá capacidade para abrigar cerca de 200 crianças desamparadas, além de oferecer, em futuro próximo, escola e creche para os filhos de moradores carentes da região.

Desde sua fundação, a Igreja Pentecostal Deus É Amor cresceu aceleradamente e hoje possui cerca de 20 mil igrejas em quase 140 países, a maioria em prédios comerciais. Possui cerca de 20 milhões de aderentes.

IGREJA TABERNÁCULO EVANGÉLICO DE JESUS – CASA DA BÊNÇÃO

A Igreja Tabernáculo Evangélico de Jesus é uma denominação evangélica pentecostal, classificada como da segunda fase de expansão do Pentecostalismo no Brasil, que hoje conta com aproximadamente 140 mil membros. O título Casa da Bênção foi adotado em 1974. A Igreja está mais presente nos grandes centros urbanos do que nas pequenas cidades.

A história da Igreja Tabernáculo Evangélico de Jesus está estreitamente ligada ao ministro Doriel de Oliveira, que pertencia à Igreja O Brasil para Cristo. O primeiro culto da Igreja foi realizado por Doriel de Oliveira, em uma praça, em Belo Horizonte, Minas Gerais, em 9 de junho de 1964. Durante cerca de cinco meses, os cultos foram feitos na praça, até que conseguiram um templo para as reuniões.

Em 1969, a denominação contava com 40 congregações em Belo Horizonte, ocasião em que Doriel diz ter recebido uma revelação divina para mudar para Brasília, Distrito Federal.

Em maio de 1970, Doriel de Oliveira, acompanhado de mais 500 membros, partiu para Brasília, onde estabeleceu uma nova sede da Igreja em Taguatinga, construindo um templo.

Em 1974, a denominação passou a ostentar o título Casa da Bênção, como é mais conhecida atualmente.

Em 1983, iniciou-se o trabalho para a construção da sede mundial, a Catedral da Bênção, que foi inaugurada em 1985, durante a 21ª Convenção Nacional, com capacidade para 5 mil pessoas.

Organização da Casa da Bênção

O principal órgão da organização da Igreja é o Supremo Concílio, atualmente presidido por Doriel de Oliveira, tendo como vice-presidente o missionário Jair de Oliveira e os seguintes diretores: pastores Júnior Brunelli, Arcentik Dias, Marcos Galdino, Adilson de Oliveira e Jefferson Figueiredo.

O Supremo Concílio coordena e dá suporte a todas as atividades da Igreja. Além do Supremo Concílio, há também as sedes regionais.

A Igreja também possui um seminário preparatório para pastores, o Seminário Nacional da Igreja Tabernáculo Evangélico de Jesus, que foi fundado em 1997 e tem como presidente a missionária Ruth Brunelli, esposa de Doriel de Oliveira.

Há também o projeto Jesus em Cada Lar, que objetiva a realização de cultos nos lares.

Anualmente, desde 1965, realiza-se a Convenção Nacional, quando todas as lideranças nacionais se encontram. As cinco primeiras reuniões da Convenção Nacional foram realizadas em Belo Horizonte e, a partir da sexta, em Brasília.

Há também a Convenção Mundial da Igreja, realizada em Brasília, desde 2001.

A Igreja utiliza, como principais meios de comunicação, as revistas *Mensagem* e *Impacto*, além de manter alguns programas de rádio. Expandiu-se e está presente em 14 países, como Estados Unidos, Gana, por meio do missionário Sammy Kweku, e Portugal, por intermédio do missionário pastor Júnior Santos. No Brasil, segundo informe da Igreja, há cerca de 2 mil templos. Na política, a Igreja tem, atualmente, dois representantes: deputados Júnior Brunelli (PTB-DF) e Édino Fonseca (PSC-RJ).

Doutrina da Igreja Tabernáculo Evangélico de Jesus

Em sua doutrina, a Igreja Tabernáculo Evangélico de Jesus prega, como uma denominação cristã, a Trindade, inspiração e autoridade das Escrituras e necessidade do novo nascimento. Favorece o Arminianismo.

A Igreja aceita a doutrina pentecostal acerca do batismo no Espírito Santo, acompanhado da glossolalia (falar línguas estranhas) e o batismo por imersão.

É classificada como uma denominação pentecostal de segunda onda (ou segunda fase), embora existam alguns que a classifiquem como de terceira onda, porque parece ter adotado ideias da Nova Reforma Apostólica, quando o fundador recebeu o título de apóstolo. Na Igreja, as mulheres são admitidas como pastoras.

Em sua liturgia, o culto é composto de oração, louvor e pregação. Aceita a música cristã contemporânea e tem o projeto Jesus em Cada Lar.

Em algumas, há classes de Escola Bíblica Dominical, e há outras que aceitam o G 12 (embora algumas igrejas tenham sofrido disciplinas por ter aceitado o G 12).

Organização Religiosa G 12

A Organização Religiosa G 12, ou Governo dos 12, ou Visão 12, ou ainda Grupo dos 12, é um controvertido movimento religioso que teve seu surgimento no meio evangélico neopentecostal, cujo principal objetivo é promover o crescimento da Igreja.

Segundo os adeptos, o G 12 busca a evangelização, ou seja, ganhar vidas para Deus, cumprindo o mandamento do Senhor: "Ide por todo mundo e pregai o Evangelho a toda criatura", usando como estratégia as células, pequenos grupos de oração e estudo da Bíblia. Uma outra prática do G12 é a de trabalhar o discipulado nas células, fundamentado no versículo: "Portanto ide, fazei discípulos de todas as nações, batizando-os em nome do Pai, do Filho e do Espírito Santo" – Mateus 28:19.

O movimento G 12 foi criado pelo pastor colombiano César Castellanos Domínguez, da Missão Carismática Internacional (MCI), em 1983, inspirado no modelo de Igreja em células do pastor sul-coreano Paul Yonggi Cho, da Igreja do Evangelho Pleno. Com esse projeto, teve início a MCI.

De acordo com a visão de Castellanos, a Igreja deve ser subdividida em grupos, denominados células. As células se reúnem nas casas, nas quais se realizam reuniões de estudo bíblico e oração, sob a coordenação de um líder. O objetivo da célula é o crescimento e a multiplicação. Quando a célula atinge a meta de 24 membros, é dividida em duas de 12 membros, e assim por diante. Algumas Igrejas utilizam outros números de membros para a multiplicação. Porém, a ideia é a mesma.

O movimento G 12 tem gerado grandes discussões no meio evangélico brasileiro, por causa de sua conotação neopentecostal. Bem recebido e implantado por algumas Igrejas e totalmente rejeitado em outras.

A principal crítica ao movimento é com relação às doutrinas que os opositores alegam estar embutidas no G 12. Muitas dessas doutrinas não são aceitas pelas denominações tradicionais e pentecostais clássicas, tais como: batalha espiritual, quebra de maldições, cobertura espiritual, atos proféticos, cura interior, etc.

A terceira fase do movimento pentecostal no Brasil, a neopentecostal, teve início na segunda metade dos anos 1970.

O movimento neopentecostal se baseia na manifestação carismática do Espírito Santo. Esse movimento promove grande concentração de pessoas, reforça com veemência uma mudança de vida radical, se utiliza fortemente da oratória e dos meios de comunicação de massa.

Fundadas por brasileiros, a Igreja Universal do Reino de Deus (Rio de Janeiro, 1977), a Comunidade Evangélica Sara Nossa Terra (Brasília, 1992) e a Renascer em Cristo (São Paulo, 1986) estão entre as principais. Utilizam intensamente a mídia eletrônica e aplicam técnicas de administração empresarial, com uso de marketing, planejamento estratégico, análise de resultados, etc.

Algumas delas pregam a teologia da prosperidade, pela qual o cristão está destinado à prosperidade terrena, rejeitando os tradicionais usos e costumes pentecostais.

O Neopentecostalismo constitui a vertente pentecostal mais influente e a que mais cresce. Também são mais liberais em questões de costumes.

Apresentaremos, a seguir, aspectos básicos das denominações mais representativas (a nosso ver) da terceira fase de expansão do Pentecostalismo, o Neopentecostalismo.

IGREJA UNIVERSAL DO REINO DE DEUS

A Igreja Universal do Reino de Deus (IURD) é uma igreja cristã protestante de tendência neopentecostal fundada no Brasil, onde sua atuação é mais conhecida.

A Igreja foi criada a partir de reuniões ao ar livre (eram chamadas de Cruzada para o Caminho Eterno) feitas por Edir Macedo (egresso da Igreja de Nova Vida).

Sem condições para alugar um imóvel, Edir Macedo passou a realizar reuniões em um coreto do jardim do bairro Méier, no Rio de Janeiro. Os cultos eram frequentados de tal maneira que, lentamente, motivaram o aluguel dos primeiros espaços.

Mais tarde, as reuniões passaram a acontecer em um antigo cinema (Bruni Méier) e após, em outro cinema (Rian em Copacabana).

Dos cinemas, as reuniões passaram a ser realizadas em uma loja, que fora uma antiga funerária, no bairro da Abolição, zona norte do Rio de Janeiro.

Naquela época, a divulgação era feita por dez obreiros. Eles colavam folhetos de evangelização nos postes e convidavam as pessoas a participar dos cultos.

Em 9 de julho de 1977, nasceu oficialmente a Igreja, a princípio sob o nome de Igreja da Bênção (nessa época, a igreja estava sediada em um galpão na Avenida Suburbana, zona norte da cidade do Rio de Janeiro). Três anos depois, foi aberto o primeiro templo nos Estados Unidos.

Os nomes utilizados na formação da atual Igreja foram Cruzada do Caminho Eterno, Igreja da Bênção e, finalmente, Igreja Universal do Reino de Deus.

A IURD crescia muito rapidamente. O galpão de uma antiga fábrica de móveis na Avenida Suburbana parecia ser o local ideal. O galpão se tornou o grande Templo da Abolição, com capacidade inicial para 1.500 fiéis. Logo, foi preciso ampliar a capacidade para 2 mil pessoas. O próprio Macedo testemunha sempre a respeito: "Quando alugamos o galpão, isso foi considerado um gesto louco, pois o aluguel do imóvel era muito caro".

Essa ousadia, entretanto, contribuiu para fazer da Igreja Universal do Reino de Deus o que ela é hoje: uma Igreja que não para de se expandir.

Os planos para a Igreja sempre foram grandes. Já nas pregações realizadas desde o coreto do Méier, Edir Macedo costumava dizer que a Universal tinha por objetivo "pregar o Evangelho aos quatro cantos do mundo e que, para isso, seria necessário usar os meios de comunicação".

Determinado e com total liderança, Macedo conseguiu, por intermédio da TV e do rádio, livros, jornais, revistas e filmes que a IURD tem produzido.

Inicialmente, o programa *O Despertar da Fé*, com 15 minutos de duração, foi transmitido pela rádio Metropolitana. Em seguida, o programa foi veiculado na extinta TV Tupi, canal 6, no Rio de Janeiro, passando a ser retransmitido em São Paulo e nos demais Estados. Depois, a Igreja alugou alguns espaços e assumiu a direção de outras emissoras, criando uma rede de rádios e TVs que divulgavam seu trabalho.

A primeira campanha de prosperidade aconteceu quando, certo dia, o então pastor Macedo ficou preocupado porque o povo não estava sendo abençoado financeiramente. Depois de orar, pediu que alguém escrevesse um pedido e separasse 12 toalhas e 12 bacias com água. Doze obreiros foram escolhidos para ajudar. Essa corrente passou a ser realizada todos os sábados. Na primeira vez, apenas metade do templo ficou cheia. Na segunda, a igreja ficou quase lotada, e, na terceira, os lugares já eram disputados. As ofertas foram dadas espontaneamente pelas pessoas, e muitas obtiveram bênçãos financeiras.

A abertura da segunda igreja da IURD, a de Padre Miguel, transformou um simples casebre em um verdadeiro "barracão da fé". Depois foram abertas as igrejas do Grajaú, Inhaúma, Duque de Caxias, Nova Iguaçu e muitas outras.

Em oito anos de existência, a IURD já dispunha de 195 templos em 14 Estados brasileiros e no Distrito Federal, número que quase dobrou dois anos depois. As últimas estimativas apontam para um contingente superior a 10 milhões de fiéis (dados mais recentes apontam 15 milhões), com presença em todos os Estados do Brasil.

Inauguram-se, em média, mais de três igrejas por domingo. Sabe-se apenas que, até 1998, existiam mais de 3 mil templos espalhados pelo país inteiro.

Diante desse crescimento, a Igreja resolveu, além de inaugurar mais templos e ampliar os já existentes, construir catedrais nos Estados, para que funcionassem como sedes. Em São Paulo, além da Catedral da Fé em Santo Amaro, zona sul, outras nove catedrais foram construídas em diferentes áreas, incluindo a região metropolitana e o interior do Estado.

É, entretanto, no Rio de Janeiro, bairro Del Castilho, que está localizada a maior catedral do Brasil, sede mundial da Igreja, o Templo da Glória do Novo Israel.

Atualmente, a IURD está presente em mais de 115 países pelo mundo (até 2006, de acordo com a IURD).

Trata-se de uma instituição polêmica, por causa de sua teologia, seus atos, posições sociais e morais, bem como métodos de trabalho duramente criticados, tanto por leigos quanto por adeptos de outras linhas religiosas, até mesmo cristãs, protestantes e pentecostais.

Doutrinas da Igreja Universal do Reino de Deus

Os estatutos de fé da IURD referenciam algumas doutrinas fundamentais, a saber:

A existência de um só Deus, formado pela Trindade, Pai, Filho e Espírito Santo.

A volta de Jesus Cristo (arrebatamento).

A salvação pela fé em Cristo.

A existência da vida eterna e da morte eterna (existência do céu e do inferno).

A salvação começa aqui na terra e segue após a morte.

A Bíblia (sem os livros apócrifos) é a Escritura infalível e foi escrita por homens inspirados por Deus.

A Igreja é a união universal de todos os cristãos fiéis, representando o corpo do qual Cristo é a cabeça.

O batismo nas águas por imersão.

O batismo pelo Espírito Santo.

Os dons do Espírito Santo.

A Santa Ceia.

A libertação de espíritos malignos e a paz espiritual.

O dízimo e as ofertas voluntárias a Deus.

A prosperidade como uma das promessas de Deus.

A cura de todas doenças.

A felicidade sentimental.

Essas doutrinas são *a priori* semelhantes às de outras confissões cristãs evangélicas, em particular, as de linha pentecostal.

Entretanto, existem outras diferenças fundamentais. Um exemplo disso é o caráter sobrenatural dado pela IURD às celebrações do batismo por imersão e da Ceia do Senhor.

O código de conduta da IURD é a Bíblia Sagrada. Suas doutrinas estão resumidas no livro *Doutrinas da Igreja Universal do Reino de Deus,* de autoria do bispo Edir Macedo.

A IURD prega a volta de Jesus Cristo para arrebatar a Igreja. Edir Macedo dá bastante ênfase a esse assunto nas pregações. Ele defende que o caos que assola a humanidade é um sinal do fim dos tempos e também um alerta para as pessoas que não aceitaram Jesus como único Salvador se arrependam.

O termo libertação significa procurar a liberdade de forças que oprimam a pessoa, forças estas que, no entender da IURD, são muito mais sobrenaturais do que naturais, e, por conseguinte, as formas de lidar com elas são fundamentalmente espirituais.

Na visão da IURD, muitos dos males que assolam a humanidade (como doenças, violência, depressão, solidão, fome, privações, desemprego e pobreza) e, em particular, aos que não seguem Jesus Cristo são associados a obras de demônios ou espíritos caídos (chamados, em alguns casos, de encostos). Tais espíritos podem atuar diretamente na pessoa, por meio de uma possessão demoníaca, ou ao redor dela, conspirando contra ela por outras pessoas ou circunstâncias (opressão). A ação de tais espíritos pode ser facilitada pelas brechas. Entre elas, estão a falta de comunhão com Deus, pecado, maldição hereditária, maldição proferida, inveja, mau-olhado, maldição mandada, trabalhos e feitiços de bruxaria, feitiçaria, macumba, magia negra, comidas oferecidas a ídolos e o envolvimento direto com os espíritos.

Um reflexo direto de tal crença é a ênfase dada ao exorcismo e ritos de repreensão do mal, presentes na quase totalidade dos cultos e celebrações da IURD. É também notória tal preocupação na forma da oração, que, além de pedir a Deus que afaste o mal, às vezes, dirige palavras de repúdio diretamente a tais entidades espirituais malignas. A libertação é praticada com base no ministério de Jesus Cristo e seus discípulos, que também expulsam demônios, segundo os Evangelhos: Mateus 8:28, 9:32, 10:8, 17:14; Marcos 3:15, 6:13, 7:24, 9:38, 16:9, 16:17 e Lucas 8:2, 10:17.

No livro *Vida com Abundância,* Edir Macedo prega a vida abundante na Terra e não apenas na eternidade. Defende que a vontade de Deus para os Seus filhos é que vivam de forma confortável, pois foi assim que Ele criou o homem no paraíso, e Jesus veio trazer novamente a autoridade que o homem perdeu para Satanás.

A IURD acredita que a doutrina da predestinação é antibíblica. Essa doutrina diz que a pessoa está predestinada ao céu ou ao inferno, independentemente da sua vontade, e que Deus já escolheu os salvos e os perdidos.

A palavra dízimo significa a décima parte. Tal fração está presente em diversas religiões abraâmicas, como continuação da tradição do patriarca hebreu Abraão, que, segundo a Bíblia, ofertou a Melquisedeque, sacerdote do Deus Altíssimo, o dízimo do despojo da guerra de quatro reis contra cinco (Gênesis 14:18-24). Tal prática foi regularmente incorporada ao Judaísmo, ainda incipiente, nos tempos de Moisés, para garantir o sustento do serviço religioso e dos religiosos da tribo de Levi, que não foi contemplada na partilha das terras de Canaã entre as tribos de Israel. A Igreja Cristã tomou emprestado do Judaísmo a prática do dízimo, com o objetivo de angariar recursos para o cumprimento do serviço religioso e social cristão, bem como o sustento dos dirigentes religiosos.

Costuma-se usar o termo oferta, distinto do dízimo, para outros tipos de oferecimentos que não estão necessariamente vinculados a um compromisso de sustento, nem possuem um valor absoluto ou percentual predefinido, que podem nem ser em forma material e são de caráter voluntário. O primeiro exemplo bíblico de ofertas desse tipo ocorre com Caim e Abel (Gênesis 4:3-7). Com a consolidação do Judaísmo e a formalização do culto hebreu, também vários tipos de ofertas devocionais foram formalizados. Porém, na Bíblia, há frequentes críticas à oferta como rito meramente formal, e não como ato sincero (por exemplo, Isaías 1:11-20, especialmente 11:13 e Lucas 21: 2-4).

Essa doutrina tem sido alvo de acusações diversas, entrando assim para o rol das polêmicas em torno da IURD.

Organização da Igreja Universal do Reino de Deus

A IURD segue um modelo episcopal, que pode ser rudimentarmente comparado ao modelo empregado pela Igreja Católica.

Cada congregação local da IURD conta com vários obreiros, que são subordinados aos pastores e encarregados de trabalhos menores, como o convite de pessoas à participação nos cultos, recepção das pessoas que chegam aos templos, visitas aos lares de enfermos e a hospitais e auxílio aos pastores durante os cultos ou não.

Aos pastores, cabe o serviço religioso do culto, a orientação dos obreiros e a administração da igreja local. Acima dos pastores, estão os bispos, que regulam as linhas doutrinárias e supervisionam o trabalho dos pastores.

Existem diferentes níveis de importância e influência entre os bispos, embora isso não seja evidenciado em títulos superiores como arcebispo, cardeal ou papa, como ocorre com a Igreja Católica. Os ocupantes dos maiores cargos da IURD, incluindo Edir Macedo, seu fundador e principal dirigente até a presente data, utilizam o título bispo do mesmo modo que muitos de seus subordinados.

A ascendência de nível eclesiástico dentro dos quadros da IURD é permitida e estimulada. Em geral, espera-se que membros antigos se tornem obreiros, que os obreiros com bastante tempo de serviço se dediquem para se tornarem pastores e que pastores procurem tornar-se bispos. Isso, no entanto, não é automático. É necessária certa preparação e aprovação de níveis hierárquicos superiores. É proibido bispos, obreiros e pastores homossexuais.

Além do trabalho religioso, a IURD realiza trabalhos de cunho social e assistencial nos países em que atua, principalmente no Brasil. Alguns dos trabalhos são enumerados a seguir:

Associação Beneficente Cristã (ABC) – Fundada em 1994, é uma instituição filantrópica sem fins lucrativos que realiza sob o lema "caridade não tem religião" distribuição de alimentos e atividades de serviço social, saúde e cidadania e é sustentada sobretudo pela contribuição de membros da IURD.

Projeto Nordeste – Financiado pela IURD, em parceria com empresas privadas, que mantêm a Fazenda Nova Canaã, localizada no município de Irecê, Estado da Bahia, Brasil.

Trabalho contra as drogas – Com acompanhamento e recuperação de viciados, principalmente na cidade de São Paulo.

Trabalho de capelania – Nos presídios e hospitais.

O Supletivo Universal Ler e Escrever (SULE) – Criado em 1998, tem a missão de alfabetizar menores carentes a partir de 14 anos, jovens, adultos e idosos.

A Igreja Universal do Reino de Deus é proprietária da Rede Record de Rádio e TV e da Rede Mulher. Na internet, há o Portal Arca Universal. Na mídia escrita, há o jornal *Folha Universal,* com tiragem anunciada de 2.300 mil exemplares por semana, e a revista *Plenitude,* de edição mensal. Há também o jornal *Hoje em Dia,* de Minas Gerais, que não tem cunho religioso. A Editora Gráfica Universal é responsável pela publicação de livros escritos ligados à IURD.

No Brasil, a IURD possui uma rede nacional de rádios em FM, a Rede Aleluia, com programação musical gospel, e várias emissoras locais, em AM e FM, com programação apenas evangélica. Possui ainda o controle da segunda maior associação brasileira de emissoras de rádio e TV (ABRATEL). Também possui redes de rádio e TV pelo mundo. A empresa que engloba todos os meios de comunicação é a Universal Produções.

A IURD é também proprietária da gravadora Line Records. Uma boa parte dos músicos e cantores dessa gravadora é bispo ou pastor da IURD.

Práticas Religiosas na Igreja Universal do Reino de Deus

Fogueira Santa de Israel – Evento que acontece duas vezes ao ano na IURD, em que os pedidos dos fiéis são levados à Terra Santa de Israel e eventualmente ao topo do Monte Sinai, no Egito (monte onde Deus falou com Moisés, Êxodo 19).

A Santa Ceia – Considerada a cerimônia mais importante para os adeptos da IURD, é realizada em memória do sacrifício de Jesus Cristo. O pão e o cálice, elementos da mesa, simbolizam o corpo e o sangue de Cristo, a Nova Aliança. Durante a Santa Ceia, as pessoas renovam a fé, edificam a vida espiritual e alicerçam a comunhão com o Espírito Santo. Segundo o bispo Macedo, manter a intimidade com Deus é a única forma do ser humano alcançar a verdadeira harmonia. Duas vezes por mês, a IURD celebra a Santa Ceia, à semelhança do que faziam os apóstolos de Jesus.

Cultos na Igreja Universal do Reino de Deus

Os cultos na IURD são temáticos, e cada tema é geralmente associado a um dia da semana (Cultos da Semana) ou a uma data específica. No dia determinado, é dada ênfase especial no culto ao combate espiritual daquele mal em especial. Por isso, são comuns ocorrerem reuniões em dias determinados especificamente para solteiros (que querem casar), desempregados, doentes, deprimidos, entre outros.

São Cultos da Semana:

Domingo – Louvor e Busca do Espírito Santo, Salvação, Estudos Bíblicos.

Segunda-Feira – Reunião dos 318 Pastores (Reunião da Prosperidade).

Terça-Feira – Sessão do Descarrego (libertação, cura).

Quarta-Feira – Louvor e Busca do Espírito Santo, Salvação, Estudos Bíblicos.

Quinta-Feira – Clamor pela Família.

Sexta-Feira – Desafio da Cruz (libertação).

Sábado – Terapia do Amor (oração pela vida sentimental) e Grupo Jovem.

Posicionamento Social e Político na IURD

Legalização do aborto – Os líderes da IURD, com base em Eclesiastes 6:3-6, pregam que a pessoa que vive infeliz, sem a salvação eterna e que não passou pelo "novo nascimento" que Jesus pregou (João 3:3), seria melhor que não tivesse nascido.

A IURD é, provavelmente, a única Igreja Cristã, entre os católicos e protestantes, que apoia o aborto induzido. Essa posição não é declarada por dogmas da referida Igreja. Entretanto, após publicação de sua biografia e entrevistas sobre o livro, o bispo Edir Macedo, líder da Igreja, declara ser a favor do aborto e que a Bíblia também é a favor. Segundo Edir Macedo, o referido método seria uma alternativa contra a violência.

Nas primeiras semanas de atuação da Record News, uma das propagandas veiculadas foi o direito de escolha da mulher em fazer o aborto induzido. Edir Macedo associa a prática do aborto ao planejamento familiar e defende que tal prática diminuiria a violência no país. Defende ainda o uso de embriões humanos pela medicina.

Tal posicionamento ocasionou a imediata reação dos grupos cristãos antiaborto.

Métodos anticoncepcionais – A IURD é a favor do uso de métodos anticoncepcionais, como o preservativo, a contracepção oral e a vasectomia, para o controle de natalidade, mas entre pessoas casadas.

Casamento – Para a IURD, o casamento entre um homem e uma mulher é sagrado, e o sexo só é permitido após o casamento. O casamento homossexual é rejeitado.

A IURD tem sido alvo de diversas polêmicas e também tem entrado em atrito com outros grupos religiosos, bem como com outros setores sociais.

Contribui também para o surgimento de polêmicas em torno da IURD, o fato de ser ela detentora de veículos de mídia em todo o Brasil e utilizar tais meios para falar abertamente daquilo em que crê e daquilo que faz, incluindo atacar outras religiões. Entre as acusações que lhe fazem, há questões de interpretação do sentido das palavras e dos textos sagrados e acusações de crimes graves, como charlatanismo e extorsão, alguns já julgados procedentes pela Justiça.

Outro foco de polêmica é a alegação de que a IURD exige de seus membros contribuição financeira descabidamente elevada. A forma como a IURD pede dinheiro costuma chocar aqueles que não são seus membros. Mesmo entre estes, há quem concorde com a afirmação de que ela possivelmente provoque, em algumas pessoas, um constrangimento que induza à contribuição.

Os críticos da IURD também costumam questionar a motivação para a contribuição. É comum que a IURD, tanto em seus templos quanto em programas de difusão aberta por rádio e televisão, associe o dízimo e ofertas voluntárias adicionais a retribuições e graças materiais da parte de Deus para com aquele que contribuiu. Para os críticos, em especial os religiosos, as passagens bíblicas que garantem que Deus abençoa aqueles que voluntariamente contribuem não especificam a natureza material ou imaterial de tais bênçãos.

IGREJA INTERNACIONAL DA GRAÇA DE DEUS

A Igreja Internacional da Graça de Deus é uma Igreja Evangélica Neopentecostal fundada em 1980 pelo missionário Romildo Ribeiro Soares (conhecido como missionário R. R. Soares).

Romildo foi criado na pequena cidade de Muniz Freire, no Espírito Santo. Um dia, em 1958, ao visitar a cidade vizinha de Cachoeiro do Itapemirim, na Praça Jerônimo Monteiro, o menino Romildo, de 11 anos de idade, viu, pela primeira vez em sua vida, um aparelho de televisão, exposto em uma loja.

Segundo o seu relato, ele notou que todos os que estavam ali ficaram fascinados com o que acontecia na tela e, naquele momento, fez um voto a Deus: "Não tem ninguém falando do Senhor nesse aparelho. Ah, Senhor, se me der condições, um dia, eu estarei aí, falando só do Senhor".

Em abril de 1964, ainda jovem, Romildo chegou ao Rio de Janeiro, e, em 1968, teve início o ministério de R. R. Soares.

No dia 1º de novembro de 1977, iniciou-se, pela Rede Tupi de Televisão, o maior ministério de evangelismo pela televisão brasileira. Nesse dia, cumpriu-se um desejo que, há muitos anos, surgira no coração do garoto Romildo.

Romildo Ribeiro Soares é cunhado do conhecido bispo Edir Macedo, fundador da Igreja Universal do Reino de Deus (IURD). Romildo rompeu relações com Edir Macedo em 1978, após desentendimentos teológicos. R. R. Soares não concordava com o caminho que Edir Macedo tomava na direção da IURD. Houve, então, a cisão, e, em 1980, fundou a Igreja Internacional da Graça de Deus.

Na Rua Lauro Neiva, no município de Duque de Caxias, Rio de Janeiro, foi inaugurado o primeiro templo da denominação, que se espalhou, posteriormente, para todo o Brasil e para outros países.

A Igreja Internacional da Graça de Deus é aceita e reconhecida como Igreja Cristã Evangélica Legítima pelas demais denominações e seus respectivos ministros.

As rádios foram mais uma porta aberta para a divulgação do Evangelho. A rádio Relógio, de alcance nacional, e a Nossa Rádio FM, com estações no Rio (89,3), São Paulo (91,3) e Minas Gerais (97,3), edificam a vida de milhares de ouvintes por meio das músicas e das mensagens de fé.

A Igreja Internacional da Graça de Deus atualmente possui uma rede de emissoras de televisão denominada Rede Internacional de Televisão (RIT) acessível nas principais cidades do Brasil, além de exibir um programa diário em horário nobre (e outro na madrugada) na Rede Bandeirantes e também na Rede TV, intitulado *Show da Fé*. O pregador nos programas é o próprio R. R. Soares. Ele prega a Palavra de Deus (Bíblia), e, segundo os adeptos, por seu intermédio, muitas vidas são mudadas: curas, libertação de vícios, restauração de famílias.

O programa *Show da Fé* mostra músicas, quadros como: "Novela da Vida Real", "O Missionário Responde", "Abrindo o Coração", e, ao final, é realizada a oração da fé, na qual o missionário, com bases bíblicas, faz oração em nome de Jesus.

Atualmente, a Igreja Internacional da Graça de Deus tem mais de mil templos abertos em todo o mundo, inclusive cinco no Japão. Desse número, mais de cem igrejas estão no Rio de Janeiro, onde tudo começou.

A Igreja também edita o jornal *Show da Fé*, de tiragem mensal de 1,1 milhões de exemplares, e a revista *Graça Show da Fé*, com tiragem mensal de 180 mil exemplares e CD de brinde. Há também uma revista infantil de histórias em quadrinhos, a *Turminha da Graça*, de circulação mensal e com CD de brinde. A gravadora Graça Music, de propriedade da Igreja, tem lançado vários cantores gospels. A editora Graça Editorial, também da Igreja, publica inúmeros livros evangélicos: *Como Tomar Posse da Bênção, Quando o Pecado Secreto Dele Despedaça o Seu Coração, Curai Enfermos e Expulsai Demônios* e o *best-seller Os Profetas das Grandes Religiões*.

A sede internacional da Igreja Internacional da Graça de Deus, atualmente, localiza-se no centro da cidade de São Paulo, onde se realizam cultos diários.

A RIT foi fundada em agosto de 1999, com o propósito de levar ao ar uma programação diferenciada para o Brasil e o mundo. Suas transmissões tiveram início no dia 26 de maio de 2002.

Com a estrutura de um grupo forte com mais de 25 anos de experiência, o objetivo da RIT é interagir com a comunidade em geral mediante uma programação variada, levando à família brasileira informação, entretenimento, interação e edificação. Sua filosofia de trabalho é: ser uma televisão para a família.

No Brasil, a RIT conta com oito emissoras, mais de 170 retransmissoras e de 120 milhões de telespectadores em todos os Estados brasileiros. Alcança o país por meio de sistemas de UHF/VHF (canal aberto), cabo e satélite, com uma programação de 24 horas por dia, procurando conquistar todas as camadas da sociedade.

Sua missão está em plena fase de expansão. Por meio de satélites, fornece sinal para a América Latina, América do Norte, Europa, norte da África e países do Oriente Médio, além de alcançar o mundo inteiro por meio de seu site na internet.

A RIT está abrindo suas portas para oferecer toda essa estrutura e experiência à comunidade de língua portuguesa nos Estados Unidos, com uma grade de programação planejada exclusivamente para essa comunidade, além de programas locais de interesse público e utilidade no dia a dia.

Inicialmente, haverá uma programação de seis horas diárias, na Flórida, nos condados de Broward e Dade. Em um futuro breve, disponibilizará uma programação de 24 horas por dia e ampliará as áreas de transmissão no Estado da Flórida e em outros Estados dos Estados Unidos.

A RIT tem cerca de 526.886 assinantes (média de quatro residentes por casa: 2.107.544 telespectadores).

IGREJA CRISTÃ APOSTÓLICA RENASCER EM CRISTO

A Igreja Cristã Apostólica Renascer em Cristo é uma denominação neopentecostal fundada em 1986 pelo ex-gerente de *marketing* da Xerox Estevam Hernandes e por sua mulher, Sônia, proprietária de uma butique em São Paulo.

Os grupos chamados neopentecostais dão mais ênfase aos rituais de exorcismo e de cura e propagam a teologia da prosperidade, que vincula a bênção divina ao sucesso material. Esses grupos também são caracterizados pelo investimento nos meios de comunicação, com a criação de jornais, rádios e redes de televisão voltados para a divulgação religiosa. Em paralelo, os neopentecostais também se organizaram para buscar influência política, à medida que o grupo ganhava fiéis.

A Igreja Cristã Apostólica Renascer em Cristo construiu, nos últimos 20 anos, um império da comunicação.

O começo da Igreja, entretanto, foi modesto: um grupo de oração organizado na casa de Hernandes que ganhou corpo e se transferiu para o piso superior do edifício da Pizzaria Livorno, na Rua Vergueiro, no bairro de Vila Mariana, em São Paulo.

Com o aumento do número de membros, foi disponibilizado um espaço na Igreja Evangélica Árabe de São Paulo, ainda na Vila Mariana. O foco principal era os cultos para jovens. Após um rápido crescimento adquiriram, três anos depois, um prédio no bairro de Cambuci, na Avenida Lins de Vasconcelos (zona central da cidade de São Paulo), onde foi erguida a sede internacional, com capacidade para 5 mil pessoas.

Hoje, são cerca de 1.200 templos, sendo pelo menos oito fora do país, para atender cerca de 2 milhões de fiéis.

Em 1990, Hernandes adquiriu a primeira rádio da Renascer, trampolim para a atual rede de comunicação da Renascer: uma rede de televisão (a Rede Gospel, cujo sinal abrange 74% do país, segundo a própria emissora), uma rede de emissoras de rádio (a Gospel FM), além de um dos empreendimentos mais bem-sucedidos da Igreja: uma gravadora de músicas religiosas, o que praticamente criou um novo segmento de consumo na indústria fonográfica do país nos anos 1980. A Igreja também possui estabelecimento de ensino privado (o ESAR), uma fundação de assistência social (a Fundação Renascer) e uma linha de confecções.

A Renascer é a segunda maior denominação neopentecostal brasileira. A maior dessas denominações é a Igreja Universal do Reino de Deus.

Doutrina da Igreja Apostólica Renascer em Cristo

Classificada como neopentecostal, a Igreja utiliza a designação apostólica por acreditar na existência da figura do apóstolo como um cargo eclesiástico válido na atualidade. Fundou a Confederação das Igrejas Evangélicas Apostólicas do Brasil (CIEAB), entidade que congrega as Igrejas que aceitam essa doutrina.

A visão doutrinária da Igreja Renascer é baseada no livro de Neemias, que narra a reconstrução dos muros de Jerusalém e a reforma espiritual e administrativa estabelecida por ele, portanto, a palavra-chave quando se fala da visão da Igreja é restauração.

Meios de Comunicação e Obra Social da Igreja Renascer

A Igreja tornou-se conhecida pela utilização de programas e clipes de música gospel no Brasil; o grupo musical de louvor Renascer Praise é considerado um dos seus principais veículos de divulgação.

A Renascer em Cristo detém atualmente a Rede Gospel de televisão e uma rede de rádio, com destaque para a Gospel FM, em São Paulo.

Possui uma torre de televisão de São Paulo, localizada entre a travessa da Consolação e a Avenida Paulista, onde se pode ler os dizeres: "Deus é fiel".

A Igreja iniciou no Brasil um movimento designado Marcha para Jesus. O evento acontece também em outras cidades do mundo. É também realizadora de outros grandes eventos, como o SOS da Vida Gospel Festival, que apresenta shows gospel de vários estilos musicais.

É detentora dos direitos da marca Gospel no Brasil. Por iniciativa de Estevam Hernandes, o gospel no país começou a ter autonomia e destaque no meio secular, gerando o grande crescimento de músicas, bandas e gravadoras que seguem esse estilo.

Mediante a Fundação Renascer, a Igreja desenvolve alguns projetos de assistência social, tais como asilos, centro de recuperação em Santana do Parnaíba, a Casa Lar Renascer em Franco da Rocha, orfanatos, Expresso da Solidariedade (que leva alimento e roupas às pessoas necessitadas), albergue, alfabetização, que são mantidos por doações dos Gideões (simpatizantes e membros que colaboram mensalmente com uma quantia para a manutenção e a expansão dos projetos da Igreja).

A Igreja Cristã Apostólica Renascer em Cristo enfrenta, desde 2002, problemas com a justiça ocasionados pelas ações de seus dirigentes, em especial Estevam Hernandes e sua mulher, a "bispa" Sônia Hernandes.

Esses problemas judiciários, certamente, influenciam negativamente o prestígio da Igreja.

Em maio de 2002, a revista *Época* publicou reportagens apresentando denúncias contra os líderes da Igreja, Estevam Hernandes e Sônia Hernandes. Ex-fiéis e ex-pastores da organização denunciavam à revista, que haviam sido usados pelas lideranças da Igreja para emprestar dinheiro e que teriam sido posteriormente ludibriados, ao entraram como avalistas para empréstimos financeiros para a compra de propriedades e edifícios, correndo depois o risco de perder seu patrimônio pessoal.

A revista apresentava também algumas evidências de que Estevam e Sônia detinham propriedades, tais como uma fazenda em São Paulo e uma casa nos Estados Unidos, que somavam a quantia de 2,97 milhões de reais, colocando a questão sobre se haveria necessidade ou não de contrair empréstimos para a compra de propriedades e prédios. Na ocasião, o casal respondia na justiça a 51 processos em que estavam envolvidos, em valores monetários, cerca de 12 milhões de reais.

O caso foi posteriormente encerrado pela justiça, com a imposição do pagamento de indenizações à Igreja e aos seus líderes, Estevam e Sônia Hernandes.

Em setembro de 2006, a justiça bloqueou os bens dos fundadores, acusados de estelionato, falsidade ideológica e lavagem de dinheiro, sendo expedida uma ordem de prisão contra o casal, posteriormente revogada.

Em 9 de janeiro de 2007, Estevam e Sônia Hernandes foram presos pelo FBI, em Miami, quando tentavam ingressar nos Estados Unidos, por terem contrariado a regulamentação do Serviço de Imigração, portando 56 mil dólares em espécie, mas declararam para a alfândega que não possuíam mais do que 10 mil dólares.

No Brasil, o Ministério Público solicitou uma nova ordem de prisão por suposto crime de evasão de divisas, falsidade ideológica e estelionato. A ordem de prisão foi expedida em 9 de janeiro de 2007.

Estevam Hernandes e Sônia Hernandes deixaram a prisão, mas continuaram sendo vigiados pela polícia norte-americana, sendo obrigados a usar uma espécie de tornozeleira eletrônica, característica de liberdade vigiada naquele país. Dirigiram-se para a sua mansão de Boca Raton, no número 12.582 da Torbay Drive, localizada no condomínio fechado Boca Falls, na Flórida.

No dia 17 de agosto de 2007, Estevam e Sônia Hernandes foram condenados a dez meses de detenção pelo tribunal do sul da Flórida, nos Estados Unidos. Eles foram acusados pela Promotoria pelos crimes de contrabando, conspiração e falso testemunho. Se declararam culpados. A justiça americana também determinou que o dinheiro apreendido não seja devolvido aos fundadores da Renascer. A sentença será cumprida cinco meses em prisão domiciliar e outros cinco, em regime fechado, alternando entre os dois.

A justiça dos Estados Unidos determinou nos últimos anos o fechamento de pelo menos sete templos da Igreja Renascer em Cristo, de propriedade de Sônia e Estevam Hernandes, no Estado da Flórida. Hoje, apenas uma sede permanece aberta em Deerfield Beach, nas cercanias de Miami, batizada de Reborn in Christ, versão do nome Renascer em Cristo, em inglês. A interdição dos templos foi justificada por irregularidades na licença de funcionamento e falta de clareza nas arrecadações de fundos. Nos Estados Unidos, as igrejas também são isentas de imposto de renda, mas têm de apresentar contabilidade ao fisco sobre a origem e o uso dos recursos arrecadados com os fiéis. Uma das acusações da justiça é que o casal usava as igrejas como fachada para um esquema de lavagem de dinheiro proveniente do Brasil.

O promotor de Justiça, secretário da Promotoria de Justiça e de Cidadania do Ministério Público de São Paulo, instaurou procedimento investigativo no dia 2 de fevereiro de 2007 para apurar a situação de Fernanda Hernandes Rasmussen, a pastora da fé, e seu marido, Douglas Adriano Rasmussen, na Assembleia Legislativa do Estado de São Paulo (ALESP). Ela é filha do casal Sônia e Estevam Hernandes, fundadores da Igreja Renascer em Cristo. Fernanda teria sido funcionária fantasma da ALESP de fevereiro de 2005 a setembro de 2006, recebendo salário de R$ 5.754,78, além de gratificações. Seu marido, Douglas, trabalha na ALESP desde 2003 e ganha 7.142 reais mensais. O caso foi revelado pelo jornal *O Estado de S. Paulo*, que informou que os dois trabalham no gabinete do deputado estadual Geraldo Tenuta, o bispo Gê da Igreja Renascer. Tenuta é apresentador de programas de TV na Rede Gospel, emissora pertencente à Renascer. Segundo a reportagem, os próprios funcionários do gabinete do bispo Gê afirmaram que o casal nunca atuou profissionalmente na casa.

IGREJA EVANGÉLICA CRISTO VIVE

A Igreja Evangélica Cristo Vive é uma denominação neopentecostal classificada como de terceira fase (terceira onda) da expansão do Pentecostalismo no Brasil.

Foi fundada em meados da década de 1980, no Rio de Janeiro, por Miguel Ângelo da Silva Ferreira, um pastor egresso da Igreja de Nova Vida.

Seu fundador, denominado apóstolo Miguel Ângelo, de origem da África portuguesa, nascido em Luanda, Angola, é titulado em nível superior em várias especialidades profissionais, assim como é detentor de inúmeros títulos voltados ao Protestantismo.

É o fundador e bispo primaz dos Ministérios Cristo Vive e da Missão Apostólica da Graça de Deus – Uma Visão Mundial, com sede no Rio de Janeiro. Colaborou com a abertura de muitas igrejas em diversos países. É membro da Academia Evangélica de Letras do Brasil, possui inúmeros livros publicados em vários idiomas.

A sede internacional da Igreja Evangélica Cristo Vive está situada no Rio de Janeiro, na Rua Marica, 320, bairro do Campinho.

Um de seus ministérios investe no evangelismo pela mídia eletrônica, com transmissão de cultos ao vivo pela internet, programas de rádio, televisão via satélite para 215 países e suas igrejas, publicação de vários livros e reprodução dos cultos em fita cassete, CD, VHS e DVD.

Doutrina da Igreja Evangélica Cristo Vive

O apóstolo dr. Miguel Ângelo da Silva Ferreira empenha-se em promover, com a defesa e a pregação de suas teses, uma pró-reforma no Protestantismo. Considera que a Reforma Protestante iniciada por Martinho Lutero não se consumou, absorvendo, com o passar dos anos, princípios doutrinários, teológicos e pastorais que estagnaram a Igreja institucionalizada e puseram sobre seus ombros o fardo de ritos, deveres, abluções, proibições, sacrifícios e demais obrigações judaicas e legalistas.

Como propagador da graça, com fundamento na Bíblia Sagrada – em especial nas 14 epístolas do apóstolo Paulo —, propõe a libertação do jugo da lei para um viver orientado pelo conhecimento e pela revelação da Palavra de Deus – confirmada pela manifestação do Espírito Santo na Igreja, que é o sinal visível do Criador entre os homens.

Sua doutrina está fundamentada nas epístolas do apóstolo Paulo. Considera seus escritos como um filtro da Bíblia baseado no conhecimento que Paulo tinha da Lei de Moisés e da revelação da graça de Deus, que recebeu de Jesus ressuscitado, para pregar entre os gentios (não judeus).

A Bíblia Sagrada – Seu livro de fé e prática, reconhecendo a inspiração, a autoridade e a suficiência da Bíblia como a Palavra de Deus, não sendo necessária ser complementada por quaisquer outros livros.

Soberania de Deus – Deus é soberano. Ele determina o que vai acontecer e acontece. Ele está no controle de tudo.

Doutrinas da Graça – Segundo a Igreja Evangélica Cristo Vive, o Evangelho da graça de Deus foi revelado ao apóstolo Paulo, que se tornaria o apóstolo dos gentios, e, está em suas 14 epístolas (de Romanos a Hebreus). A partir da leitura de seus textos, passa-se a ter compreensão de todos os demais livros da Bíblia.

Depravação total – O homem não tem condições de buscar Deus, pois está cheio de pecados e delitos. Somente a graça de Deus pode interligá-lo a Ele.

Eleição incondicional – O homem não possui nada para oferecer a Deus. O único meio de ser salvo é quando o próprio Deus toma a iniciativa de chamá-lo. Predestinação para a salvação: Deus salvando aqueles que, sem sua soberana escolha e subsequente ação, certamente pereceriam.

Expiação limitada – Jesus morreu pelos Seus eleitos, predestinados, amados. O valor de Seu sacrifício é infinito, porém, Cristo morreu e ressuscitou pelos Seus escolhidos.

Graça irresistível – O homem não resiste quando a graça de Deus o invade, porque é ovelha do Senhor, ouve Sua voz e O segue.

Perseverança dos santos – A salvação é eterna, não se perde. O salvo persevera porque Deus é com ele. Deus protege Seus filhos de abandonar a fé.

A grande comissão – Crer na predestinação não significa que não devam ser pregadas as boas-novas a todas as pessoas, em todos os lugares. Como os escolhidos de Deus ouvirão Sua voz se não for pregada Sua Palavra? Quanto antes forem despertados por Deus, por intermédio do evangelismo, mais poderão desfrutar o reino de Deus nessa vida e no porvir.

Crenças da Igreja Evangélica Cristo Vive

• Em um Deus único, soberano, criador e sustentador de toda a criação. Autor e condutor de toda a história, tanto do Cosmos como da salvação – o Senhor Jesus Cristo, que se manifestou triunicamente: como Pai na criação, como Filho na redenção, como Espírito Santo nesses últimos dias.

• No Deus que realizou a redenção salvadora pela Sua morte, na manifestação de Filho, feito homem, bem como na Sua ressurreição.

• No dom da fé para a salvação por graça. No Espírito vivificante, renovador e santificador, que se move e se manifesta na vida da Igreja, selando Seu povo para a redenção.

• Na predestinação e eleição do justo. Nos dons e na chamada irrevogáveis.

• Na prosperidade dos fiéis.

• Na manifestação de Cristo revelada nos acontecimentos da história individual de Seus eleitos e coletiva de Seu povo.

• No viver do justo por fé.

• Na comunhão dos espíritos dos justos chamados para ser santos.

• Em uma só fé, um só batismo, um só Senhor.

• Na ressurreição dos cristãos e na vida eterna.

• Na vida terrena vitoriosa.

• Na segunda vinda, definitiva, de Cristo, para consumar a história, como Ômega, arrebatando os escolhidos, eleitos e predestinados, judeus e gentios congregados em um só rebanho em torno de Si, o único pastor: a revelação do Cristo ressuscitado, que é tudo em todos.

COMUNIDADE EVANGÉLICA SARA NOSSA TERRA

A Comunidade Evangélica Sara Nossa Terra é uma Igreja Evangélica Neopentecostal do Brasil classificada como da terceira fase (ou terceira onda) da expansão do Pentecostalismo no Brasil.

A denominação, também designada Igreja Sara Nossa Terra, segundo seus criadores, Robson Rodovalho e Maria Lúcia Rodovalho, foi fundada na cidade de Goiânia, Estado de Goiás.

Em fevereiro de 1992, o bispo mudou-se para Brasília/DF, e, dois anos depois, a comunidade adotou o nome de Ministério Sara Nossa Terra.

A coordenação da Igreja é feita pela Federação Nacional Comunidade Evangélica Sara Nossa Terra, por meio do Conselho de Bispos e do Conselho Diretor. Atua mais fortemente nos lares, por células, como se fossem comunidades de base.

Seus templos, em geral, funcionam em antigos cinemas, teatros e até em condomínios.

Normalmente, realiza cultos temáticos, dando ênfase à quebra da maldição e ao valor da graça de Deus.

Por meio da Fundação Sara Nossa Terra e da Associação Ministério Comunidade Evangélica, (AME), a Igreja desenvolve trabalhos de cunho sociocultural e promove assistência a famílias carentes.

As informações sobre o número de adeptos e de templos da Comunidade Evangélica Sara Nossa Terra são divergentes. Pode-se considerar que, atualmente, o Ministério Sara Nossa Terra, presidido pelo bispo Robson Rodovalho, conta com 100 mil fiéis, distribuídos em 300 templos (há informação sobre a existência de 550 templos) no Brasil e nas congregações de Portugal, Paraguai, Bolívia e Estados Unidos. No Rio e em São Paulo, 80% dos seus fiéis são das classes A e B.

Talvez, em virtude dessa classificação social de seus adeptos, a Igreja seja conhecida como a Igreja de ovelhas douradas, por reunir membros famosos.

A Sara Nossa Terra pode creditar seu crescimento a uma linha de doutrina que garante a liberdade de costumes para seus seguidores, por meio das pregações consideradas modernas.

A Comunidade Evangélica Sara Nossa Terra conta com um canal de televisão, a TV Gênesis, e uma rádio, a Rádio Sara Brasil FM, com programação diária, voltada para a família. A rádio e a TV estão presentes em diversas cidades brasileiras, tanto em TVs por assinatura como UHF. O jornal *Sara Nossa Terra* e a revista *Sara Brasil* também são instrumentos de comunicação da denominação.

Visão Apostólica da Comunidade Evangélica Sara Nossa Terra

A Igreja apresenta, como sua visão apostólica, sarar a nossa Terra por intermédio de igrejas locais aliançadas e governadas pelo ministério apostólico em todo o mundo. Que sejam instrumentos para trazer o reino de Deus, por meio do avivamento produzido pelo compromisso de oração, devoção e santidade e por meio de profundas mudanças sociais em nossas culturas. Tanto por escolas, faculdades e obras sociais que expressam o amor de Deus como pela mídia (rádios, jornais e TV), bem como por todos os espaços possíveis que possam ser preenchidos pelo povo de Deus.

A visão apostólica para suas igrejas locais é fazer de cada não cristão um cristão, de cada cristão um discípulo, de cada discípulo um líder, edificando, assim, uma Igreja que manifesta a presença de Deus mediante prodígios e manifestações sobrenaturais.

Seus fundadores, bispos Robson e Maria Lúcia Rodovalho, acreditam que a Terra está ferida pelas desigualdades sociais, pela miséria, fome, corrupção, bruxaria e todas as formas de exploração do mal.

Paralelamente ao Pentecostalismo, várias denominações protestantes tradicionais experimentaram movimentos internos, com manifestações pentecostais. Foram denominados Renovados, como a Igreja Presbiteriana Renovada, a Convenção Batista Nacional, a Igreja do Avivamento Bíblico e a Igreja Cristã Maranata.

A doutrina de renovação do Pentecostalismo ultrapassou até mesmo as fronteiras do Protestantismo, surgindo movimentos de renovação pentecostal católica romana (Renovação Carismática Católica, tratada nesta obra no capítulo Igreja Católica Romana) e ortodoxa oriental.

BIBLIOGRAFIA

A Bíblia Sagrada. Rio de Janeiro: Sociedade Bíblica do Brasil, 1968.
AMEAL, João. *São Tomaz de Aquino.* Porto: Livraria Tavares Martins, 1947.
BAIGENT, Michael; LEIGH, Richard e LINCOLN, Henry. *O Santo Graal e a Linhagem Sagrada.* Rio de Janeiro: Editora Nova Fronteira, 1993.
BENIMELI, José A. Ferrer. *Arquivos Secretos do Vaticano e a Franco-Maçonaria.* São Paulo: Madras Editora Ltda., 2007.
BETHENCOURT, Francisco. *História das Inquisições.* São Paulo: Companhia das Letras, 2000.
BLAVATSKY, Helena Petrova. *Glosario Teosofico.* Buenos Aires: Editorial Kier S. A, 1982.
BORDONOVE, Georges. *Les Templiers.* Verviers: Librairie Arthème Fayard, 1977.
CALDWELL, Taylor. *Médico de Homens e de Almas.* Rio de Janeiro: Editora Record, 2006.
_____. *O Grande Amigo de Deus.* Rio de Janeiro: Editora Record, 2001.
CAPARELLI, David e CAMPADELLO, Pier. *Templários.* São Paulo: Madras Editora Ltda., 2003.
DURÃO, João Ferreira. *Pequeno Glossário de Filosofia, Esoterismo, História Antiga e Medieval.* São Paulo: Madras Editora Ltda., 2003.
Encyclopaedia Britannica 2005. Deluxe Edition, CD-ROM, s/d.
Equipado para Toda Boa Obra. New York: Watchtower Bible and Tract Society, Inc., 1952.
FERREIRA, Cláudio R. B e CAPARELLI, David. *Os Templários.* São Paulo: Madras Editora Ltda., 2002.
_____. *Os Templários no 3º Milênio.* Brasília: Editora Santa Terezinha, 1998.
GAARDER, Jostein; HELLERN, Victor e NOTAKER, Henry. *O Livro das Religiões.* São Paulo: Companhia das Letras, 2000.
GIORDANI, Mário Curtis. *História do Império Bizantino.* Petrópolis: Editora Vozes, 1968.
_____. *História do Mundo Feudal – II / 1.* Petrópolis: Editora Vozes, 1981.
_____. *História do Mundo Feudal – II / 2.* Petrópolis: Editora Vozes, 1983.
_____. *História dos Reinos Bárbaros – II Volume.* Petrópolis: Editora Vozes, 1976.

GUÉNON, René. *A Grande Tríade*. São Paulo: Editora Pensamento, s/d.
KAZANTZAKIS, Nilos. *O Pobre de Deus*. São Paulo: Círculo do Livro S. A, s/d.
KRUMM-HELLER, Arnold (Huiracocha). *A Igreja Gnóstica*. Porto Alegre: Editora FEEU, 1992.
LEITE, Thomaz Paula. *A Sabedoria da Bíblia*. São Paulo: Editora Cultrix, 1963.
MELLA, Frederico A. Arborio. *O Egito dos Faraós*. São Paulo: Hemus Editora Ltda., 1981.
Pistis-Sophia – O Livro Sagrado dos Gnósticos do Egito. Rio de Janeiro: Livraria Francisco Alves Editora, s/d.
RAJNESS, Bhagwan Shree. *A Semente de Mostarda*. Brasília: Tao Livraria & Editora Ltda, s/d.
Revelação – Seu Grandioso Clímax Está Próximo. São Paulo: Watch Tower Bible, 2006.
RIBEIRO, Eurico Brandão. *Médico, Pintor e Santo*. São Paulo: Livraria Martins Editora, s/d.
SANGENIS, Luiz Fernando Conde. *Gênese do Pensamento Único em Educação*. Petrópolis: Editora Vozes, 2006.
SCHURÉ, Edouard. *Jesus entre os Essênios*. Porto Alegre: Editora FEEU, 1990.
_____. *Jesús Y Jesús y Los Esenios*. Buenos Aires: Editorial Kier S. A., 1981.
_____. *Hermes y Moises*. Buenos Aires: Editorial Kier S. A., 1980.
SCIACCA, Michele Federico. *San Agustín*. Barcelona: Luis Miracle Editor, 1955.
SÈDE, Gérard de. *Los Templarios Están Entre Nosotros*. Málaga: Editorial Sirio S. A., 1985.
Webster's New Twentieth Century Dictionary. USA: Collins World, 1977.
WHITE, Ellen G. *O Grande Conflito*. São Paulo: Casa Publicadora Brasileira, 2005.

Resumo colhido pelo autor nos sites:
http://pt.wikipedia.org/wiki/Categoria:Cardeais – Atualização em 24 de julho de 2007.
http://www.pt.wikipedia.org/wiki/Lista_de_Papas – Atualização em 17 de fevereiro de 2008.
http://pt.wikipedia.org/wiki/Igreja_Ortodoxa – Atualização em 17 de fevereiro de 2008.
http://www.ecclesia.com.br/igreja_ortodoxa/index.html
http://mb-soft.com/believe/txn/eastrite.htm
http://www.pime.org.br/missaojovem/mjregprotest.htm

http://pt.wikipedia.org/wiki/calvinismo. Atualização em 21 de dezembro de 2006.
http://pt.wikipedia.org/wiki/Pentecostalismo – Atualização em 22 de outubro de 2006.
http://pt.wikipedia.org/wiki/Exército_de_Salvação – Atualização em 20 de outubro de 2006.
http://pt.wikipedia.org/wiki/Quakers – Atualização em 22 de outubro de 2006.
http://pt.wikipedia.org/wiki/Testemunhas_de_Jeová – Atualização em 23 de outubro de 2006.
http://www.mormons.com.br
http://pt.wikipedia.org/wiki/Utah – Atualização em 2 de outubro de 2006.
http://www.pt.wikipedia.org/wiki/Associação_Cristã_de_Moços – Atualização em 10 de janeiro de 2007.
http://pt.wikipedia.org/wiki/Assembleia_de_Deus – Atualização em 26 de outubro de 2006.
http:/pt.wikipedia.org/wiki/Associação_Cristã_de_Moços – Atualização em 10 de janeiro de 2007.
http://pt.wikipedia.org/wiki/Igreja Presbiteriana_do_Brasil – Atualização em 8 de janeiro de 2007.
http://pt.wikipedia.org/wiki/Presbiterianismo – Atualização em 12 de dezembro de 2006.
http://pt.wikipedia.org/wiki/Congregacionalismo – Atualização em 12 de janeiro de 2007.
http://pt.wikipedia.org/wiki/Igreja_Metodista – Atualização em 8 de março de 2008.
http://www.brasilsite.com.br/religiao/outras/ortod.htm.
http://www.paginaoriente.com/santos/papas.htm.
http://www.pt.wikipedia.org/wiki/Opus_Dei – Atualização em 21 de janeiro de 2007.
http://www.usp.br/jorusp/arquivo/2005/jusp741/pag14.htm
http://www.pt.wikipedia.org/wiki/Inquisição – Atualização *em* 25 de janeiro de 2007.
http://www.pt.wikipedia.org/wiki/ Congregação_para_a_Doutrina_da_Fé – Atualização em 12 de dezembro de 2006.
http://www.suapesquisa.com/historia/inquisicao.
http://www.pt.wikipedia.org/wiki/Ordem_de_São_Bento.
http://www.presbiteros.com.br/Hist_Fria_da_Igreja/ Sucessores_de_Constantino.htm
http://www.cacp.org.br/cat_celibato.htm
http://geocities.com/Athens/Column/8413/concilios.html

http://www.ub.es/grat29.htm
*http://www.usinadeletras.com.br/
exibelotexto.phtml?cod=3915&cat=Artigos*
http://www.pt.wikipedia.org/wiki/Paulo_de_Tarso – Atualização em 2 de maio de 2007.
http://www.sergiosakall.com.br/tudo/religiao_cristianismo.html
http://www.vivos.com.br/86.htm
http://www.osb.com.br
http://www.mosteiro.org.br/Textos/Boletim/G_7_01/BO_2.htm
http://www.pt.wikipedia.org/wiki/Celibato – Atualização em 10 de maio de 2007.
http://www.geocities.com/pjchronos/tathy/jeronimo/jeronimo.htm
http://www.pt.wikipedia.org/wiki/São_Jerônimo – Atualização em 1º de junho de 2007.
http://www.pt.wikipedia.org/wiki/Orígenes – Atualização em 1º de junho de 2007.
http://www.pt.wikipedia.org/wiki/Bernardo_de_Claraval – Atualização em 7 de junho de 2007.
http://pt.wikipedia.org/wiki/Saladino – Atualização em 30 de setembro de 2007.
http://www.culturabrasil.org/cruzadas.htm.
http://pt.wikipedia.org/wiki/Sexta_Cruzada – Atualização em 26 de agosto de 2007.
http://www.arqnet.pt/portal/universal/cruzadas/cruzada07.html.
http://pt.wikipedia.org/wiki/Setima_Cruzada – Atualização em 2 de julho de 2007.
http://www.arqnet.pt/portal/universal/cruzadas/cruzada08.html.
http://pt.wikipedia.org/wiki/Oitava_Cruzada – Atualização em 10 de setembro de 2007.
http://www.arqnet.pt/portal/universal/cruzadas/cruzada09.html.
http://www.mixbrasil.oul.com.br/cio2000/grrrls/darce.asp
http://www.glosk.com/FR/A/–019428/pages/Carlos_VI_de_França/16127_pt.htm.
http://www.netsaber.com.br/biografias/ver_biografia_c_3472.html.
http://www.pt.wikipedia.org/wiki/Gastão,_Duque_de_Orléans – Atualização em 18 de novembro de 2007.
http://www.pt.wikipedia.org/wiki/Joana_d'Arc – Atualização em 24 de novembro de 2007.
http://pt.wikipedia.org/wiki/John_Wyclif – *Atualização em 23 de janeiro de 2008.*
http://www.newadvent.org/cathen/15722a.htm
http://plato.stanford.edu/entries/wyclif/
http://www.corazones.org/lugares/francia/avignon/a_avignon.htm

http://www.diario-universal.com/category/religiao/page/2/
http://pt.wikipedia.org/wiki/Usuário:Mauro_do_Carmo/ Concílio_Vaticano_II – Atualização em 20 de fevereiro de 2007.
http://www.vatican.va/archive/hist_councils/ii_vatican_council/ index_po.htm
http://gustavocorcao.permanencia.org.br/Artigos/concilio.htm
http://www.pt.wikipedia.org/wiki/Luteranismo – *Atualização em 13 de fevereiro de 2008.*
http://pt.wikipedia.org/wiki/Comunhão_anglicana
http://www.pt.wikipedia.org/wiki/Igreja_Anglicana – *atualização em 13 de fevereiro de 2008.*
http://www.pt.wikipedia.org/wiki/ Igreja_Episacopal_Anglicana_do_Brasil – *Atualização em 18 de janeiro de 2008.*
http://www.ecclesia.com.br/igreja_ortodoxa/index.html
www.usp.br/revistausp/67/loiacono.pdf
http://pt.wikipedia.org/wiki/Igreja_Episcopal_Reformada – Atualização em 10 de fevereiro de 2008.
http://pt.wikipedia.org/wiki/Provincia_Anglicana_Ortodoxa – Atualização em 10 de fevereiro de 2008.
http://pt.wikipedia.org/wiki/Igreja_Episcopal_do_Evangelho_Pleno – Atualização em 18 de janeiro de 2008.
http://www.pt.wikipedia.org/wiki/Igreja_Episcopal_Anglicana_Livre – Atualização em 10 de fevereiro de 2008.
http://pt.wikipedia.org/wiki/Igreja_Episcopal_Evangelica – Atualização em 18 de janeiro de 2008.
http://pt.wikipedia.org/wiki/Igreja_Episcopal_Carismatica – Atualização em 10 de fevereiro de 2008.
http://pt.wikipedia.org/wiki/ Diocese_Anglicana_do_Recife_Independente – Atualização em 10 de fevereiro de 2008.
http://pt.wikipedia.org/wiki/Igreja_Anglicana_no_Brasil – Atualização em 13 de fevereiro de 2008.
http://pt.wikipedia.org/wiki/Congregacionalismo – Atualização em 20 de janeiro de 2008.
http://www.iecb.org.br/historia.htm
http://www.brasileirosnoexterior.com/?q=Congregacionalismo
http://pt.wikipedia.org/wiki/Puritanismo – Atualização em 11 de fevereiro de 2008.
http://www.mackenzie.br/7512.html
http://pt.wikipedia.org/wiki/Metodismo – Atualização em 5 de janeiro de 2008.
http://pt.wikipedia.org/wiki/Igreja_Batista – Atualização em 9 de março de 2008.

http://pt.wikipedia.org/wiki/Rebelião_de_Münster – Atualização em 21 de janeiro de 2008.
http://www.obreiroaprovado.com/estudos/gilberto_s/historiaigreja/ cap07.html.
http://pt.wikipedia.org/wiki/Anabaptista – Atualização em 18 de janeiro de 2008.
http://pt.wikipedia.org/wiki/Menonitas – Atualização em 8 de março de 2008.
http://www.menonitasonline.org.br/menonitas.html
http://pt.wikipedia.org/wiki/Amish – Atualização em 20 de fevereiro de 2008.
http://www.erasto.com.br/colegio_historia_edmenonita.php
http://www.geocities.com/projetoperiferia/ comunalismo3.htm#9.%20Anabaptists
http://www.veritatis.com.br/article/463.
http://pt.wikipedia.org/wiki/Guerra_dos_Camponeses – Atualização em 22 de dezembro de 2007.
http://pt.wikipedia.org/wiki/Igreja_Batista – Atualização em 23 de março de 2008.
http://www.pt.wikipedia.org/wiki/Igreja_Adventista_do_Sétimo_Dia – Atualização em 6 de abril de 2008.
http://www.pt.wikipedia.org/wiki/Livro_de_Mórmon – Atualização em 10 de abril de 2008.
http://www.avivamentoja.com/pmwiki.php?n=Passado.Booth
http://www.pt.wikipedia.org/wiki/Associação_Cristã_de_Moços – Atualização em 10 de janeiro de 2007.
http://www.pt.wikipedia.org/wiki/Exercito_de_Salvação – Atualização em 30 de março de 2008.
http://pt.wikipedia.org/wiki/Testemunhas_de_Jeová – Atualização em 27 de março de 2008.
http://pt.wikipedia.org/wiki/Pentecostal – Atualização em 18 de abril de 2008.
http://pt.wikipedia.org/wiki/Deutero-Pentecostalismo – Atualização em 18 de abril de 2008.
http://pt.wikipedia.org/wiki/Renovação_da_Rua_Azusa – Atualização em 5 de abril de 2008.
http://www.pt.wikipedia.org/wiki/Congregação_Cristã_no_Brasil – Atualização em 24 de abril de 2008.
http://pt.wikipedia.org/wiki/O_Brasil_para_Cristo – Atualização em 18 de abril de 2008.
http://www.pt.wikipedia.org/wiki/Casa_da_Benção – Atualização em 19 de abril de 2008.

http://pt.wikipedia.org/wiki/G12 – Atualização em 14 de abril de 2008.
*http://www.evangelho.espiritismo.nom.br/religioes_BrM/
ShowReligiao.asp?id_religiao=12*
*http://www.portalnovavida.org.br/
index.php?option=com_content&task=view&id=175&Itemid=84&limit=1&limitstart=4*
*http://www.portalnovavida.org.br/
index.php?option=com_content&task=view&id=9&Itemid=24*
*http://www.pt.wikipedia.org/wiki/
Igreja_Universal_do_Reino_de_Deus* – Atualização em 2 de maio de 2008.
*http://www.evangelho.espiritismo.nom.br/religioes_BrM/
ShowReligiao.asp?id_religiao=32*
http://www.ieqcristal.com.br/historiaieq.html
http://www.jornalhoje.com.br/igrejas/wwi10/newfiles/09032002.php
http://www.pt.wikipedia.org/wiki/Igreja_Pentecostal_Deus_é_Amor
– Atualização em 18 de abril de 2008.
http://pt.wikipedia.org/wiki/Igreja_Apostólica_Renascer_em_Cristo
– Atualização em 24 de abril de 2008.
http://www1.folha.uol.com.br/folha/brasil/ult96u88455.shtml
*http://www.glosk.com/BR/Salvador/-938831/pages/
Renascer_em_Cristo/26871_pt.htm*
*http://pt.wikipedia.org/wiki/
Comunidade_Evangélica_Sara_Nossa_Terra* – Atualização em 19 de abril de 2008.
http://www.saranossaterra.com.br/visualizar.asp?cat=1&cod=532
http://www.saranossaterra.com.br/visualizar.asp?cat=2&cod=533
*http://amaivos.uol.com.br/templates/amaivos/amaivos07/noticia/
noticia.asp?cod_noticia=1850&cod_canal=46*
*http://www.evangelho.espiritismo.nom.br/religioes_BrM/
ShowReligiao.asp?id_religiao=31*

Este livro foi composto em Times New Roman, corpo 12/14.
Papel Offset 75g
Impressão e Acabamento
Orgrafic Gráfica e Editora – Rua Freguesia de Poiares, 133
Vila Carmozina – São Paulo/SP
CEP 08290-440 – Tel.: (011) 2522-6368 – email: orcamento@orgraf.com.br